www.jinshang9.cn

打造全球工业品

供应链知名品牌

U0553348

杭州紧商智能供应链有限公司前身为杭州一键通电子商务有限公司，创立于2009年，经过10多年的持续创新发展，公司旗下紧商网已成为行业知名供应链+互联网工业品交易平台，紧商网汇集了全球各类紧固类零部件产品、不锈钢原材料以及各类工业品辅料、智能制造及生活配套相关产品，为全球工业品线上优秀的交易平台。

以市场需求为导向，目前平台经营品类种类齐全，已超十几万种。紧商网产品广泛应用于：高端装备制造、武器装备、航空航天、轨道交通、城市建设、海洋工程、远洋船舶、石油化工、医疗器械、压力器具、新能源、智能机器人、家电、通信等行业。已合作的项目有：国内高铁站建设、国家电网特高压工程、杭州亚运村建设、武汉大桥建设和阿里巴巴达摩院建设等。

公司投资建设了温州紧商工业智能供应链示范园、紧商（嘉兴）核级不锈钢产业示范园，紧商网为园区及智能仓储入驻企业提供互联网销售服务，免费为客户提供代管、代销、代发和代融服务。

公司一直秉承携手上下游企业共同进步的初心，服务上下游企业，开展网络销售、拓宽市场、降低成本、加快库存周转，实现资金利用最大化；解决销售难的问题，优化供应链；实现一站保姆式服务，解决采购难的问题；已为商家联合各大银行的客户提供90天账期供应链金融服务，为上下游客户解决融资难的问题。汇聚全球信息，共享行业资源，以紧固件行业为后盾，紧商网致力于打造全球制造业交易服务知名品牌。

紧商网平台优势

便捷交易
流程简洁
订货零风险

免费入驻
免费用开店
无第三方费用

正品保障
质量保障
提供发票

紧商交易仓
全国交易仓
寄售库存
免费代销

买家

供应链金融
提供90天账期
解决资金苦恼

卖家

专属客服
随时解答
为您保驾护航

云数据库
快速查询
百万资料

优质买家
忠诚度高，需求
与服务精准对接

三级分销
更多盈利渠道

紧商二维码　　　　　紧商公众号

团结 · 敬业 · 拼搏 · 创新

为使"TBF"成为中国对接世界经济的助推器而持续精进

天宝紧固件
紧连全世界

冷水江天宝实业有限公司

LENGSHUIJIANG TIANBAO INDUSTRIAL CO., LTD.

地址：湖南省冷水江市经济开发区

ADD：Lengshuijiang E.D.Z Hunan Province.China

邮编（POSTALCODE）：417500

电话（Tel）：0738-5552588

传真（Fax）：0738-5556688

上海春日机械工业有限公司

SHANGHAI CHUN ZU MACHINERY INDUSTRY CO., LTD.

ISO9001:2015

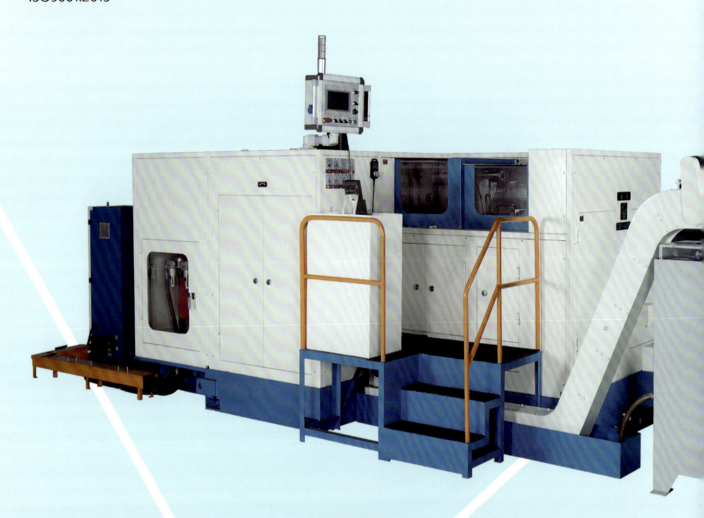

上海公司及工厂

Company & factory in Shanghai/China

上海春日机械工业有限公司

Shanghai Chun Zu Machinery Industry Co., Ltd.

上海市青浦区白鹤镇纪鹤公路6639号

Add: 6639 Jihe Road, Baihe Town, Qingpu District, Shanghai, China

电话(Tel)：86-21-59742888

http://www.chunzu.com.cn

E-mail: chunzu@chunzu.com.cn

台湾公司及工厂

Company & factory in Taiwan

春日机械工业股份有限公司

Chun Zu Machinery Industry Co., Ltd.

台湾高雄市冈山区大宝街50号

Add: 50, Tao Pao St., Kangshan, Taiwan

电话(Tel)：886-7-6212196

http://www.chunzu.com.tw

E-mail: chunzu@ms9.hinet.net

致力于成为 世界知名
冷镦设备制造商

产品：

- 多工位螺栓冷镦成形机（M2～25.4mm，3～4工位）
- 多工位螺母冷镦成形机（M6～30mm，5～7工位）
- 多工位零件冷镦成形机（M6～42mm，5～7工位）
- 一模二冲打头机（M2～30mm）
- 二模二冲（M5～8mm）
- 平板式螺纹搓丝机（M2～42mm）
- 各种冷镦和搓丝模具

本公司机械可生产汽机车相关零件，航空航天、建筑、风电、手动工具产品及家电等的相关螺钉

公司简介
COMPANY PROFILE

思进智能成形装备股份有限公司（股票简称为"思进智能"，股票代码为003025）是冷成形装备制造行业上市公司，主要从事多工位高速自动冷成形装备和压铸设备的研发、制造与销售，是一家致力于提升我国冷成形装备技术水平、推动冷成形工艺发展进步、实现紧固件及异形零件产业升级的高新技术企业。

公司经过多年持续不断的技术创新，掌握了多工位高速自动冷成形装备和压铸设备的系列核心技术，并发展成为国内领先的多工位高速自动冷成形装备供应商。目前，公司拥有SJBF、SJBP、SJNF系列多工位自动冷成形装备，SJNP、SJPF系列特殊零件多工位自动冷镦复合成形装备五大系列140余种规格的冷成形装备和30余种SJ、DCM系列压铸设备。

公司的核心技术主要来源于自主研发，拥有浙江省博士后工作站。为了及时把握行业发展方向和科技前沿，除了依靠自身技术人员进行研发外，与上海交通大学、上海大学、宁波工程学院、郑州机械研究所、中机生产力促进中心等国内高等院校及科研院所建立了良好的技术交流渠道与合作关系，进一步提升了公司技术研发的理论基础水平。

公司先后承担了国家火炬计划、工信部门的科技重大专项（04专项）、科技部门的中小企业技术创新基金项目、科技部门的国家重点新产品项目、宁波市重大科技攻关项目、宁波国家高新区重大科技专项等多项国家及地方重大科研项目，并负责或参与制定国家、行业标准4项。公司先后被认定为浙江省专利示范企业、国家知识产权优势企业、宁波市制造业单项冠军示范企业。2021年1月，公司研究院"浙江省思进智能冷镦成形装备研究院"被认定为省级企业研究院。2021年3月，浙江省深化"亩均论英雄"改革工作领导小组认定公司为浙江省制造业企业"亩均效益领跑者"20强企业。2021年7月，公司成功入选工信部门公布的第三批专精特新"小巨人"企业。2021年8月，公司成功入选2021年度宁波市自动化（智能化）成套装备改造和宁波市数字化车间/智能工厂项目公示名单。2021年8月，公司的多工位冷镦成形装备通过了浙江制造"品字标"认定，进一步提升了企业的品牌知名度。公司的ZX04-20高速精密多工位冷镦成形成套装备获得了中国机械工业联合会等部门联合认定的全国机械工业产品质量创新大赛优秀奖。目前，公司拥有专利97项，其中发明专利25项；软件著作权1项。

公司的冷成形装备产品曾获得"国家重点新产品""中国机械工业名牌产品""浙江名牌产品"以及"宁波先进装备制造业省内技术领先"等称号，多款产品被认定为紧固件行业自主创新优秀新产品。

公司坚持以"树立行业标杆形象，做中国冷成形装备的领跑者"为公司愿景，以"解放生产力，为绿色生产做出技术贡献"为公司使命，恪守"开拓、进取、精诚、奉献"的经营理念，采取"以先进制造技术为核心，以市场需求为导向"的经营策略，立足国内、面向世界，全力打造成为国内领先、具有国际影响力的多工位高速智能冷成形装备供应商，满足客户对整体解决方案和个性化定制的需求。

SJBP-137L零件冷镦成形机

SJBP-305L零件冷镦成形机

螺母机

思进智能成形装备股份有限公司
地址：宁波高新区江南路1832号　　联系方式：0574-88352799　　http://www.sijin.cc　　E-mail：sijin@sijin.cc

制造用户满意的产品

公司简介 COMPANY PROFILE

　　常州世界伟业链轮有限公司（原常州市链轮厂）成立于1988年，主要生产链轮、齿轮和轴类等零部件，产品远销北美和欧洲等的100多个国家和地区，是中国大型链轮等传动件产品制造商。

　　公司秉持以"为客户创造价值"为目标，以市场需求为导向，以"制造用户最满意的产品"为宗旨，以全球视野开拓市场，产品广泛应用于农业机械、工程机械、食品机械和物流仓储行业等。

　　公司是中国机械通用零部件工业协会常务理事单位，链传动分会副理事长单位，同时也是全国链传动标准化技术委员会委员单位，参与中国多项链传动标准的制订。公司已通过ISO 9001：2015质量管理体系、ISO 14001：2015环境管理体系、ISO 45001：2018职业健康安全管理体系认证。

常州世界伟业链轮有限公司
CHANGZHOU WORLD GREAT SPROCKETS CO.,LTD.
常州世博乐克机械制造有限公司
CHANGZHOU SPROCKETS MANUFACTURING CO.,LTD.

地址：江苏省常州市新北区创业东路20号　　电话：0519-85865801
邮箱：CWS678@SPROCKETWORLD.COM　　HTTP：//WWW.SPROCKETWORLD.COM

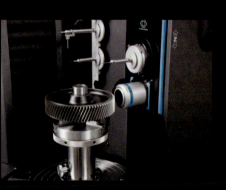

中国机械工业年鉴系列

中国机械通用零部件工业年鉴

2022

中国机械工业年鉴编辑委员会
中国机械通用零部件工业协会 编

机械工业出版社
CHINA MACHINE PRESS

本书全面记载了我国机械通用零部件行业 2019—2021 年及部分 2022 年的总体运行情况与发展成就，系统地介绍我国通用零部件行业的发展历程与运行状况、行业统计数据及标准应用情况等。本书设置了综述、大事记、企业概况、统计资料、标准等栏目，全书采用分卷的形式编排，包括中国机械通用零部件工业总览、链传动行业卷、齿轮行业卷、弹簧行业卷、紧固件行业卷、粉末冶金行业卷和传动联结件行业卷 7 个分卷。

本书的主要读者对象为政府决策机构、机械通用零部件行业相关企业的决策者，从事市场分析、企业规划的中高层管理人员，以及国内外投资机构、贸易公司、银行、证券、咨询服务部门和科研单位的机械通用零部件项目管理人员等。

图书在版编目（CIP）数据

中国机械通用零部件工业年鉴.2022 / 中国机械工业年鉴编辑委员会，中国机械通用零部件工业协会编 —北京：机械工业出版社，2023.11
（中国机械工业年鉴系列）
ISBN 978-7-111-73879-4

Ⅰ．①中… Ⅱ．①中… ②中… Ⅲ．①机械元件－机械工业－中国－2022－年鉴 Ⅳ．① F426.4-54

中国国家版本馆 CIP 数据核字（2023）第 175851 号

机械工业出版社（北京市百万庄大街 22 号　邮政编码 100037）
策划编辑：张珂玲　　　　　　　　责任编辑：张珂玲
责任校对：韩佳欣　牟丽英　韩雪清　责任印制：李　昂
河北宝昌佳彩印刷有限公司印刷
2024 年 1 月第 1 版第 1 次印刷
210mm×285mm · 17.75 印张 · 36 插页 · 434 千字
标准书号：ISBN 978-7-111-73879-4
定价：320.00 元

电话服务　　　　　　　　　　网络服务
客服电话：010-88361066　　机　工　官　网：www.cmpbook.com
　　　　　010-88379833　　机　工　官　博：weibo.com/cmp1952
　　　　　010-68326294　　金　书　网：www.golden-book.com
封底无防伪标均为盗版　　机工教育服务网：www.cmpedu.com

中国机械通用零部件工业年鉴
编辑出版工作人员

总　编　辑　石　勇

主　　　编　田付新

副　主　编　刘世博　周晟宇

执 行 主 编　赵　敏

责 任 编 辑　张珂玲

编　　　辑　徐艳艳　江道芝

地　　　址　北京市西城区百万庄大街 22 号（邮编 100037）

编　辑　部　电话（010）68320642　68997973

发　行　部　电话（010）88379838　68994469

E-mail:cmiy@vip.163.com

http://www.cmiy.com

中国机械通用零部件工业年鉴
特约顾问单位特约顾问

（排名不分先后）

特约顾问单位	特约顾问
海阔紧固技术（江苏）有限公司	欧阳雪
七丰精工科技股份有限公司	陈跃忠
东莞市杜氏诚发精密弹簧有限公司	杜智生
浙江键财机械有限公司	陈清雄
杭州紧商智能供应链有限公司	黄成安
冷水江天宝实业有限公司	杨树田
上海春日机械工业有限公司	胡展飞
山东高强紧固件有限公司	董 锋
思进智能成形装备股份有限公司	李忠明
常州世界伟业链轮有限公司	方伟诚
东莞永腾自动化设备有限公司	叶建辉
苏州环球科技股份有限公司	黄伟达
重庆江都机械制造厂（重庆弹簧厂）	罗永江
奥展实业有限公司	黄成安
浙江友信机械工业有限公司	丘博义
石家庄凯普特动力传输机械有限责任公司	杜 刚
嘉善三永电炉工业有限公司	杨淳麟
扬州核威碟形弹簧制造有限公司	俞 扬
浙江美力科技股份有限公司	章碧鸿
浙江恒久机械集团有限公司	寿飞峰
无锡市锡山区云林通源机械厂	施惠南
河北北环机械通用零部件有限公司	薛根友
柳州市华侨紧固件有限公司	唐建伦
罗尔科精密工业有限公司	郑 旗
瑞安市春华标准件有限公司	张存华
上海爱螺展览有限公司	王炎波
中山迈雷特数控技术有限公司	林守金
舟山市 7412 工厂	陈益峰
无锡创明传动工程有限公司	陶燕频
杭州杰牌传动科技有限公司	陈德木
宁波一力实业有限公司	应瑞忠
深圳市兆威机电股份有限公司	叶曙兵
浙江三 A 弹簧有限公司	金佳佳
湖南申亿精密零部件股份有限公司	王凯波
浙江明泰控股发展股份有限公司	吴金尧
重庆齿轮箱有限责任公司	汪 彤
浙江夏厦精密制造股份有限公司	夏建敏
安徽省宁国市东波紧固件有限公司	戴 忠
杭州弹簧有限公司	李和平
浙江省紧固件产业技术联盟	蔡正雄

中国机械通用零部件工业年鉴
特约顾问单位特约编辑

（排名不分先后）

特约顾问单位	特约编辑
海阔紧固技术（江苏）有限公司	王秋菊
七丰精工科技股份有限公司	陈勤飞
东莞市杜氏诚发精密弹簧有限公司	丁婉平
浙江键财机械有限公司	叶俊新
杭州紧商智能供应链有限公司	陈 双
冷水江天宝实业有限公司	苏 平
上海春日机械工业有限公司	毛红群
山东高强紧固件有限公司	郭桂谦
思进智能成形装备股份有限公司	谢五一
常州世界伟业链轮有限公司	李伟国
东莞永腾自动化设备有限公司	叶育菱
苏州环球科技股份有限公司	倪红燕
重庆江都机械制造厂（重庆弹簧厂）	胡 川
奥展实业有限公司	李文婷
浙江友信机械工业有限公司	陈建斌
石家庄凯普特动力传输机械有限责任公司	刘立民
嘉善三永电炉工业有限公司	杨淳宇
扬州核威碟形弹簧制造有限公司	徐一鸣
浙江美力科技股份有限公司	王亭懿
浙江恒久机械集团有限公司	袁伟东
无锡市锡山区云林通源机械厂	吴琴英
河北北环机械通用零部件有限公司	王燕楠
柳州市华侨紧固件有限公司	唐忠玉
罗尔科精密工业有限公司	江卫杰
瑞安市春华标准件有限公司	张 辉
上海爱螺展览有限公司	王炎波
中山迈雷特数控技术有限公司	龚德明
舟山市 7412 工厂	关 明
无锡创明传动工程有限公司	陈永祥
杭州杰牌传动科技有限公司	童卓燕
宁波一力实业有限公司	周焰文
深圳市兆威机电股份有限公司	邱显生
浙江三 A 弹簧有限公司	孟赛颖
湖南申亿精密零部件股份有限公司	刘 蕾
重庆齿轮箱有限责任公司	赵俊渝
浙江夏厦精密制造股份有限公司	谢桂平
安徽省宁国市东波紧固件有限公司	叶军辉
杭州弹簧有限公司	杨丹菁
浙江省紧固件产业技术联盟	陈冠达
浙江省紧固件产业技术联盟	夏卢娟

前　　言

2019—2021 年给我们留下了太多值得回忆与沉思的东西。

2019—2021 年，我国机械通用零部件行业经受住了极其复杂的国内外经济贸易环境考验，顺应时代潮流，抢抓发展机遇，赢得了市场先机。

面对欧美的"去中国化"，我国机械通用零部件行业抓住了国外买家一直依赖我国零部件，而且短时间内无法找到对我国具有战略性封锁意义的规模化国外替代产品产业链的机遇，以静制动，实现了产品出口的稳定增长。

全球受新冠疫情趋势不明影响，国际大宗商品价格持续上涨，引发了全球通货膨胀；"去中国化"对我国外贸企业造成了"破坏性"影响；运费、能源价格、原材料成本、人民币汇率上升"四升"问题直接加重了外贸企业的负担，外贸企业利润严重被压缩。

在复杂多变的国内外形势下，我国机械通用零部件行业克服重重困难，通过"内循环"与"外循环"的双向互动、协同发力，形成了较完整的战略性产业链体系，在稳定国内大循环良好秩序中守职尽责，进一步促进了产品出口，2019—2021 年我国机械通用零部件行业经济运行保持了良好的上升态势。据行业统计，2021 年我国机械通用零部件行业实现工业总产值 5 400 多亿元，同比增长 14.42%，较前两年的 2.5% 和 1.97% 增长率有了较大提升，是自 2010 年以来增长幅度较大的一年。

2021 年是"十四五"规划开局之年，也是我国迈向第二个百年奋斗目标的新起点。《机械通用零部件行业"十四五"发展规划》提出，到 2025 年，要破解一批"卡脖子"核心技术、重点装备和关键材料，突破一批为高档装备制造配套的短板产品，扶植一批龙头企业和具有可持续创新能力的专精特新企业，培育一批知名品牌和优质产品。行业信息化、数字化、智能化、智慧化水平明显提高，重点智能化关键适用技术得到应用。淘汰了一批高物耗、高能耗、高排放的落后工艺装备，全行业绿色发展水平普遍提高，节能减排技术产品得到应用发挥。

《中国机械通用零部件工业年鉴》（简称《年鉴》）一向致力于真实记载机械通用零部件行业的发展变化。作为行业发展史料，《年鉴》紧跟行业发展变化，2022 版《年鉴》旨在通过总结与记录我国机械通用零部件行业的技术发展情况及标志性创新成果等，加快我国机械通用零部件行业的科技进步和科技成果转化。《年鉴》作为记载机械通用零部件行业发展历程及发展成果的重要载体，将继续为读者提供行业最翔实的信息，并充分发挥其作用，引导产业高质量发展。

中国机械通用零部件工业协会常务副理事长：

2023 年 7 月

广 告 索 引

展示行业精品
提升品牌形象

中国工业年鉴出版基地

广告索引

展示行业精品
提升品牌形象

中国工业年鉴出版基地

目　　录

Ⅰ 中国机械通用零部件工业总览

Ⅱ 链传动行业卷

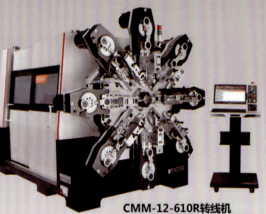
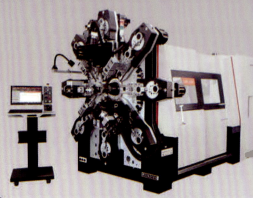
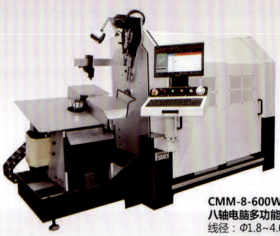
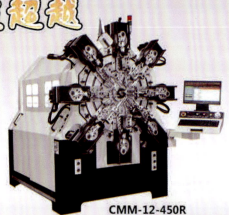

企 业 概 况

专　文

统 计 资 料

标　准

附　录

Ⅲ 齿轮行业卷

综　述

Ⅳ 弹簧行业卷

综　述

大 事 记

苏州环球科技股份有限公司始建于1970年，拥有新豪轴承、传动泰州、智能系统3家全资子公司。有着50多年专业链条和30多年汽车滚针轴承的研发、制造经验。

环球作为全国链传动行业的重点骨干企业和重点出口基地，是中国机械通用零部件工业协会常务理事单位、链传动分会副理事长单位、国家链传动标委会会员单位。

公司设有国家认定企业技术中心，并承接了工信部门的大功率舰船用传动链条工业强基项目，是国家高端装备制造业标准化试点企业。先后参与国家及行业标准研讨30多项次，主持或参与制（修）订标准8次，产品曾获中国标准创新贡献奖一等奖。公司在大力发展高端链传动产品的同时，拓展了用于汽车领域的精密滚针轴承，开发了智能制造系统。

链条主要产品有：传动链、梯级链、工程链等近10000种规格型号，广泛应用于航空、船舶、物流、水泥、矿山、立体车库、工程机械等领域，为国内外知名客户配套与服务，为国民经济和国防科技重大装备提供关键零部件。

轴承主要产品有：向心滚针轴承和推力滚针轴承，产品广泛应用于汽车空调压缩机、变速器、发动机、摩托车、家电、轻工、农机等领域，具备A级质量能力供应商资质，主要为国内外知名主机厂配套。

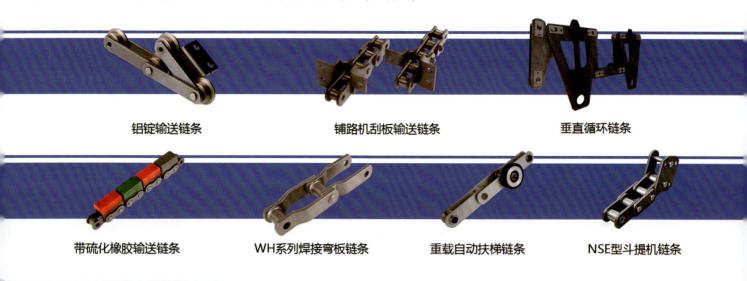

| 铝锭输送链条 | 铺路机刮板输送链条 | 垂直循环链条 |
| 带硫化橡胶输送链条 | WH系列焊接弯板链条 | 重载自动扶梯链条 | NSE型斗提机链条 |

企业荣誉

苏州环球科技股份有限公司
江苏省苏州市吴中区胥口镇石中路188号

环球传动泰州有限公司
江苏省泰州市姜堰经济开发区姜溱路18号

电话：400-0599-988
http://www.universalchain.com.cn
E-mail:kf01@universalchain.com.cn

Ⅴ 紧固件行业卷

Ⅵ 粉末冶金行业卷

重庆弹簧厂

　　重庆弹簧厂始建于1958年，是重庆江都机械制造厂投资的集体所有制企业，是中国机械通用零部件工业协会弹簧分会理事单位，是通过IATF 16949：2016质量管理体系认证的企业。企业专业从事各类弹簧的开发设计和生产制造，产品主要有配套于中船重工旗下企业的柴油机发动机使用的气门弹簧、燃油泵弹簧、喷油器弹簧、调速器弹簧和兵器工业旗下企业使用的枪械弹簧，以及汽车、摩托车等汽油发动机使用的气门弹簧和悬架弹簧。

研发能力：

　　能够独立设计开发各类弹簧，现已为兵器工业开发轻量化、高精度、高强度弹簧，已批量列装，同时取得多项国家专利。实现多款船用柴油机弹簧的国产化研发，经验证其性能已达到或超过国外同类弹簧技术水平。

生产制造能力：

　　公司拥有加工钢丝直径0.1～20mm各型卷簧机的能力，生产通用圆柱弹簧、气门弹簧、燃油泵弹簧、喷油器弹簧、调速器弹簧和悬架弹簧等。

　　可生产各种异性钢丝：椭圆形、矩形、卵形、多股钢丝等的圆柱形、圆锥形、中凸或中凹压缩弹簧。

　　拥有各型多轴微机控制弹簧机，能够生产卡簧、扭簧、拉簧、挡圈等各类异形弹簧。

检测能力：

　　公司检测设备齐全，拥有各型弹簧的性能检测、疲劳试验机，在线无损探伤和超声波探伤仪等检测设备。

企业愿景：

　　以技术创新树立行业品牌，成为国际上知名的弹簧供应商。

地址：重庆市江津区珞璜工业园中兴大道17号

联系人：罗经理 13883980838　胡经理 15223417307

VII 传动联结件行业卷

Contents

I A Guide to China General Machine Components Industry

Overview

Projects and products

Appendices

II Chain Transmission Industry

Overview

Chronicle of events

Overview of enterprises

Special Articles

Statistical data

Standards

Appendices

Ⅲ Gear Industry

Overview

Ⅳ Spring Industry

Overview

Chronicle of events

Special Articles

Standards

Appendices

Ⅴ Fastener industry

Overview

chronicle of events

Overview of enterprises

Special Articles

Ⅵ Powder Metallurgy Industry

Overview

Chronicle of events

Overview of enterprises

Appendices

Ⅶ Transmission coupling Industry

Overview

Overview of enterprises

Chronicle of events

螺栓连接和螺栓连接的安全保障

现有的螺栓行业标准超过85种，不同行业对螺栓连接的要求取决于其设计、运行和维护的需要。

为了达成稳定的螺栓连接，须对以下因素进行评估：

● 设计载荷；
● 根据机械性能和防腐性能选择合适的材料；
● 预紧力及选用恰当的扭矩设备；
● 影响紧固系统完好的运行环境、润滑等因素。

以上因素应由设备厂商推荐，并经工程师或紧固件行业专家确认，方能据此进行维护或修改。

螺栓连接和紧固系统失效的原因：

使用/安装失当	30%
振动	20%
冲击	12%
过载	11%
磨损	6%
腐蚀	5%

来源：PSA 2008

螺栓连接的弹性和机器承受的振动或冲击会引发螺栓松动、松脱或断裂。热循环也会导致螺栓或螺母松动。

松动的螺栓和螺母会导致螺栓连接失效和物体坠落，引发原可避免的事故和计划之外的停机。

为了防止螺栓松动，应采用可靠的、经过验证的辅助防松手段。

对于螺栓连接完好的关键在于夹紧力的工况，防松更为重要。

不同类型的螺栓连接推荐采用不同的防松措施，分为两类：
● 夹紧力是关键的螺栓连接，比如张力连接
● 夹紧力不是关键的螺栓连接，比如剪力连接

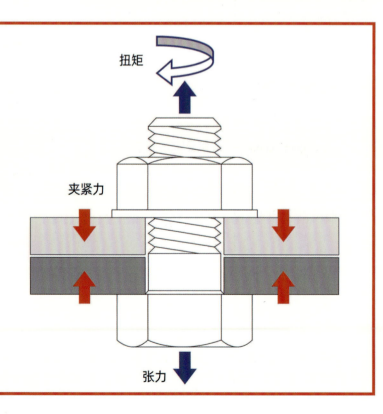

预紧力是在拧紧紧固件的过程中产生的张力。张力在螺栓连接中产生压力（夹紧力）。如未能产生正确的预紧力，辅助防松元件也很难维持夹紧力。

通过扭矩在连接中施力以产生张力。张力在两个部件之间产生夹紧力直至达成所需的"预紧力"。

在有预紧力要求的情况下，应经工程师设计，由设备厂商决定最合适的辅助防松措施。

张力连接的可靠安全措施

我们首先阐述在张力连接中，也就是在需要使用工具达成设计预紧力的螺栓连接中适用的辅助防松措施。在夹紧力是关键的机械和结构连接中，推荐采用以下措施：

楔入式防松垫圈

楔入式防松垫圈为螺栓连接提供安全保障，防止振动、冲击和连接弹性导致的松动。

楔入式防松技术依靠张力而不是摩擦力来保障螺栓连接的安全，允许使用润滑剂来辅助组装和维护。该系统由两片防松垫圈组成，楔形面向内，锯齿面向外。这个巧妙设计的另一重要特征是拧松所需扭矩低于拧紧所需扭矩，易于开展拆卸维护工作。

该措施的雏形出现在1920年代的德国。两片防松垫圈的方向必须正确安置，方能发挥功能。因此，如何预连接或长期维持两片垫圈的正确安置方向，而不影响其防松功能原理的发挥，成为该系统能否合格的一个重要关键点。和该措施相关的，曾经存在和目前依然有效的专利皆为两片垫圈之间的连接方式。

该措施的行业标准为DIN 25201-4，合格产品应通过德国铁路股份公司的认可。

该措施可以用在几乎所有的需要可靠保障和辅助防松的工况中。

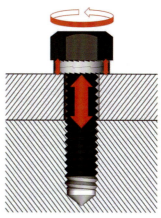

多螺栓张紧器

多螺栓张紧器有螺栓和螺母的形式，用于替代传统的螺栓连接元件。安装只需要手动工具，不再依赖液压设备。

该设计可防止因动载导致的松动。在受到高度和空间限制的和/或不易拧紧的大型连接中尤为合适。

理想的多螺栓张紧器产品应具有以下特征：

- 强度符合DIN 898标准；
- 可使用标准套筒扳手进行安装和拆卸，无需另购专用扳手；
- 通过内部润滑严格控制摩擦系数，无需外部润滑。

其他连接的可靠安全措施

我们接着阐述在夹紧力不是关键的螺栓连接中可采用的辅助防松措施。

尼龙嵌件螺母

此类螺母包含一个嵌入的尼龙环。在安装到螺栓上的过程中，尼龙环产生弹性变形，增加螺纹之间的摩擦力，以抓牢连接。

该措施在非关键的螺栓连接中应用广泛。

 不建议重复使用。在动载或紫外线辐射超标的工况下，会发生旋转松动。

金属锁紧螺母

金属锁紧螺母可用于所有螺栓规格。这类螺母形式繁多，或头部变形、或颈部割槽、或有齿型环，切入接触面或螺纹，通过摩擦力来抓牢。抓牢所需的摩擦力依靠高预紧扭矩来产生。

该措施在非关键的螺栓连接中应用广泛。

 在不调整拧紧扭矩的情况下对螺纹进行润滑易导致紧固件被过度预紧。

城堡螺母和开口销

城堡螺母也称为开槽螺母或冕形螺母，为螺栓连接提供可视且可靠的锁紧措施。螺母上开有放射状的槽口，用抗腐蚀的开口销穿过螺栓杆部的孔，来防止移动。

用于对夹紧力无要求的连接（例如作为铰链使用的螺栓）以及需要经常拆卸的组件。

 该措施只适用于剪力工况中的螺栓连接。

粘胶

螺纹锁固化合物主要用于振动温和、环境温和/无腐蚀的工况。如选用该措施，需要知道可能没有可视的实施证据。所以，要确保在安装图、材料清单和运行维护流程中对使用锁固化合物进行明确规定。

经典传承 与 现代革新

贯穿其120余年历史，HEICO集团始终秉承创新使命，在产品设计和生产工艺上独树一帜。

1900年创立之初，这个家族企业专注于加工线材和板材，生产钉类产品。在几乎垄断了钉类行业之后，凭借傲视群雄的冲压和铆接技术，HEICO集团进军汽车配件行业，迅速获得行业认可，通过ISO/TS 16949质量体系认证，进入欧洲车企零部件供应商清单。

在漫长的百余年经营中，有峰亦有谷，HEICO集团的第四代掌门人Jan Bernd Heimann十分清楚只有不断创新才能永续发展，果断增加了新产品线：机械紧固件，包括HEICO-LOCK®楔入式防松系统产品和HEICO-TEC®张紧系统产品。

每进入一个新的行业，HEICO集团都能带来颠覆性的创新设计，将产品性能做到尽善尽美。2015年6月，HEICO集团荣获"德国中型公司创新能力100强"奖项。该奖项已有20年历史，颁发给德国创新能力领先的企业。

HEICO集团现有近8000个单品，通过其14个子公司销往全球74个国家和地区。"我们的使命是永续创新，过去如此，现在如此，将来亦如此。" Jan Bernd Heimann 说："我们希望能够继续不断开发出新产品，为顾客提供更好的解决方案。"

中国机械通用零部件工业年鉴 **2022**

三永电热瓦斯处理炉

荣获 **ISO9001:2015** 国际品保认证

Has won ISO9001:2015 International Quality Certification

SY-838 箱式球化退火炉
CHAMBER TYPE SPHEROIDIZING ANNEALING FURNACE

美、日技术合作
Know-how cooperation by USA and Japan
确保品质·完善服务
Ensuring quality product with perfect service

SY-805 连续式光辉渗碳(调质)淬火炉(电气加热)(瓦斯加热)
CONTINUOUS BRIGHT CARBURIZING(TEMPERING) QUENCHING FURNACE(ELECTRIC HEATING TYPE)(GAS BURNER HEATING TYPE)

SY-819 连续式热风无氧化光辉退火炉
CONTINUOUS HOT BLAST NON-OXIDATION ANNEALING BRIGHT ANNEALING FURNACE

SY-840 台车式铝合金T4热处理炉
CAR-TYPE ALUMINUM ALLOY T4 HEAT TREATMENT FURNACE

SY-835 坩埚式退火(球化)炉
CRUCIBLE TYPE ANNEALING (SPHEROIDIZING) FURNACE

GW-701 真空高压气体淬火炉
GW-701A 温度自动控制盘
VACUUM HIGH PRESSURE GAS QUENCHING FURNACE
AUTOMATIC TEMPERATURE CONTROL PANEL

SYD-SJ 箱型多用炉
MULTI-PURPOSE CHAMBER FURNACE

三永公司是高品质热处理设备的制造商，自1970年成立迄今，三永的品牌，一直深受广大客户的支持及信赖，目前三永的销售业务已遍及美国、意大利、巴西、墨西哥、俄罗斯、捷克、土耳其、伊朗、南非、印度、孟加拉、迪拜、菲律宾、泰国、印度尼西亚、新加坡、越南、日本等国家和地区，在香港地区也一直畅销。三永深信好的品质绝对经得起时间的考验。

嘉善三永是台湾三永集团1999年设立的独资企业，公司除了为客户提供各类品质卓越的热处理设备外，还提供专业操作人员技术培训，欢迎各界朋友莅临参观指导。

San Yung Electric Heat Machine Co., Ltd. 1s a professional manufactory which manufac-tures high-quality heat treatment machines. Since establishment in 1970, San Yung's brand has been affmned by all of our customers, and currently our sales network has reached all over the world, including: USA, Italy, Brazil, Mexico, Russia, Czech, Turkey, Iran, South Africa, India, Bangladesh,Dubai,Philippines,Thailand,Indonesia,Malaysia, Singapore, Vietnam, Japanetc.San Yung believes that good quality will always stand the test of time.

Jia Shan San Yung Electric furnace Industry Co., is a proprietary corporation in estated by Taiwan San Yung Business Group in Zhejiang since 1999, not only providing the high quality products for our customers, but also support them with specialists for training purpose. Welcome to visit our company.

三永电热机械股份有限公司
SAN YUNG ELECTRIC HEAT MACHINE CO.,LTD.
总公司/工厂:台湾省彰化县溪州乡溪屏村兴南路501号
Head Office & Factory: No.501, Hsing Nan Road, Chi Tsuo Tsing, Chi Chou Hsieng, Chang Hua Hsien, Taiwan, China
电话(Tel):886-4-8896106~10 传真(Fax):886-4-8896098
E-mail:TSY@sanyung.com Http://www.sanyung.com

嘉善三永电炉工业有限公司
JIASHAN SANYUNG ELECTRIC FURNACE INDUSTRY CO., LTD.
总公司/工厂:浙江省嘉善经济开发区晋亿大道16号 邮政编码：314100
Head Office/facory: No.16 Gem-year Road, Economic Development Zone, Jiashan, Zhejiang, China
电话(Tel):86-573-84184395(代表) 传真(Fax):86-573-84184317
E-mail:JSY@sanyung.com Http://www.sanyung.com

浙江晋旺精密汽配有限公司
ZHEJIANG GEM-WANG PRECISION AUTO-PARTS CO., LTD.
总公司/工厂:浙江省嘉善县惠民街道晋吉路18号 邮政编码：314100
Head Office/facory: No. 18 Jin Ji Road, Hui Min Street, Jiashan Zhejiang, China
电话(Tel):86-573-84803999 传真(Fax):86-573-84801199
E-mail:zgw@G-wanggroup.com Http://www.g-wanggroup.com

扬州核威碟形弹簧制造有限公司
Yangzhou Hewei DiscSping Manufacturing Co., Ltd.

Company Profile 公司简介

    扬州核威碟形弹簧制造有限公司创建于1984年，是国内专业制造碟簧的厂家，2009年被认定为高新技术企业，是中国机械通用零部件工业协会授予的"自主创新先进企业"，行业"专、精、特"示范企业，中国机械通用零部件工业协会和中国机械通用零部件工业协会弹簧分会的理事单位。近30年来，为我国三峡工程水下发电机组、载人宇宙飞船、壳牌大型煤气化装置等重大工程配套服务。产品在鞍钢连铸生产线、海工船舶工程、中车集团的工程项目、上海电气电站、东方电气及哈尔滨电气集团的工程项目、国防工程项目得到了良好的应用，部分产品还远销国外。

    公司拥有自动精冲生产线、自动化数控机床车削中心、自动化热处理生产线及磷化生产线，通过ISO 9001质量管理体系认证，建有扬州市碟形弹簧隔震装置工程技术研究中心，公司研究中心拥有十余项发明专利和实用新型专利，以精良的检测手段和优化设计软件使产品质量得到可靠的保证。

    公司连续被评为"重合同、守信用"企业、"产品质量信得过企业"，产品是"扬州市名牌产品""瘦西湖"商标是江苏省著名商标。公司多个产品被认定为"国家重点新产品""江苏省高新技术产品"和"中国机械通用零部件工业协会创新产品"。公司将继续坚持"精心制造、创核威品牌；持续改进、让顾客满意"的质量方针，竭诚为国内外用户服务。

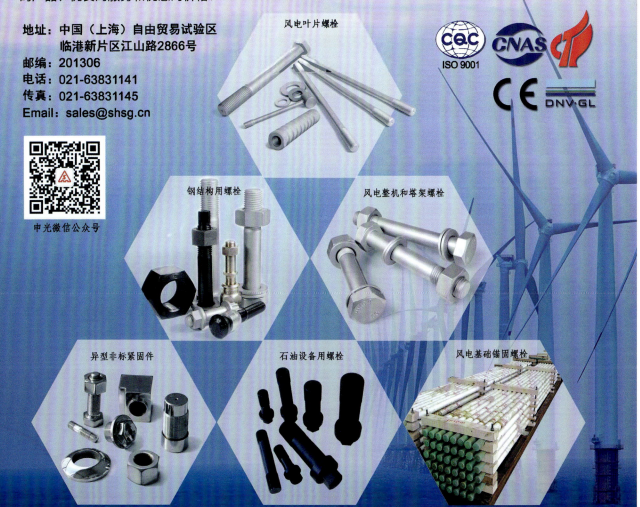

让世界的力更美好

Better Force, Better World

股票代码 SZ300611

浙江美力科技股份有限公司
ZHEJIANG MEILI HIGH TECHNOLOGY CO.,LTD.

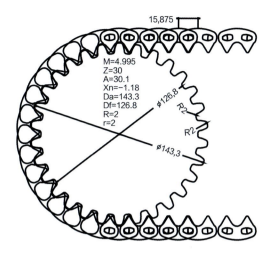
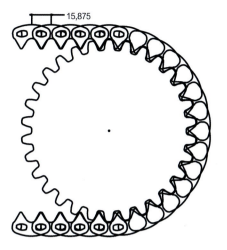

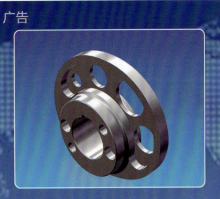

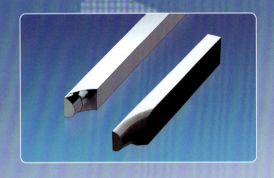

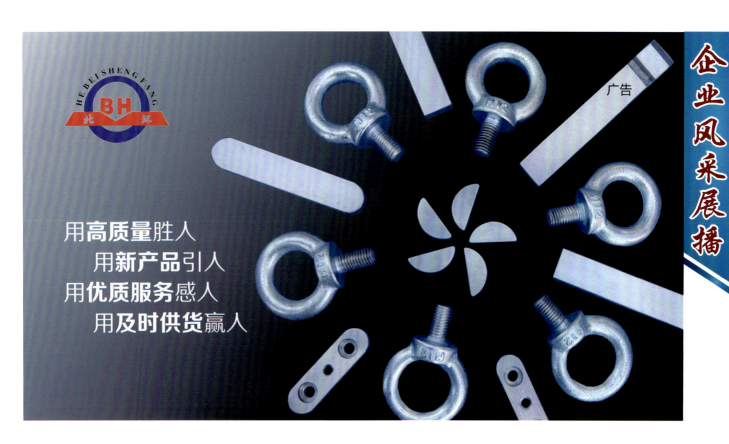

企业风采展播

用**高质量**胜人
用**新产品**引人
用**优质服务**感人
用**及时供货**赢人

公司简介
COMPANY PROFILE

　　河北北环机械通用零部件有限公司是专业的"盛标"牌紧固件老厂，主要生产普通型平键、半圆键、吊环螺钉、键用型钢等键联结系列产品，承接德标(DIN)、美标(ANS)及非标准紧固件生产业务。

　　河北北环机械通用零部件有限公司的设备精良，生产经验丰富，技术力量雄厚，具有自主研发新产品和设计、制造模具的能力。诚实纳税，诚信经营。公司生产的"盛标"牌标准紧固件产品严格执行国家标准，质量可靠，价格合理，实行三包，代办托运。多年来，公司高品质的产品深受广大用户信赖。除内销全国各地以外还随机远销欧洲、美国、亚洲等国家和地区。

　　河北北环机械通用零部件有限公司始终奉行"遵纪守法，造优质产品；信守合同，让顾客满意；持续改进，达行业先进"的办厂理念，坚定不移地走"用高质量胜人，用新产品引人，用优质服务感人，用及时供货赢人"的公司发展之路。靠"用户订单"数量少不嫌弃、规格杂不烦、要求难不推的经营方针通向成功!

　　河北北环机械通用零部件有限公司始于1981年，1997年企业改制为股份合作制企业，位于北京、天津、保定、沧州四大城市交汇中心的胜芳古镇，交通便利。

　　我们竭诚欢迎新老顾客来厂指导、治谈业务、畅叙友情!共求发展，同谋双赢!

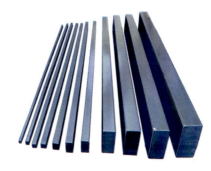

河北北环机械通用零部件有限公司
Hebei Beihuan Mechanical Generic Components Co., LTD.

地　　址：河北省廊坊市霸州市胜芳镇北二环路辰光市场北
客服电话：0316-7616529 18633610066
微　　信：bh18633610066，联系人：张悦

传　　真：0316-7624719
网　　址：www.hbshengbiao.com
邮　　箱：hbshengbiao@126.com；售后QQ：2099469695

Yearbook
China General Machine Components Industry

B10

提供各类通用螺栓、非标螺纹件及异形件专业方案

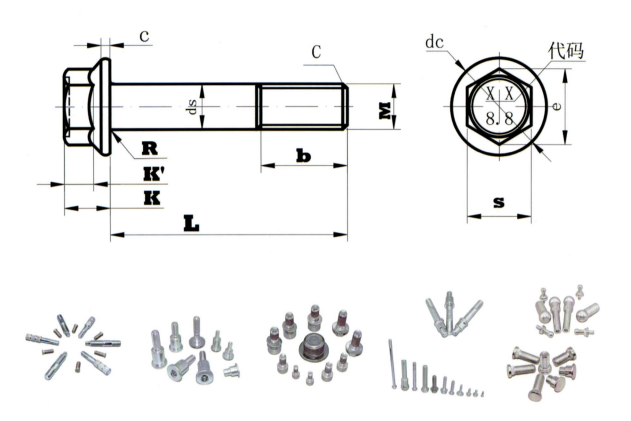

柳州市华侨紧固件有限公司成立于2010年，是广西区内具备较大产能规模，集紧固件研发、生产和销售于一体的产贸型企业，年产值数亿元，致力于成为国内紧固件行业领先企业。公司主要生产经营六角头螺栓、六角头法兰面螺栓、双头螺柱、机螺钉、铆钉、轴类件、特种标准螺纹件及非标螺纹件八大系列600多个品种紧固件，广泛用于汽车、内燃机、工程机械、机电产品、家居家电、电力行业等领域。

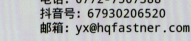

瑞安市春华标准件有限公司
RUIAN CHUNHUA STANDARD PARTS CO.,LTD.

● **专业垫圈、挡圈生产制造商**

瑞安市春华标准件有限公司

瑞安市春华标准件有限公司（简称公司）是一家专业生产各类紧固件的企业，垫圈、挡圈生产已有三十多年的历史，已在全国各省、市、自治区的矿山、机械、电器、电子联轴器、电机等行业的设备上配套使用，内外卡挡圈、卡环深受广大用户好评。同时还可按图样要求冲制、锻造各类非标垫圈、挡圈等产品。公司长期备有现货，信守诺言，交货及时。

公司挡圈、卡环生产技术力量雄厚，碟形垫圈设计能力精湛，产品质量可靠。公司自创办以来，坚持恪守"质量第一，客户至上"的企业理念。

公司热忱欢迎海内外各界朋友、客商前来参观指导、洽谈业务，共同探讨发展大计，以建立永久合作伙伴关系！

地址:浙江省温州市瑞安市汀田街道
　　 金后村金岙路149号
联系人:张存华　手机: 13906872759

企业风采展播

上海国际紧固件展
IFS China 2024

5月22-24日
上海世博展览馆
Shanghai World Expo Exhibition & Convention Center

组委会
Organization Committee

———

中国机械通用零部件工业协会
China General Machine Components Industry Association

中国机械通用零部件工业协会紧固件分会
China Fastener Industry Association

上海爱螺展览有限公司
Shanghai Afastener Exhibition Co., Ltd.

汉诺威米兰展览（上海）有限公司
Hannover Milano Fairs Shanghai Ltd.

紧固件产业链全面覆盖
国内紧固件专业展，规模大！
据国内相关批文显示

上海 Shanghai
电话(Tel)021-6308 1079

广州 Guangzhou
电话(Tel)020-8985 7959

展会公众号

公司介绍
Company Introduction

中山迈雷特数控技术有限公司（简称"迈雷特"）成立于 2012 年，总部位于中山市火炬高技术产业开发区。主营业务：专机定制化的多轴联动数控系统及配套机电产品、全齿形数控齿轮加工方案、专精细微钻孔成套加工装备技术、工业自动化控制和数字化智能工厂解决方案。迈雷特是集研发、生产、销售、服务于一体的高新技术企业，也是国内极少数具备高档数控系统及高端数控装备双研发体系的创新型企业。

11位
国内外机床行业人才

200余项
知识产权，其中33项发明专利，2项国际专利pct，61项软件著作权

10年
精密机床制造经验沉淀

300+
研发、生产、销售、服务人员，为客户创造更多价值

33个
产品远销全球33个国家和地区

100+
精密生产、检测设备

广东省精密齿轮柔性制造装备技术企业
重点实验室
Guangdong Provincial Key Laboratory of Precision Gear Flexible Manufacturing Equipment Technology
广东省科学技术厅
二〇二一年三月

中国机械通用
零部件工业年鉴**2022**

CSSC
重庆齿轮箱有限责任公司

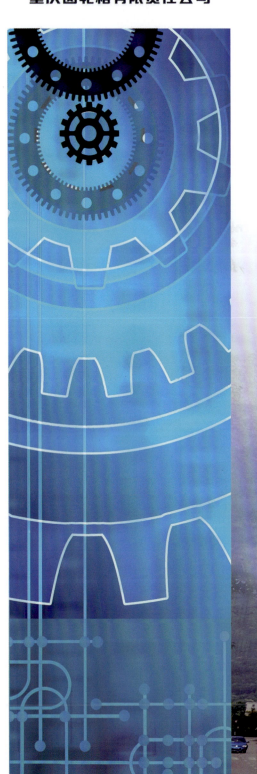

公司简介　重庆齿轮箱有限责任公司

　　重庆齿轮箱有限责任公司隶属于中国船舶集团有限公司，始建于1966年，位于重庆市江津区，公司占地面积90余万m²。公司以硬齿面齿轮传动装置的研制为主营业务，产品广泛用于国防、船舶、风电、建材、轨道交通、冶金、火电、水电、水利、节能环保等领域，是生产舰船用齿轮箱、联轴节、减振器的重点企业，是国内大型的硬齿面齿轮研发制造基地之一，也是舰船后传动装置的研制基地。

　　公司具有雄厚的技术和人才储备，在岗员工2300人以上，拥有科技研发人员300余人，高级职称以上70余人，硕士及以上学历100余人。公司技术中心为"国家认定企业技术中心"，拥有"国家博士后科研工作站"、市级"重型齿轮工程技术中心"等多个创新平台。公司坚持技术引领，每年开发新产品100余项；荣获国家和省部级以上科技进步奖近50项；主持或参与国家和行业标准30余项；在研国家科技部门、国防科工部门、重庆科技部门、集团自立科技研发专项13项；拥有有效发明专利100余项，高价值发明专利25项，中国专利奖2项。

　　历年来，公司荣获中国齿轮行业新中国成立70周年中国建材机械行业杰出企业、"全国文明单位""全国行业诚信经营单位""国家安全标准化一级企业""全国精神文明建设工作先进单位""全国质量奖鼓励奖""重庆市市长质量奖"等荣誉和称号，连年跻身"中国机械工业企业500强""重庆工业企业50强"行列。

　　齿齿相依，带动未来。重齿人始终秉持"军工为魂，合规为基，客户为上，员工为本，创新为翼，奉献为荣"的核心价值理念，"勤实缔造伟业、创新成就未来"的信念，与客户、员工以及社会相关方彼此促进，传递共同成长动力，携手共创美好明天！

聚焦——专精特新

船用齿轮箱

重载扶梯减速机

潮流能发电机组

辊压机减速机

海洋升降齿轮箱

网址：
www.chongchi.com
E-mail：
cngclcc@chongchi.com

地址：重庆市江津区德感镇东方红大街　邮编：402263
电话：023-47211468（公司办公室）/ 023-47211101（销售总公司）
传真：023-47211128（公司办公室）/ 023-47211011（销售总公司）

做专　做精　做强

专业的挠性联轴器产品和服务

可以为各种可能的工业应用提供挠性传动解决方案，产品包括膜片联轴器、膜盘联轴器、风电联轴器。

拥有自主知识产权，引领核心技术发展

持续近40年专业研发，建有各类研发试验设施；截至2022年累计获得国家专利授权74项（其中发明专利10项）。

丰富的工程经验和应用业绩

累计交付膜片联轴器、膜盘联轴器近100万套，已交付产品最高传递功率110MW，最大公称扭矩10500kN·m，最大外径3330mm，最高转速60000r/min，最长达12m。

稳定的供应链能力和纯熟的专业制造经验

标准产品批量生产和工程产品大规模定制相结合，年产各型膜片、膜盘联轴器15万套左右。

宽泛的应用领域

创明挠性联轴器产品广泛应用于石油、天然气、化工、冶金、建材、火电、风电、舰船、航空、轨道交通等行业及各类试验研发设施上。

聚焦——专精特新

企业荣誉
ENTERPRISE HONOR

因专业 而杰出 Excelligent From Expertise

ABOUT 关于杰牌

杰牌始创于1988年,坚持100年做好一台减速机,匠心打造中国的世界品牌。

杰牌减速机、电动机、变频器、传感器、物联网等智能传动方案,执行层、采集层、驱动层、控制层、数据层等智能数字技术,立足中国市场、服务全球市场。

杰牌坚持"专业化、智能化、全球化"发展规划,致力于智能工厂、智能产品、智能服务、智能体验、智能人才等产业平台和未来工厂场景应用的创新与实践。

杰牌智能传动方案提供商!

JRT 智能齿轮减速电机

JRH 智能工业齿轮箱

JRP 智能行星齿轮箱

JRW 高效蜗杆减速机

JD 高效电机

JC 智能传动方案

舟山市7412工厂
Zhoushan 7412 Factory

COMPANY PROFILE
公司简介

　　舟山市7412工厂成立于1986年，是一家专业从事汽车紧固件研发、设计、生产、销售的浙江省科技型企业。企业坐落于浙江自贸试验区，注册资本15000万元，厂区占地面积10万m²，现有职工880余人。

　　企业自创办以来一直从事汽车紧固件的研制和生产，专注于该细分领域已达35年。企业在运行发展过程中始终秉持"忠诚、责任、发展、共享"的核心价值观，以诚信立业、品质为本，致力于打造"海固"品牌，已经成长为汽车紧固件行业的领军企业，并且成为包括北京奔驰、通用、大众、吉利和沃尔沃在内的主流汽车市场公司紧固件制造商之一，是国内主要汽车生产企业供应链上的骨干供应商。

聚焦——专精特新

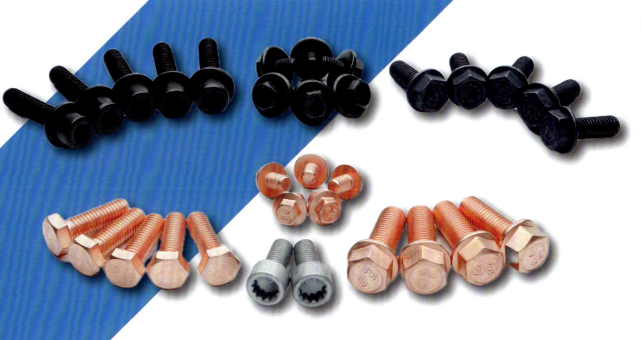

　　7412工厂以满足市场需求为企业目标，以员工靠企业致富、企业靠员工腾飞为追求，不断形成客户利益、员工利益和社会责任的链接。工厂被国家市场监管部门授予"守合同重信用"荣誉称号，其"海固""海锚"商标为浙江省著名商标。

　　2015年成功晋升为浙江省创新示范中小企业，被认定为浙江省企业技术中心。2016年被认定为浙江省企业研究院，获得"浙江制造"认证证书，是舟山市较早入选"浙江制造"名单的舟山企业。2018年获浙江省质量奖提名奖，获得浙江省专利示范企业、浙江省先进质量管理孵化基地称号；2019年取得了ISO17025认可证书，正式获得中国合格评定国家认可委员会认可的实验室资质；2020年12月获国家第二批专精特新"小巨人"称号，为浙江省隐形冠军企业、绿色工厂，获得省制造业与互联网融合发展试点示范企业称号；2021年被认定为专精特新重点"小巨人"企业、获浙江省制造业第一批云上企业及高新技术企业称号；2022年被认定为浙江省第一批智能工厂和浙江省知识产权示范企业。

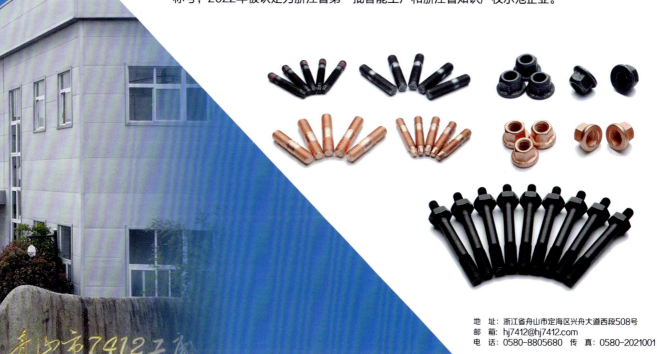

舟山市7412工厂

地　址：浙江省舟山市定海区兴舟大道西段508号
邮　箱：hj7412@hj7412.com
电　话：0580-8805680　传　真：0580-2021001

一力实业
NBYILI.COM

企业介绍
Company Introduction

宁波一力实业有限公司（宁波经济技术开发区一力阻尼器有限公司/宁波一力减震器有限公司）创建于1995年，公司位于宁波北仑春晓工业区，拥有建筑面积23000m²的产业基地，一直致力于气弹簧、阻尼器、汽车减振器、跑步机用滚筒及升降桌的研发和制造，是一家集产品开发、生产经营和技术服务为一体的科技型企业。

自有技术研发团队
公司设立了专门的技术研发部门,拥有经验丰富、创新能力强的技术研发团队。

专利技术研发
公司非常重视新产品或新工艺的研发,每年在研发上都有非常大的投入,获得了优异的成果,并申请了多项专利

产品畅销海外
目前,公司研发了多种类型的气弹簧、减振器、阻尼器产品,适合多个领域,产品受到国内客户一致好评并远销东南亚及欧美市场。

技术引进,合作开发
在产品研发工作中,公司根据科技发展和市场需求,加强与国内科研院所交流合作,通过技术引进,合作开发等方式,使科研成果转化为生产力,为企业创造效益。

聚焦——专精特新

致力于气弹簧、减振器、阻尼器
产品的研发和制造

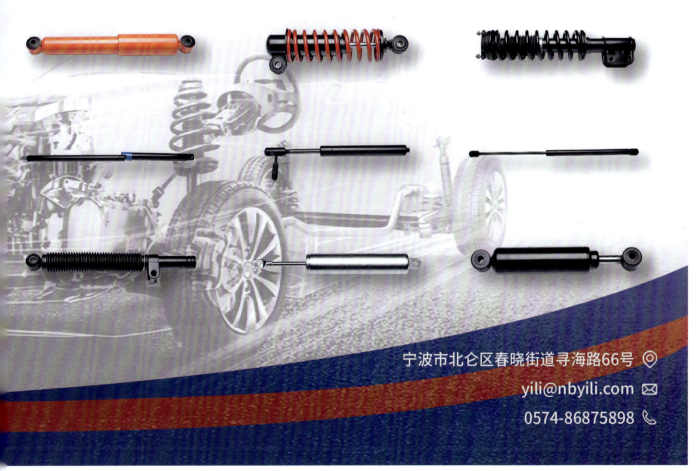

宁波市北仑区春晓街道寻海路66号 ◎

yili@nbyili.com ✉

0574-86875898 ☎

Yearbook C12
China General Machine Components Industry

ZHAOWEI 兆威

企业简介

深圳市兆威机电股份有限公司(以下简称"兆威")
成立于2001年,是一家集研发、设计、制造于一体的
微型驱动系统方案解决商。

兆威是国家高新技术企业,总部位于广东省深圳市,
注册资金17143.47万元,股票代码:003021。

重要奖项及荣誉 — —

第五批国家制造业
(微小传动系统)
单项冠军产品

全国机械工业产品
质量创新大赛
金奖

2020 年中国工业大奖
表彰奖

2019 年国家科学
技术进步奖
二等奖

2019 年中国机械
工业科学技术奖
特等奖

广东省科技进步奖
一等奖

科研建设平台及成果 — —

· 深圳市企业技术中心
· 广东省微型齿轮传动工程技术研究中心
· 机械工业微型传动系统工程技术研究中心

400⁺ 人
研发工程团队

481 项
已申请知识产权

115 项
发明专利

37 件
软件著作权

23 件
PCT

兆威制造

深圳市兆威机电股份有限公司拥有德国蔡司CT、瑞士AGIE线切割机、AGIE火花机、MAKINO、HAMAI等众多品牌加工设备和德国蔡司三坐标机、DIATEST内齿测量仪、冷热冲击实验箱、雨淋实验箱、步入式恒温恒湿室、可编程式恒温恒湿箱、齿轮双面啮合仪等质检设备，兆威专注于微型齿轮和齿轮箱精密模具设计加工、齿轮检测和传动系统测试等，为客户提供精度高、质量优的产品。

-- 兆威产品 --

○ 齿轮零部件

MIM齿轮、金属镶嵌件、塑料齿轮、机加工齿轮、粉末冶金齿轮、精密部件

○ 齿轮箱

定制化微型传动系统、微型丝杆传动系统、微型蜗杆传动机构、全系列微型行星减速器（直径3.4～38mm；输出转速5～2000r/min；减速比5～1500；输出扭矩 9.8×10^{-5} N·m～7.84N·m）

○ 电子控制

兆威电子驱动模块以稳定、可靠的模块化设计，为各个驱动组件提供按需定制的马达驱动控制和智能硬件设计。

○ 智能驱动系统

公司产品广泛应用于汽车电子、智能家居、医疗器械、工业装备、通信设备等领域，为客户的智能化驱动提供定制化服务。

汽车电子　　—汽车尾翼驱动系统　　智能家居

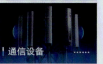

医疗器械　……　工业装备　……　通信设备

深圳市兆威机电股份有限公司
SHENZHEN ZHAOWEI MACHINERY & ELECTRONICS CO.,LTD.

地址：深圳市宝安区燕罗街道燕川社区燕湖路62号
网址：www.szzhaowei.com ｜ 400-066-2287

® 三A弹簧

品牌A、效率A、创新A
立足汽车工业，打造出色的弹簧！

浙江三Ａ弹簧有限公司

　　浙江三A弹簧有限公司的前身是诸暨弹簧总厂，是华东地区早期成立的三家弹簧制造企业之一。改制后跟港台企业于1994年共同出资成立了这家股份制公司，是一家集高端汽车关键零部件研发、制造、销售和技术服务为一体的新型高新技术企业，专业为大众汽车、东风越野、奇瑞汽车、北汽汽车、长城汽车、英伦帝华、吉利汽车、重庆铁马等厂商提供配套服务。公司产品除了汽车常规悬架弹簧（冷卷和热卷）之外，还有模具弹簧、卡簧、拉簧、扭簧、压簧等汽车底盘配件。2004年公司与军工企业合作，尤其是2019年新中国成立70周年大阅兵中，东风猛士汽车系列的再次亮相，为公司的大弹簧在业内赢得了良好的口碑。公司目前具备1500万只弹簧的年产能力。

　　早在2004年，公司就通过了ISO/TS 16949、ISO 14001、OHSAS 18001认证。并于2021年通过了GJB 9001C质量管理体系（国家军用标准）认证。三A人严格把控产品质量和实现过程可控，坚持持续改进，降低生产成本，追求供需双赢，提高公司

悬架常规弹簧半成品

悬架常规弹簧成品

聚焦——专精特新

卷簧机

大弹簧之半自动卷簧及夹尾

大弹簧之磨簧

机械手

测力负荷分选一体机

实验室盐雾复合试验机

竞争力。同时，专门成立了项目组，着力打造优秀的销售团队，力求为客户提供优质的售前售后服务。

持续改进和技术创新是企业生存的核心竞争力，公司专门成立了弹簧技术中心，并与国外技术专家团队展开合作，设立轻量化及其他新的研发课题项目，力求突破弹簧材料四项极限功能，提高产品使用年限。三A人把追求品质卓越、客户高度满意、精益生产和零缺陷作为应对市场竞争、赢得市场先机的主要措施，力求不断创新、精益求精。2019年起，公司着力推进数字化和智能化升级改造工程，并且已成功引进了悬架热卷自动化生产线，在提高产能的同时确保生产出品质更加稳定的弹簧产品。

公司秉承"产品质量是公司的命脉"的经营理念，大力弘扬工匠精神，金的承诺，金的回报，精心服务于国内外顾客和相关方，竭诚欢迎各界朋友莅临指导、洽谈合作。

地址：浙江省诸暨市大唐街道天元支路118号   电话：0575-87076108、0575-87076128
联系人：金小姐   E-mail：office@3aspring.com   网址：www.3asprings.com

公司简介
COMPANY PROFILE

　　湖南申亿精密零部件股份有限公司是国内领先的集标准件产品研发选型、工艺设计、装配指导、产品销售和现场服务为一体的一站式零部件集成方案提供商。

　　公司成立近30年，一直坚持以"技术服务"为核心，以"进口件替代"为路径，以"服务承载责任"为理念，致力于工程机械、铁路机车、货车汽车、市建桥梁、风电电力、石油化工等工业企业提供包括连接配套方案、连接专业技术、连接紧固件产品在内的综合性服务。公司深度VMI模式，彻底解决了主机制造企业对高品质、短交期、零库存和定制化的迫切需求，嵌入式的技术指导和驻场服务模式备受业界推崇，技术品质控制能力和诚信经营为业界所肯定，公司在中、东部建有大型物流配送中心和检测中心，服务范围遍布全国。

　　公司以"国家技术标准创新基地平台"为依托，成立了申亿研究院和申亿智慧工厂，全面布局"工业4.0"战略，致力成为"关键零部件进口件国产化替代"的普及推动者，打造具备自主研发、自主制造能力的全产业链服务平台。

　　公司同时利用与中国机械科学研究总院集团有限公司中机生产力促进中心合作共建的检验检测平台，并协同国家标准创新基地验证分中心平台，建立"标准、检测、认证"三位一体的机械设备及零部件第三方检测中心，不仅提供专业检测服务，还致力于先进制造工艺及关键零部件的应用验证、国家标准验证检验等一体化服务。努力成为连接技术和配套方案的专家、专业紧固产品供应的行家、行业物联网的领先者、诚信经营的代言人。

湖南中机申亿检测技术有限公司

申亿机械应用研究院

微信扫一扫
了解更多申亿资讯

服务热线
400-0731950

邮箱：shenyi@shenyigs.com
网址：www.chinashenyi.com
地址：湖南省长沙市雨花区新兴路268号国际企业中心

公司简介
COMPANY PROFILE

湖南中机申亿检测技术有限公司

申亿集团旗下湖南中机申亿检测技术有限公司是一家集检验检测、咨询培训、认证及技术服务为一体的综合性第三方机构，主要致力于金属材料（制品），非金属材料（制品）、复合材料（制品）、通用零部件等行业领域，特别在紧固件产品检测及技术服务方面居于国内领先水平。

公司创建于2019年，目前占地面积3000余m²，其中实验室面积达2000m²，仪器设备共计360余台（套），总值达3500余万元，其中大型设备中50%为国际知名品牌，部分设备为国内技术领先，预计未来2～3年设备总投资将达到5000万元规模，服务领域及业务形态将大大扩展。

公司自创建伊始，即致力于服务水平和技术能力的持续提升。除了配置高性能设备，公司致力于引进高水平人才，并与中国机械科学研究总院集团有限公司中机生产力促进中心签订了战略合作协议。公司协同国家标准创新基地验证分中心平台，在提供专业检测服务的基础上，开展高端工程机械等先进制造工艺及关键零部件应用验证、国家标准验证检验等一体化服务，为湖南省部分核心零部件检测项目提供支撑，为区域制造业转型升级提供检测研发与标准化支持。

申亿智能制造工厂

申亿智能制造工厂总投资约2亿元，包括4条自动化生产线，项目投产后将为用户提供标准的智能化定制服务。构建申亿智慧工厂为主体的高端产品生产基地。做中国工业关键进口零部件国产化替代的普及推动者，申亿智慧工厂聚焦高端关键零部件自主智造，走"进口件国产化替代"路线，不让国外"卡脖子"。生产基地总建筑面积50000m²（智能化厂房约32000m²），办公及辅助用房4000m²，建设标准化、高质量的高端零部件智能生产线，打造标准化智能生产示范基地。

基地建成后使零部件生产变得可控化和可视化，利用柔性生产线实现多产品加工，制造高精尖零部件，培育高端主机产品，补齐国家核心和关键零部件短板，打造出一流的现代智能制造工厂，进一步满足湖南乃至中部企业高端零部件配件需求。依托工业互联网打造自动化无人工厂愿景，目前已经导入MAZAK自动化生产线，打造自动化生产线和智能化无人工厂示范车间，工程2022年竣工投产。

部分仪器设备
PART OF THE EQUIPMENT

扫描电子显微镜

摆锤式低温冲击试验机

日本进口MAZAK生产线

紧固件综合性能检测系统

模拟装配试验系统

布氏、洛氏、维氏硬度计

高端零部件样件

微信扫一扫
了解更多申亿资讯

中机申亿检测服务电话
0731-82862006
邮箱：shenyi@shenyigs.com
网址：www.syitest.com
地址：湖南省长沙市雨花经开区康庭园22栋北

企业简介
>> Company Introduction

　　浙江明泰控股发展股份有限公司创办于1987年，以专业生产"明泰"牌紧固件而享誉国内外专业市场，是中国大型的汽摩行业紧固件制造商之一，是温州地区标准件行业颇具实力的企业；被认定为浙江省企业研究院，获得温州市市长质量奖、浙江省高新技术企业创新能力百强、中国紧固件行业重点骨干企业、专精特示范企业、高新技术企业、浙江省工商企业AAA级守合同重信用单位、2022温州市制造业企业五十强等荣誉称号。

　　公司占地面积173000m²，建筑面积135000m²，员工人数1000人，年生产能力80000t。目前与在中国经营的大部分国内外汽、摩制造商建立了合作关系，包括一汽轿车、南北大众、通用汽车、海马汽车、三菱汽车、铃木汽车、本田摩托等国内外知名厂商，并且已经进入多家主机厂全球采购网络，在全国设立了20个现场服务点。公司以"为汽车、摩托车制造商提供高品质、优服务的紧固件"为宗旨，主要产品为高强度螺栓、螺母，品种达7000多个，规格覆盖M5～M24，最长螺栓300mm，机械强度包括6.8级~12.9级，表面处理涵盖Zn^{3+}、ZnNi、ZnAl、Cr、P、Y等多种方式，满足顾客多种需求。

　　公司自创办以来，一直致力于提升产品质量，全体员工有着"质量第一、用户至上"的意识与素养，产品在国内外汽、摩行业享有较高的声誉。管理体系认证方面，公司已通过IATF 16949:2016、GB/T 24001—2016、GB/T 45001—2020体系认证，并持续推进管理完善。

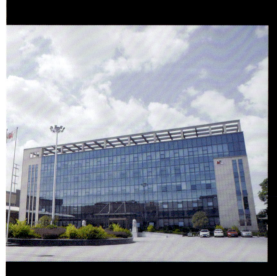

聚焦——专精特新

● 公司地址
● 浙江温州经济技术开发区滨海八路519号

● 联系人
● 陈时敏：13758700838

浙江明泰控股发展股份有限公司
Zhejiang Mingtai Development Holding Co., Ltd.

XIASHA®

COMPANY PROFILE
公司简介

　　浙江夏厦精密制造股份有限公司（以下简称"夏厦精密"）创建于1999年，是一家以研发设计、生产和销售小模数圆柱精密齿轮及相关产品为主营业务的高新技术企业，23年来专注于小模数圆柱齿轮行业，为客户提供0.4~2.5模数的各种规格的齿轮、齿轴、蜗轮、蜗杆、减速器及其他小型传动件等产品。公司产品深受客户的好评和信赖，与丰田、爱信、比亚迪、日本电产、博世、牧田、德朔、宝时得、海康威视、松下等相关行业国际知名企业集团建立了长期稳定的合作关系。目前是国内小模数齿轮协会副主任单位，2021年，公司获得工信部门重点"专精特新"小巨人企业支持。

　　公司目前总占地面积75000㎡，员工1000余人，建有博士后工作站和4个研发机构，其中博士4人、国外专家7人、高级职称人员6人。近3年共投入研发经费6436万元，占主营收入的比重平均为5.3%。

　　夏厦精密的产品包括电动工具齿轮、汽车齿轮、减速器及其配件、智能家居齿轮、安防齿轮等，广泛应用于电动工具、燃油汽车、新能源汽车、机器人、智能家居、医疗器械、安防等领域。公司业务近年来成功向产业链上游拓展，通过子公司夏拓智能科技有限公司，布局了齿轮加工制造设备和刀具的研发生产板块，除了满足自身生产需求外，还实现了向同行业公司销售。

1999 年
公司创建于

75000 m²
公司总占地面积

1000 + 名
在职员工数量

6436 万元
近3年共投入研发经费

公司愿景

夏厦的产品无时无刻不在您的身边，我们将一如既往地保障您日常生活的安全、稳定、可靠，成为您真正的幕后守护者。

DONGBO FASTENER

PERFECT QUALITY LEADS TO OUR STANDING PERFORMANCE

完美质量　杰出表现

BRIEF INTRODUCTION | 公司简介
DONGBO FASTENER

　　安徽省宁国市东波紧固件有限公司相继通过IATF 16949：2016质量管理体系和ISO 14001：2015环境管理体系认证。凭借自身综合实力，成为全国紧固件标准化技术委员会单位委员，先后荣获"安徽名牌产品""高新技术企业"等荣誉称号。参与多项挡圈、弹性圆柱销、垫圈等国家标准的制定和修订，拥有国家发明专利56项。

　　公司拥有各类冲压设备200多台（套）、自动和半自动冲压生产线40条、全自动网带式等温淬火炉等热处理生产线6条、全自动磷化生产线和清洗生产线各1条、数控车床4台（套）、高精密双面磨床8台（套），检测中心设备齐全，能够精准检测与分析材料和产品性能。2009年斥资兴建国内较先进的年产1.8万t AGC轧钢生产线，在实现精准控制原材料厚度的同时，缩短了产品生产周期，提升了成品快速交付能力。

　　公司现有4500多副挡圈冲压模具，产品规格12000余种，可生产DIN（德标）、GB（国标）、ASME/IFI/ANSI（美标）、JIS（日标）及其他非标件产品，月产能达3亿只以上。产品广泛应用于汽车制造、风力发电、工程机械、电动工具、家用电器、新能源等领域，享有"一站式购齐"的美誉。国内主要客户为大型汽车制造商，60%以上的产品出口到欧美高端市场，为五大洲60多个国家和地区的知名分销商及变速箱生产商开发配套产品。

　　在"立足创新、专注质量、诚信服务、合作共赢、共同发展"理念支撑下，东波人始终如一地为客户提供优质、安全、可靠的技术、产品和服务。

CENTER TESTING | 检测中心
DONGBO FASTENER

CENTER TECHNIQUE CONTROL | 技术品控中心
DONGBO FASTENER

安徽省宁国市东波紧固件有限公司
AnHui Ningguo Dongbo Fastener Co., Ltd.

聚焦——专精特新

广告

CERTIFICATE HONORARY | 荣誉证书
DONGBO FASTENER

PRODUCTS COMPANY | 公司产品
DONGBO FASTENER

标准型号：GB893.1/DIN472 N5000/D1360

标准型号：DIN471-B/GB894.2

标准型号：DIN983

标准型号：DIN984

标准型号：DIN6799/GB896/N5133

标准型号：M1800

标准型号：N1504/NKP

标准型号：DIN988/P3/33

标准型号：DIN6797J/GB861.1

定制件

标准型号：KS

标准型号：M1355/ZJ

工厂地址：安徽省宁国市经济技术开发区外环西路110号
电话：0563-4186339、4186334 传真：0563-4186332
邮箱：web@dong-bo.com.cn
网址：http://www.dong-bo.com.cn

沐浴创新阳光　汇聚工匠精神

——访杭州弹簧有限公司董事长李和平

李和平

杭州弹簧有限公司董事长

　　杭州弹簧有限公司不仅作为中国机械通用零部件工业协会常务理事、中国机械通用零部件工业协会弹簧分会副会长单位，同时兼任中国机械通用零部件工

业协会弹簧分会行业培训委员会主任委员单位、技术标准化委员会副主任委员单位。此外，杭州弹簧有限公司还是全国弹簧标准化技术委员会成员单位和中国机械工程学会弹簧失效分析与预防委员会副秘书长单位。

　　李和平，作为该公司的经历者和见证者，自2001年改制到如今，他以推动高质量发展为主题，以持续深化改革为抓手，以高度责任感为牵引，带领着团队踔厉奋进、勇毅前行，奋力打造国内一流机械基础件工业企业。

顺应时代　奋勇前行

　　我们无法违抗寒来暑往、春秋代序的时间规律，却可以通过奋斗赢得尊严，通过梦想矫正惰性，通过规划描写未来，通过改革开拓动能，通过履责收获不凡。时间是个变量，但主动权掌握在每个人的手中。正因如此，李和平在带领公司不断进步的同时也在不断地提升自己的能力。

　　杭州弹簧有限公司一直坚持科技创新、管理创新和观念创新，不断研发高精度、高可靠性、环保

型、节能型新产品，攻克一项又一项技术难关，"十二五"以来，先后完成工业和信息化部门的强基工程1项和科技部门的中小企业创新基金、火炬计划研发项目各1项，通过浙江省新产品鉴定5项，获得浙江省优秀工业新产品奖和浙江省科学技术成果奖共3项；同时因参加多项国家标准、行业标准及国际标准的制修订及研究工作，获得中国机械工业科学技术进步奖一等奖、杭州市技术标准一等奖和浙江省标准创新型企业奖。同时，公司还获得中国机械通用零部件工业协会自主创新优秀新产品特等奖13项、优秀奖16项，先后被评为国家重点扶持领域高新技术企业和中国机械工业颇具创新力企业。2019年公司被评为杭州市社会责任AA级企业。以工匠精神为引导、以技术创新为手段，以精益管理为保障，公司创建60余年来，专注于将各类弹簧产品做精做强，在细分市场领域做成了行业标杆。公司自创建以来一直坚持弹簧产品的专业生产和研制，目前公司的主导产品为各类汽车发动机气门弹簧、离合器/减振器弹簧、油嘴油泵弹簧、高精度液压和气动元件弹簧、重型机械缓冲弹簧、轨道交通和工程机械等配套热卷弹簧等。公司的"兰菱"牌气门弹簧和液压件弹簧曾于1985年、1990年被评为国家机械工业部门的"优质产品"和浙江省"优质产品"，公司于1989年被评为浙江省先进企业。

李和平先后被评为中国机械工业优秀企业家、中国汽车行业（零部件）十大管理英才、中国受职业经理人推崇的企业家、"十二五"机械工业标准化工作先进工作者等。在2018年中国机械通用零部件工业协会（以及弹簧分会）成立三十周年之际被评为中国机械通用零部件工业协会"突出贡献人物"和全国弹

簧行业"为行业发展做出突出贡献的老专家"。李和平表示，作为老一辈的中国机械工人阶层的一员，他以此为豪。他不计个人得失，把国家利益和集体利益永远放在第一位；他带着他的初心不断奋发向前，引领公司走向辉煌。

国以人兴　重在创新

李和平认为，关键核心技术是要不来、买不到的。要想改变"卡脖子"局面，必须直面问题、主动作为、攻坚克难，瞄准世界科技前沿，抓住大趋势，下好"先手棋"，持之以恒地加强基础研究，把关键核心技术掌握在自己手中。

杭州弹簧有限公司一直致力于高精尖弹簧的研发生产，推动弹簧产品实现革命性迭代升级，让国产化的高精尖弹簧产品应用到更多领域。杭州弹簧有限公司的"兰菱"品牌已成为杭州市名牌和中国机械工业优质品牌，"兰菱"品牌产品主要应用于汽车、铁路、工程机械、高端液压件等行业。杭州弹簧有限公司拥有自己的弹簧研究所，现已成为浙江省企业研究院—杭州弹簧科技研究院。目前公司生产的弹簧涉及9大领域300多个系列超2000款。其中，变刚度

气门弹簧系列、环保型发动机气门弹簧系列和高应力高可靠性气门弹簧、液压件弹簧、铁路(轨道交通)弹簧系列产品等相继入选为国家创新基金项目、国家火炬计划项目、国家"863"计划项目和国家强基工程项目。此外，杭州弹簧有限公司的弹簧产品还广泛应用于航空航天、海洋工程、能源环保等行业的高端装备上，目前是潍柴动力、中国重汽、瑞铁股份、三一重工和江汉钻机等知名企业的弹簧主要供应商。杭州弹簧有限公司在轨道交通领域的拳头产品包括出口澳大利亚、阿根廷、南非、芬兰、印度尼西亚等国家和地区的铁路机车转向架弹簧，以及严格按照德国标准生产的电器控制开关弹簧，能够提高列车车厢整体

稳定性和舒适性的旁承体弹簧，用于高铁、地铁、货车的制动器弹簧；已投放于市场的地铁空气弹簧。铁路机车转向架弹簧被评为2012年度中国机械通用零部件工业协会优秀新产品奖。电器控制开关弹簧拥有成熟的工艺，旁承体弹簧已通过中铁检验认证中心认可。虽然公司规模只能跻身全国前20位，但对公司的技术实力和研发能力，李和平格外自信。

所谓"创新之道，唯在得人。得人之要，必广其途以储之。"没有人才就没有科技，李和平对人才培养尤为重视。"我们依托杭州弹簧研究所的强大科研力量，研发的产品涉及航空航天、汽车(摩托车)、轨道交通、工程机械、农业机械、海洋工程、环保能源设备、电梯、电器等十大领域，是国内创新和研发能力较强的弹簧企业。"公司有350余名员工，其中科研人员就有100余人。目前公司仍在不断与各类高校合作，以吸引更多的新型人才。正如李和平强调的，我们必须营造尊重人才、求贤若渴的社会环境，公正平等、竞争择优的环境，待遇丰厚、保障有力的生活环境，为人才心无旁骛钻研业务创造良好条件，在全社会营造鼓励大胆创新、勇于创新、包容创新的良好氛围。

岁月往复　匠心筑梦

一路走来，李和平带着坚持做民族品牌，为制造

企业荣誉

2011—2021

中国机械工业具有创新力企业	中国机械工业优质品牌
中国机械工业科学技术一等奖	高新技术企业
杭州市技术标准一等奖	中国机械通用零部件工业协会技术创新奖
杭州名牌产品	

广告

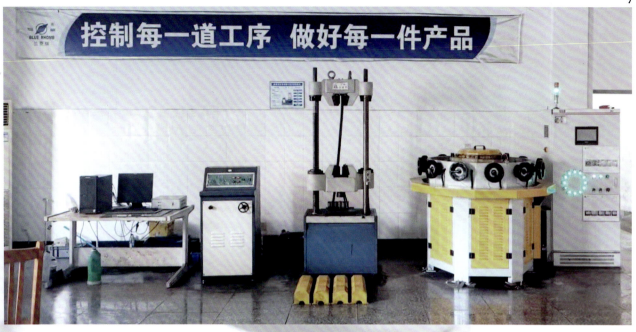

控制每一道工序　做好每一件产品

出国家需求的产品而努力的初心，矢志不渝，坚持"为员工谋福利，为社会做贡献"的办厂宗旨。

"我们是做高精尖产品的，其实周期很长，必须耐得住寂寞。研发一款新弹簧产品，需要2年左右的时间，如果是特别要求的产品，则可能需要3~5年，这期间只有投入没有产出，但是我们认为是很值得的。"李和平说，回忆起从国企逐渐私有化的历程，仍然历历在目，当时企业已经岌岌可危，必须实施改革才能更好地经营下去。李和平当的工资只有1000元，需要2年时间凑足30万元，他冒着巨大的风险毫不犹豫地向亲朋好友借了30万元，困难可想而知，投入企业改制中，以身作则，带领150余名员工下海谋生，只为把公司更好地经营下去。杭州弹簧有限公司作为上汽通用五菱汽车的供应商，平均每个月要供应上海通用五菱汽车100万件左右的弹簧，10多年来，这么大的供货量，几乎是零缺陷。"我们一直坚持和努力的方向就是德国人、日本人能做到的，我们也一定要做到。"李和平表示。也正是李和平的决心，才让公司有了现在的成就。时代所需要的，永远不只是光鲜夺目的外在才华，而是难以窥伺的诚信品格。只有诚信，才能似玲珑剔透的琥珀，在人类精神的长空熠熠生辉。既使在疫情期间，公司的经营也基本没有受到影响，"十四五"规划把原有的2亿元产值增加到3亿元以上。2023年，国内外市场已整体复苏，公司收到的订单在不断突破新纪录，公司整体发展也越来越好。

一个个超级工程，一台台大国重器，一项项高精尖端技术的背后，都刻印着能工巧匠一丝不苟、追求卓越的身影，都彰显着工匠精神的伟大力量。在谈到公司目前面临的问题时，李和平表示，工匠地位不高是中国制造业目前面临的最大问题，也是杭州弹簧有限公司面临的问题。很多年轻人不愿意进入制造业，不愿意当工匠，更喜欢赚快钱。他希望国家能够逐渐解决年轻人的住房及孩子教育问题，资源向制造业倾斜一些。他希望能有越来越多的年轻人学习工匠精神，传承匠心，用修行心态，造平凡之器。

没有人能够脱离时代而成为"孤勇者"，没有哪个时代不需要每个人的挺膺奋进。荒芜的农田，靠耕耘才能长满庄稼；沉默的工厂，靠轰鸣才能带来生机。中华儿女之所以伟大，就在于每次经历过灾难后都能不屈不挠，坚定地走好自己的路。每个人的一小步，共同成就时代发展的一大步，共同汇成照耀前程的明亮灯火。希望越来越多像李和平这样的工匠出现，传承工匠精神，点亮匠心之灯。也希望越来越多的新型人才踊跃加入工匠队伍，为国家做贡献，为时代做贡献。

东莞市杜氏诚发精密弹簧有限公司
DONGGUAN TU'S CHENGFA PRECISION SPRING CO., LTD.

诚发弹簧2002年成立于中国深圳，由3台弹簧机50m²门店开始创业；2005年搬迁到1700m²厂房，设备增加到30台，2008年搬迁到5000m²厂房，设备增加到50台。随着公司的不断发展、持续创新，在不同领域开拓市场，现已发展成集弹簧、弹片研发制造和销售为一体的高新技术企业，并于2017年将制造基地迁入占地面积25000m²的东莞市杜氏诚发工业园，成立了东莞市杜氏诚发精密弹簧有限公司。

医疗无尘车间

最大生产线经8.0mm

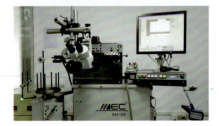

最小加工线经0.02mm

东莞市杜氏诚发精密弹簧有限公司是国内率先采用欧洲安全标准生产车间、推行"工业4.0"和实施MES制造执行系统的弹簧制造企业。2017年建立精密车间，全部采购进口高精密弹簧机设备，率先引进日本ITAYA和MEC全微机智控机，可生产0.02mm线径、0.138mm外径的高精密医疗导丝弹簧，并在高清显微镜中检测产品质量，进行三维加工，可应对各种复杂精密弹簧的加工需求。2019年建立医疗器械专用车间，车间洁净度达到10万级，公司未来的重点是大力开发更多医疗器械客户，为客户提供更高精度和品质的产品。

日本基恩士2000倍显微镜

日本拉力、压力测试仪

日本扭力测力测试仪

杜氏誠發
TU'S CHENG FA

精益求精　与时俱进

永恒以顾客满意为尺度的工作标准

公司现拥有性能优良的日本进口ITAYA和MEC全微机智控弹簧机。公司从中国台湾进口502S/504、505微机，微机压簧机，拉簧机和平面机， 公司的生产设备达100余台；有完整的测量系统，检测仪器有日本进口的全自动拉压力测试仪、扭力测试仪、投影仪、自动2.5次元一键式快速测量仪、材料硬度测试仪、寿命仪、盐雾测试仪，硬度测试仪等40余台；从英国引进专业弹簧设计软件IST，优秀的专业研发和技术团队不断革新设备，研发专用的工装治具，目前公司已获得54项专利，其中发明专利14项。

Yearbook
China General Machine Components Industry

D6

主要产品

更广泛的产品范围

公司主要产品有拉力弹簧、扭力弹簧、压力弹簧、线成型产品、波形弹簧、漆包线电感线圈、弹片、涡卷簧、超精密介入弹簧、脑起搏器弹簧、心脏三尖瓣膜弹簧、血管支架、气管加强管、内窥镜管簧、关节簧中簧、血管造影 OCT 等。多年来公司凭借工匠精神持之以恒地发展，诚发的弹簧已经无处不在。

汽车拉簧

汽车扭簧

汽车座椅弹簧（涡卷弹簧）

工业类汽车弹簧

除了单管扭力弹簧外，公司生产汽车类多种部件弹簧。线径可以由0.02~8mm，材料可以选用高碳素钢线、不锈钢线、钢琴线、青铜线及磷铜线。亦有各种表面电镀及其他处理。

多年来，公司凭借工匠精神持之以恒地发展，诚发的弹簧已经无处不在。从小孩的笑脸（玩具），到生活的智能（机器人系统），精密让时间运转不息（钟表），严谨架起沟通的桥梁（通信），可靠为人类提供安全保障（汽车、自行车），持之以恒让生命永不停歇（医疗），让生活随心所欲（家电），诚发对客户的承诺始终如一（自动化设备、仪器仪表）。产品已广泛应用于医疗器械、汽车、电子电器、通信、智能制造等行业。

为了持续保证产品质量，公司通过了ISO 9001，IATF 16949汽车质量管理体系和ISO 13485医疗器械质量体系认证。公司以人为本，通过了社会责任体系和安全生产标准化三级企业认证。公司注重革新和研发，通过了知识产权管理体系认证。

公司的经营理念是"客户想到的我们要做到，客户没想到我们要想到"，我们将继续创新，提高竞争力，为全世界提供弹簧，为所有客户提供定制化服务。

杜氏誠發
TU'S CHENG FA

聚焦——工匠精神

弹簧片

工业类电子电器弹簧

水管夹/喉夹

扁线方线弹簧

通信（漆包线）

通信类弹簧

天线弹簧

射频天线弹簧

多股导丝牵引丝

多股导丝牵引丝

心脏瓣膜瓣架

超精密心脑血管弹簧

起搏器斜圈弹簧

内窥镜弹簧管

关节簧中簧

PCI导丝

镍钛合金扁材成型

医疗器械类弹簧

掌舵 "七丰" 带领员工走上共富路

在过去20多年的时间里，七丰精工科技股份有限公司（简称七丰）董事长陈跃忠倾注全部心力做了两件"漂亮事"：一是用22年时间将一家紧固件小作坊企业打造成集中高端紧固件研发、制造和检测为一体的优质企业，并成功在北京证券交易所上市；二是以各类暖心保障，使每一位员工快乐工作、幸福生活、活得有尊严。无论是奋勇创业干事，还是带领员工"共富"，他都是敬业尽责的"领路人"。

紧固件行业转型的"弄潮儿"

七丰成立于2001年，成立之初只有7名员工、7台设备和7万元资金，这也是"七丰"之名的由来。创业初期，七丰精工以外贸冲压件、标准件为主营业务，在同质化的产品竞争中逐渐发展壮大，2003年厂房扩建至3000m²，2007年扩建至13000m²，年产值逾4000万元。

"唯有差异化产品才能在国际市场上脱颖而出。"陈跃忠深谙此道。2008年，我国第一条高铁京津城际铁路开通，标志着高铁快速发展时代到来，意味着市场对铁路道钉的需求量将大大增加，陈跃忠看准这一机遇，迅速与国

家标准件产品质量监督检验中心合作成立浙江海泰克标准件研发中心，联合开发高速铁路道钉。2008年10月，首批铁路道钉成功应用于国家重点工程——郑西高速铁路和武广高速铁路，当年年产值就达8000万元。

在陈跃忠的带领下，七丰发展迅猛。公司于2010年11月5日获得上海铁路局物资采购市场准入证，并与上海铁路局签订了战略合作框架协议。随后，七丰拿下了京沪高铁的订单，七丰供应京沪线占比50%。经过多年经营，七丰已成为铁路道钉生产领域的"佼佼者"，目前拥有9套高速铁路道钉生产线，月最大产能可达120万件，武广、郑西、兰新等高速铁路均有"七丰制造"的产品，防盗型高铁道钉等产品远销国外，"七丰制造"已驰名国际。

陈跃忠不仅立志做"跑得最快"的紧固件，也争做"飞得最高"的紧固件。2015年，七丰进军航天用高端紧固件生产领域，且已取得相关资质，相继与上海航天技术研究院、航空工业主机厂等单位建立了长期合作关系，具备了航空航天等领域高端紧固件的生产、服务能力，公司研发的新型管路件等产品已应用在某新型战斗机上。

浙江省高新技术企业、浙江省高新技术研发中心、浙江省工商企业3A级"守合同重信用"单位、浙江省信用管理示范企业、嘉兴市科学技术进步奖、海盐县政府质量奖……这些荣誉是七丰一路蓬勃发展的明证。公司拥有有效专利26项，主导起草2项紧固件行业国家标准。公司被评为2019年浙江省隐形冠军培育企业、2020年度嘉兴市市长质量奖、浙江省紧固件行业（第一批）"专、精、特"

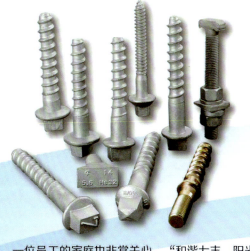

龙头型企业，2021年度浙江省"专精特新""隐形冠军"企业，2022年被国家工信部门授予第四批专精特新"小巨人"企业称号。作为紧固件行业转型的"弄潮儿"，陈跃忠不畏风雨、砥砺前行终于在2019年年初带领七丰成功在新三板挂牌上市，并于2022年4月15日在北京证券交易所成功上市，股票代码：873169。

是员工共富路上的领路人

员工好，企业才能好；企业好，员工才能更好。在七丰精工的发展过程中，陈跃忠始终将增收、共富和关怀员工放在心上。七丰现有员工200人左右，其中六七十人为新员工，员工整体的忠诚度极高，把七丰当成家的员工大有人在，这一切都离不开陈跃忠实施的"和谐七丰 阳光工程"计划。

在七丰，公司每位中层干部都可享受公司股权，在未来三到五年内，公司将把1000万元股份配给所有员工，以激发员工的积极性。在七丰，全体员工吃的是免费餐，享受的是免费体检待遇；在七丰，员工可享受15～25天的春节探亲假，并且公司提供往返交通费；在七丰，六七十个新员工可以免费入住公司的职工宿舍，并且水电费由公司支付；在七丰，每月都会为员工过集体生日，让每位员工感受公司带来的温暖；在七丰，入职三年以上的员工可以享受公司提供的赴北京、云南和海南的年休假等。

这些是七丰关爱员工的部分缩影，陈跃忠希望每一位员工的工资都能用于提升生活品质上。不仅如此，他对每一位员工的家庭也非常关心，"和谐七丰 阳光工程"兼及老幼。员工家中年满70岁的老人年底可以享受公司发放的慰问金。公司尽力为新员工子女联系就读学校。入职满三年以上的七丰员工子女考上大学，只要凭借大专及以上录取通知书，公司就会补助奖学金2000元。除了常态化的暖心计划外，当公司员工及家庭遇突发困难情况时，公司会发动全体员工开展献爱心捐助活动，同时公司以"一比一"的比例配套发放救助金，护航困难员工及家庭，共渡难关。

纵观20多年的发展路，陈跃忠凝心聚力将七丰从一艘小船打造成巨舰，不但强大了公司，也富裕了员工。毋庸置疑，他是员工共富的领路人，七丰公司2000多m²的员工宿舍楼前停车场上如今已停了30余辆新员工的汽车，这是七丰实打实交出的"成绩单"。

2018年年底，陈跃忠当选海盐县望海街道商会会长，2022年当选海盐紧固件同业商会会长，同时也把干事创业的热情带到了更广阔的领域。陈跃忠将致力于开展会务、商务活动，规范基层商会组织建设，团结动员广大企业共同为地方经济发展腾飞做贡献。

紧固件 产业集聚区

浙江省紧固件产业技术联盟

特载——紧固件集聚区专栏

制造之兴
在于强基

2023年是实施"十四五"规划承上启下的关键一年，中国制造正面临世界百年未见之变局，制造之兴，在于强基，基础零部件和元器件是各种装备的基础和重要配件，这些小零件的性能和质量决定了整体装备的精度和性能，未来，关键零部件将助力中国制造向高质量发展。

服务专精特新紧固件企业
精心打造高端紧固件产业园

浙江省紧固件产业技术联盟

浙江省紧固件产业技术联盟于2015年11月10日由浙江省经济和信息化部门批准组建。联盟以国家战略产业和区域支柱产业的技术创新需求为导向，以企业为主体，以形成产业核心竞争力为目标，以多样化、多层次的自主研发与开放合作创新相结合模式，围绕优化紧固件产业技术创新链，运用市场机制集聚创新资源，创新紧固件行业产学研结合机制。在行业主管部门的监督管理和业务指导下，与清华大学、浙江清华长三角研究院、上海大学材料科学与工程学院紧密合作，实现企业、大学和科研机构在战略层面的有效结合，共同致力于紧固件技术创新和产业发展技术瓶颈突破，提升我国紧固件产业的整体水平。

主要工作

1. 协助政府制定紧固件及相关产业的发展政策、体系并建立相应机制。
2. 已分别在江苏连云港、安徽铜陵协助相关单位建立两大紧固件产业基地，后续将在安徽、江苏续建两个产业园。
3. 协助政府制定相关的行业规范、技术标准和产业标准，已帮助30多家企业开展团体标准及行业标准制定工作。
4. 加强联盟成员之间的技术互动、信息沟通，促进产学研合作，帮助企业建立研究院，目前已建立4家大学与企业研究院。
5. 帮助企业开发国内外航天、航空、汽车等高端紧固件产业市场。
6. 对接高端紧固件产品技术服务，帮助企业设立院士、博士后工作站，目前已帮助会员企业建立2个院士工作站。
7. 对有潜力的紧固件企业进行上市辅导服务，直至其进入资本市场，目前已协助3家企业进入北交所及主板市场。
8. 申报国家、省、市级技术项目，争取政府支持，目前已帮助超20家企业进行专精特新中小企业、小巨人、隐形冠军、技术中心等申请。
9. 联办中国紧固件产业博览会（嘉兴）线上线下展，使企业获得国内外大量订单。

办公地址一：浙江省嘉兴市亚太路705号浙江清华长三角研究院B幢7层　　服务热线：13456276786
办公地址二：浙江省嘉兴市海盐县武原工业园区金星区一星路3号　　　　联系电话：0573-86056682 82570053

浙江省紧固件产业技术联盟

（常务理事及以上单位）

序号	公司名称	职务	序号	公司名称	职务
1	浙江东明不锈钢制品股份有限公司	理事会主席	31	浙江麦思登紧固件制造股份有限公司	副主席
2	浙江清华长三角研究院信息技术研究所	常务副主席	32	富地润滑科技股份有限公司	副主席
3	浙江友信机械工业有限公司	常务副主席	33	浙江渤威能源科技有限公司	副主席
4	思进智能成形装备股份有限公司	常务副主席	34	海盐丰拓五金制品有限公司	副主席
5	浙江乍浦科技有限责任公司	常务副主席	35	舟山市正源标准件有限公司	副主席
6	浙江宝拓机械股份有限公司	常务副主席	36	浙江安盛汽车零部件有限公司	副主席
7	宁波海星机械制造有限公司	常务副主席	37	浙江欣雨汽配科技有限公司	副主席
8	嘉兴润枫五金科技股份有限公司	常务副主席	38	常绿（浙江）智能制造股份有限公司	副主席
9	浙江群展精密紧固件股份有限公司	常务副主席	39	上海聚正智能科技有限公司	副主席
10	上海大学材料科学与工程学院	副主席	40	立茂精密工业（嘉兴）有限公司	副主席
11	浙江鼎盛汽车紧固件有限公司	副主席	41	研华科技（中国）有限公司	副主席
12	浙江中运机械科技有限公司	副主席	42	浙江晟鑫五金制造有限公司	副主席
13	宁波时代汽车零部件有限公司	副主席	43	海盐兄弟机械股份有限公司	副主席
14	海盐富建紧固件股份有限公司	副主席	44	衢州天力紧固件有限公司	常务理事
15	海盐华昇汽配科技股份有限公司	副主席	45	中达国际贸易（海盐）有限公司	常务理事
16	温州紧固件市场	副主席	46	浙江东禾机械科技股份有限公司	常务理事
17	浙江晋椿精密工业股份有限公司	副主席	47	七丰精工科技股份有限公司	常务理事
18	嘉兴大成五金科技股份有限公司	副主席	48	嘉兴市德艺五金制品有限公司	常务理事
19	嘉善嘉瑞精密五金科技股份有限公司	副主席	49	浙江三林五金制品有限公司	常务理事
20	宏耀科技（浙江）股份有限公司	副主席	50	嘉善伟悦紧固件有限公司	常务理事
21	嘉兴京磁科技有限公司	副主席	51	嘉善玉林五金有限公司	常务理事
22	嘉善隆顺紧固件有限公司	副主席	52	海盐嘉盛瑞科技股份有限公司	常务理事
23	浙江固尔耐紧固件制造有限公司	副主席	53	嘉兴万联汽配有限公司	常务理事
24	嘉善永鑫紧固件有限公司	副主席	54	马克斯环保设备（上海）有限公司	常务理事
25	舟山市定海永丰机械厂	副主席	55	浙江佰润电镀有限公司第十分公司	常务理事
26	宁波安拓实业有限公司	副主席	56	嘉善鑫美金属制品有限公司	常务理事
27	浙江盛世瑞金紧固件股份有限公司	副主席	57	海盐达康五金有限公司	常务理事
28	浙商中拓集团（浙江）新材料科技有限公司	副主席	58	海盐瑞斯特五金有限公司	常务理事
29	浙江佳乐科仪股份有限公司	副主席	59	亦辰五金（浙江）股份有限公司	常务理事
30	嘉兴合邦机械科技股份有限公司	副主席			

特载——紧固件集聚区专栏

浙江省紧固件产业技术联盟大事记

2016年12月15日

浙江省紧固件产业技术联盟成立大会在嘉兴隆重举行。会上，举行了授牌仪式。

2017年3月29日

由浙江省紧固件产业技术联盟承办的2017中国高端装备制造业年会·嘉兴峰会在嘉兴隆重举行。

2017年4月

浙江省紧固件产业技术联盟秘书长陈冠达带队赴非洲乌干达考察市场，对我国紧固件五金产业进行推广。

2018年3月27日

由浙江省紧固件产业技术联盟承办的2018年中国高端装备联盟年会暨"一带一路"企业家峰会在江苏省盱眙县隆重举行。

2018年4月10日

浙江省紧固件产业技术联盟组织39家成员单位赴台湾省参加第五届台湾国际扣件展。

2018年10月20日

浙江省紧固件产业技术联盟秘书长陈冠达受邀参加在上海举行的五地域紧固件协会交流大会。

2018年11月5日

中国工程院院士、中北大学双聘院士、北京理工大学教授、博士生导师朵英贤与《中国高新技术》期刊社执行社长刘佳乾共同为联盟授牌"院士服务基地共建机构"。

2019年8月

浙江省紧固件产业技术联盟秘书长陈冠达带队前往江苏省连云港市参观当地产业园，开启产业转移之行。

2019年9月12日

浙江省紧固件产业技术联盟嘉善分部正式成立。

2019年12月

浙江省紧固件产业技术联盟秘书长陈冠达带队前往摩洛哥参加2019年摩洛哥中国贸易周。

服务专精特新紧固件企业　精心打造高端紧固件产业园

2020年2月12日

浙江省紧固件产业技术联盟发起为奋战在前线的浙江医护工作者捐赠物资及捐款活动，共筹集资金87366元。2月27日，联盟秘书处将购入的价值56650元的医疗物资及剩余款项30716元捐给浙江省红十字会。

2020年6月、7月

2020年6月、7月，浙江省紧固件产业技术联盟两次联合承办2020浙江嘉兴·海盐出口网上交易会，助力企业在疫情之下开拓海外市场。

2020年、2021年

浙江省紧固件产业技术联盟连续两年联合主办"中国紧固件行业十大紧花"评选，活动取得圆满成功，引起业内巨大反响。

2021年3月23日

举行浙江省紧固件产业技术联盟2020年会暨中航科技管理中心嘉兴分中心启动仪式。

2021年

浙江省紧固件产业技术联盟积极推进"浙江制造"团体标准的申报工作。联盟至今已有浙江东明、浙江宝拓、嘉善永鑫、七丰精工、舟山正源、浙江晋椿、嘉善嘉瑞等十多家企业的"浙江制造"团体标准或行业标准成功发布。

2021年

由浙江省紧固件产业技术联盟承办的2021中国（嘉兴）紧固件产业博览会在第十八届中国会展行业高峰论坛（CCESF）创新发展大会、中国会展之星年度盛典上，荣获中国会展之星"优秀特色展会""中国会展产业大奖"等称号，联盟秘书长陈冠达获"中国会展行业杰出人物奖"。

浙江省紧固件产业技术联盟发展历程

YEAR
2022
期待与您合作

浙江省紧固件产业技术联盟杰出成员单位展示

浙江东明不锈钢制品股份有限公司

浙江东明不锈钢制品股份有限公司是中国台湾TONG集团在大陆投资设立的独资企业。是国内大型的生产企业，在中国台湾主板上市，专业生产"THE/TONG"品牌不锈钢紧固件及线材，广泛应用于幕墙、高铁、通信、新能源、造船、畜牧等重点行业及国内外重大工程项目，2021年产值达26亿元。

TONG集团在台湾拥有40余年专业生产不锈钢紧固件的经验，在国内外拥有多个生产工厂及服务网点，为客户提供本地化服务，营销网络遍布全球。拥有20000余种产品规格的20000t自动化仓储系统，浙江东明力求创建大型的不锈钢紧固件供货中心，满足客户一站式购足的需求。

公司成立初期，以"制造"的模式高速发展。1999年，董事长以前瞻的思维转换经营模式，在全国各地开设分公司，以"制造+通路"的模式继续向前探索；在工业自动化的冲击下，公司紧跟时代步伐，2004年，建立了2万t自动化仓储系统，一举成为全球较大型的不锈钢紧固件供货中心；2005年，重金引进甲骨文ERP、OA管理系统、WMS仓储物流系统，完成自动化、信息化转型，进一步提升了东明的竞争力；2012年，"东明快购"电商网站正式上线，初建"制造+通路+互联网"模式，东明又以一种全新的姿态迎接世界挑战；2016年，总公司成立通路事业部，开启中国高端五金流通平台之路；2018年，正式明确东明快购——"全、优、快、省"的平台战略定位；2020年，东明股票逆势大涨，刷新纪录，增资扩产成功签约新厂。东明一直在谋求改变与发展，在紧固件这条道路上从未停止探索。

地址：浙江省嘉兴市经济开发区昌盛东路88号
传真：400-8843-125、0573-82203125-379 电话：0573-82226956 82207588
邮箱：sales@tongming.com.cn/export@tongming.com.cn 网址：www.tongming.com.cn

浙江宝拓机械股份有限公司

浙江宝拓机械股份有限公司成立于2006年，是一家以技术研发为特色的科技型企业，专业研发、设计、制造螺钉打头机、螺钉搓牙机和多工位冷镦成型机，其产品产量及在国内的销售量均居全国领先地位。

公司拥有强大的科研队伍，技术部门有在职工程师8名、技术人员15名，同时建立了一套完整的加工体系，研发了先进的工艺技术。公司产品主要采用日本和中国台湾的先进技术，并结合了德国先进的设计理念：采用变频调速装置、可调节V型滑槽导向装置、自动定量分配供油润滑系统。在润滑和冷却系统上有了根本性的改变，保证了设备的稳定性和操控性，并且大大增加了设备的使用寿命；在结构配置及性能等方面也做了重大改革。

公司自创办以来先后开发了一模二冲、二模二冲、三模三冲、四模四冲等30多种中高速螺钉、螺栓成型机和高速搓丝机，同时也可根据客户的特殊需求设计生产非标成型打头机。公司本着以质量为先、诚信为本的态度，采用高耐磨合金铸铁和进口特殊合金材料，配置日本电气控制系统，引用高端数控加工流程和中国台湾的装配工艺，并提供专业化的售后服务。现已成为专业化生产各种精密紧固件设备的企业，产品得到了国内外客户的好评。公司生产的设备现已销往江苏、浙江、上海、广东、天津、河北、山东、江西、重庆等地，并出口至土耳其、俄罗斯、印度和伊朗等国家和地区。

公司将一如既往地抓住"质量为本"这个生命线，不断进取创新，打造出受客户信赖和欢迎的机械设备，并通过客户和企业的互动推动企业发展。

地址：浙江省嘉兴市嘉善县姚庄镇锦绣大道777号（浙江省嘉兴市嘉善县姚庄镇利群路21号）
传真：0573-84775028 84602636   电话：0573-84602637
邮箱：jsbaotuo@163.com   网址：www.jsbaotuo.com

嘉兴润枫五金科技股份有限公司

嘉兴润枫五金科技股份有限公司是一家专业从事紧固件拉丝的企业，公司有优秀的产品、良好的技术支持、健全的售后服务体系，竭诚为客户服务。

公司拥有先进拉丝设备，引进先进的环保酸洗、磷化、皂化生产流水线，配备了完善的检测设备，采用先进的工艺和技术，专业生产加工高品质冷镦精线及高碳、合金精线，满足五金、汽车、机械等行业生产精线的需求。

公司秉承"客户至上 共赢未来"的经营理念，以技术为核心，以品质为中心，以满足客户要求为动力，热忱欢迎新老客户来公司洽谈、合作，最终实现共赢。

地址：浙江省嘉善县惠民街道成功路178号9幢
联系人：尤凤龙 18058605588

浙江群展精密紧固件股份有限公司

浙江群展精密紧固件股份有限公司成立于2011年，目前占地面积80亩(约53300m^2)，厂址位于嘉善县干窑工业城。公司的目标设定为高端紧固件、精密部件的研发、制造和销售，特别针对汽车行业、工程机械行业专业生产高强度非标螺栓，已配置数十套全新的进口设备。

公司地处江浙沪核心区域，接近各级配套客户，申嘉湖高速公路紧邻公司，交通便捷，供货及时性高！

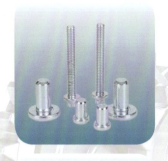  

地址：浙江省嘉善县干窑镇庄驰中路8号
传真：0573-89110002 电话：0573-8911000

特载——紧固件聚集区专栏

海盐富建紧固件股份有限公司

海盐富建紧固件股份有限公司位于享有"标准件工业城"美称的海盐，地理位置优越。公司成立于1988年，建筑面积6000多m^2，是国内大型的螺母、螺钉等紧固件生产企业。主要产品结构为ASNI、DIN、JIS、BS、GB、ISO几类螺母；六角螺栓、六角木螺钉、法兰面螺栓、方头螺栓、家具螺钉等各种标准和非标准件几百个品种，规格齐全。公司制造设备先进、技术力量雄厚、检测设施完备，为提升产品质量提供了有

力的保障。公司的产品热销于国际、国内市场，年产值约1.1亿元，其中外销额占95%左右。公司已通过ISO国际质量体系认证。

地址：浙江省海盐县武原街道盐北路君原村
传真：0573-86961010　电话：0573-86979333 86971111 13666789030
邮箱：Jeffery@haiyanfj.com、hyfi@haiyanfj.com　网址：www.fjfasteners.com

浙商中拓集团（浙江）新材料科技有限公司

浙商中拓（浙江）新材料科技有限公司是浙江省大型国有企业浙江交通集团旗下的上市公司浙商中拓集团股份有限公司（000906）投资的控股子公司，注册资本金1亿元，公司坐落于全国四大紧固件产地之一嘉兴市海盐县，毗邻嘉绍大桥和杭州湾跨海大桥，交通便利。主营高端工业精线加工制造、研发、销售等，规划年产能60万t，广泛应用于汽车、高铁、航天、风电等领域。

地址：浙江省嘉兴市海盐县澉浦镇长墙山工业园区188号
传真：0573-86561605　电话：13758189100
邮箱：chenyl@zmd.com.cn　网址：http://zmd.com.cn

浙江省紧固件产业技术联盟杰出成员单位展示

海盐华昇汽配科技股份有限公司

海盐华昇汽配科技股份有限公司（原海盐县西塘桥华升液压工具厂）成立于1998年，是国内大型的汽车紧固件高品质螺母专业生产制造商，集研发、生产、销售、服务为一体的国家高新技术企业。公司位于杭州湾跨海大桥北岸，沪杭公路直穿而过，乍嘉苏高速公路通行全国各地。交通十分方便。公司厂房面积15000m²，仓储包装面积1000m²，年产值逾亿元。

2007年，公司投入紧固件生产线，主要生产4~10级螺母、各种非标异型紧固件。公司拥有高速多工位冷镦机25台、攻牙机40台、压圈机30台，日产量20t，可生产各种非标产品，生产经验丰富，技术实力雄厚，具有自主研发新产品及设计制造的能力，产品广泛用于汽车、机械、交通、电器和风力等行业。

公司秉承"诚信、务实、创新、高效"的宗旨，为广大客户提供优质的产品和快捷的服务。

目前公司又新征土地，新厂房正在建设中，到2022年年底，一条新的生产线将投入生产。届时，汽车紧固件高品质螺母产值将逾2亿元。

地址：浙江省海盐县西塘桥街道机械工业园区1号
传真：0573-86811015   电话：0573-86811786   手机：13906831258 13306831258

特载——紧固件聚集区专栏

嘉善嘉瑞精密五金科技股份有限公司

嘉善嘉瑞精密五金科技股份有限公司创建于2006年，已通过ISO 9001:2015质量管理体系认证。是一家集开发、生产、销售于一体的AAA级诚信综合性企业。公司有着多年的生产经验，拥有先进的生产设备，配备了高素质的专业人才，严谨的企业管理，严格的质量要求。

公司主营：家具连接件、干壁钉、钻尾钉、自攻螺钉、机牙螺钉及各类非标产品定制，其中包括ISO国际标准、GB国家标准、德国DIN标准和美国ANSI标准产品等。公司现已成为本地区具有实力与活力的智能家具五金件及紧固件生产企业，公司和国内多家一线知名品牌建立了战略合作关系，产品远销日韩、欧美、中东等国家和地区。公司的实力和产品质量获得了业界认可。

质量第一、顾客至上、以诚信赢得市场是公司运作的宗旨，而保持高标准、高质量，以质量打造品牌是公司不变的追求。

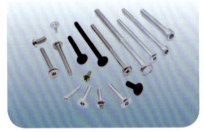

地址：浙江省嘉兴市嘉善县姚庄镇益群路98号4幢
传真：0573-84778784　电话：0573-84779939
网址：www.jiaruiwj.com

浙江渤威能源科技有限公司

浙江渤威能源科技有限公司是一家集科研、生产、销售于一体的科技石油化工企业，以环保、节能、高效为公司发展方向。产品包括工业润滑油、金属加工液、特种润滑脂、防锈及表面处理剂、环保清洗剂等。为任何行业的工业客户提供机械润滑、金属加工、防锈、清洗领域的全套解决方案。

地址：浙江省平湖市经济开发区新凯路1987号
传真：0573-85172007　电话：0573-85172009
邮箱：bowei_oil@163.com　网址：www.boweienergy.com

嘉善永鑫紧固件有限公司

嘉善永鑫紧固件有限公司专业从事各种标准紧固件以及其他冲压件生产。主要产品包括：高强度垫圈、不锈钢垫圈、杯垫垫圈、方斜垫圈、不锈钢机螺钉、自攻钉、木螺钉、扭花非标螺钉、割尾非标螺钉、金属管夹和各种冲压件等。采用的主要产品标准：ANSL、JIS、DIN、NFE、ISO和GB等，在美国注册了YS商标。

◎ 日制系列垫圈

公司地处长三角经济区的嘉善汾湖工业区，距上海、杭州均在100km左右，优越的交通条件使公司的产品能够迅捷地运往全国各地并出口海外。海外市场主要分布在北美、欧盟、日本等国家和地区。近20年来，公司培养了一批经验丰富、技术精湛的员工队伍。引进了多台（套）先进的生产设备和检验检测设施，如洛氏硬度检测仪、维氏硬度测试仪、盐雾试验机、锌层厚度检测仪。公司占地面积18000m^2，其中厂房总面积为9000m^2，员工150余人。公司于2004年11月通过了ISO 9001:2000国家质量体系认证和国家军标体系认证，有多款产品成功进入我国高端领域。目前，公司新研发了17-7PH材料弹性垫圈、齿型垫圈、挡圈系列新产品。公司能及时有效地掌握顾客的新要求，以合理的价格、高品质的质量，准时交货的信誉，为顾客提供优质的产品和满意的服务。

◎ 17-7 PH系列产品：弹性垫圈、齿型垫圈、挡圈、锥形垫圈

公司坚持秉承"重信誉，共谋发展；图双赢，共享成功"的经营宗旨，致力于企业体制创新、技术升级、管理进步，并努力达成与各合作伙伴的真诚合作，相扶相携，共创辉煌。

地址：浙江省嘉善县陶庄镇汾湖南路357号　传真：0573-84898022　电话：0573-84896996、84896955
邮箱：jiashanyongxin@163.com　网址：www.yxfastener.com

综合索引

化『零』为『整』

『鉴』证历史

中国工业年鉴出版基地

中国机械通用零部件工业总览

链传动行业卷

齿轮行业卷

弹簧行业卷

紧固件行业卷

粉末冶金行业卷

传动联结件行业卷

编 辑 说 明

中国机械工业年鉴系列

《中国机械工业年鉴》
《中国电器工业年鉴》
《中国工程机械工业年鉴》
《中国机床工具工业年鉴》
《中国通用机械工业年鉴》
《中国机械通用零部件工业年鉴》
《中国模具工业年鉴》
《中国液压气动密封工业年鉴》
《中国重型机械工业年鉴》
《中国农业机械工业年鉴》
《中国石油石化设备工业年鉴》
《中国塑料机械工业年鉴》
《中国齿轮工业年鉴》
《中国磨料磨具工业年鉴》
《中国热处理行业年鉴》
《中国机电产品市场年鉴》
《中国机械工业集团年鉴》
《中国电池工业年鉴》

中国工业年鉴出版基地

一、《中国机械工业年鉴》是由中国机械工业联合会主管、机械工业信息研究院主办、机械工业出版社出版的大型资料性、工具性年刊，创刊于 1984 年。

二、根据行业需要，中国机械工业年鉴编辑委员会于 1998 年开始出版分行业年鉴，逐步形成了"中国机械工业年鉴系列"。该系列现已出版了《中国电器工业年鉴》《中国工程机械工业年鉴》《中国机床工具工业年鉴》《中国通用机械工业年鉴》《中国机械通用零部件工业年鉴》《中国模具工业年鉴》《中国液压气动密封工业年鉴》《中国重型机械工业年鉴》《中国农业机械工业年鉴》《中国石油石化设备工业年鉴》《中国塑料机械工业年鉴》《中国齿轮工业年鉴》《中国磨料磨具工业年鉴》《中国机电产品市场年鉴》《中国热处理行业年鉴》《中国电池工业年鉴》《中国工业车辆年鉴》《中国机器人工业年鉴》和《中国机械工业集团有限公司年鉴》。

三、《中国机械通用零部件工业年鉴》主要记述了我国机械通用零部件行业的发展情况、产品技术与市场概况、行业与企业发展的轨迹和各项成就，全面系统地记载了我国机械通用零部件行业的总体运行情况与发展趋势。2022 版设置综述、大事记、企业概况、统计资料、标准和附录等栏目，仍采用分卷的形式，分为：中国机械通用零部件工业总览、链传动行业卷、弹簧行业卷、紧固件行业卷、粉末冶金行业卷、齿轮行业卷、传动联结件行业卷。

四、统计资料中的数据由中国机械通用零部件工业协会及其分会提供，数据截至 2021 年 12 月 31 日。因统计口径不同，有些数据难免出现不一致的情况。

五、在年鉴编撰过程中得到了中国机械通用零部件工业协会及其分会和机械通用零部件行业内众多专家、学者、工程技术人员和企业的大力支持和帮助，在此深表感谢。

六、未经中国机械工业年鉴编辑部的书面许可，本书内容不允许以任何形式转载。

七、由于编者水平有限，书中难免出现错误和疏漏，敬请读者批评指正。

中国机械工业年鉴编辑部
2023 年 7 月

中国机械通用零部件工业年鉴2022

I 中国机械通用零部件工业总览

全面系统地记载我国机械通用零部件行业2019—2021年的经济运行情况，介绍行业在转型升级、两化融合及科技创新方面取得的主要成果，总结"十三五"行业经济发展成就，指出行业发展中存在的问题，提出行业今后发展思路和重点发展方向

中国机械通用零部件工业总览

链传动行业卷

齿轮行业卷

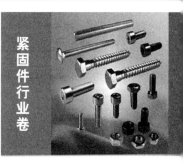
弹簧行业卷

紧固件行业卷

粉末冶金行业卷

传动联结件行业卷

中国机械通用零部件工业总览

链传动行业卷

齿轮行业卷

弹簧行业卷

紧固件行业卷

粉末冶金行业卷

传动联结件行业卷

中国机械通用零部件工业年鉴2022

Ⅰ 中国机械通用零部件工业总览

综述

2019—2021 年中国机械通用零部件行业发展综述

中国机械通用零部件行业"十三五"总结

项目与产品

2019 年度"中国机械通用零部件工业协会技术创新奖"获奖名单

2021 年度"中国机械通用零部件工业协会技术创新奖"获奖名单

附录

抗击新冠疫情和复工复产先进集体和先进个人

综　述

2019—2021 年中国机械通用零部件行业发展综述

中国机械通用零部件行业是装备制造业供给侧行业之一，为国民经济各领域提供基础支撑，由齿轮与电驱动、紧固件、链传动、弹簧、粉末冶金、传动联结件等细分行业组成。机械通用零部件应用范围广泛，产品种类繁多，下游行业几乎涉及国民经济各大行业、工程建设和民生领域，包括机械、电子、通信、铁路、交通、船舶、航空、航天及电力等重要行业，在国民经济各大行业、工程建设、民生事业中起到不可或缺的作用。

中国机械通用零部件工业协会成立于 1989 年，是由从事机械通用零部件研发、生产、销售和服务的企事业单位、科研院所、大专院校及与本行业密切相关的单位自愿结成的全国性、行业性社会团体，是非营利性社会组织，会员分布和活动地域为全国。2021 年，协会有会员 2 000 余家，拥有职工 30 万人，年工业总产值 5 400 多亿元，出口总额约 160 亿美元。

一、行业经济运行情况

2019—2021 年，中国机械通用零部件行业面临部分不理智国家打压、新冠疫情冲击、地区冲突、原材料价格高涨、电力供应紧张等多重困难，国际市场形势复杂，产业链供应链堵、断情况突出，内需低迷，行业面临百年未有之大变局。国家有关部门出台了一系列惠企政策，强化国内市场，增强产业链供给自主可控能力，全行业共同努力，实现稳步增长，至 2021 年新冠疫情得到有效控制，行业产值实现恢复性增长。

2018 年以来，机械通用零部件行业服务的主要行业产销量下滑明显，如汽车工业产销量出现负增长，在机床行业排名前列的大连机床、沈阳机床先后破产重组，大型拖拉机等农业机械面临困境。虽然政府出台了减税降费和改善中小企业融资环境等刺激政策，但机械通用零部件行业受行业上下游产业双向挤压，政策扶持被弱化，材料价格大幅波动，环保压力持续加大，劳动力成本上升等不利因素影响，企业运行成本加大，压力有增无减。

2019 年，我国机械通用零部件服务的汽车、机床、农机等行业产销量继续下滑，尽管有些行业保持较高的增长，对零部件行业的拉动作用十分有限，零部件总体市场需求疲软加重。零部件行业的一些下游用户在竞争压力下，拼命压低成本，使得机械通用零部件行业的利润空间再被挤压，机械通用零部件行业面临的考验更加严峻。在不利的外部环境下，行业企业采取了一系列积极应对措施，开源与节流并举，取得了不错的成绩。企业加强管理去库存，盘活存量，加快资金回笼和资金周转，降低融资成本和资金杠杆率，步入正常发展之路。受融资困扰，一些企业的担保借贷资金链断裂后经营难以维持，导致倒闭，并且无力偿还贷款，连累了担保企业，担保企业只能自救，浙江武义的两家担保企业就是其中的代表。这两家企业没有被困难拖垮，而是振作精神，从头再来，采取一系列举措，实现"凤凰涅槃"，走向了新的发展之路。企业面对困难要坚持创新驱动，积极调整产品结构、盘活产品存量，较快走出低谷，步入发展新征程。

2020 年 5 月 14 日，中共中央政治局常委会会议首次提出"要深化供给侧结构性改革，充分发挥我国超大规模市场优势和内需潜力，构建国内国际双循环相互促进的新发展格局"。中央出台了一系列纾解企业困难的政策措施，对推动复工复产起到了积极的作用。第三季度，国内汽车、工程机械、农业机械、内燃机、轨道交通、信息行业的恢复性增长，给机械通用零部件行业提供了市场空间，使其由负增长转为正增长，全年实现正增长。2020 年 12 月 11 日，中共中央政治局召开会议，分析研究 2021 年经济工作，提出"以深化供给侧结构性改革为主线，以改革创新为根本动力"的整体思路，以"注重需求侧改革，打通'堵点'，补齐短板，贯通生产、分配、流通、消费各环节，形成需求牵引供给、供给创造需求的更高水平动态平衡，提升国民经济体系整体效能。要整体推进改革开放，强化国家战略科技力量"为主要手段，形成强大国内市场，增强产业链、供应链自主可控能力。

在一系列政策的有效引导下，机械工业产业链上下游压力得到缓解，产业开始复苏。受机床、工业机器人、民用机械等下游行业恢复性增长，石化通用、重型矿山、汽车、内燃机等行业平稳性增长的拉动，机械通用零部件行业 2021 年工业总产值同比增长 14.42%，较前两年的 2.5% 和 1.97% 增长率，有了较大提升，是自 2010 年以来增长幅度较大的一年；在产能占比方面，齿轮与电驱动行业依旧保持领先态势，占全行业工业总产值的 56.79%，紧固件行业较前几年有所提升，占比为 25.22%，其他四个行业占比在 3% ~ 6% 之间。

2019—2021 年机械通用零部件行业工业总产值及走势如图 1 所示。2019—2021 年机械通用零部件各分行业工业总产值占比如图 2 所示。

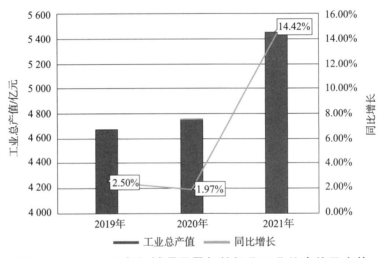

图 1　2019—2021 年机械通用零部件行业工业总产值及走势

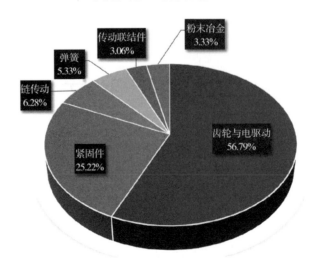

图 2　2019—2021 年机械通用零部件各分行业工业总产值占比

注：由于四舍五入，分项之和不是 100%。

对外贸易一直以来都是我国经济增长的重要引擎。近年来，美国单方面挑起贸易摩擦，数百家中方实体企业被列入各种限制清单，并考虑就中国补贴问题发起"301调查"。欧盟也借机发动对华反倾销调查，对部分中国制造的钢制紧固件产品征收22.1%～86.5%的反倾销税，给我国产品出口带来更大压力。加之全球疫情、地区冲突等的影响，国际产业链供应链堵、断频现，我国零部件行业的进出口面临多重挑战。中国机械通用零部件工业协会与全体行业企业密切关注这些动态，沉着应对，通过实施各种措施，突破了困局。2019年，虽然进出口较2018年同比下降10.98%，但全年发展仍好于预期。

2020年年初，新冠疫情在全球发生，全球产业链、供应链受到巨大冲击，行业发展严重受阻，对于机械通用零部件行业进出口而言可谓雪上加霜。企业被迫停工停产，只有部分为抗疫物资配套的产品不得不在极其危险的条件下组织生产，上半年进出口呈负增长态势，进口与出口总额严重下滑。下半年，国内疫情逐步得到控制，国家有关部门开展了复工复产和产业链供应链协同研究，在调查梳理产业链"断点""堵点"基础上，采取了一系列强链、补链措施，堵链、断链现象有所缓解。另外，国外疫情因防控不力造成蔓延，各国纷纷或全部关闭国门，或部分关闭国门，国际航运减班甚至中断，严重阻断了国际产业供应链，全球产业复苏困难重重。我国政府采取有效应对措施，积极推进"无纸化流程""不见面服务"等商业新模式，中国机械通用零部件工业协会发挥桥梁纽带作用，与行业企业携手共渡难关，机械通用零部件行业进出口总额趋于稳定，全年同比小幅度增长0.73%，由逆差转为顺差。

2021年，在我国经济面临需求收缩、供给冲击、预期转弱三重压力下，政府实施了"跨周期调节、市场多元化、外贸供应链畅通、外贸创新"等专项行动，多措并举，对进出口产生了明显影响。上半年行业进出口取得大幅度提升，下半年进出口增长趋于缓和，其中，出口总量继续保持良好的上升态势，进口在第四季度出现负增长。至12月底，全年进出口同比增长24.72%。

2019—2021年机械通用零部件行业进出口总额及走势如图3所示。

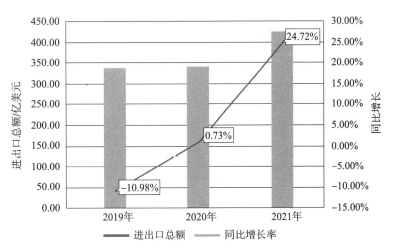

图3　2019—2021年机械通用零部件行业进出口总额及走势

二、转型升级效果显著

在改革开放以来的40多年里，恰逢国际冷战结束，经济全球化促进产业转移的好时机，我国从吸引外资和国外技术入手，依靠基础设施建设、消费和国际市场拉动，释放资源环境和劳动力优势，使我国进入高速发展阶段，带动基础零部件行业取得了长足进步，逐步实现产业规模快速增长。然而长久以来，机械制造业重主机、轻配套，导致国内主机装备制造企业大量使用国外零部件、元器件和软件产品，高端装备"空心化"十分严重，被"卡脖子"风险极高。作为高端装备重要组成部分和基础件的通用零部件，备受核心技术短板和供应链"卡脖子"困扰，这一问题已受到政府和下游行业的广泛关注。

2008年，世界金融危机过后，国际经济复苏乏力，政府和行业意识到面临的困境，采取了一系列行动，转型升级被列入日程，发展方式从粗放型向高速度、高质量转变。由于基础件产品量大面广，产业分布松散，市场已充分开放，企业数量大，中小微企业占比高，所以企业资金积累不够雄厚，融资难度大，货款回收难，这些已成为行业的痛点。由于行业基础共性技术服务平台缺失，专业技术服务供给严重不足。企业在转型升级过程中还需政府大力支持。

在计划经济时期，我国建立起了产业科研体系，齿轮、紧固件、弹簧、链传动、粉末冶金行业都设有技术归口研究所和多家研究机构，在一些大学设立了相关学科，形成了集教育、科研、技术服务为一体的产业服务体系。基础共性技术研究以这些机构为主，行业企业为辅，成果按计划经济模式辅以经济手段进行转移、复制和使用。国家科技和教育体制改革后，原有的归口研究院所或改制成企业、或进入企业、或随原属企业进行了相应变更，也有的研究院所被破重组。为了解决经费不足带来的生存和发展问题，一些研究机构和大学主动放弃风险大、周期长、见效慢的探索性研究项目，把主要精力放在直接经济效益好的技术转化项目上，部分成熟的成果留给自己搞产业化。基础共性技术研究被弱化，使行业处于研究力量被分散，平台封闭，成果碎片化的不良发展处境。"十三五"期间，政府更加重视基础共性技术研究和供给能力提升，产业对创新能力和基础支撑能力的需求更加迫切，促使一些技术机构、大学加大了基础共性技术方面的研究投入，支撑作用得到明显提升。

2021年9月，中机生产力促进中心中标2021年工业和信息化部产业技术基础公共服务平台项目"建设基础机械及关键零部件共性技术研发及试验检测平台"。该项目由中机生产力促进中心联合国内十余家单位组成的产学研用创新联合体实施，将建设基础零部件数据库、试验验证和远程运维三个子平台，充实研发支撑、标准评价和推广应用三大体系，打造国际领先的集技术创新、中试验证、公共检测、标准服务及远程运维为一体的公共服务平台。

齿轮与电驱动分会每年组织一次齿轮与电驱动技术研讨会和一次小模数齿轮技术研讨会，这些会议的参会人数都较多，发表的论文水平高，都编印了论文集，部分论文还在相关杂志上发表，对传播技术理论起到了积极的推动作用。与齿轮与电驱动分会技术领域相关的全国和行业标准化技术委员会积极开展标准化工作，协会会员参与度很高，协会团体标准制/修订工作在继续推进中。

近年来，工业和信息化部等有关部门在"强基工程""专精特新'小巨人'""单项冠军""核心基础零部件与基础制造工艺提升行动计划"等一系列旨在提高企业创新能力和品牌竞争力的重要政策措施上向基础零部件倾斜，带动企业加大科技投入，补短板的行动正在进行中，产业创新能力得到提高，产业供应链生态逐步得到优化，供给能力明显提高。企业大局意识和社会责任意识有所提高，坚定地向高质量发展进军，自筹资金的自主创新研究项目增多，在攻克"卡脖子"关键技术方面取得可喜进展。一些企业研发机构有组织、有计划、有目标地开展应用技术研究，开发新产品，为上下游企业服务，形成协同发展的良好局面，不少企业的成果得到了社会的广泛认可。

陕西法士特集团因其在重型货车变速器科研创新和产业化配套方面技术领先和成绩优异，获得国家科技进步奖一等奖，又由于这种变速器能够产生突出的经济效益，获得"中国工业大奖"；北京航空航天大学承担的"长寿命低噪声高精度行星排关键技术及应用"获得"2020年度中国机械工业科学技术奖"科技进步类特等奖。

黄山恒久公司作为国家重点专精特新"小巨人"企业，多年来十分重视产品质量与品牌建设，努力提升自主创新能力，切实加强海外高端市场探索，其研发的"黄山"牌SSA815系列输送平顶链凭借高性能、高可靠性获得欧盟CE、英国UKCA机构认证，顺利通过安全、环保等各项监测，受到国际市场的高度认可。

扬州核威自行设计和制造的碟形弹簧，近年来已实现为航天工程的火箭及空间站、核工程、核电工程、中科院等离子体工程和新型制氧工业装置配套。浙江力升弹簧助力"天问一号"探测器成功着陆火星，"天问一号"探测器发动机周围的16根扁丝型正弦波结构减振弹簧，性能远高于传统螺旋弹簧，适应航天航空产品的轻量化、紧凑化要求，且达到了很高的疲劳性能标准要求。舟山市7412工厂着力开发技术含量高的耐热紧固件及铆合螺栓等新产品，使企业的产品结构迈向高端化。

冷水江天宝公司的高速机车动力系统10.9级高性能紧固件工业强基项目于2021年6月顺利通过验收。该项目通过与中国科学院、中国铁道科学院、中南大学、宝钢研究院等知名研究机构联合攻关，开展高铁紧固件技术产学研合作，突破了6项关键技术，成功申报专利20项，参与制定国家标准1项，成果已应用于桥梁、厂房、工程机械、汽车、船舶及轨道交通等多个领域。

服务重大技术装备和重点工程对提高自身竞争力具有显著的推动作用，一些龙头企业发挥自身优势，加大投入，跻身相关领域配套体系前列。汽车用变速器长期以来依赖进口，特别是高档轿车用自动变速器国产化比例很低。近些年，在行业上下游企业共同努力下，依赖进口的状况有所改善，齿轮及齿轮装置进出口逆差明显缩小，本土配套占比明显提高。行业龙头企业陕西法士特汽车传动集团公司致力于车用变速器的研发和生产，已成为国内商用汽车和工程机械齿轮变速器最大的供应商，8AD变速器已经进入轿车配套行列。汽车紧固件领域，经过近十几年的发展，出现了浙江明泰控股发展股份有限公司、富奥汽车零部件股份有限公司紧固件分公司、东风汽车紧固件有限公司、舟山7412工厂等年销售10亿元左右的企业和一批亿元级企业，这些企业的产品通过了主流汽车厂的认证。行业的配套能力基本实现全覆盖，形成了超百亿元的汽车配套紧固件产业规模。

机械通用零部件以大批量生产为主，配套的制造装备从原始的单机向多工位、多功能、复合化和生产线转变，制造过程从机械化向自动化、信息化、网络化和智能化转变，专业化制造装备供给能力明显提高，制造水平提升迅速，制造装备的对外依存度降低。思进智能成形装备股份有限公司获得了"国家科技重大专项（04专项）课题"支持，研发出六工位冷镦机，为紧固件及其他复杂零件冷镦成形提供装备，替代进口，部分产品走出国门。

机械通用零部件行业的应用市场十分广泛，竞争十分激烈，市场需求的产品大部分是标准产品，又不乏一些有特殊要求的产品，这就要求企业要有服务于特定领域和特定用户的特殊能力。风力发电是绿色能源重要产业，为其配套的零部件产业群应运而生，出现了南京高速齿轮制造有限公司、重庆齿轮箱有限责任公司等风电齿轮箱制造企业和舟山市正源标准件有限公司、上海申光高强度螺栓有限公司、杭州大通风能动力有限公司、湖南飞沃新能源科技股份有限公司等风电紧固件生产企业。

三、两化融合、智能制造和绿色发展有起色

"两化融合"是工业和信息化部着力推动的制造强国建设的核心工具，是推动制造业向高质量发展方式变革的重大举措，新一代信息技术与制造技术深度融合，正在引领制造业向数字化、网络化和智能化转型升级，深入发展。在推动"两

化融合"的进程中，一度出现"一头热""一头冷"的局面。一方面，一些IT企业大笔"烧钱"，拼命宣传信息化的神通广大，推出的产品多停留在一般流程管理上，距"两化融合"要求相差很远。另一方面，制造企业苦于没有适用的软硬件支持，核心装备停留在向自动化升级阶段，搭载的信息获取、分析、反馈、动作硬件和接口极少，成熟适用的MES系统稀缺，又缺乏自主开发能力，工艺再造无从下手，内部的信息孤岛难以联通。

随着"两化融合"的科学与系统化研究，大部分企业开始尝试信息化、智能化生产模式，比如行业内运用ERP系统已经比较普遍，MES应用在一些企业的局部环节，企业对信息化、智能化的需求意识已经普遍建立，智能制造更是企业实现"两化"深度融合的主攻方向。

舟山市正山智能制造科技股份有限公司在风电叶片双头螺栓、地锚螺栓、长螺杆等大规模高强度紧固件生产车间建设中，以"设备自动化、信息数字化、决策智能化"为目标，通过建立数据采集及集成平台，实现车间智能装备与MES等系统的高效集成，并与ERP系统对接，有效地降低了生产成本，提升了效率，舟山市正山智能制造科技股份有限公司向智能化方向迈出了一大步。

通用零部件制造企业的主要污染物有油气、油污、固体废物和酸碱等危险废液，在诸多制造企业中，这些污染物的排放量并不大，随着国家环保政策严格程度的加大，少量的污染物排放也是不能容忍的。由于离散型制造的污染物排放基本上是零星散布的无组织排放，集中处理难度大，这就要求对现有工艺、制造装备、辅助设施、管理监控设施等进行改造，需要"伤筋动骨"，必须"脱胎换骨"，彻底解决问题，倒逼企业自我"革命"，向绿色制造靠拢。

上海中国弹簧制造有限公司近几年来投资2 000多万元新建和改造了环保设施，常态化开展环保风险监控点日检、月查、季监督工作，顺利通过环境管理体系换证审核和水平衡测验验收，以及完成了环境突发事件应急预案备案；武义东风链条有限公司、浙江八方机械有限公司、浙江恒平链条厂重视环境保护，投入了大量资金改造企业污染点，减少了碳排放，降低了对环境的污染，实现了绿色发展。

浙江海盐县为进一步加快传统制造业转型升级步伐，以紧固件行业智能化技术改造纳入全省唯一试点为契机，实施紧固件行业专项整治，推进其转型升级。通过整治，该县紧固件生产企业由整治前的1 132家精简到617家。目前，该县紧固件企业规上亩均税收达14.4万元，较整治前增长34.8%；亩均工业增加值59.56万元，较整治前增长36.4%；全员劳动生产率达到15.23万元/人，较整治前增长32.3%。

河北省邯郸市永年区以"创新驱动、绿色发展"引领紧固件产业升级。对9 098家紧固件企业全部进行排查整治，采取分类治理、不搞一刀切的做法，得到生态环境部门的充分肯定。在产业延链、补链、强链上做文章，引入一批高端标准件项目，培育一批重点企业，开发一批优质产品，打造一批知名品牌。引导组建了产业技术研究院、产品检测中心，已有16项技术获国家专利，解决了一批行业共性技术难题。为解决表面处理环保难题，瞄准国内表面处理规模大、环保投资多、资源循环利用率高、危废自动化控制系统技术领先的目标，建成了恒创环保科技高端标准件产业园。

四、科技成果，创建优质品牌

行业企业在科技创新的基础上，结合市场的高技术产品需求，努力攀登科技高峰，在做精做强产品上下功夫，努力成为行业排头兵，涌现出一批高科技成果。

2019年6月3日，工业和信息化部公布了第一批专精特新"小巨人"企业，海盐宇星螺帽有限责任公司（主导产品：螺母），眉山中车紧固件科技有限公司（主导产品：拉铆钉及铆接设备），贵州航天精工制造有限公司（主导产品：紧固件）和定西高强度紧固件股份有限公司（主导产品：紧固件）位列其中；2020 年 11 月 13 日，工业和信息化部公布的第二批专精特新"小巨人"企业中有安徽黄山恒久链传动有限公司、山东华成中德传动设备有限公司；2021 年 8 月 21 日，工业和信息化部公布的第三批专精特新"小巨人"企业中有青岛征和工业股份有限公司、贵州群建精密机械有限公司、綦江齿轮传动有限公司和重庆凯瑞传动技术有限公司。

苏州环球科技股份有限公司、青岛征和工业股份有限公司承担了工业和信息化部"大功率舰船用发动机传动链条"强基工程项目；深圳市兆威机电股份有限公司、北京工业大学等完成的"面向智能设备的微型传动成套技术及产业化"获得中国机械工业科技进步奖特等奖；由郑州机械研究所有限公司完成的"地铁齿轮传动系统关键技术及工程应用"和太原科技大学、山西大新传动技术有限公司完成的"重大装备传动系统无键联接关键技术研发与应用"获得中国机械工业科技进步奖二等奖，由中信重工机械股份有限公司完成的"大型矿山提升设备齿轮传动装置轻量化及降噪技术研究"获得中国机械工业科技进步奖三等奖。

机械通用零部件行业获得 2021 年机械工业科学技术奖的产品和技术有：重庆齿轮箱有限责任公司的"大功率高动载车船湿式离合传动组件关键技术及应用"，秦川机床工具集团股份公司与中机生产力促进中心的"工业机器人精密减速器测试方法与性能提升技术研究"，山东华成中德传动设备有限公司的"大型矿山智能化带式输送机用高端减速器关键技术研发"，重庆机床集团、郑州机械研究所、杭州杰牌传动科技有限公司的"GB/T 10089—2018《圆柱蜗杆、蜗轮精度》等 6 项蜗杆涡轮国家标准"，杭州东华链条集团有限公司的"汽车用链传动系统关键技术研发及应

用"，湖南飞沃新能源科技股份有限公司的"风电装备高强度紧固件智能制造关键技术及应用"等 11 项，充分体现了机械通用零部件行业在自主创新、转型升级等方面所取得的长足进步。在中国机械工业联合会组织、中国机械通用零部件工业协会协办的"2021'华中数控'杯全国机械工业产品质量创新大赛"活动中，深圳市兆威机电股份有限公司的"微小传动系统质量创新项目"、湖南中大创远数控装备有限公司的"全数控螺旋锥齿轮干切机床"、东睦新材料集团股份有限公司的"高密度、复杂形状、大尺寸粉末冶金关键零件"荣获金奖，舟山市 7412 工厂的"马氏体不锈钢 40Cr10Si2Mo 冷镦成形技术"、山东华成中德传动设备有限公司的"大型煤矿智能化刮板输送机用行星减速器关键技术研发及产业化"荣获银奖，中汽检测技术有限公司的"高精度、长寿命谐波减速器设计与评价"、青岛征和工业股份有限公司的"80RO 密封圈链条"、浙江丰立智能科技股份有限公司的"高性能抗冲击小型新能源齿轮箱"、浙江美力科技股份有限公司的"复合材料板簧"、思进智能成型装备股份有限公司的"ZX04-20 高速精密多工位冷镦成形成套装备"、浙江诸暨万宝机械有限公司的"离合器分泵发卡质量经验零缺陷工程"获得优秀奖，中国机械通用零部件工业协会荣获"优秀组织奖"。

在两年一届的"中国机械通用零部件工业协会技术创新奖"申报评奖活动中，通过企业申报，分会组织专家评审，协会综合评价，2019 年共评选出 70 家企业申报的 125 项创新技术产品，其中，特等奖 52 项（齿轮与电驱动行业 8 项、紧固件行业 13 项、弹簧行业 7 项、链传动行业 15 项、粉末冶金行业 8 项、传动联结件行业 1 项），优秀奖 73 项（齿轮与电驱动行业 12 项、紧固件行业 15 项、弹簧行业 16 项、链传动行业 13 项、粉末冶金行业 16 项、传动联结件行业 1 项）；2021 年共评选出 94 家企业申报的 171 项产品，其中，特等奖 73 项（齿轮与电驱动行业 14 项、紧固件行

业 19 项、弹簧行业 14 项、链传动行业 14 项、粉末冶金行业 8 项、传动联结件行业 4 项），优秀奖 98 项（齿轮与电驱动行业 21 项、紧固件行业 13 项、弹簧行业 32 项、链传动行业 14 项、粉末冶金行业 14 项、传动联结件行业 4 项）。

五、疫情防控与复工复产

2020 年年初，新冠疫情在国内乃至全世界发生，企业的生产经营及国际贸易遭到了严重冲击，生产被迫按下暂停键，生产经营活动几乎停止。但机械通用零部件行业的全体同仁并未气馁，纷纷响应国家号召，开展防疫和复工复产工作。在此期间，涌现了一批在推动自身复工复产的同时，积极为防疫工作捐款捐物，组织志愿者深入防疫第一线，勇于担当社会责任的典型企业。

新冠疫情在全球发生，导致国际产业链下游停工停产，复工复产难，物流停滞，对我国制造业进出口造成了严重冲击。中国机械通用零部件工业协会努力发挥企业与政府间的桥梁纽带作用，依据工业和信息化部的部署，参加了关于疫情期间企业复工复产"堵点""断点"的调研工作，及时反映行业企业诉求，帮助有关部门第一时间了解企业在复工复产方面遇到的困难与面对的压力，了解因疫情导致的进出口停滞，产业链下游出现需求断档的情况，协助有关部门疏通产业链"堵点""断点"，得到了行业企业的认可，收到了工业和信息化部发来的感谢信。同时利用网站、微信公众号等平台充分报道优秀事迹，增强了行业企业复工复产的决心与信心。

南京高精传动设备制造集团有限公司一边做好防疫，一边推动复工复产，确保防疫和生产两不误，主动伸出援手，向疫情最严重的武汉市捐款 2 000 万元。东睦新材料集团股份有限公司委托镇海消毒液生产厂家生产了 50t 消毒液，支援姜山镇当地企业复工后的防疫工作，同时还捐款 50 万元用于当地购置防疫物资。迈格钠磁动力股份有限公司在了解到鞍山市防疫一线防护口罩国内货源紧缺后，派专人于春节期间赴国外采购，以解燃眉之急。

疫情发生初期，口罩、CT 机、急救车辆等防疫物资需求激增，这些物资的生产企业库存量小，产能严重不足，这些物资严重短缺。在此危难之际，不少行业企业挺身而出，加班加点生产防疫物资的配套产品，以保证抗疫一线各项工作及时开展，各种医疗急救设备能够正常运转，保障人民群众的生命安全。

口罩机链条是口罩生产设备不可或缺的零件，杭州东华链条集团有限公司陆续接到近百万元的口罩机链条生产订单。他们克服物资短缺、复岗员工少等重重困难，临时抽调进厂十年以上的一批员工经过简单培训后立即上岗，调配生产计划，加班加点紧急赶制，平时需要一个月才能完成的非标订单，在十天内交货，保证口罩机能够及时生产，支援抗疫前线。

上海标五高强度紧固件有限公司收到医疗设备客户为支援武汉防疫前线生产 CT 和 DR 医疗设备急需紧固件的请求后，快速响应，第一时间组织党员积极行动，奋战一线，加班加点紧急赶制，及时发货，深受客户好评。

东风汽车紧固件有限公司按照集团党委会、总经理办公会及运营分析会的精神，迅速成立了临时党支部，强化责任担当。成立了由 25 名队员组成的防疫车生产突击队，明确监督责任和权力，有效保障了东风公司为疫情防控提供的 875 辆防疫车辆按时顺利完成，为湖北省防疫工作做出了贡献。

山东高强紧固件有限公司在疫情期间被潍坊市疫情防控指挥部确定为疫情防控物资配套生产企业，公司积极动员员工，以最快的速度复工复产，配合涉及保障民生、重大疫情防控物资的客户，加班赶工期，确保疫情物资准时供应。

2020 年 2 月 10 日，杭州东华链条集团作为浙江省第一批复工的行业重点龙头企业，制定了周密可行的复工复产计划，落实专人专职负责，灵活安排员工分批返岗，做好员工健康信息登记管理等工作；对员工进行疫情防控知识培训，引导员工掌握防护知识、增强防护意识；尽最大可能减少流动、避免集聚，警惕风险、消除隐患。企业复工当日员工到岗率为36%，无一人感染，复工半个月后，员工到位率达99.8%，生产能力恢复到正常水平。

苏州环球科技股份有限公司本着"疫情就是命令，防控就是责任"的宗旨，2020年农历正月初三就成立了疫情防控应急小组，制定环球集团疫情防控预案和生产经营复工计划，成为苏州最早复工的企业。复工后，公司继续认真落实疫情防控要求，一方面抓实疫情防控工作，测体温、消毒、登记，发放口罩、严格执行防疫措施；另一方面积极安排员工有序复工投产，恢复生产经营。企业在较短时间内使生产恢复到正常秩序。

为表彰在抗击新冠疫情和复工复产中涌现出来的先进集体和个人，弘扬爱国、敬业、拼搏、互助精神，中国机械通用零部件工业协会在行业中开展了"抗击新冠疫情和复工复产先进集体和先进个人"评选活动。经会员企业申报，各分会秘书处组织初评推荐，协会秘书处组织评选，并通过协会七届四次常务理事会会议批准，共计44家单位荣获"抗击新冠疫情和复工复产先进集体"称号，35位同志荣获"抗击新冠疫情和复工复产先进个人"称号，并在协会七届四次会员代表大会上予以表彰。

六、探索行业新发展方向

标准化是保障产品质量安全、促进产业转型升级和经济提质增效、服务外交外贸等方面的根本。根据标准化改革总体要求，中国机械通用零部件工业协会启动了团体标准的研制和发布工作，制定了《中国机械通用零部件工业协会团体标准管理办法》，并于协会七届二次常务理事会审议通过，明确了团体标准的立项、制定、审查和发布具体要求，并在行业内部进行项目征集，已制定发布了16项团体标准，并已在国家标准化信息平台上登记和协会网站上发布。

2021年，中国机械通用零部件工业协会配合商务部修订了《高技术产品进出口目录》中有关机械通用零部件方面的内容，应海关总署要求协助编写释义了《产业结构调整指导目录》中部分产业条目，配合国家发展改革委对2020版《鼓励外商投资产业目录》中有关机械通用零部件方面的内容进行修改，参加中国机械工业科学技术奖、中国工业大奖的评审等活动，为行业企业争取国家政策支持起到了一定的作用。

国务院印发的《国家标准化发展纲要》中提出，要"加强核心基础零部件（元器件）、先进基础工艺、关键基础材料与产业技术基础标准建设，加大基础通用标准研制应用力度"，鼓励支持团体标准发展。协会根据《中国机械通用零部件工业协会团体标准管理办法》，结合2021年协会团体标准制／修订计划，与杭州前进齿轮箱集团股份有限公司等单位紧密配合完成了《轻型高速船用齿轮箱技术条件》标准的制定，已由协会正式发布，并在国家团体标准公示平台上公示，该标准内容涉及轻型高速船用齿轮箱的设计、制造、检测等环节，对行业的标准化工作开展起到了较好的推动作用。

〔撰稿人：中国机械通用零部件工业协会郁橹〕

中国机械通用零部件行业"十三五"总结

一、行业经济运行稳中求进，积极应对困难与挑战

2020 年是"十三五"规划收官之年，通用零部件行业秉承党中央"总体布局、协调推进""四个全面"战略布局的重要思想，结合自身实际情况，稳中求进，坚定不移贯彻新发展理念，坚持以供给侧结构性改革为主线，推动高质量发展，沉着冷静应对外部挑战，坚决果断抗击新冠疫情的严重冲击，坚定朝着既定目标前进。

"十三五"（2016—2020 年）期间机械通用零部件行业工业总产值如图 1 所示，"十三五"（2016—2020 年）期间机械通用零部件各分行业工业总产值占比如图 2 所示。

从图 1 可以看出，"十三五"期间机械通用零部件行业工业总产值呈上升态势。2017 年同比增长 7.11%；2018 年迎来重大提升，同比增长 17.9%；2019 年受中美贸易摩擦影响，工业总产值仅小幅增长，约为 2.5%；2020 年上半年遭遇新冠疫情冲击，经全行业努力应对防疫压力，积极复工复产，实现微弱增长，为 1.97%。

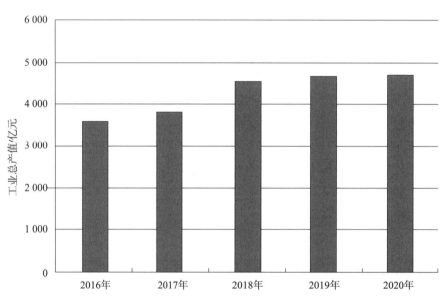

图 1 "十三五"（2016—2020 年）期间机械通用零部件行业工业总产值

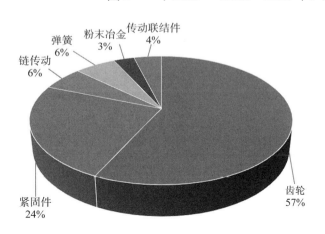

图 2 "十三五"（2016—2020 年）期间机械通用零部件各分行业工业总产值占比

2016—2020 年机械通用零部件行业进出口总体保持平稳。2017 年、2018 年进出口总额得到进一步提升，同比增长 10.31% 和 10.97%，其中，进口额同比分别增长 14.18% 和 6.78%，出口额同比分别增长 4.99% 和 17.24%。受 2019 年下半年中美贸易摩擦和单边主义抬头影响，当年进出口额出现下滑态势，同比下降 10.92%，其中，进口额下降 17.03%，出口额下降 2.59%。至 2020 年，进口额仍有少许下降，同比下降 0.15%；出口额有所回温，同比增长 2.3%；进出口总额涨幅为 0.98%。"十三五"（2016—2020 年）期间机械通用零部件

行业进出口总额如图 3 所示。

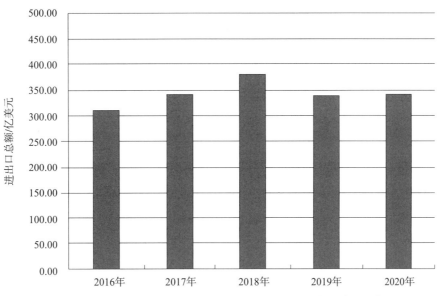

图 3 "十三五"（2016—2020 年）期间机械通用零部件行业进出口总额

二、坚持自主创新，推动企业转型升级

不断推动企业自主创新能力的全面提升，落实创新驱动战略，完善企业自主创新体系。创新驱动是实现制造强国目标的关键要素，更是企业未来实现高质量发展的关键要素。加大技术研发力度，加强技术创新、管理创新、营销创新能力建设，已成为企业实现转型升级发展的大趋势。"十三五"期间，一大批以技术研发为己任，以自主创新为核心的行业企业纷纷崭露头角，成为行业企业发展的排头兵。

杭州前进齿轮箱集团股份有限公司（简称杭齿集团）专注于高端装备核心基础零部件及检测加工装备的开发及应用，自主研发了 AWG 系列变速器，4WY、YJ 等变矩器产品，将自动变速器控制技术应用于 YB 等液力变速器系列产品，目前部分产品已批量生产，满足了我国港口、矿山及大型企业对大功率自动换挡工程机械产品的急切需求。杭州前进齿轮箱集团股份有限公司与浙江大学共同完成了"高端装备核心基础零部件及检测加工装备开发及应用——城市轨道交通装备关键零部件开发及产业化"的研发，掌握了轨道交通齿轮箱减振降噪、轻量化等核心技术，产品的关键性能指标达到要求。

东睦新材料集团股份有限公司（简称东睦集团）将高端粉末冶金产品研发作为企业发展核心动力，利用上市公司融资平台，加大投资，通过技术创新，积极提升粉末冶金制品的性能，大力开发为汽车配套的 VVT/VCT 零件，打入汽车高端市场，逐步实现替代进口。近年来，东睦集团的产品结构更加合理，创新驱动更为有力，公司效益大幅提升，连续多年实现两位数的大幅度增长，已成为粉末冶金行业中技术和效益领先的旗舰型企业。

泰尔重工股份有限公司专注于冶金行业装备制造细分领域的创新和品质提升，不忘"创新"和"匠心"，创新性地推出价值管理模式，通过岗位数据、指标体系、职权体系、能力模型、作业标准、薪酬结构、绩效评价及激励机制的实施，打造公司的创造能力、竞争能力、发展能力，实现员工自我经营、自我管理、自我超越，实现公司与员工共同成长。持续推动质量、效率、动力变革，为企业发展注入源源不断的生机与活力。公司建立了联轴器疲劳及功率测试动态试验台系统和亚洲最大的超重载型联轴器静态试验台系统，确保每件产品达到国际标准。

宁波东力传动设备有限公司与杭齿集团、浙江大学一起完成了"大功率智能高效齿轮箱设计制造关键技术研究及应用"项目，共获发明专利19项，发表论文21篇，制定国家标准4项和行业标准3项，掌握了大功率智能高效齿轮箱设计制造核心技术自主知识产权，有效提高了国产大功率齿轮传动设备的市场竞争力。

苏州环球科技股份有限公司（简称苏州环球）为提升大规格高端链条生产平台和试验平台的技术水平，研发完成了"2016-606770 大功率舰船用发动机传动链条技术改造"项目，在船用链条耐磨性能和冲击韧性、疲劳强度提升方面，打破了国外产品垄断的局面，目前相关产品在国际市场已获得认可。

中信重工机械股份有限公司以大型矿山提升机减速器和大型立式磨床减速器为着力点，与郑州机械研究所、重庆大学等单位紧密合作，建成了大型矿山提升机减速器、立式磨床减速器应用示范基地，对现有齿轮产品全部进行了轻量化和减振降噪二次设计，并逐渐推广到公司全部齿轮产品中。

中钢集团郑州金属制品研究院有限公司积极参与科技部的科技攻关，自主研发并完成的"汽车大型覆盖件模具弹簧用耐疲劳异形钢丝研发"项目，不但能够提高我国模具弹簧用异型钢丝的设计生产水平，保障相关行业的材料供应，还能带动其他高品质异型钢丝的国产化工作开展，有利于国内相关行业形成完整的、自给自足的产业链。

思进智能成形装备股份有限公司通过多年努力，发展成为国内冷成形装备的知名企业。公司设立了"省级博士后工作站"，采取引进先进的设备设计软件等措施，推动创新平台建设，促进企业的创新能力持续提高，成果显著。公司于2017年成功研发出可实现远程控制的多工位冷镦机，为下游用户实现无人车间智能生产打下了坚实的基础。

舟山市7412工厂（简称舟山7412）是紧固件行业的一面旗帜。近年来，舟山7412以创新引领企业发展，在充分的市场调研基础上，聚焦高档汽车发动机和底盘用高强度紧固件领域，开发出了一系列新产品，使企业的产品结构走上了高端化发展之路。特别是着力开发的高技术含量耐热紧固件、铆合螺栓等新产品，使舟山7412的市场占有率大幅提升。

"十三五"期间，多家行业龙头和骨干企业通过创新实践，瞄准国家装备制造业对高性能配套零部件产品的需求，研发高性能、高可靠性产品，不断提升国家重大装备国产化零部件的配套率。如杭州前进齿轮箱集团股份有限公司、杭州东华链条集团有限公司、南京高精传动设备制造集团有限公司、大连弹簧有限公司、浙江明泰标准件有限公司、常熟标准件厂、苏州环球、青岛征和工业股份有限公司、宁波中大力德智能传动股份有限公司等企业以承担国家"强基工程"项目为契机，为装备制造主机提供高性能的可替代进口产品的配套件，实现企业产品的转型升级。宁波、温州、永年、广东等地方紧固件协会与当地政府协同努力，坚持进行地区的产业结构升级，通过与国内著名科研院所合作，整合国内紧固件生产技术优势，加大自身产品向"高、精、尖、深"方向进军，有力地推动紧固件集聚区由"制造"向"创造"、由"国内"向"国际"转型升级发展，取得了显著成效。

三、"两化融合"有突破，智能制造是基础

"两化融合"是推动制造业发展方式发生深刻变革的重大举措，是企业向数字化、网络化、智能化发展的必由之路。智能制造是"两化"深度融合的基础，是企业在未来长足发展的有力支点。"十三五"以来，大部分企业在智能制造方面已经有所尝试，并有了一定的成果。

东华链条集团通过使用互联网等通信技术，把传感器、控制器、机器、人员和物料等有关数据信息相连接，大大提升了生产数据透明度、及时性和准确性，为构建数字化透明智能工厂奠定了良好基础，实现将企业核心竞争力从物力竞争到智力竞争的转变，推动企业实现质量、效益和管理水平的提升和可持续发展。

上海上标汽车紧固件公司、舟山7412、浙江东明不锈钢制品公司和鹏驰公司等企业运用全新的制造业智能（MI）引擎，并通过建立SPC（统计过程控制）工作站、工厂中心控制管理监视中心和利用产品条形码技术，将 SK 和 SPC 联网，已基本实现对紧固件产品制造全过程的实时控制，向智能化制造迈进。紧固件企业的"互联网+"发展模式已赋予了许多新内容，该发展模式推动企业在生产体系、业务形态、服务模式、品牌建设等方面向高效化、透明化、规范化发展。

齿轮与电驱动的龙头骨干企业坚持"两化融合"与创新发展相结合，转型升级做得好，装备水平高，通过充分应用自动化、数字化、信息化、智能化技术，使其在"两化融合"方面走在行业前列。其中，浙江双环、法士特、上汽齿等企业在 2018 年汽车市场整体不景气的情况下逆势而上，均超额完成年度指标。杭齿、贵州群建、重齿、南高齿等企业在机器人用精密齿轮传动装置、轨道交通用齿轮传动装置、船用齿轮传动装置、航空航天用齿轮传动装置等高端产品细分市场的占比不断上升。郑州机械研究所有限公司的技术实力雄厚，市场定位清晰，齿轮产品营业收入达到历史新高。

〔撰稿人：中国机械通用零部件工业协会郁櫧〕

项目与产品

2019 年度"中国机械通用零部件工业协会技术创新奖"获奖名单

一、特等奖名单

序号	获奖单位	项目名称
弹簧分会		
1	大连弹簧有限公司	出口地铁转向架用轴箱弹簧
2	杭州弹簧有限公司	200mm 以上缸径高端商用车发动机气门弹簧
3	嵊州市金狮弹簧机械有限公司	CK11250 十一轴 25mm 数控弹簧成形机
4	浙江美力科技股份有限公司	二次硫化工艺前稳定杆总成
5	山东联美弹簧科技有限公司	东风商用车 DDi11（沃尔沃发动机项目）内外气门弹簧
6	上海中国弹簧制造有限公司	上汽大众 A0 后簧
7	浙江万能弹簧机械有限公司	5G+ 自动弯丝卷簧设备
齿轮与电驱动分会		
8	杭州前进齿轮箱集团股份有限公司	500 吨级近岸海洋环境监测船主推进系统
9	杭州前进齿轮箱集团股份有限公司	2700 系列船用齿轮箱
10	陕西法士特汽车传动集团有限责任公司	纯电动系统总成及电控关键技术
11	陕西法士特汽车传动集团有限责任公司	S 系列电控机械式自动变速器（AMT）
12	郑州机械研究所有限公司	大型乙烯用挤压造粒高可靠性齿轮传动装置
13	江苏中工高端装备研究院有限公司	矿用高效防爆永磁同步电机
14	中信重工机械股份有限公司	高压辊磨（辊压机）用 GZLP 系列行星减速器
15	兴城市粉末冶金有限公司	同步器齿毂 -MF622

（续）

序号	获奖单位	项目名称
紧固件分会		
16	山东腾达紧固科技股份有限公司	高铁用刚性接触网悬挂支架矩形调节螺母
17	山东腾达紧固科技股份有限公司	核电用耐高温高强度连接螺栓
18	宁波金鼎紧固件有限公司	ISO 4762-12.9 级平头内六角螺钉
19	宁波海星机械制造有限公司	可加工微小零件的高速超精密冷镦机
20	思进智能成形装备股份有限公司	SJBF-164UL 特长零件冷镦成形机
21	宁波计氏金属新材料有限公司	全自动机器人涂覆联动线
22	宁波安拓实业有限公司	汽修用四方孔十字槽套筒毛坯
23	舟山市 7412 工厂	偏心螺钉冷镦一次成形技术
24	宁波恒辉螺纹工具有限公司	进料区渐变 R 顶的通滚式滚丝轮
25	宁波时代汽车零部件有限公司	内芯子
26	上海上标汽车紧固件有限公司	乘用车发动机正时链轮定轨固定螺栓
27	济南实达紧固件有限公司	一种台阶法兰面螺栓
28	重庆标准件工业有限责任公司	风力发电用六角头螺栓系列产品
链传动分会		
29	黄山中友链条制造有限公司	SJM864-K443.2P 密封防尘套筒链
30	杭州持正科技股份有限公司	高强度轻量化攀爬摩托车传动链条 520K
31	安徽绩溪徽山链传动有限公司	耐高温抗磨损输送链
32	杭州盾牌链条有限公司	M224F-S-200 汽车组装线牵引链
33	杭州东华链条集团有限公司	P60-DD3F3 薄膜输送链
34	杭州东华链条集团有限公司	C2050F75 农作物夹紧链
35	东华链条兴化有限公司	P100 系列阴极铜冶炼链条
36	杭州自强链传动有限公司	PT135HPF28 单向防弯重载型梯级链条
37	安徽黄山恒久链传动有限公司	AM114.3 系列梭车链
38	苏州环球集团有限公司	高疲劳高强度港机链（ST200SW-1）
39	苏州环球集团有限公司	大节距耐湿耐尘耐磨损输送链
40	青岛征和工业股份有限公司	高疲劳滚子链系列产品
41	湖州求精汽车链传动有限公司	汽车发动机用内啮合齿形链/SCR05H-5
42	浙江恒久机械集团有限公司	一种双销轴低摩擦型输送链
43	浙江恒久机械集团有限公司	免润滑塑料链板 PSHS Chain
传动联结件分会		
44	北京新兴超越离合器有限公司	单项超越膜片联轴器
粉末冶金分会		
45	重庆华孚工业股份有限公司	拉维纳行星架/A6F7
46	重庆华孚工业股份有限公司	采埃孚 8HP 链轮
47	扬州保来得科技实业有限公司	汽车混合动力变速器输入排行星架
48	扬州保来得科技实业有限公司	汽车门窗升降电机齿轮
49	扬州保来得科技实业有限公司	电动汽车转向机构 wedge washer

（续）

序号	获奖单位	项目名称
粉末冶金分会		
50	杭州东江摩擦材料有限公司	同步环 DMF-001C
51	东睦新材料集团股份有限公司	斜带轮 A1626
52	东睦新材料集团股份有限公司	链轮

二、优秀奖名单

序号	获奖单位	项目名称
弹簧分会		
1	大连弹簧有限公司	固定偏转角涨紧机构弹簧
2	东莞永腾自动化设备有限公司	无凸轮 15～24 轴计算机多功能弹簧制造机 CMM-660R 转线机
3	东莞永腾自动化设备有限公司	无凸轮 12 轴计算机多功能弹簧制造机 CMM-610R 转线机
4	杭州弹簧有限公司	大吨位挖机用主阀调压弹簧
5	杭州通用弹簧有限公司	电梯门回位弹簧
6	杭州通用弹簧有限公司	千斤顶拉簧
7	浙江家度弹簧机械有限公司	数控精密磨簧机 M77-40D
8	淄博高新区百力工贸有限公司	热卷圆弹簧直棒料步进式加热炉
9	山东联美弹簧科技有限公司	东风商用车 DDi12（沃尔沃发动机项目）片形弹簧
10	山东联美弹簧科技有限公司	202000249AA 轻量化螺旋弹簧
11	上海中国弹簧制造有限公司	上汽大众 A0 稳定杆
12	洛阳显恒数控机床有限公司	数控模具卷簧机 CSM-5120MCNC
13	曲阜天博汽车电器有限公司	深冷工艺在弹簧生产中的应用
14	珠海隆鑫科技有限公司	温度传感器固定弹性夹
15	扬州核威碟形弹簧制造有限公司	铍青铜弹性元件
16	浙江金昌弹簧有限公司	阀门弹簧工艺改进
齿轮与电驱动分会		
17	杭州前进齿轮箱集团股份有限公司	DB165 动力换挡变速器
18	杭州前进齿轮箱集团股份有限公司	3JH07 手机屏珩磨机专用减速器
19	陕西法士特汽车传动集团有限责任公司	C6J 系列高端轻型变速器开发和应用
20	陕西法士特汽车传动集团有限责任公司	5T、13T 轮边减速器
21	江苏中工高端装备研究院有限公司	回转窑三相永磁同步电动机
22	中信重工机械股份有限公司	MZL600 立磨齿轮箱
23	山东华成中德传动设备有限公司	立式碎浆机用齿轮箱
24	广东金力变速科技股份有限公司	智能锁用微型机电驱动集成模块
25	东莞市星火齿轮有限公司	扫地机器人低噪声齿轮箱
26	哈尔滨精达机械发展有限公司	齿轮多参数在线测量分选自动线
27	兴城市粉末冶金有限公司	532 双锥环同步器总成
28	兴城市粉末冶金有限公司	515SZ 三锥环同步器总成

（续）

序号	获奖单位	项目名称
紧固件分会		
29	山东腾达紧固科技股份有限公司	高速地铁用刚性接触网悬挂支架部件
30	舟山市正源标准件有限公司	压铆螺栓（M8×18）
31	宁波安拓实业有限公司	汽车用 T 型椭圆内套毛坯
32	宁波安拓实业有限公司	汽车底盘连接系统用大四方螺母
33	舟山市 7412 工厂	组合式电池安装螺母
34	宁波日升紧固件有限公司	蒸架固定螺钉 M4×6.5
35	嘉善三永电炉工业有限公司	连续式光辉渗碳（调质）淬火炉
36	温州市翔潮汽车零部件有限公司	铆钉自动生产设备及其镦打机构
37	山翁工业炉（嘉善）有限公司	全世界第一台全氢井式退火炉
38	上海奥达科股份有限公司	汽车高强度自锁螺纹螺栓
39	上海上标汽车紧固件有限公司	轿车四轮定位偏心校正螺栓
40	济南实达紧固件有限公司	一种特殊 T 型螺栓
41	重庆标准件工业有限责任公司	汽车用 M10 ～ M14 系列轮毂螺栓
42	浙江键财机械有限公司	全密封型搓丝机 CTR10N
43	宁波市鄞州广翔机械制造有限公司	车架凸焊螺母 M16×1.5×102
链传动分会		
44	杭州持正科技股份有限公司	竞赛及轻量化高强度摩托车传动链条 520MX
45	杭州持正科技股份有限公司	08B 低噪声导轨输送链条系统
46	诸暨链条总厂	无埋管浇铸铜水套的生产工艺
47	杭州盾牌链条有限公司	P250F 汽车淋雨输送链
48	杭州盾牌链条有限公司	P160F167A2F1 铝锭输送链
49	杭州盾牌链条有限公司	M224-G4F1.02-S-125-00 散物料输送链
50	杭州盾牌链条有限公司	SJ250 肉联输送链
51	杭州东华链条集团有限公司	CL04DF 变速器机油泵链条
52	杭州自强链传动有限公司	P200F228 连续卸煤机链条
53	安徽黄山恒久链传动有限公司	SPN 系列刮板取料机套筒链
54	安徽黄山恒久链传动有限公司	P600 系列浸出器链
55	浙江恒久机械集团有限公司	高温杀菌链网 2000-RR-XPHS
56	浙江恒久传动科技股份有限公司	P200 带倾爪输送链
传动联结件分会		
57	迈格钠磁动力股份有限公司	离合型永磁涡流柔性传动耦合器
粉末冶金分会		
58	兴城市粉末冶金有限公司	2826 同步器齿毂
59	兴城市粉末冶金有限公司	2840 同步器齿毂
60	兴城市粉末冶金有限公司	油泵带轮 -TNA、曲轴正时带轮焊合件 -TNA
61	江苏鹰球集团有限公司	燃油回收泵用粉末冶金不锈钢花轮
62	东睦新材料集团股份有限公司	MIM004 前泵腔和 MIM005 板

（续）

序号	获奖单位	项目名称
粉末冶金分会		
63	东睦新材料集团股份有限公司	CVT 变速器油泵粉末冶金配油盘
64	东睦新材料集团股份有限公司	E608 进气定子带轮
65	东睦新材料集团股份有限公司	排气定子带轮
66	上海汽车粉末冶金有限公司	通用汽车 CVT250 粉末冶金导向器
67	杭州前进齿轮箱集团股份有限公司杭州粉末冶金研究所	特种车辆减振器复合材料摩擦片
68	黄石赛福摩擦材料有限公司	高静摩擦系数湿式纸基摩擦片
69	扬州保来得科技实业有限公司	汽车变速器高周波驱动链轮
70	扬州保来得科技实业有限公司	汽车发动机 VVT 定子带轮
71	扬州保来得科技实业有限公司	汽车 VVT 用高精度转子
72	重庆华孚工业股份有限公司	汽车发动机可变气门正时系统（VVT）进气转子 NE1 型号
73	重庆华孚工业股份有限公司	沃尔沃 GEN1 带轮

〔供稿单位：中国机械通用零部件工业协会〕

2021 年度"中国机械通用零部件工业协会技术创新奖"获奖名单

一、特等奖（73 项）

序号	获奖单位	项目名称
齿轮与电驱动分会		
1	重庆齿轮箱有限责任公司	大型盾构掘进机高功率密度行星齿轮减速器 -TBM 系列
2	贵州群建精密机械股份有限公司	"嫦娥 5 号"月面采样转移传动机构
3	杭州前进齿轮箱集团股份有限公司	JX05 轮边减速器总成
4	杭州前进齿轮箱集团股份有限公司	适用于大功率中速柴油机的 GWC70.85A 船用齿轮箱
5	杭州中德传动设备有限公司	带安全螺母的医疗器械专用减速机
6	江苏中工高端装备研究院有限公司	皮带机用高效大转矩永磁电机
7	宁波东力传动设备有限公司	大功率智能高效齿轮箱
8	陕西法士特汽车传动集团有限责任公司	智行集成式 AMT
9	陕西法士特汽车传动集团有限责任公司	机械液压功率分流无级变速器总成
10	陕西法士特汽车传动集团有限责任公司	商用车高性能同步器
11	浙江环动机器人关节科技有限公司	新一代高刚性机器人精密减速器
12	浙江双环传动股份有限公司	轨道交通（高铁、地铁、轻轨等）精密减速器齿轮
13	郑州机械研究所有限公司	XTL201 牵引车传动系统
14	中信重工机械股份有限公司	超大型矿山设备齿轮传动装置研发与应用

（续）

序号	获奖单位	项目名称
紧固件分会		
15	奥展实业有限公司	电气化铁路接触网用不锈钢紧固件
16	常熟市标准件厂有限公司	一种井式燃气退火炉（专利号 ZL 201910499188.1）
17	重庆标准件工业有限责任公司	汽车发动机 M10 系列气缸盖螺栓
18	定西高强度紧固件股份有限公司	核电爆破阀用紧固件
19	马鞍山钢铁股份有限公司	冷作强化细晶非调质钢制造技术研究
20	宁波安拓实业有限公司	一次成型车用底盘固定用内套
21	宁波计氏金属新材料有限公司	螺母悬挂离心
22	宁波金鼎紧固件有限公司	双头轮毂螺栓
23	宁波时代汽车零部件有限公司	悬置 RG-001
24	宁波市鄞州广翔机械制造有限公司	活塞 45.3X025
25	七丰精工科技股份有限公司	500MPa 级高速铁路螺旋道钉（24-12.5X230）
26	上海上标汽车紧固件有限公司	轿车套管螺栓
27	上海申光高强度螺栓有限公司	大功率叶片用双圆螺母
28	上海市紧固件和焊接材料技术研究所有限公司	大规格螺栓应力松弛试验系统（WAW-6000L）
29	上海岳展精密科技有限公司	AI 人工智能光学影像筛选机
30	思进智能成形装备股份有限公司	SJBP-306L 全自动大规格零件冷镦成形机
31	浙江祥力智能科技有限公司	一种托板滚动摩擦和滑动摩擦相结合的搓丝机
32	舟山市 7412 工厂	含内外齿齿轮轴整体冷挤压成型技术
33	舟山市正源标准件有限公司	叶片定位工装螺栓
弹簧分会		
34	大连弹簧有限公司	高精度、超大型安全阀弹簧
35	东莞永腾自动化设备有限公司	无凸轮兼机械手 12 轴多功能弹簧制造机（CMM-12-681R）
36	广州华德汽车弹簧有限公司	A9M 高抗腐蚀性能悬架弹簧
37	桂林瑞特试验机有限公司	飞机起落架曲线试验机 TCD-CQ
38	杭州弹簧有限公司	新型重（中）载荷商用车离合器弹簧
39	华纬科技股份有限公司	超高强度 2200MPa 水淬火回火弹簧钢丝
40	济南凯镭迪精密仪器有限公司	全自动弹簧负荷分选试验机 KLD-F302（1221）
41	山东联美弹簧科技有限公司	商用货车空气悬架用多功能稳定杆（一体式）
42	上海中国弹簧制造有限公司	特斯拉 Model-S 前稳定杆总成
43	嵊州市金狮弹簧机械有限公司	CK13200 十三轴数控弹簧成形机
44	浙江金昌弹簧有限公司	汽车转向器膜片弹簧工艺
45	浙江美力科技股份有限公司	第三代军用大行程变刚度热卷重型弹簧
46	中钢集团郑州金属制品研究院有限公司	高强度渗氮专用弹簧钢丝
47	珠海隆鑫科技有限公司	触摸按键弹簧自动铆接编带工艺
链传动分会		
48	安徽黄山恒久链传动有限公司	SSH815 高强度平顶链
49	安徽黄山恒久链传动有限公司	SC200HP-M2 高性能水处理链
50	安徽绩溪徽山链传动有限公司	马氏体沉淀硬化型不锈钢污水链

（续）

序号	获奖单位	项目名称
链传动分会		
51	东华链条兴化有限公司	32BSPF 高精度高耐磨链条
52	杭州东华链条集团有限公司	28BF 高性能摊铺机驱动链
53	杭州盾牌链条有限公司	P224.7F1 驱动输送链
54	杭州盾牌链条有限公司	M224F-S-250 地拖输送链
55	杭州自强链传动有限公司	C-24SSLR 自润滑梯级链条
56	环球传动泰州有限公司	PL1222 低温曳引板式链
57	环球传动泰州有限公司	YF32B-4LATT 高精度输送链
58	青岛征和工业股份有限公司	400mL 大排量摩托车用静声正时齿形链（HSSCL04CF5-7-130L Cr-V 共渗款）
59	苏州环球科技股份有限公司	TL133HSS 耐磨损不锈钢梯级链
60	浙江恒久传动科技股份有限公司	PCXT-C.1 垂直停车库驱动链条
61	浙江恒久传动科技股份有限公司	板式链条自动化智能组装线
粉末冶金分会		
62	北京有研粉末新材料研究院有限公司	高可靠轻量化粉末冶金中空凸轮轴毛坯
63	重庆华孚工业股份有限公司	8AT 行星齿轮支架/A8F40
64	重庆华孚工业股份有限公司	DHE3 带轮
65	东睦新材料集团股份有限公司	行星齿轮/A1637，链轮内齿轮/A1638，凸轮轴齿轮/A1639
66	东睦新材料集团股份有限公司	铝基 VVT 链轮（AL0001）
67	东睦新材料集团股份有限公司、上海富驰高科技股份有限公司	汽油机可变截面涡轮增压叶片
68	扬州保来得科技实业有限公司	电动工具锂电钻自锁装置行星架
69	扬州保来得科技实业有限公司	汽车发动机多排齿错齿曲轴链轮
传动联结件分会		
70	山西大新传动技术有限公司	海上风电 5MW 高速轴带制动盘联轴器
71	四川劲兴制动科技有限公司	ZZA1 自动补偿圆锥面制动器
72	太原科技大学、太原重工股份有限公司	FD640-1200 高精度重载锁紧盘
73	太原科技大学、武汉正通传动技术有限公司	GQCL 型万向节扭矩限制器

二、优秀奖（98 项）

序号	获奖单位	项目名称
齿轮与电驱动分会		
1	东莞市纽格尔行星传动设备有限公司	PX60 精密行星减速器
2	东莞市星火齿轮有限公司	智能窗帘机器人
3	广东金力变速科技股份有限公司	36Z 系列机电驱动集成模块
4	贵州群建精密机械股份有限公司	微型滚珠丝杠副
5	杭州前进齿轮箱集团股份有限公司	大功率拖拉机 PT220 传动系统总成
6	杭州前进齿轮箱集团股份有限公司	高可靠性捡拾方捆机 DJQ01 D 打结器
7	杭州新剑机器人技术股份有限公司	差动式行星滚珠丝杠

（续）

序号	获奖单位	项目名称
齿轮与电驱动分会		
8	杭州中德传动设备有限公司	输出轴可摆动的饲料机械专用减速机
9	湖北科峰智能传动股份有限公司	KPH 超高精密行星减速机
10	江苏中工高端装备研究院有限公司	泵用立式行星齿轮箱
11	江苏中工高端装备研究院有限公司	搅拌机用节能永磁电机
12	宁波东力传动设备有限公司	高扭矩单螺杆挤出机减速机
13	宁波东力传动设备有限公司	全电驱动注塑机高性能专用减速机
14	宁波夏拓智能科技有限公司	高速干切滚齿机
15	陕西法士特汽车传动集团有限责任公司	高速重载传动领域磨齿关键技术
16	陕西法士特汽车传动集团有限责任公司	8J45T 系列轻型变速器开发和应用
17	陕西法士特汽车传动集团有限责任公司	6E240 纯电动动力系统
18	沃德传动（天津）股份有限公司	大功率刮板输送机用减速机
19	浙江双环传动股份有限公司	新能源汽车减速器齿轮
20	浙江双环传动股份有限公司	新能源汽车电机轴
21	郑州机械研究所有限公司	FK 系列起重用减速器
紧固件分会		
22	奥展实业有限公司	水利工程用新型不锈钢螺栓（管片螺栓组合件）
23	奥展实业有限公司	内六角圆柱头螺钉 DIN912 M30*L
24	常熟市标准件厂有限公司	圆头方颈螺栓冷镦新工艺
25	常熟市标准件厂有限公司	一种螺栓自动装配机（专利号 ZL 202021080951.1）
26	重庆标准件工业有限责任公司	桥梁及风力发电用钢结构用六角头螺栓 M24-M30 系列产品
27	定西高强度紧固件股份有限公司	工业机器人在紧固件生产中的应用
28	济南实达紧固件有限公司	消声支持螺栓
29	嘉善力天机械有限公司	直进式连续拉丝机（永磁电机系统）
30	宁波安拓实业有限公司	新型车身带齿悬挂连接件
31	宁波安拓实业有限公司	工程机械用油管连接装置
32	宁波安拓实业有限公司	汽车防撞系统用套管
33	宁波日升紧固件有限公司	挂架螺钉 M4×19.5
34	温州市翔潮汽车零部件有限公司	半空心冷镦机（CN 20180225412.3）
弹簧分会		
35	大连弹簧有限公司	高精度、高稳定性减振支座弹簧
36	东风沿浦（十堰）科技有限公司	商用车 RQ450（Q450）系列镀涂组合环保铆钉
37	东莞永腾自动化设备有限公司	无凸轮 12 轴电脑多功能弹簧制造机（CMM-12-237R）
38	广州华德汽车弹簧有限公司	空心稳定杆加热吹气装置
39	桂林瑞特试验机有限公司	大型弹簧试验机 TCD-C-1000KN
40	桂林瑞特试验机有限公司	悬架簧高速强压线 QY-DC
41	桂林瑞特试验机有限公司	电液伺服稳定杆疲劳试验机 NPY
42	杭州弹簧有限公司	高端商用车制动回位拉伸弹簧

（续）

序号	获奖单位	项目名称
弹簧分会		
43	杭州通用弹簧有限公司	衔铁弹簧
44	杭州通用弹簧有限公司	撑杆弹簧
45	济南凯镭迪精密仪器有限公司	灵活性弹簧负荷分选试验机 KLD-F203B（1421）
46	济南凯镭迪精密仪器有限公司	悬架簧弹簧疲劳试验机 KPD-105（1221）
47	洛阳显恒数控机床有限公司	CSM-8250CNC 数控卷簧机
48	曲阜天博汽车电器有限公司	螺旋压缩偏心弹簧制作工艺及产品
49	山东雷帕得弹簧有限公司	轻量化高应力钢板弹簧
50	山东联美弹簧科技有限公司	长安福特 1.5L DRGON PFI 气门弹簧
51	山东联美弹簧科技有限公司	CSMTM0021-00-05 后螺旋弹簧
52	上海核工碟形弹簧制造有限公司	硬密封球阀碟形弹簧
53	上海中国弹簧制造有限公司	GEM 系列悬架弹簧
54	嵊州市金狮弹簧机械有限公司	CK960 九轴数控弹簧成形机
55	武汉锐尔森科技有限公司	250kW 弹簧碾尖全自动化感应加热设备
56	武汉锐尔森科技有限公司	800kW 水淬火弹簧钢丝热处理生产线成套设备
57	武汉锐尔森科技有限公司	全范围热卷弹簧全自动感应加热生产线成套设备
58	新乡辉簧弹簧有限公司	笼式弹片 21E8-280-978-A1
59	扬州核威碟形弹簧制造有限公司	组合膜片弹簧支承组
60	浙江家度弹簧机械有限公司	线径 50mm 立式双端面数控精密磨簧机
61	浙江美力科技股份有限公司	汽车制动系统用模拟器碟簧总成
62	浙江美力科技股份有限公司	高强度弹簧钢丝
63	浙江万能弹簧机械有限公司	TK-7200 多轴联动高速电脑数控卷簧装备
64	珠海隆鑫科技有限公司	触摸按键弹簧自动装吸塑包装机
65	珠海隆鑫科技有限公司	振动性传动精密弹簧回火炉
66	珠海隆鑫科技有限公司	遥控器弹簧包装改自动编带方式
链传动分会		
67	安徽黄山恒久链传动有限公司	CA557B 低磨损率农用滚子链
68	安徽黄山恒久链传动有限公司	JL76.2-5 卸料机链
69	安徽黄山中友链条制造有限公司	P12.7-DMC 内外链板折弯式推窗机链
70	安徽黄山中友链条制造有限公司	80HOR-1-STC 带密封结构的自润滑滚子链
71	东华链条兴化有限公司	C2062HSSGR 高耐磨输送链
72	杭州东华链条集团有限公司	2.0T 汽车发动机用静声链条
73	杭州盾牌链条有限公司	P200F280K2 输送链
74	杭州盾牌链条有限公司	HB50.8F41 空心销轴链条铆头机
75	杭州盾牌链条有限公司	P0152F48 棕榈油输送链装配机
76	环球传动泰州有限公司	P88.9a 高精度长寿命胶合板输送链
77	青岛征和工业股份有限公司	50SBF1 弯转机链条
78	苏州环球科技股份有限公司	M56SSa-100 不锈钢厨余垃圾处理链
79	浙江恒久传动科技股份有限公司	双节距双销轴重载型玻璃输送链
80	浙江恒久传动科技股份有限公司	双排大托轮辊道输送链

（续）

序号	获奖单位	项目名称
粉末冶金分会		
81	重庆华孚工业股份有限公司	DT1 离合器支架总成
82	重庆华孚工业股份有限公司	4G15T 主轴承盖
83	东睦新材料集团股份有限公司	曲轴正时带轮/A1526
84	东睦新材料集团股份有限公司	变量泵外转子（A1667）、内转子（A1668）、环（A1669）
85	东睦新材料集团股份有限公司	信号轮 Wheel（A1586）
86	广东粤海华金科技股份有限公司	空调压缩机用粉末冶金高锰无磁钢平衡块
87	黄石赛福摩擦材料有限公司	XDR100T 非公路宽体自卸车驱动桥湿式制动器摩擦片
88	江苏鹰球集团有限公司	空调机用粉末冶金不锈钢连接板
89	上海汽车粉末冶金有限公司	大众汽车 EA888 发动机水泵带轮
90	兴城市粉末冶金有限公司	自紧钻夹头丝母 J9913TC-LMMP-0-1
91	兴城市粉末冶金有限公司	BYD7DT28 同步器齿毂
92	扬州保来得科技实业有限公司	汽车中控移动扶手锁止机构壳体
93	扬州保来得科技实业有限公司	汽车换挡齿轮
94	扬州保来得科技实业有限公司	汽车转向上下调节机构卡爪
传动联结件分会		
95	宁波格瑞塑业有限公司	LDS 防撞组件
96	太原科技大学、唐陌传动机械（无锡）有限公司	高精度 GCJ550 型鼓型齿联轴器
97	唐陌传动机械（无锡）有限公司	TMTJ-350/650H.0 型带缓冲无级调节功能的轧机接轴托架
98	武汉正通传动技术有限公司	ZTTX 型碳纤维管双膜片联轴器

〔供稿单位：中国机械通用零部件工业协会〕

附 录

抗击新冠疫情和复工复产先进集体和先进个人

抗击新冠疫情和复工复产先进集体

常熟市标准件厂有限公司　　　　　　东睦新材料集团股份有限公司
重庆标准件工业有限责任公司　　　　富奥汽车零部件股份有限公司紧固件分公司
重庆华孚工业股份有限公司　　　　　贵州群建精密机械有限公司

杭州弹簧有限公司	佛山市巨隆金属制品有限公司
杭州前进齿轮箱集团股份有限公司	广州华德汽车弹簧有限公司
乐清市东风弹簧有限公司	邯郸市飞达标准件厂
宁波名力弹簧有限公司	杭州东华链条集团有限公司
山东高强紧固件有限公司	杭州兴发弹簧有限公司
陕西法士特汽车传动集团有限责任公司	南京高速齿轮制造有限公司
上海南市螺丝有限公司	青岛征和工业股份有限公司
嵊州市金狮弹簧机械有限公司	山东鲁银新材料科技有限公司
泰尔重工股份有限公司	上海集优标五高强度紧固件有限公司
温州市紧固件行业协会	上海中国弹簧制造有限公司
新乡辉簧弹簧有限公司	苏州环球集团有限公司
扬州保来得科技实业有限公司	天津沛衡弹簧有限公司
有研粉末新材料股份有限公司	武义东风链条有限公司
浙江恒星传动科技有限公司	许昌远东传动轴股份有限公司
浙江万能弹簧机械有限公司	扬州核威碟形弹簧制造有限公司
浙江中益机械有限公司	浙江恒久机械集团有限公司
常州世界伟业链轮有限公司	浙江双环传动机械股份有限公司
重庆齿轮箱有限责任公司	浙江永美链条有限公司
东风汽车紧固件有限公司	郑州机械研究所有限公司

抗击新冠疫情和复工复产先进个人

姓名	职务	所属单位
卞小娟	人力资源部副部长	苏州环球科技股份有限公司
畅望杰	总经理	山西金宇粉末冶金有限公司
陈怀玉	总经理	定西高强度紧固件股份有限公司
陈璐璐	总经理	江苏鹰球集团有限公司
陈亦兵	党委书记、总经理	安徽黄山恒久链传动有限公司
戴　忠	总经理	安徽省宁国市东波紧固件有限公司
董美珠	监事会主席、工会主席	浙江双环传动机械股份有限公司
谷文金	副总经理	兴城市粉末冶金有限公司
蒋冬强	常务副总	杭州持正科技股份有限公司
金玉谟	董事长、总裁	青岛征和工业股份有限公司
赖运丁	部长	广州华德汽车弹簧有限公司
李和平	董事长	杭州弹簧有限公司
李忠明	董事长	思进智能成形装备股份有限公司
廖杭州	管理部部长	杭州东华链条集团有限公司

（续）

姓名	职务	所属单位
凌　峰	质检部长	株洲市特种链条股份有限公司
刘娅雪	总经理	许昌远东传动轴股份有限公司
吕永驮	生产副总	浙江永美链条有限公司
宋晓峰	经理	舟山市 7412 工厂
寿　峰	总经理	浙江恒久机械集团有限公司
唐建伦	副总经理	柳州市华侨紧固件有限公司
汪　彤	党委书记、董事长	重庆齿轮箱有限责任公司
王方永	党支部书记、副总经理	浙江中益机械有限公司
肖从恒	安环部科长	冷水江天宝实业有限公司
徐美芳	总经理	常州世界伟业链轮有限公司
宣　成	董事长	杭州东华链条集团有限公司
严鉴铂	党委书记、董事长	陕西法士特汽车传动集团有限责任公司
杨水余	党委书记、董事长、总经理	杭州前进齿轮箱集团股份有限公司
余　泳	党委副书记、总经理	贵州群建精密机械有限公司
余晓锁	董事长	武汉正通传动技术有限公司
俞　强	行政经理	浙江万能弹簧机械有限公司
元银贵	董事长	新乡辉簧弹簧有限公司
章增武	部门经理	武义东风链条有限公司
郑国华	总经理助理	浙江恒星传动科技有限公司
朱志荣	董事长	东睦新材料集团股份有限公司
左刚锋	厂长	重庆华孚工业股份有限公司

〔供稿单位：中国机械通用零部件工业协会〕

中国
机械
通用
零部件
工业
年鉴
2022

Ⅱ
链
传
动
行
业
卷

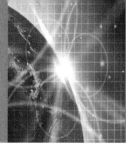

中国
机械
通用
零部件
工业
总览

链传动行业卷

齿轮行业卷

弹簧行业卷

紧固件行业卷

粉末冶金行业卷

传动联结件行业卷

　　回顾总结我国链传动行业近几年的发展情况；分析链传动行业 2019—2021 年的经济运行情况，介绍行业的创新成果；公布 2019—2021 年行业统计数据；公布链传动行业"十四五"发展规划；概述链传动行业标准化工作；记录链传动行业大事

中国机械通用零部件工业总览

链传动行业卷

齿轮行业卷

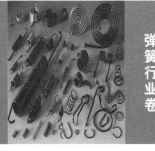

弹簧行业卷

紧固件行业卷

粉末冶金行业卷

传动联结件行业卷

中国机械通用零部件工业年鉴2022

Ⅱ 链传动行业卷

综　述

我国链传动产业发展概况

我国链传动产业创建于 20 世纪 50 年代初，当时新中国刚成立，工业基础非常落后，机械制造业几乎是一张白纸，我国链传动产业就是在这样"一穷二白"的时代背景下起步的。经过半个多世纪几代人坚持不懈的艰辛拼搏，产业从无到有，从小到大渐渐地发展壮大起来。特别是在改革开放的四十年里，我国链传动产业得到了前所未有的迅猛发展，形成了有相当规模、门类齐全、基础坚实的产业体系。"十三五"末，我国链传动产业工业总产值达 325 亿元、产品销售收入 315 亿元、出口创汇 14 亿美元、利税 23 亿元，已成为世界链传动产品的制造大国和出口大国。

一、我国已成为链传动产品的制造大国和出口大国

1. 产业持续平稳健康发展，经济实力不断增强

20 世纪 70 年代，我国链传动产业的企业数量寥寥无几，仅有齐齐哈尔链条厂、沈阳链条厂、北京密云链条厂、石家庄链轮厂、上海中国链条厂、上海大隆链条厂、海门链条厂、苏州链条厂、常州链轮厂、杭州链条厂、嵊州链轮厂、安徽黄山链条厂、株洲链条厂等十几家中小企业。整个产业企业数量少、规模小，经济实力弱。

随着我国经济体制改革的深入发展，链传动产业作为竞争性行业，改革转制后"国退民进"，业内原有的国有或集体企业有的破产，有的转制，一大批民营企业应运而生。据不完全统计，目前全国已有 400 多家链传动产品制造企业，其中绝大多数是民营企业。新机制给产业带来了勃勃生机和活力，促进产业迎来前所未有的大发展。经

过多年的市场激烈竞争，产业已形成了一批有相当规模和实力的龙头企业及重点骨干企业，如链条产业的龙头企业杭州东华链条集团有限公司的工业总产值已达 20 亿元，浙江恒久机械集团有限公司的工业总产值近 15 亿元；链轮产业的龙头企业浙江中益机械有限公司的工业总产值近 5 亿元；一批工业总产值超过或接近 5 亿元的大型重点骨干企业：苏州环球科技股份有限公司、青岛征和工业股份有限公司、诸暨链条总厂、杭州永利百合实业有限公司、湖州双狮链传动有限公司、杭州持正科技股份有限公司、深圳市科恩斯汽车零配件有限公司等；一批产值 1 亿元到 5 亿元的大中型骨干企业：苏州大唐金属型材有限公司、常州世界伟业链轮有限公司、常州东吴链传动制造有限公司、常州盛天传动科技有限公司、江苏双菱链传动有限公司、浙江恒昌链条有限公司、杭州山水实业有限公司、浙江建宏链传动材料有限公司、浙江嵊润机械有限公司、浙江神牛机械制造有限公司、嵊州市特种链轮有限公司、浙江永美链条有限公司、东阳永美链条有限公司、武义东风链条有限公司、浙江八方机械有限公司、武义正达金属丝制品有限公司、黄山中友链条制造限公司、益阳赫山链条制造有限公司等。除此之外还有一大批年产值 2 000 万元以上的规模企业。这些大中型骨干企业是产业的中坚力量，在推进我国链传动产业"由小变大"，成为世界链传动产品制造大国中发挥了主力军的作用，做出了重要贡献。

从 20 世纪 80 年代末到 21 世纪初，我国链传

动产业处于大发展高增长时期，主要经济指标年平均增速在 15% 以上。2008 年国际金融危机发生以后，世界经济发展步履变得缓慢，我国国民经济发展进入了调整转型时期，经济增长趋缓成为新常态，链传动产业也不例外，但在经济转型过程中行业没有发生大起大落的现象，始终保持持续平稳健康发展、稳中有进的良好态势，彰显了较强的经济韧性（见表 1）。

表 1　我国链传动产业"十一五"至"十三五"主要经济指标完成情况

指标名称	2005 年	2010 年	"十一五"平均增长（%）	2015年	"十二五"平均增长（%）	2020 年	"十三五"平均增长（%）
工业总产值/亿元	68.50	153.00	17.43	250	10.30	343	6.5
产品销售收入/亿元	67.50	149.90	17.31	245	10.28	330	6.15
出口额/亿美元	4.65	9.68	15.79	13	6.10	16	4.54
利税总额/亿元	10.28	18.70	12.71	20	7.03	27	6.1

2. 产业区域集聚明显，结构不断升级优化

我国链传动产业以中小企业为主体，多数分布在浙江、江苏、安徽、山东等地区，区域性集聚明显。浙江省的链传动企业集中分布在杭州、诸暨、湖州和金华四大地区，江苏省集中分布在苏州、常州和无锡三大地区，江浙两省链传动企业工业总产值的总和占整个链传动产业产值的 70% 以上，产业集聚效应明显。

产业集群具有社会分工细、专业化程度高、协作密切、效率高、成本低的优势。以链条制造为例，从原材料改制、工模具制造、产品零件的生产及整链制造，产业集群已形成较完整的产业链，实现了社会资源的优化配置，特别适用于中小企业的生存与发展。如浙江武义地区的链条产业，20 世纪 90 年代初刚起步时，许多企业是前店后厂的作坊式企业，生产方式落后，产品质量低劣，曾引起社会强烈反响。在当地政府高度重视和协会关心指导下，开展了以质量为抓手的大整顿，经过几年的整治，不少企业在生产技术和产品质量方面有了明显的提高。目前，该地区规模以上的链条企业有 20 多家，生产的链条零件材料和零件供应全国 100 多家链条厂，有的企业产品出口创汇额达数百万美元。该地区链条产业工业总产值超过了 50 亿元，为促进我国链传动产业发展做出了一定贡献。

近年来，业内不少企业在做强主业的基础上，对产业和产品结构进行了转型升级。如杭州东华链条集团有限公司收购了常州拖拉机厂，率先实现了从零部件生产向主机制造的飞跃；苏州环球科技股份有限公司、益阳赫山链条制造有限公司和株洲特链链条有限公司等企业分别进军轴承、汽车零部件及智能化立体仓库制造领域，浙江永美链条有限公司生产深受国内外市场欢迎的"喂鸟器"，浙江神牛机械制造有限公司投资光伏发电项目，浙江中益机械有限公司投资高等教育事业等，这些企业成功地进行了跨行业的产业升级优化，"一业为主、多元经营"已是我国链传动产业结构调整、转型升级的新趋势。

3. 产业国际化程度明显提升

我国链传动产品出口历史悠久，在 20 世纪 80 年代末和 90 年代初，原杭州链条厂的出口创汇额已达到 1 000 万美元以上，产业出口商品总值占工业总产值的 35% 以上。近年来，我国每年出口工业链条 50 多万 t，销往全世界 100 多个国家和地区，出口创汇额约 14 亿美元。我国链传动行业出口的产品性价比高，深受国际市场欢迎。业内不少企业已成为世界一流企业如美国约翰迪尔公司（JohnDeere）、德国克拉斯公司（CLAAS KGaAmbH）、日本的大同工业株式会社（D.I.D）、新日铁有限公司、三菱、尼桑等公司的供应商，产品直接为其主机配套。我国已成为世界链传动产品的出口大国。

我国链传动产业不仅出口产品，而且资本也走出国门。如杭州东华链条集团有限公司收购了德国 KÖBO 公司、控股日本 EK 公司，在全球 70 多个国家和地区注册商标，以东华自主品牌进入国际市场，为我国链传动产业跨国发展开辟了先例；杭州永利百合实业有限公司积极响应"一带一路"倡议，在巴基斯坦投资建厂，并建立销售公司，销售自主品牌产品，取得了较好的经济效益。

我国链传动产品和资本走向世界，同样国外一些知名的链传动企业，如英国雷诺德集团（Renold），日本椿本链条公司（Tsubaki），美国的莫尔斯链条公司（Morse）、岱盟德链条公司（Diamond）、德国伊维氏集团（iwis）、沃尔夫链条公司（KettenWulf）等纷纷来到我国投资建厂。他们看好我国的资源和市场潜力。外资企业进入我国后，给我国链传动产业既带来竞争压力，也带来先进的技术和管理模式。国内市场的国际化，国际市场的中国化，说明我国链传动产业国际化程度明显增强。我国链传动产业的迅速发展，赢得了国际同行的关注。美国岱盟德链条公司、日本椿本链条公司等公司的总裁亲自来我国访问，与链传动分会和相关企业的负责人进行热情友好的交流。我国链传动标准化委员会积极参与国际链传动标准的制修订工作，曾先后两次作为东道主在浙江杭州、江苏扬州成功举办了国际标准化年会，在国际链传动标准制定中掌握了一定的话语权。这充分说明我国链传动产业国际化程度明显增强，在世界链传动产业中的大国地位已经确立，赢得了国际同行的尊重。

二、我国链传动产业正在由大变强，向世界制造强国目标砥砺前行

我国链传动产业的企业数量之多，产能之大，在世界链传动产业中是独一无二的。但在生产技术和产品质量档次水平上与国外发达国家相比仍存在一定差距，大而不强的现状亟待改变。

链传动分会在制定"十二五规划"时就明确提出产业发展要从规模效益型向质量效益型转变，产业不仅要做大而且更要做强，实现从制造大国向制造强国的转变。近十年来特别是"十三五"以来，业内广大企业坚持创新发展战略，转变发展理念和发展动能，坚定不移地依靠科技进步实现高质量发展，取得了令人瞩目的成效。

1. 产业创新能力显著增强

（1）技术理论创新。中国机械工程学会机械分会链传动专业委员会、中国机械通用零部件工业协会链传动分会等单位和业内专家共同编著了一批链传动技术专著并由国家出版部门相继出版，特别是《中国战略性新兴产业研究与发展·高端链传动系统》一书，对引领产业广大企业向高端链传动产品制造方向发展具有极其重要的指导意义，为推进整个产业技术进步提供了重要的支撑和保障。

（2）标准创新。全国链传动标委会积极推进链传动产业开展标准化活动，除了积极推动采用国际标准和发达国家先进标准以外，还自主制定了 16 项中国独有的机械行业标准，这不仅弥补了国内链传动标准体系中的一些空白，而且为链传动产品设计和生产经营提供了规范，解决了无国际及国外标准可循的局面，满足了国内外市场客户的需求，为国际链传动领域标准化建设做出了重要贡献。链传动分会秘书处受国家海关总署委托制定的《摩托车滚子链条及其零件加工贸易单耗标准》，经海关审定后已颁布实施。

（3）建立国家企业技术中心。经国家发展改革委等五部门评审，杭州东华链条集团有限公司、青岛征和工业股份有限公司、苏州环球科技股份有限公司的企业技术中心先后被评定为国家企业技术中心。这为我国链传动产业的自主创新体系建设搭建了重要平台，为产业向高端链传动产品制造方向发展奠定了良好基础。

（4）承担国家强基项目。链传动产业 3 家国家企业技术中心的两个项目进入了国家"强基工程"项目。链传动产业在机械工业中是一个小行业，能建立 3 个国家企业技术中心并承接 2 项国家"强基工程"项目，获得国家相关资金扶持，这在链传动产业发展史上是前所未有的，它既说明国家对关键基础零部件的高度重视，也标志着我国链传动产业在创新发展方面具有一定的基础和实力。

2.产业的产品质量水平和档次明显提高

目前，我国链传动产业的产品质量和档次在国际同行业中总体处于中等以上水平，部分产品已接近或达到了国际同类产品的先进水平。近年来，我国链传动产品质量水平和档次从中低档向中高档方向发展，特别是在高端链传动产品发展上取得了明显进展。如杭州东华链条集团有限公司研制成功的 CVT 链条，至今世界上仅有几个发达国家能够制造；又如浙江湖州求精汽车链传动有限公司、杭州东华链条集团有限公司、青岛征和工业股份有限公司等企业成功研发了一系列汽车发动机正时链、机油泵链、燃油泵链、共轨泵链、平衡轴链、变速器和分动箱齿形链、Hy-Vo 齿形链及其系列等新产品，为一汽、上汽、东风、北汽、广汽等主机厂成功配套，替代了国外进口；打破了长期以来国外在汽车链方面的垄断地位；杭州东华链条集团有限公司成功研发了国家重点实验项目链条，受到了中铝集团、中航集团等部门的重点关注；浙江嵘润机械有限公司研制的链式智能化电石输送线，为中石化提供了行业绿色发展急需的重要设备。为国产大飞机配套的航空链，冶金输送链中的引锭链、港机链等产品的成功开发，为打造我国高端链传动产业奠定了坚实基础，为加快我国重大技术装备国产化进程发挥了重要的支撑保障作用。

3.产业"两化融合"有新突破

链传动产业是一个传统行业，劳动密集型的生产方式是制约产业发展的"短板"，特别是非标异形链的装配，几乎完全依靠人工进行。杭州东华链条集团有限公司和安徽黄山恒久链传动有限公司率先对这个"短板"进行攻关，目前已成功研制了几条非标异形链的机械化、自动化装配流水线；安徽黄山恒久链传动有限公司研制了具有

国际先进水平的欧标高速输送平顶链自动化生产及在线智能检测生产线，以及焊接链、水泥链等产品的自动化柔性生产线，实现了产业"短板"的新突破。

苏州环球科技股份有限公司在江苏江堰新建了信息化与智能化相结合的链条生产基地，荣获工业和信息化部"两化融合"证书。浙江中益机械有限公司通过智能机器间的连接，结合软件和大数据分析，重塑生产和管理流程，不仅大幅度提高生产能力，而且还能实现链轮的智能化生产。

4.产品创新硕果累累

"十三五"期间，我国链传动产业广大企业加大了新产品研发力度，开发了许多市场适销对路的新产品，产业新产品产值增长较快，据统计，2019年新产品产值比"十二五"末增长 14.45%。新产品中荣获中国机械通用零部件工业协会"自主创新优秀新产品奖"的共计 77 项，其中特等奖 39 项。2019年中国机械工业联合会颁布"改革开放 40 周年——机械工业杰出产品"104 项，其中，链传动产业的苏州环球科技股份有限公司、杭州东华链条集团有限公司、杭州自强链传动有限公司、浙江恒久机械集团有限公司、诸暨链条总厂、浙江嵘润机械有限公司、浙江中益机械有限公司、安徽黄山恒久链传动有限公司、青岛征和工业股份有限公司 9 家企业的 9 个产品获奖，占总奖项的比例达到了 8.7%，突显了链传动产业在创新发展的新成就。

5.产业经济运行效率稳步提升、质量明显提高

"十三五"时期，链传动产业经济持续平稳健康发展。据 2019 年行业统计信息网 50 家成员单位统计年报的数据显示：企业工业增加值比"十二五"末增长 6.3%；全员劳动生产率（按工业增加值计算）122 946 元／人，同比增长 13.97%；流动资产周转天数 188 天，同比缩短了 59 天，这几项经济指标均好于"十二五"末，充分说明我国链传动产业经济运行的效率和质量是稳中有进、进中趋好的。

三、打造我国高端链传动产业制造体系，实现"强国目标"

我国链传动产业发展之快、成就之显著是有目共睹的，但整个产业的总体水平在世界同行业中处于中等以上水平，与发达国家的先进水平相比仍有一定差距，"大而不强"状况比较突出。

（1）产业结构性矛盾突出。当今发达国家链传动产业的企业少的有几家，多的不过十几家，而我国链传动企业有 400 多家，产业集中度较低，资源配置分散，低水平重复建设情况较严重，影响产业整体水平和国际竞争能力的提升。

（2）自主创新能力有待进一步增强。具有从 0 到 1 的原创性自主知识产权较少，产业科技人员平均拥有量不高，高端产品研发力量较弱，企业研发经费投入不足。

（3）产品质量水平与档次有待进一步提升。受到原材料、装备和工艺水平的制约，产品质量水平与档次与国外同类产品相比仍有一定差距，尤其是高端链传动产品不足。中低端产品过剩现象比较严重，与重大装备配套的关键链传动部件仍依赖进口。产品类同，低价竞争，产品附加值低，利润空间越来越小，影响企业和产业发展。

（4）产业"两化融合"步伐有待进一步加快。目前我国链传动产业装备水平基本处于半机械化、机械化阶段，要实现自动化、智能化还有较长的路要走。因此，加快产业"两化融合"刻不容缓。

（5）人员整体素质有待进一步提高。目前我国链传动产业掌握高端机理的高技术研发人才较少，一些关键技术岗位缺乏有丰富实践经验的"能工巧匠"型高技能人才，这是制约我国高端链传动产业发展的关键"瓶颈"，因此，必须提高员工队伍整体素质。

（6）企业管理有待进一步加强。业内不少中小企业在管理方面仍处于传统管理阶段，与现代科学管理要求相差甚远。

上述问题和差距是严重制约我国链传动产业"由大变强"，赶超国际先进水平，成为世界链传动产品制造强国的"瓶颈"，若不加以解决，就难以打造我国高端链传动产业制造体系，难以实现"强国目标"。

我国成为制造强国"三步走"的战略：第一个十年进入世界强国之列；第二个十年要进入世界强国阵营中等水平；第三个十年即 2045 年，进入世界强国的领先地位，最终在新中国成立 100 周年成为制造强国。

根据这个"三步走"战略目标要求，在"十四五"末，我国链传动产业要进入世界强国之列。打造高端链传动产业制造体系是当前业内广大企业特别是大型重点骨干企业刻不容缓、重中之重的战略任务。

近年来，为了加快我国成为世界制造强国，国家启动了"工业强基"战略规划和实施计划，并明确将战略性新兴产业作为发展重点，高端链传动产业被正式列入其中，受到国家优先资助和重点支持，如经国家发展改革委等五部门评审，业内 3 家企业被认定为国家企业技术中心，为打造我国高端链传动产业自主创新体系搭建了重要平台，为推进我国高端链传动产业发展奠定了良好基础。吉林大学全面开展了高端链传动系统的深入研究，先后承担了六项国家自然科学基金项目和一项国家"863"计划项目，充分体现了工业和信息化部、科技部、国家自然科学基金委对高端链传动产业的重视和支持。

"十三五"以来，我国的链传动产业在高端产品开发中呈现投入加大、速度趋快、品种增多、档次上升新格局；显示出"三高一优"新特色，即技术含量高、产品档次高、产品附加值高、产品技术性能优。这些以高精度、高强度、高耐磨、高耐疲劳性、耐腐蚀，耐高低温等为主要特征的高端链传动产品研发成功并规模批量生产，替代了进口，填补了国内空白，有的还远销国际市场，为世界知名企业的主机配套。值得一提的是链传动产业承接了工业和信息化部三项"强基项目"，这在链传动产业发展历史上是史无前例的，既说明国家对高端链传动产业的高度重视和大力支持，也证明我国链传动产业具有高端链传动产品的制造能力，这为进一步推进我国高端链传动产业发展起到了示范作用。

目前，我国某些关键高端链传动系统产品，如超级重载系列（HE系列）短节距精密滚子链、冶金链、水泥链及散物料输送链、航空链、军用车辆链、大功率舰船发动机用传动滚子链、舰船用超高速大口径万向输弹链、高端模锻链、高端板式链、特殊不锈钢链条等，长期依赖进口，不仅价格昂贵，而且供货周期较长，特别是当今国际形势发生了新变化，某些西方国家为了遏制中国发展，对一些为重大装备配套的高端链传动产品采取了封锁和断供等措施，因此，加快打造高端链传动产业制造体系，为我国重大装备提供关键核心零部件，加快国产化进程，推进战略性新兴产业快速发展，既是国内外形势发展的需要，也是我国链传动产业实现"强国目标"的需要，同时也是时代赋予我国链传动产业的历史使命。

我们坚信有国家对高端链传动产业的高度重视和大力支持，有业内广大企业牢记使命、勇于担当和不懈努力，打造高端链传动产业制造体系的战略举措一定能落到实处，干出成效，我国高端链传动产业一定会发展得更快更好，产业"由大变强"，成为世界链传动产品制造强国的目标一定会实现。

〔撰稿人：中国机械通用零部件工业协会链传动分会李树立〕

2019 年链传动行业经济运行情况

2019年，全球经济遭受霸权主义、贸易保护主义和单边主义的严重干扰破坏，复苏步履十分艰难；美国为了遏制中国崛起，用增加进口关税的手段，打压我国外贸出口。国内经济运行放缓，下行压力加大。在内外部环境复杂多变的严峻形势下，我国链传动行业广大企业坚守信心，攻坚克难，承压前行，通过奋力拼搏，稳住了行业经济基本盘，为推进行业稳健持续发展做出了不懈努力。

一、2019 年行业主要经济指标完成情况

2019年行业主要经济指标完成情况见表1。

表 1　2019 年行业主要经济指标完成情况

序号	指标名称	单位	实际完成	同比增长（%）
1	工业总产值	万元	915 485	3.19
2	产品销售收入	万元	891 727	2.76
3	出口额	万美元	37 502	-6.70
4	利税总额	万元	71 442	1.02

注：根据行业统计信息网50家成员单位统计数据汇总。

二、行业经济运行主要特点

1. 走势平稳，总量微增

据行业统计信息网50家企业统计数据显示：2019年实现工业总产值 915 485 万元、产品销售收入 891 727 万元，与上年同期相比，分别增长 3.19% 和 2.76%。受中美贸易摩擦影响，出口创汇同比下降 6.70%。在经济下行压力加大的情况下，行业经济运行在合理区间波动，主要经济指标仍能保持稳增长状态实属不易。

2019年行业经济运行走势相对比较平稳。上半年工业总产值同比呈下降趋势，第二季度增速比第一季度下滑 12.88 个百分点。从下半年开始，增速逐步回升；第三季度末增速已由下降 8.59% 上升到增长 0.41%；第四季度下降 0.48%。从同比曲线看，行业工业总产值走势与上年相比呈先抑后扬态势。2019年行业工业总产值各季度同比、环比情况如图1所示。

从环比曲线看，第一季度由于上年第四季度基数高和春节假期等因素影响，工业总产值完成数相对较低；第二季度企业生产经营处于旺季，增速出现明显反弹，从第一季度的下降 14.29% 回升到增长 7.99%，提高了 22.28 个百分点；第三季度有所回落，到第四季度增速达到 8.25%，达到本年度的最高点。

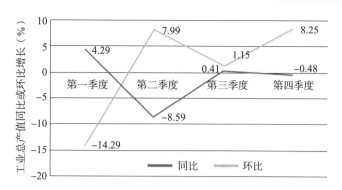

图1　2019年行业工业总产值各季度同比、环比情况

2. 出口受阻，外贸形势不容乐观

2019年世界经济不景气。美国GDP增速仅为2.9%，日本经济几乎处于"零增长"；新兴经济体中有的国家政局动荡，经济恶化，货币贬值，汇率变动加剧；美国为遏制中国经济发展，从第三季度起正式实施大幅提高关税措施。在上述诸多因素的作用下，我国链传动产品出口受到一定影响，出口创汇急剧下滑，与上年同期相比下降了6.7%，外贸出口形势不容乐观。

3. 市场需求变化明显，外弱内强呈常态化

据统计，2017—2019年，出口创汇额逐年递减，年均下降8.74%。多年来行业外销额一直占产品销售总额的30%以上，2019年外销额占比仅为26.6%左右，比2017年下降了6.9个百分点。外销收入占比逐年下降，从一个侧面说明产品市场需求发生了变化，出口创汇增速下行，内需随着我国国民经济的快速发展不断增长，这种"外弱内强"的市场格局已呈常态化。

2017—2019年链传动行业出口创汇情况如图2所示。

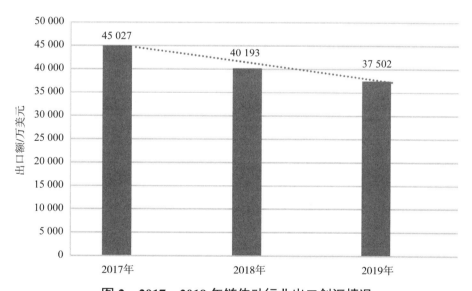

图2　2017—2019年链传动行业出口创汇情况

4. 效率和效益略有提高

据统计，2019年行业人均全员劳动生产率（按工业增加值计算）达到11.59万元，比上年同期增长1.74%；人均利税4.94万元，同比增长3.97%。

综上所述，2019年行业经济运行总体态势是在合理区间平稳运行，呈稳中有进、进中向好的态势，经济效益好于预期。

三、国内外经济形势

1. 国内外宏观经济环境

国际地缘政治冲突加剧，中美关系恶化，贸易摩擦、科技摩擦不断升温，全球化经济受到严重挑战，影响了全球贸易和投资增长。同时，全球金融风险加大，据统计全球总债务 244 万亿美元，为全球 GDP 86 万亿美元的近 3 倍，比 2009 年国际金融危机时期还高。最近，法国、德国、日本等国纷纷调低 2020 年全球经济增长预期。

国内经济改革进入攻坚期，资源和环境不允许粗放式的经济高增长，国内经济结构调整、转型升级迫在眉睫。发展增速趋缓呈新常态。经济下行压力加大，我们必须要有面对各类风险和各种困难严峻挑战的思想准备。

2. 市场需求变化

与链传动行业密切相关的行业发展情况各不相同，如：工程机械中叉车行业 2018 年总销量高达 59.7 万台，再创历史新纪录，2019 年仍保持了相当强劲的增长势头。食品加工、港口机械、物流等行业发展处于上升阶段，对工业链条、链轮的需求量较大。又如起重设备、炼油化工、石油钻机几年来产量增速超过 20%。当然，也有一些产业如摩托车、农业机械等近年来不景气，产量连续下滑。

总之，各行业发展冷热不一，喜忧参半。主机配套市场的需求不冷不热，处于中性状态。而维修市场需求量相当可观，特别是我国摩托车保有量已达 1 亿辆。由此可见，链传动行业经济发展不会发生大起大落的波动，持续稳健发展的主基调不会改变。

四、几点建议

1. 坚定信心，稳字当头，埋头苦干，把"稳增长"落到实处

2018 年年底的中央经济工作会议提出"稳就业、稳金融、稳外贸、稳外资、稳投资、稳预期"的"六稳"方针，我们要结合实际，深入贯彻"六稳"方针，面对各种困难和挑战，首先要坚定信心，振奋精神。

2. 树立新发展理念，走高质量发展之路

我国国民经济经过转型升级，已进入高质量发展阶段。思想理念要与时俱进，要坚决摒弃过去那种只拼命追求产值、规模的发展理念，要树立"品质、效率和效益优先"的新发展理念，走高质量发展之路。

3. 坚持创新驱动、绿色发展

链传动产业是一个劳动密集型的传统产业，如何用现代科技来改变这个产业的现状，是摆在人们面前亟待解决的课题。要以问题为导向，从生产、经营、技术、管理等方面找差距，持续改进，不断创新，特别在工艺、装备上要加大技术改造力度，积极推进"网络化、数字化"建设，为链传动行业从传统产业向现代产业转型升级奠定坚实的基础。

4. 强化管理，减本增效

目前，企业面临的经营成本上升压力越来越大，提高企业管理效率和效益是企业生存发展的重中之重。企业必须心无旁骛，坚守主业，要树立忧患和风险防范意识，切忌盲目搞多元化经营，乱投资，乱担保，捂紧钱袋子，保障现金流。要严格控制物流成本，倡导节俭之风，反对铺张浪费，把降本增效工作抓紧抓实抓出成效。

〔撰稿人：中国机械通用零部件工业协会链传动分会李树立〕

2020 年链传动行业经济运行情况

2020 年是极不平凡的一年，新冠疫情给人类经济生活带来了深远影响。在以习近平同志为核心的党中央坚强领导下，我国各族人民万众一心抗击疫情，取得了抗疫战役的伟大胜利，在全球率先实现国民经济增长由负转正，是全球唯一实现经济正增长的国家。

在这场伟大的抗疫斗争中，链传动行业广大企业坚守实业，一手抓疫情防控工作，一手抓复

工复产，坚定信心共克时艰，逆势奋进，大干苦干拼命干，把疫情造成的损失减小到最低程度，向党和人民交出了一份满意的成绩单。

一、2020年行业经济发展概况

1. 主要经济指标完成情况

2020年链传动行业主要经济指标完成情况见表1。

表1　2020年链传动行业主要经济指标完成情况

序号	指标名称	单位	实际完成	同比增长（%）
1	工业总产值	万元	963 143	5.21
2	工业增加值	万元	183 390	6.14
3	销售收入	万元	911 072	2.17
4	出口额	万美元	29 965	-20.10
5	利税总额	万元	76 218	6.69

注：根据行业统计信息网50家企业统计数据汇总。

2. 行业经济运行跌宕起伏，总体向好

2020年春节前后，新冠疫情把人们正常的工作生活秩序打乱了，给国民经济带来了严重冲击。受疫情影响，多数工厂处于停产和半停产状态。据统计，第一季度行业内企业完成的工业总产值仅14.6亿元，比上年同期下降31.72%，这种断崖式下滑在行业发展史中是前所未有的。

在疫情严峻的形势下，我国政府密集出台了一系列鼓励扶持企业在做好疫情防控工作前提下，尽快复工复产的优惠政策。广大企业积极响应政府号召，一手抓疫情防控工作，一手抓复工复产，各种有力措施的实施扭转了企业生产经营"停摆"状态，使企业生产经营逐步恢复正常。

从第二季度开始，行业经济运行出现了强势反弹，第二至第四季度工业总产值同比分别增长9.16%、14.75%、12.56%，环比分别增长67.72%、9.81%、1.42%。2020年工业总产值同比、环比增长情况如图1所示。

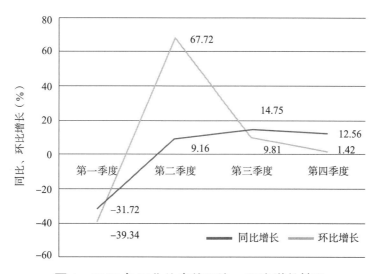

图1　2020年工业总产值同比、环比增长情况

从图1中明显看出，与2019年同比，第二至第四季度工业总产值逐步回升，从环比看，在第二季度强势反弹后，下半年逐步回归正常。到年末工业总产值比2019年同期增长5.21%。在疫情和外贸出口大幅下滑的严峻形势下，行业主要经济指标未减反增，充分彰显了广大企业具有较强的应对危机、抵御风险的能力。充分说明了行业具有很强的韧性。2019—2020年各季度的工业总产值如图2所示。

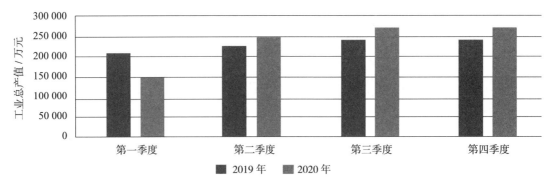

图2　2019—2020年各季度的工业总产值

3.创新引领产业科技进步

2020年，行业内广大企业坚持创新驱动发展战略，转变发展动能，在推进技术进步方面取得新成效。据统计，2020年行业实现新产品产值333 754万元，占工业总产值的34.65%，与2019年同期相比分别增长28 225万元和1.28个百分点。28个链传动产品荣获"2019年度中国机械通用零部件工业协会技术创新奖"，其中，特等奖15项。在业内专家的努力下，《中国战略性新兴产业研究与发展·高端链传动系统》一书成功出版，该书对引领行业广大企业向高端链传动产品制造方向发展，推进行业持续高质量发展提供了重要的理论支撑和技术保障。行业内不少企业在改造传统产业，推进产业"两化融合"方面取得新进展。如苏州环球科技股份有限公司荣获工业和信息化部颁发的"两化融合"证书，杭州东华链条集团有限公司和安徽黄山恒久链传动有限公司针对非标异形链人工装配的"短板"进行攻关，目前已经成功研制出几条机械化、自动化装配流水线。浙江中益机械有限公司利用大数据分析和相关软件，重新构建了生产和管理流程。

4.突出亮点，高质量发展取得新成效

2020年，尽管遇到疫情和外贸出口大幅下滑的严重冲击，但链传动行业的广大企业坚守实业，共克时艰，经过奋力拼搏，夺回了受疫情影响造成的损失，行业经济运行仍保持了稳中有进、进中趋好的高质量发展态势。

据统计，行业内企业资产保值增值率为111.45%，比2019年提高5.43个百分点；资产负债率为47.53%，同比下降1.14个百分点，这说明行业内企业资产运行良好，处于低风险的安全状态。在经济运行效率方面：行业内企业产销率达到99.42%，同比增长1.1个百分点；全员人均劳动生产率为13.43万元，同比增长11.3%。在经济效益方面：实现工业增加值183 390万元，同比增长6.14%；实现利税总额76 218万元，同比增长6.69%；人均利税55 833元，同比增长13.61%。

二、国内外经济形势

由于行业经济运行已从强势恢复阶段回归到正常发展阶段，新的一年能否保持强劲发展势头，值得人们期盼。从国内外宏观经济发展环境来看，预期好于2020年是大概率事件。

一是国内经济进入新发展格局，具有难得的发展机遇。2021年是中国共产党成立100周年，是实现第一个百年奋斗目标之年，也是我国"十四五"规划开局之年。我国全面实现小康后，开启了建设社会主义现代化国家新征程。这是难得的历史机遇期，发展在即，谋定而动，我们一定要认真把握好这个机遇，乘势而上。

二是国家"十四五"规划的启动，将为我国链传动行业高质量发展提供广阔的平台。"十四五"时期，国家将大力推进新型基础建设、重点发展战略性产业，大力开展城镇化和新农村建设，扶持高端制造业等，对钢铁、水泥、煤炭等大宗商品的需求将会大增。另外，与人民生活密切相关的食品加工、生物医药、物流等产业也将大发展。链传动产品是涉及国民经济各个领域的机械基础零部件产品，用途极其广泛。上述产业的发展必将带动链传动产品需求的大幅增长。

同时，链传动产品是易损件，它拥有庞大的维修市场，市场空间巨大。

任何事物都具有两重性。在看到宏观大环境有利因素时，也必须看到不利因素，特别是各种不确定性因素增加带来的经济增长不确定性。

（1）国际局势动荡不安。地缘政治、军事冲突不断，以美国为首的西方势力妄图遏制中国发展。"台独"势力乘机捣乱，台海形势紧张动荡。

（2）新冠疫情继续蔓延，疫情对经济发展影响很大。

（3）全球通胀预期加大。由于疫情影响，世界各国采取宽松的货币政策刺激经济，美国乘机滥发货币，美元大幅贬值，从而诱发了新一轮全球性的经济通胀。如有色金属，钢铁、煤炭、水泥等大宗商品价格疯涨，给全球制造业带来巨大压力，作为以消耗钢材为主的链传动行业首当其冲受其影响。

总之，机遇和挑战同在，困难和希望共存。我们要树立新发展理念，奋进新征程。在防疫工作上继续保持高度警惕，把防疫工作抓紧抓实抓到位，为企业生产经营提供安全保障。

在应对经济通胀方面：

第一，要坚持创新发展战略，加大开发适应市场需求的新产品，提高产品的技术含量和附加值，以增强赢利能力，提高效益。唯有不断创新，企业才能具有勃勃生机，才能具有高质量发展的动能，因此，要下决心，舍得在这方面加大投入。

第二，要整合企业资源，提高资源的使用效率。充分发挥企业资源作用，提高资源的利用率，特别要在人和设备这两个重要生产要素上下真功夫，挖掘潜能，提高投入产出比。

第三，要强化管理，降本增效。挖掘企业生产经营活动各个环节的潜能，如：提高产品质量和工作质量，降低废品率，加快流动资产周转率，降库存等，认真做好增收节支、降本增效工作。只要我们坚定信心，心无旁骛地真抓实干，办法总比困难多，一定能共克时艰，推进企业稳步向高质量发展。

〔撰稿人：中国机械通用零部件工业协会链传动分会李树立〕

2021 年链传动行业经济运行情况

2021 年是中国共产党成立 100 周年，我国"十四五"规划启动之年，是实现我党第一个百年奋斗目标后，向第二个百年奋斗目标——建设社会主义现代化强国进军之年。

在这个伟大的历史时刻，我国链传动行业广大企业意气风发，斗志昂扬，奋力拼搏，在新征途上建功立业，以优异成绩为实现"中国梦"做出新贡献。

一、2021 年行业主要经济指标完成情况

2021 年行业主要经济指标完成情况见表 1。

表 1 2021 年行业主要经济指标完成情况

序号	指标名称	单位	实际完成	同比增长（%）
1	工业总产值	万元	1 173 788	21.87
2	工业增加值	万元	221 915	21.01
3	产品销售收入	万元	1 152 771	26.53
4	出口额	万美元	40 476	35.08
5	利税总额	万元	101 593	33.29

注：根据行业统计信息网 48 家企业统计数据汇总。

二、行业经济运行主要特点

1. 工业总产值、销售收入突破百亿元，创历史新高

2016—2021 年链传动行业工业总产值如图 1 所示。

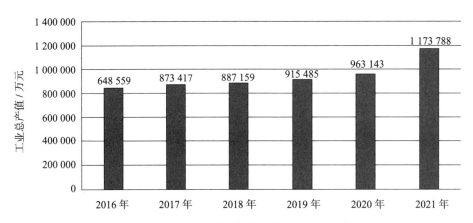

图 1 2016—2021 年链传动行业工业总产值

注：根据行业统计信息网 48 家企业统计数据汇总。

多年来，行业统计信息网统计的 48 家企业工业总产值、销售收入一直在 100 亿元以下徘徊。在"十四五"规划启动之年，链传动行业迎来了新的发展机遇。国内外市场需求旺盛，订单暴增，业内广大企业生产任务饱满，不少企业为按时交货，加班加点地干，这样红火的情景多年难遇。2021 年行业主要经济指标实现了两位数增长，工业总产值、销售收入都突破百亿元大关，创历史新高，上了新台阶。"十四五"首战告捷，实现了开门红，为今后持续高质量发展奠定了良好基础。

2. 外贸出口止跌回升

2017—2021 年链传动行业出口额同比增长如图 2 所示。

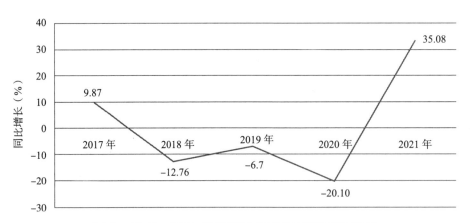

图 2 2017—2021 年链传动行业出口额同比增长

注：根据行业统计信息网 48 家企业统计数据汇总。

据统计，从 2017 年以来，链传动行业外贸出口由于受中美贸易摩擦的影响，连续三年处于下滑状态，2020 年的增速降幅达到 20.10%。2021 年外贸出口止跌回升，增幅比上年提高了 55.18 个百分点，呈现强势修复状态，这为"十四五"期间行业外贸出口奠定了良好基础。

3. 运行又好又快，高质量发展成效显著

2021 年，行业经济运行特点是发展速度快、效率高、效益好。据统计，链传动行业的企业总资产贡献率为 7.7%，比 2020 年提高 1.8 个百分

点；流动资产周转天数为 163 天，比 2020 年减少 26 天；全员劳动生产率（按工业增加值计算）达到 14.74 万元，同比增长 14.44%；利税总额为 101 593 万元，同比增长 33.29%。

4. 增速下行压力加大

2021 年第一至第四季度工业总产值每季度与 2020 年同比分别增长 61.1%、31.8%、14.4%、0.62%，经济增长速度一路下行。其原因：2020 年第一季度由于疫情影响，比较基数特别低，随着 2020 年第二至第四季度生产经济活动的逐步恢复，同比增幅随之而降。从环比看，全年经济运行走势呈"低 - 高 - 低 - 高"的 N 型态势，总体趋势是稳中有进。2021 年链传动行业工业总产值同比、环比情况如图 3 所示。

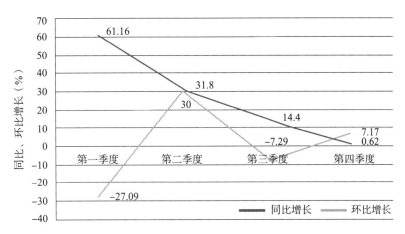

图 3　2021 年链传动行业工业总产值同比、环比情况

总之，2021 年行业经济运行取得了高质量发展的丰硕成果，是行业内广大企业坚定信心，攻坚克难，克服钢材、运费涨价，用电受限等诸多困难因素影响取得的成绩，是共克时艰，奋力拼搏的结果，为行业"十四五"持续高质量发展奠定了坚实基础，在新时代、新征程上为"链业强国"目标做出了新贡献。

展望 2022 年，国内外环境更加复杂多变，各种不确定因素不断增加。从国际看，一是新冠病株在全球持续变异扩散；二是地缘政治冲突加剧，北约不断东扩，威胁俄罗斯安全，南海、台海危机不断升级；三是全球通胀持续处于高位，美国采取加息政策，给新兴经济体和发展中国家经济带来不容忽视的冲击。

从国内看，2022 年经济发展面临多重挑战，中央经济工作会议明确提出：要着力稳定宏观经济大盘，保持经济运行在合理区间。稳中求进仍是 2022 年经济工作的主基调。

无论从国际还是国内形势来看，2022 年我们要坚定信心，保持谨慎乐观的态度。要从行业企业实际出发，把"稳增长"工作抓紧抓实抓到位。要把"稳客户、稳市场"工作放在企业经营工作首位，做细做深做实，想客户所想，急客户所急，竭尽全力做好服务工作，降低客户流失率。要"稳资金"，保证企业现金流畅通。要"稳员工"，这是企业生存发展的根本。要始终坚持创新驱动发展战略，加大新产品开发力度，提高为主机厂和国家重大装备配套能力，努力开拓企业新的经济增长点。

为者常成，行者常至，只要我们认真贯彻中央经济工作会议精神和党中央、国务院决策部署，认真贯彻稳字当头，稳中求进的工作方针，齐心协力共克时艰，一定能战胜各种挑战和困难，稳住行业企业经济发展大盘，以高质量发展的优异成绩迎接党的二十大召开。

〔撰稿人：中国机械通用零部件工业协会链传动分会李树立〕

我国高端链传动产业的战略地位

一、高端链传动系统的主要特点

高端链传动系统的主要特点是，在系统的理论分析、啮合机理、变异机制、设计计算、产品开发、制造技术、试验规范、评价准则、失效分析、仿真技术、可靠性技术、微观分析、频谱分析等方面都跨越了常规的链传动技术，发生了根本性的变化，构成了学科和行业的热点问题和重要的前沿研究领域。随着工业化、信息化、数字化、智能化的不断深入，链传动专业的技术也发展到了崭新的历史时期，创新、变异、升级已成为其主要特征。

近年来，许多高端链传动产品的直线疲劳性能指标已提升到 1×10^7，并且行业注意开展对链条疲劳寿命分布规律的研究，如：威布尔分布、对数正态分布等。开展了滚子、套筒零件的大能量和小能量高速多次冲击疲劳破裂的微观分析研究。同时，还积极开展了对汽车链、摩托车链等产品的直线疲劳、回转疲劳、高周疲劳、低周疲劳的理论研究和试验研究。开始关注加载频率、加载波形对链条疲劳强度和疲劳寿命的影响特性，对疲劳断裂过程中裂纹萌生、微观裂纹扩展、宏观裂纹扩展、断裂失效的机理及其动态过程也进行了理论分析和试验研究，而断口的失效分析对于检验和指导产品设计与制造工艺是至关重要的一环。

磨损机制及其失效机理的研究对于打造名牌链条产品是至关重要的，磨损历来是高端链条产品最敏感而又最易察觉到的技术指标之一。近年来，国内已经开始进行滚子链、齿形链和 Hy-Vo 齿形链磨损失效机理的研究，微观分析了磨粒磨损、疲劳磨损、粘着磨损、微动磨损、腐蚀磨损等主要磨损机制，探讨了接触疲劳裂纹的生成、扩展与剥落的动态过程以及循环硬化与循环软化特性。研究了微动磨损与链节联结

牢固度（压出力、松动扭矩）动态特性的相关性，探讨与分析了滚子链磨损可靠性抽样检验的理论与方法。随着市场对链条产品耐磨性能的要求不断提高（磨损伸长率由 $\varepsilon \leqslant 3\%$ 降低至 $\varepsilon \leqslant 2\% \sim \varepsilon \leqslant 1\%$），全面系统地研究滚子链、套筒链、齿形链等众多产品的磨损特性势在必行。作为一种技术发展趋势，开展高速、冲击、变速、变载、粉尘、腐蚀等严酷服役条件下的磨损机制及其失效机理的研究，并探寻耐磨性提高的重要途径将是一个具有实用价值的关键技术和创新工程。

当前，已有不少高端链条产品，如：汽车发动机正时链、机油泵链、变速器 Hy-Vo 齿形链、摩托车发动机正时链等已逐渐引入了噪声评价指标，从而拉动了行业应对这一市场需求的技术策略的产生。应该指出，噪声的研究与测试不能仅限于链传动系统的瞬时噪声值，而应该对链传动系统的瞬态信号或非稳态信号的噪声频谱进行实时分析，研究其噪声的频率—时间的动态特性，寻求产生噪声的根源和降低噪声的措施，从而在此基础上提出相关的评价标准和检验规范。目前，汽车发动机正时链系统的噪声频谱实时分析与研究工作已经取得了许多重要的研究成果。

对于链条产品的温度场特性，国内已开始从 Hy-Vo 齿形链、水泥链入手，利用非接触式红外测温仪系统，现场实时跟踪测量齿形链、Hy-Vo 齿形链、水泥链的温度场特性，并同步拍摄相关照片，计算出齿形链、Hy-Vo 齿形链、水泥链各零件的温度分布曲线，从而为齿形链、Hy-Vo 齿形链、水泥链、冶金链、航空链等在较高温度场下和较低温度场下服役的高端链条产品的设计和制造提供必不可少的重要依据。

高端链条零件的选材也呈现出了多元化趋势，早已突破了常用材料的范围，各种牌号的低碳合

金钢、优质合金结构钢、渗氮钢、轴承钢、耐热不锈钢等已在行业内广为使用，可以预测，未来将有更多的新材料（包括纳米材料）在行业内推广应用。热处理方式及表面处理和强化技术也发生了很大变化，等温淬火、强韧化处理、渗铬、渗钒、铬钒共渗以及其他金属复合渗等技术已相继应用，这一多学科交叉的领域具有很大的发展空间，必将推动行业的技术水平跃上一个新的台阶。

高端链条的制造与检验技术近年来也有新的发展，带油孔的套筒定向装配、套筒露头、销轴中心铆及多功能自动装配等新技术已日趋成熟，销轴、套筒压出力的研究与测试已有重要进展，零件成形工艺有了新的突破，多颗落料链板周边光洁冲裁、中碳合金钢滚子的高精度冷挤、套筒和滚子零件新的卷制原理与技术，Hy-Vo 齿形链的异型销轴和曳引用钢制焊接弯板链的异型套筒的成形技术等研究工作已经取得重要成果，并已在行业内应用。链传动中心距测量仪、汽车正时链高速试验台系统、链传动回转疲劳试验机系统以及大功率大规格链条磨损试验台等检验与试验设备相继研发成功。

链条联轴器的产品系列也在不断扩大，在市场需求的拉动下，链条联轴器向小规格和特大规格的高端方向发展。随着工业化、信息化、数字化、市场化的不断深入，链式输送技术已成为链条企业向输送机主机行业延伸和跨越的纽带和重要推动力，多工位、多功能、智能化电石生产输送线的问世，展示了高端链传动系统在工业化和信息化进程中不可替代的重要作用。

随着汽车、装甲车、水陆两用车、坦克等车辆工业和航空工业的不断发展，链传动专业技术研究已向发动机正时系统设计和变速器系统设计等多学科交叉领域迈进。

二、为国家重大装备和重点工程发挥重要支撑作用

链传动是通过链条与链轮的啮合来传递动力和运动的机械传动，是一种具有中间挠性件的非共轭啮合传动，量大面广。高端链传动系统能适应的工况相当广泛，传递功率为 0.1～5 000kW，效率达98%，传动比可达到 10 以上，线速度可高达 50m/s 以上。

高端链传动系统广泛用于汽车、轨道交通设备（如：高速列车等）、摩托车、自行车（赛车）、船舶、航空航天器械、军用车辆、机床、汽轮机、农业机械、冶金机械、矿山机械、工程机械、起重运输机械、石油化工机械、建材机械、轻工机械、纺织机械、食品药品器械、办公机械、环保机械等众多行业，高端链传动产品已成为一种关系国计民生的量大面广的关键机械基础件，已为国家重大装备和重点工程发挥了重要支撑作用。

我国是汽车制造大国，2000 年链传动行业实现了为汽车发动机配套正时链、机油泵链的国产化预期，打破了国外长期的技术与市场垄断。浙江湖州求精汽车链传动有限公司在科技部中小企业技术创新基金和国家自然科学基金的支持下率先实现了汽车链的国产化，从 2000 年起浙江湖州求精汽车链传动有限公司、杭州东华链条集团有限公司、青岛征和工业股份有限公司等多家企业成功研发了一系列汽车发动机正时链、机油泵链、燃油泵链、共轨泵链、平衡轴链、变速器和分动箱齿形链和 Hy-Vo 链及其系统以及航空链、军用车辆链等新产品，为一汽、上汽、东风、北汽、广汽等主机厂成功配套，产生了重大的经济效益和社会效益。 特别是杭州东华链条集团有限公司为军用车辆开发的分动箱齿形链（无声链）成功实现配套，该系列军用车辆参加了我国 2015 年抗日战争胜利 70 周年"9.3"大阅兵，彰显了我国高端链传动产业的能力和水平，"EQ2050 分动箱无声链条"2018 年 12 月被中国机械工业联合会评定为"改革开放 40 周年——机械工业杰出产品"。

杭州东华链条集团有限公司研制的航空链已为国内某飞机制造企业成功配套，替代了进口，填补了国内空白。杭州东华链条集团有限公司生产的"东华"牌大节距输送链已成为北京奔驰和沈阳宝马汽车公司的指定采购品牌，扩大了我国高端输送链的影响力，形成了较好的品牌效应。

青岛征和工业股份有限公司研制的发动机强化齿形链已为汽车主机厂和中外合资的名牌摩托车制造企业以及其他众多摩托车制造企业成功配套，产品性能达到了国际先进水平，受到了众多主机厂的一致好评，产生了重大的经济效益与社会效益，"汽车发动机用强化齿形链"2018 年 12 月被中国机械工业联合会评定为"改革开放 40 周年——机械工业杰出产品"。

杭州东华链条集团有限公司研制的一种规格的 Hy-Vo 齿形链已为国内多家汽轮机厂配套，替代了国外的高价进口产品，产生了重大的经济效益与社会效益。杭州东华链条集团有限公司研制的另一种规格的 Hy-Vo 齿形链已成功用于我国高速铁路行业的高速磨床传动装置，得到了主机厂的高度认可和好评。

自动扶梯及自动人行道链条的市场需求不断扩大，国内链传动行业已为众多机场、车站、地铁、大型商场的自动扶梯及自动人行道配套了主驱动链条（高性能精密滚子链）、自动扶梯梯级链条和扶手带驱动链条，为国家重大装备和重点工程发挥了重要的支撑作用。同时，杭州东华链条集团有限公司还参与了中国电梯协会重载扶梯标准的制定，表明了我国高端链传动产业的技术实力。

浙江嵊润机械有限公司研制的多工位、多功能、链式智能化电石生产输送线已为中石化提供了行业急需的重要设备，提高了工效，节约了能源，减少了污染，成为中石化行业首选的电石生产输送线设备，并被评为浙江省装备制造业重点领域首台（套）产品，"链式智能化电石输送线"2018 年 12 月被中国机械工业联合会评定为"改革开放 40 周年——机械工业杰出产品"。

2018 年 12 月被中国机械工业联合会评为"改革开放 40 周年——机械工业杰出产品"的还有苏州环球科技股份有限公司研制的"高抗磁精密传动链"、浙江恒久机械集团有限公司研制的"高精度和高强度冶金链条"、安徽黄山恒久链传动有

限公司研制的"黄山"牌输送用平顶链、杭州自强链传动有限公司研制的"PT133F16 带油杯梯级链"、诸暨链条总厂研制的"卸船机高强度专用提升链"、东睦新材料集团股份有限公司研制的"凸轮轴正时链轮、定子链轮"等，上述机械工业杰出产品已为国家重大装备和重点工程成功配套，发挥了重要的支撑作用。

2017 年杭州东华链条集团有限公司成功研发了国家重点实验项目链条，受到了中铝集团、中航集团等多部门的重点关注。

近年来，安徽黄山恒久链传动有限公司重视"两化融合"，通过引进焊接机器人，实现了焊接链条全系列产品的智能化生产，产品性能达到了国际先进水平，为国内外众多行业提供了高端焊接链条。

随着农业现代化的不断推进和发展，各种新型农业机械与装备相继问世，品种规格繁多的高端农机链产品为之配套，满足了众多主机装备的"个性化"需求，确保了国家粮食生产和食品安全。如：浙江象牌链传动有限公司生产的高耐磨农机链成功为凯思联合收割机配套，受到了主机厂的认可和好评。

板式链、不锈钢链条、冶金链、水泥链及散物料输送链、模锻链、链条联轴器等高端链传动产品的需求量也在逐年增大，不断地为国家重大装备和重点工程配套。

近年来，随着市场需求的变化，链条产品系列呈现了多元化趋势，在普通型、加重型的基础上，派生出一系列轻窄型产品，变异出带 O 形圈和 X 形圈的系列产品。同时，链条节距除向大、小节距两端延伸外，还在小节距范围内插入了新的标准或非标准的节距，使小节距分布更密，更适用于不同工况的传动需求，呈现了"个性化"特征；在尺寸相同的条件下，派生出一系列不同疲劳强度、不同抗拉强度甚至不同磨损性能的高端变异产品；在服役工况方面，出现了耐高温、耐低温、耐强腐蚀、耐强力磨损和低噪声的高端产品系列，从而满足了众多行业的不同"个性化"

需求。

链轮产业近年来也有了新的发展，硬齿面粉末冶金链轮、交错齿链轮、高精度链轮、低噪声包胶链轮的应用领域不断扩大，链轮齿形，特别是齿形链链轮齿形，由于啮合机制的变革，产生了一系列新齿形，其大负变位链轮的齿形设计方法与检验方法也正在研究与完善，与之相适应的新型齿形链链轮滚刀的研发工作已全面展开。链条联轴器的产品系列也在不断扩大，在市场需求的拉动下，链条联轴器向小规格和特大规格的高端方向发展。随着工业化、信息化、市场化的不断深入，链式输送技术已成为链条企业向输送机主机行业延伸和跨越的纽带和重要推动力。近年来，智能化、多工位、多功能程序自动控制的各类链式输送机不断问世，受到了众多行业的广泛赞誉，全面展示了高端链传动系统在工业化和信息化进程中不可替代的重要作用。

随着汽车、装甲车、水陆两用车、坦克等车辆工业和航空工业的不断发展，链传动专业技术研究已向发动机正时系统设计和变速器系统设计等多学科交叉领域迈进，相关链条企业也成功研发了汽车发动机正时系统，并为主机厂配套。

目前，我国生产的高端链传动产品已有10 000多个品种规格，年产值约70亿元，为国内外市场提供了数量越来越多、质量越来越好的高端链传动产品，而且其市场前景非常广阔。近年来我国已成为世界链条制造大国之一，随着"中国制造2025"规划的实施以及行业和企业的转型升级，我国高端链传动产业将为国家重大装备和重点工程发挥越来越重要的支撑作用。

〔撰稿人：中国机械工程学会机械传动分会副主任委员、链传动专业委员会主任委员、专家委员会委员、国务院政府特殊津贴专家孟繁忠〕

面对企业经济下滑的形势，企业关键要做好自己的事

（宣碧华理事长在链传动分会九届三次会员大会上的讲话）

2019年下半年以来链传动行业经济下降的趋势比较明显，中美贸易摩擦呈常态化，对美国出口量较大的业内企业受到了一定的影响。国内外市场新的需求增量不多。在国民经济各类别中，除了轨道交通、物流、食品等行业以外，其他行业的经济运行情况都不太理想。在机械制造工业中，电气和器材、通用和专用设备、工程机械等行业还可以，汽车工业下滑比较厉害。在经济不景气时，大行业和大企业受到的影响比较大。基础零部件行业规模不大，业内企业多数是中小企业，抗风险能力反而显得强，企业发展有韧性。

为了遏制经济下滑趋势，国家密集出台了许多政策措施，除房地产继续严控以外，在改善企业营商环境特别是"降税减费"上出"实招"，给企业带来了实实在在的红利。在环保方面，国六排放标准没有按期出台实施，因为它会导致汽车

制造厂家原有的库存销不了，造成巨大的经济损失，甚至会导致不少中小汽车厂家倒闭。近一段时间，市场上猪肉供应量锐减，猪肉价格猛涨，原因除了猪瘟因素以外，还有更为主要的是"长三角"地区农民不养猪了，国务院召开紧急会议进行专题研究，并出台了相关的应急措施。我们应该关注这些政策微调的信息。

企业对环保工作要常抓不懈，不要因为国家在特定情况下的政策微调就放松对这条企业生存底线的警惕，该做的事必须做好，切不可抱侥幸心理。

当前，我们如何面对企业经济运行下滑的严峻形势？我觉得要有一颗平常的心淡定地去对待。过去，我们习惯于企业经济正增长，今年工业总产值、利润增长了多少，明年又增长了多少，企业蒸蒸日上非常开心，现在面对企业工业总产值、

利润走下坡路，感到很不适应，非常纠结。其实，市场波动、企业经济运行起伏是很正常的事。我们不仅要学会做加法，更要学会做减法。在企业经济运行下滑时，要千方百计使企业仍有盈利，坚守生存底线，把风险降到最低程度。

企业关键要做好自己的事，不要抱有天真的幻想，以为你的企业遇到困难了，政府会伸出手来救你。政府的职责是制定政策，改善企业营商环境，刺激微观经济的活力，而不是救助哪个企业。企业经营的好坏是企业自己的事，政府不会来干预，浙江有几家资产几百亿元的知名企业由于资金链断裂，运作不下去，照样依法破产。前段时间万达的王健林经营遇到了很大困难，只好卖掉自己的存量资产进行自救。企业倒闭，若资产质量还可以的话，马上会有公司收购。

因此，企业要有定力和韧性，要有风险意识和底线思维能力，一定要管控好现金流，要有生存和利润观念，千万不要只追求产值、规模，要坚守主业，关注创新，坚定不移地走高质量发展之路，永葆生机活力和可持续发展。

〔供稿单位：中国机械通用零部件工业协会链传动分会〕

产学研结合，促进行业和企业高质量发展

（链传动研究所所长许树新教授在高端链传动技术讲座和自主创新交流会上的讲话）

链传动产品是基础零部件，作为机械传动中不可替代的基础性应用产品以其应用的广泛性越来越受到国家的重视，在国家确定的战略性新兴产业中，高端链条位列其中。如杭州东华的CVT链条，苏州环球、青岛征和的舰船链都被列入国家强基项目，其中东华的CVT链条项目已经完成，环球的舰船链项目已经通过验收，征和的舰船链项目也正在积极准备验收。这三个项目完成后不仅填补了国内空白，而且标志着我国链传动产业从中低端向高端发展迈出了新的一步。链传动分会撰写并由机械工业出版社出版了《中国战略性新兴产业研究与发展·高端链传动系统》一书，业内杭州东华、浙江恒久、苏州环球、浙江嵘润等不少企业积极参与，我看了全书的初稿，写得非常好，书中对我国链传动行业发展历程进行了回顾，对国际链传动行业发展情况做了全面介绍，对链传动产业的技术做了详细阐述，并对未来高端链传动技术和产品进行了展望。这本书凝结了业内专家和科技人员的智慧和心血，对促进行业高质量发展很有指导意义。

链传动研究所领导班子完成换届后，机构设置进行了改革，教学与科研结合，现在链传动研究所是"三位一体"结构，即链传动研究、标准、检测中心。教学主要由机械学院负责，科研要面向企业。这几年链传动研究所设备开发团队开发了几大类检测设备，如疲劳、磨损、抗拉等检测设备，企业有需求就开发，共同开发。产学研结合，尽快将科技成果转化为生产力，对行业和企业高质量发展有促进作用。

现在浙江的团体标准工作搞得红红火火，走在了全国前列。行业内杭州东华、浙江恒久、中益、杭州永利百合、湖州双狮等企业都搞了团体标准，这项工作对提升产品质量十分有意义，希望继续抓紧、抓实、抓好。

〔供稿单位：中国机械通用零部件工业协会链传动分会〕

抓住改革创新发展主旋律、不断开创链传动制造业高质量发展新局面

（链传动分会朱善祥名誉理事长在链传动分会
九届四次理事会上的重要讲话）

我国经济从高速度发展转向高质量发展是习近平新时代中国特色社会主义思想重要内涵。从宏观上讲，高质量发展就是能够很好地满足人民日益增长的美好生活需要的发展，按照创新、协调、开放、绿色、共享的新发展理念推动我国经济发展。从微观上特别是对制造业一个行业的一个企业来讲，高质量发展的产品必须是具有国内外先进技术的产品；产品制造必须是具有高效率的机械化、自动化、智能化高端制造；产品必须是名优产品，在国内一流、国际知名的品牌；产品在市场上必须畅销，具有较强的市场竞争力和较高的市场占有率，企业的生态环境必须是蓝天碧水净土和绿色制造、无污染；企业与员工必须是一个命运共同体。随着企业的发展和效益的提升，企业员工有真正的获得感、幸福感和安全感，员工对企业有很强的凝聚力和向心力。总之，制造业一个行业的一个企业高质量发展不仅表现在几个主要指标的高水平上，而且要涉及上面所述的方方面面发展的高质量。这也是习近平新时代中国特色社会主义思想赋予制造业企业各级领导的使命和担当。我们一定要不忘初心、牢记使命，坚持改革和创新，为不断开创链传动制造业高质量发展新局面做出新的努力。

目前，链传动行业不少企业正以改革为动力、创新为抓手，朝着链传动制造业高质量目标迈进。最近我们走访了武义县4家链传动企业，受益匪浅。这4家企业的实践告诉我们，坚持改革和创新，企业就能在困境中崛起，并在崛起中走向发展。特别值得一提的是武义东风和武义八方前几年因企业间相互担保出了问题，两家企业都陷入发展困境，但在困难面前他们百折不挠、满怀信心、坚持改革创新、应对挑战。武义东风以问题为导向采取一系列创新举措，克服了一个又一个困难，经过几年努力，目前这家企业起死回生，走向了新的发展。武义八方面对困难不断深化改革，积极调整产品结构、盘活存量资产，使企业较快地走出低谷，步入了行稳致远的发展之路。

武义恒平工贸公司不仅生产大量市场适销的链条产品，还研发制造链条产品的自动化装配生产线，从零件装配、铆头、跑合、检测、上油到拆节，自动化生产线只需一人操作，大大提高了生产效率和链条产品的装配质量。目前，链传动行业不少企业在使用这家企业提供的自动化装配生产线。这家企业还为不少链传动企业提供去尘去渣和处理污水的生态环保技改项目服务，通过对废水进行处理，使污水变清水，循环使用，大大节约了企业用水。这家企业正朝着高质量方向发展迈进。

武义正达公司每年为全国链传动企业提供大量的光料，在推动行业发展中发挥了重要作用。最近这家企业进行了厂房搬迁改造，对光料改制设备进行了更新改造，进一步提高了材料改制的技术装备水平。目前这家企业正在开发中高端链条产品所需的特种光料。

对武义县4家链传动企业的走访使我深刻认识到，在严峻复杂的市场形势下，坚持改革和创新，企业就能行稳致远、健康发展。

改革是推动链传动制造业高质量发展的不竭

动力,当前,制造业的改革已进入"深水区"和"攻坚期",我们必须下大功夫、花大力气啃下这块硬骨头。

2019年中央经济工作会议指出,我国经济运行主要矛盾仍然是供给侧结构性的,必须坚持以供给侧结构性改革为主线不动摇,更多采用改革的办法,更多采用市场化、法制化手段,在"巩固、增强、提升、畅通"上下功夫。这一明确要求,为当前和今后一个时期我国制造业各企业深化改革、推动高质量发展明确了方向、提供了遵循。

忆往昔,2015年党中央决定对我国经济实施供给侧结构性改革,经过几年努力,在宏观上取得了阶段性重要成果。工业产能利用率稳中有升,传统产业加快改造,科技创新成果不断涌现,进一步激发了市场活力,增强了内生动力,释放了内需潜力。实践充分证明,党中央这个决策是完全正确的,是改善供给侧结构、提高经济发展质量和效益的治本之策。

从链传动行业和各企业的微观经济来看,实施供给侧结构性改革,取得了不少新成效和新的发展成就,大力度淘汰了落后产能,不断减少技术含量低、市场不畅销链传动产品的生产,不少企业开发了许多技术含量高、市场畅销的新产品。经过几年努力,链传动行业不少企业的新产品产值大幅增加。企业广泛采用先进工艺和设备,不少企业的机械化、自动化和智能化水平不断提高,大幅提高了生产效率,降低了生产成本。据不完全统计,2018年链传动行业人均创利税同比增长6.86%,全行业利税同比增长2.87%。杭州东华在实施供给侧结构性改革中,对营销工作进行严格管理,对发出产品的资金必须按时回笼,对销售人员进行严格考核,减少应收款和企业产品积压库存,加快资金周转,降低借贷风险。杭州东华等企业做出了加强企业管理、紧缩企业开支、降低企业成本的决策,破解了企业因原材料价格上涨导致的企业盈利空间趋紧困局,取得了积极成效。

另外,在实施供给侧结构性改革中,企业根据自身存在的问题,开展了补短板活动。有的企业补产品开发短板,有的企业补工装模具和专机创新短板,有的企业补管理短板,有的企业补人才短板。通过补短板,链传动行业的各项主要经济指标都在合理区间增长,为企业发展奠定了坚实的基础。

总之,链传动行业各企业这几年在宣碧华理事长的领导下,供给侧结构性改革取得了有目共睹的成效,推动了行业和企业的发展。

2019年中央经济工作会议指出,坚持以供给侧结构性改革为主线。要坚持"巩固、增强、提升、畅通"的方针。这八字方针涵盖了深化改革和创新驱动的深意。我们必须认真贯彻执行。

巩固,对链传动行业来讲就是巩固各企业这几年来在实施供给侧结构性改革中取得的成就,特别是"三去一降一补"成就。新的一年要继续加大"破、立、降"力度,进一步淘汰影响行业各企业发展的落后产能和滞销产品,摒弃陈规旧习。对"僵死企业"要通过市场规则、法律手段进行清理。要积极推广杭州东华等企业在加强管理、紧缩开支、降低成本方面的成功经验,积极引导企业特别是一些中小企业补企业发展中的各类短板,尤其是补人才短板,推动企业科技进步,加快开发市场畅销的产品,为"三去一降一补"取得新成效作出新的努力。

增强,2019年中央经济工作会议指出,在供给侧结构性改革中进一步增强微观主体活力,充分发挥企业和企业家主观能动性,破除各种要素流动壁垒,促进正向激励和优胜劣汰。我们要不断总结和发扬链传动行业企业领导人的不畏艰辛、敢于挑战、勤奋工作、开拓创新的企业家精神,同时根据2019年政府工作报告指出的经济发展重大决策要听取各人民团体、社会公众和企业意见的重要指示精神,行业协会要积极支持并会同各级政府建立公平开放透明的市场规则和法治化营商环境,充分发挥企业和企业家主观能动性,积极引导企业认真实施"市场准入负面清单"制度,帮助企业理解并运用"法无禁止即可为"的底线思维进行创新性改革，同时积极支持各级政府进一步深化"放、管、服"改革，以适应现代市场监管新需求，从而促使各级政府监管部门更好地支持民营企业发展，为推动民营企业进一步增强活力和满怀信心谋发展创造条件。

提升，要提升产业链水平，加快解决链传动关键核心技术"卡脖子"问题，培育和发展链传动新兴产业集群。当前，我国链传动产业大而不强，不少链传动产品处于价值链中低端，一些核心技术受制于人。链传动产业链提升还有很大的潜力可挖，特别是链传动制造业上下游之间还没有形成合力。国内一些高端主机需要中高端链传动产品配套，但高端主机生产企业往往不与国内链传动企业合作开发所需的配套产品，而是通过从国外进口链传动产品的方式解决高端主机的配套问题。当前，新一轮世界产业革命正在蓬勃兴起，高科技主机需要配套的中高端链传动产品越来越多。我们必须行动起来，加快绘就新时代中国链传动产品发展新蓝图，加快提升我国链传动制造业的水平，以适应世界科技发展的新形势需求。

目前，链传动行业协会正在组织链传动研究所和几家链传动大型企业的专家教授撰写出版一本有关发展我国中高端链传动产品的技术书籍，以提升和指导我国中高端链传动产品发展，争取年内出版，并在全国发行。此书将通过介绍产品的研发工艺技术、工装模具和专机创新技术，促使行业发展一批具有高精度、高速、高强度、耐疲劳、耐腐蚀、耐高温、耐低温、耐磨损和耐噪声等优良性能的特殊链传动战略性新兴产品，进一步提升我国链传动产业链技术水平，进一步明确我国链传动发展目标和方向。我坚信，经过几年努力，我国必将以较快的步伐走向链传动强国之路。

畅通，对链传动行业和企业来讲，是在实施供给侧结构性改革中不断推动企业落实"三去一降一补"，实现新发展，大力发展市场适销产品，扩大市场覆盖面，使企业产品市场更加畅通。通过开发畅销产品和加强企业管理，降低企业产品库存，加快企业资金周转，使企业资金链更加畅通。通过加快资金回笼，降低企业银行借贷杠杆率，建立银企良性互动，金融部门对实体经济的支持也进一步畅通，尤其是畅通了对民营企业更多支持的通道。

要坚持把"巩固、增强、提升、畅通"八字方针落实到链传动行业和企业各项工作实处，为加快推动链传动制造业高质量发展策马扬鞭贡献力量。

我们要在改革中不断集聚创新优势。创新是推动链传动制造业高质量发展的重要动力，没有创新就没有链传动制造业的高质量发展。在推动链传动制造业高质量发展的创新举措中，我们要重点抓好：

一是积极引导行业有关企业加快完成"十三五"国家重点支持链传动行业的一些强基项目和重大技改项目，对已竣工的一些链传动企业强基项目和重大技改项目，要加快投产和批量生产步伐，充分发挥这些项目对链传动传统产业改造升级的引领和推动作用。

二是充分发挥链传动研究所和业内 3 家国家企业研发中心在行业科技创新中的引领作用，并在此基础上再建设几家高水平的国家企业研发中心，使更多有条件的企业在行业中发挥作用。大力构建链传动行业公共技术研发和技术服务平台，为链传动行业和各企业技术创新提供强有力的支撑和服务保障。

三是抓住链传动行业众多中小企业具有各自不同特色的优势，积极创造条件引导和培育一批链传动企业成为专精特新"小巨人"企业和行业单项冠军企业。

四是积极引导企业用足用好各级政府支持、扶持民营企业和中小微企业发展所出台的各项政策措施，特别是减轻企业税收和降费方面的政策。比如 2018 年年底，浙江省出台了《浙江省人民政府关于做好当前和今后一个时期促进就业工作实施意见》，规定了困难企业社保费返还措施，2019 年年初仅台州市企业就享受到近 13 亿元的社保费返还"红利"。又如杭州市2019年4月2日印发的《杭州市人民政府关于贯彻落实稳企业稳增长促进实体经济发展举措的通知》打出了重磅"组合拳"，推出了五大方面23条含金量相当高的政策举措，使杭州一些大企业2019年能收到超过1亿元的减税大"礼包"。这样的政策举措，全国各地在不断出台。我们要引导企业用好这些政策，为企业降本增利创新发展营造良好的环境。

五是在推动链传动制造业高质量发展中必须坚持品牌发展战略。制造业是立国之本、兴国之器、强国之基，制造业是实现经济高质量发展的关键环节。我国链传动制造业也属于国家制造业范畴，我们深感责任重大，使命光荣。品牌是国家制造业核心竞争优势的重要体现，是国家软实力的重要组成部分。我国链传动品牌建设还较滞后，世界级知名品牌基本上没有，品牌的附加值、国际影响力也不高。加强品牌建设，让更多链传动制造企业由贴牌生产转向自主品牌生产，更多具有自主知识产权的品牌产品是我国链传动制造业由大到强的必然要求。创新是企业品牌建设的原动力，是企业永葆生命力的重要途径，在品牌建设中要强化企业创新意识，以创新为核心，以先进技术为支撑，积极采用新材料、新工艺，研究和生产满足市场多层次需求的新产品，做到人无我有，人有我优，加大企业技术研发投入，优化企业内部研发创新成果转化的组织管理机制，推动企业联合研发机构、高等院校等创新力量协同开展技术攻关，筑牢链传动制造业品牌强国的技术基础。品牌是企业的灵魂，质量是企业的生命，两者相辅相成互为依托，需要并行发展。要扎实增强企业品牌意识，推动更多企业将品牌建设纳入总体发展战略和经营策略中，制定并完成企业高质量发展的品牌战略规划，优化企业资源配置，促进企业品牌建设和各项业务协调发展。坚持以质量为生命的价值导向，着力在做精做好和提质增效上下功夫，加快优质品牌走出去的步伐。

当前，全球产业链已由以往的制造国际化竞争时代转向品牌国际化竞争时代，打造更多的国际知名品牌成为我国链传动制造业提升全球竞争力、建设链传动制造强国的必由之路。要引导更多的链传动制造企业走品牌化发展之路，提高我国链传动品牌的国际认可度和知名度，并以品牌国际化为契机，倒逼链传动各企业苦练内功，自我完善，不断扩大我国链传动品牌的国际影响力，增强我国链传动行业在国际上的话语权。我们必须深刻理解我国链传动制造业品牌战略对全球链传动业发展影响的重要性，从而更加积极地以品牌建设助推我国链传动制造业的高质量发展。

综上所述，当今我国经济发展与改革创新高度融合，特别是发展前进一步改革创新也前进一步，改革创新不断为发展提供强劲动力。我们要坚持问题导向，发现问题、改革做文章、创新增活力、同解时代命题。我们的改革创新要始终瞄定经济高质量发展方向，供给侧结构性改革已成为我国经济体制改革重中之重的改革，"三去一降一补"就是以改革之力校正扭曲的要素配置，调整失衡的供需结构。我国链传动行业不能再走重数量不重质量、重速度不重效益的老路，必须向着高质量方向发展，破除无效供给，淘汰落后产能，提高原材料利用率，加快企业产业结构、产品结构调整，培育新动能，改造提升传统动能，放弃唯GDP论，更加注重绿色发展，一系列划时代的改革创新部署，打通我国链传动高质量发展的经脉，助力链传动产业向中高端阔步前进。不断向改革要动力，为创新增活力。奋斗创造历史，实干成就未来，我们要勇立潮头、推动链传动各企业从要素驱动向创新驱动发展，将期待化为行动，从源头上谋创新，以科技赢未来。我们要在习近平新时代中国特色社会主义思想指引下，不辜负链传动行业广大员工重托，坚持改革、创新发展主旋律，化压力为动力，变挑战为机遇，在推动链传动制造业高质量发展中花更大气力、谋更大发展，夺取新的更大成就。

〔供稿单位：中国机械通用零部件工业协会链传动分会〕

优化企业营商环境是链传动制造业
高质量发展不可逾越的重要战略

（朱善祥名誉理事长在链传动分会九届三次会员大会上的讲话）

企业营商环境主要指市场主体即企业为生存和发展营造的经营便利化条件和公平性保障，以及企业在准入、生产经营和退出经营全生命周期各环节涉及的各类政务服务便利性和公平性环境。产业营商环境主要指为产业生存和发展提供的各类要素和保障，为提高产业链、供应链、价值链发展水平和竞争力创造的条件。现就优化链传动企业和链传动产业营商环境谈一些想法。

链传动行业各企业如杭州东华、浙江恒久、苏州环球等企业在营造良好营商环境方面做了不少工作，为企业发展创造了条件。最近我和协会秘书处的同志走访了杭州永利百合，这家企业在营造营商环境方面很有特色，不仅大量地生产和研发国际市场所需的链传动产品，企业的外贸出口占50%以上，而且在印度尼西亚、巴基斯坦等国家买土地、建厂房，办销售公司并派遣技术和管理骨干管控国外的企业，取得了较好效益，目前正在考虑在"一带一路"沿线国家如孟加拉国建工厂和公司，进一步拓展国际市场。杭州永利百合在国内不断引进国内外先进技术和先进设备，利用国家减税降费所得的资金，进行设备更新和技术改造并在江山征用了 200 亩（1 亩 ≈ 666.7m²）土地建设了链传动产品生产基地。总之，杭州永利百合在改革创新、强化管理、盘活企业存量资产方面采取了一系列创新举措，优化了企业营商环境，取得了明显成效。不少企业的实践告诉我们，营造良好的营商环境对企业发展至关重要，各企业必须重视并把优化营商环境放在企业发展的突出位置上。

1. 优化企业营商环境是推动我国经济高质量发展的有效举措

我国经济已由高速增长阶段转向高质量发展阶段，经济高质量发展离不开良好的营商环境，只有优化营商环境，才能提高全要素生产效率，推动经济发展质量变革、效率变革、动力变革，不断增强我国经济竞争力。只有优化营商环境才能促进公平竞争、优胜劣汰，才能让无效低效产能，特别是"僵死"企业退出制造业，使原材料得到高效利用，不断为经济发展注入新动力、增添新活力、拓展新空间。优化营商环境也是创造竞争优势的有力保障。当前市场竞争日趋激烈，在一定程度上也是营商环境的竞争。要在竞争中赢得优势、掌握主动，必须营造一流的营商环境，更大程度激发市场活力，增强内生动力，释放内需潜力，进一步开放和发展社会生产力。在市场经济新形势下，每个企业都应该充分认识到营造企业良好营商环境的重要性，不断增强优化营商环境的紧迫感，为推动链传动制造业高质量发展而不懈奋斗。

2. 改革开放是优化企业营商环境的力量源泉

国家通过改革开放为企业构建了国内外两个大市场，使我国的企业和产品有了更大的市场和发展空间，使企业更多的产品走出国门，参与国际市场竞争。改革开放也为链传动制造业创建了良好的市场环境，推动链传动行业快速发展。我国链传动企业从改革开放前的少数几家发展到今天的三四百家，我国已发展成为链传动制造大国并有 40% 的链传动产品出口到国际市场，80% 的链传动企业产品实现出口。改革开放以来，链传动行业不断引进国外先进技术，企业的技术装备水平、制造水平和产品研发水平不断提高，我国的链传动产品竞争力不断增强，我国链传动企业在国际同行中有了更多的话语权。

在深化改革开放，特别是深化供给侧结构性改革过程中，通过去产能、去库存、去杠杆、降成本、补短板等一系列改革举措的实施，进一步优化了链传动企业的产能和产品结构。使企业放下更多包袱轻装上阵，为进一步优化链传动企业营商环境创造了条件。链传动行业应该进一步扩大对外开放，在推动更多链传动企业产品进入国际市场的同时，有条件的企业可在国外成立公司或收购国外企业，抢占国际市场"桥头堡"，使我国链传动企业进一步融入经济全球化市场环境中。

总之，改革开放是优化企业营商环境的力量源泉，我们要进一步增强改革开放的自觉性和积极性，特别是在"一带一路"沿线国家，我们要不断拓展链传动产品在这些国家的市场覆盖面，为优化链传动企业营商环境、拓展更大的发展空间而努力。

3.法治是营造企业良好营商环境的重要保障

在市场经济形势下，国家为推动企业健康发展出台了一系列法律、法规政策文件，如产品质量法、商标法、企业法、合同法、知识产权保护法、劳动法、企业融资法，以及能源、生态环境、安全生产、招商引资等政策文件。这些法律、法规和政策文件是引导企业走向法治、保护企业合法权益、为企业营造良好营商环境的重要保障。每个企业特别是企业领导人都要认真学法、懂法、尊法、守法、用法，善于运用法治思维、法治方法谋划和开展企业各项工作。法律是党的主张和人民共同意志的体现，是治国理政的最重要规矩，任何人都不能逾越、不能触碰法律底线。在企业治理中，用好法律武器往往会收到事半功倍的效果。每位企业领导者都要自觉秉持法律职责，树立"无法授权不可为"的理念。这样就能有效防控决策风险，防止企业发展中栽大跟头和犯颠覆性错误。我国全面建设小康社会已进入决胜阶段，改革进入攻坚期和深水区，国际形势复杂多变，我们必须把法治企业摆在更加突出的位置，各企业领导者都要依法经营，为优化营商环境积极创

造条件，保证链传动行业各企业健康发展。在链传动行业发展史上，曾出现少数企业经营者法制观念淡薄、打法律擦边球等现象，特别需要指出的是，有的企业盲目替其他企业做融资担保，使一个好端端的企业蒙受巨大损失甚至濒临破产。我们必须从中吸取深刻教训，坚持依法经营，充分发挥法律对企业营商环境的引领、规范、推动和保障作用。

4.用足用好减税降费和党的各项政策以及法律法规是营造企业良好营商环境的重要举措

全方位降低企业运营成本，切实降低企业税费负担。近年来，国家出台了一系列政策措施，地方各级政府在中央的统一部署下也根据本地区企业发展实际情况相继出台了为本地区企业减税降费的一系列政策措施，从而不断增强企业发展活力。我们必须引导企业用足用好各级地方政府为本地区企业发展出台的一系列减税降费措施。比如浙江省2018年年底出台了《浙江省人民政府关于做好当前和今后一个时期促进就业工作的实施意见》，规定了困难企业社保费返还措施，2019年年初仅台州市就享受到近13亿元社保返还"红利"。台州有2.3万家企业，不可能每个企业都拿到返还"红利"，只有政策先知企业才能捷足先登。又如杭州市政府2019年4月2日出台了《杭州市人民政府关于贯彻落实稳企业稳增长促进实体经济发展政策举措的通知》，打出了重磅"组合拳"，推出了五大方面23条含金量相当高的政策举措，使杭州一些大企业2019年能收到超过1亿元的减税大"礼包"。这样的政策举措，全国各级地方政府相继出台，各个企业必须了解本地区政府为企业出台的减税降费政策，争取拿到政府给企业的"红利"。又比如审计法为企业的一些重大项目竣工审计提供法律依据。2018年，浙江恒久的一个重大项目通过审计压缩了2 000多万元支出费用。法律法规是营造企业营商环境的重要保障。

5.创新驱动是营造企业良好营商环境的不竭动力

链传动行业由要素驱动向创新驱动发展是营

造企业良好营商环境的不竭动力,链传动企业不能再走征土地、盖厂房、增设设备、扩大经营规模的老路,必须通过技术创新大力发展高效设备和先进工艺技术,进一步提高产品质量,提高企业生产效率和企业效益。

产品开发是企业保持创新活力的重要源泉,也是企业产品适应和满足市场需求、扩大市场覆盖面、提高市场占有率,营造良好营商环境的重要举措。在产品开发中,真正做到人有我优、人优我新,一要大力开发与中高端主机配套的高技术含量的链传动产品;二要开发替代进口的链传动产品;三要开发与链传动产品配套的相关链传动延伸产品;四要开发与各类装备配套的非标和异形特种链产品。在产品研发中,有条件的企业要建立企业产品研发中心;技术力量不足的企业要与大专院校、科研单位合作,走合作共赢之路。创新特别是进行产品创新,是转变企业发展方式、推动企业转型升级、营造良好营商环境的不竭动力,是任何方式替代不了的举措。

人才是企业创新的动力之源,也是企业优化营商环境的主体。人才资源丰富的企业技术创新力量大、适应市场变化的能力强,企业有优化营商环境的深厚功底。我们必须重视人才、爱护人才、大力培养和招聘人才,留住人才、用好人才,各企业负责人要为发挥各类人才的作用创造条件,使各类人才真正各尽所能。在人才使用中,允许其在创新中有失误,但一定要吸取教训,总结经验再出发。对在创新中做出成绩的人才要给予重奖,以激励他们为企业创新和优化营商环境做出的新贡献。

6. 品牌建设是企业营商环境优化的内生动力

品牌是企业生存发展的灵魂,凡持有著名品牌产品的企业,必将有良好的市场营商环境和较强的市场竞争活力。品牌是企业具有核心竞争力的重要标志,以品牌战略推动企业高质量发展,使更多链传动企业由贴牌生产转向自主品牌生产。更多自主知识产权的品牌产品是我国链传动制造业由大到强的必然要求。当前,全球产业链已由制造国际化竞争时代转向品牌国际化竞争时代,我们要以品牌建设为契机,倒逼链传动各企业苦练内功,加快创新驱动步伐、优化企业内部创新成果转化机制,推动企业与研发机构、大专院校协同开展技术攻关,筑牢链传动制造业发展品牌的技术基础。

链传动各企业发展的实践告诉我们,品牌建设是企业营商环境优化的内生动力,杭州东华的盾牌公司近几年为什么发展得这么好,有经营者的艰辛努力,也有著名"盾牌"品牌的效应。链传动行业的一些企业之所以在国内外市场复杂多变的严峻形势下经营得好,主要是因为这些企业有用户信赖和满意的品牌。我们必须不断增强品牌建设的紧迫感,为加快营造链传动一流的营商环境,推动链传动由制造大国向制造强国转变贡献力量。

7. 诚信是营造企业良好营商环境的力量源泉

诚信不仅是企业领导者品德和人格的体现,也是衡量企业是否对用户真诚和忠诚的标尺。诚信经营是企业凝聚用户的重要力量。诚信经营可使企业在用户中树立良好的形象,得到更多用户的信赖。把广大用户紧密地团结在企业周围,使企业和其产品处于最佳的市场环境中。

链传动企业在诚信经营及推动企业营商环境优化中要做到:

(1)要充分认识诚信经营的重要性,要事事处处做好诚信经营的各项工作。

(2)狠抓企业产品质量。高质量、高技术水平的链传动产品不仅能满足市场需求,而且能得到用户的信赖和满意度的提升,使企业的产品赢得不少"回头客"。

(3)产品必须是优质高效的。不仅有较强的市场适应性,而且在价格上有较强的竞争力。

(4)信守合同。企业与用户签订的合同必须如期履约,不得延误或"打折扣"。

(5)在与用户合作中,对出现的问题企业要主动承担责任,特别对出现质量问题的产品,该退货的要退货,该赔偿的要赔偿。

（6）要密切与用户的关系，经常听取用户对产品质量和供求关系方面的意见，不断改进，真正把用户当作"上帝"。杭州东华不仅每年召开拖拉机和链传动产品用户座谈会和国外用户座谈会，而且宣碧华董事长每年都走访用户，从经济发达的东部地区到中西部地区、甚至遥远的新疆、内蒙古等边远地区，广泛听取用户意见，进一步密切了与客户的关系，为东风农机和东华链传动产品营造了良好的市场营商环境。

总之，企业和企业产品的良好市场环境是天上掉不下来的，必须经过企业自身的艰辛努力，特别是企业的诚信经营才能得到。

以上所述是优化链传动企业营商环境不可或缺的重要因素，也是推动链传动制造业高质量发展的战略举措。在习近平新时代中国特色社会主义思想指引下，我们要以实干成就未来，勇立潮头，从源头上谋创新，以科技赢未来，为链传动制造业高质量发展推动我国由链传动制造大国向制造强国转变而不懈奋斗。

〔供稿单位：中国机械通用零部件工业协会链传动分会〕

链传动行业"十四五"发展规划

（2022 年复盘审议稿）

"十四五"时期是我国全面建成小康社会后开始向全面建设社会主义现代化强国新征程、向第二个百年奋斗目标进军的重要时期，是我国从链传动制造大国向制造强国转变的关键时期。为抓住这个历史机遇期，更好地贯彻落实制造强国战略，引领我国链传动行业广大企业持续健康高质量发展，特制订本规划。

一、发展现状与面临形势

（一）发展现状

1. 行业发展稳中有进，经济运行质量进中趋好

我国链传动产业经过近 70 年的发展，已成为具有相当规模、门类齐全、基础坚实的机械基础零部件制造产业，全行业拥有 400 多家规模以上企业，生产总量占全球的 70% 以上，产品出口世界 100 多个国家和地区。我国是当今世界链传动产品的制造大国和出口大国。

（1）经济总量持续稳步增长。"十三五"时期，全球经济低迷，市场疲软；国内经济调整结构、转型升级，经济下行压力加大。在经济发展转型过程中，我国链传动行业发展"软着陆"，始终保持了持续平稳增长的良好态势。

据行业统计信息网 48 家单位统计数据显示（以下简称据统计）：2019 年，共完成工业总产值 915 485 万元，销售收入 891 727 万元，与"十二五"末同比分别增长 17.38% 和 11.81%。杭州东华链条集团公司实现工业总产值 20 亿元，产品数量、品种规格均进入了世界链传动产业的一流企业之列。行业发展中也涌现了如苏州市富邦机械链传动制造有限公司、常州盛天传动科技有限公司、浙江建宏链传动材料有限公司、湖州求精汽车链传动有限公司、嵊州市特种链轮有限公司、浙江恒平工贸有限公司、安徽黄山中友有限公司、安徽绩溪徽山链传动有限公司等一批增长速度快、竞争力强、效益好的中小企业，反映了我国链传动产业充满了勃勃生机、稳中向好的态势。

（2）产业集聚效应明显。近年来，河北任丘、安徽绩溪、山东平度等地区涌现了不少链条、链轮生产企业，形成了新的产业集聚区。产业集聚区具有生产社会化、分工细、专业化、效率高、成本低的优势，有利于中小企业生存发展。如浙江武义县的链条产业，在短短 20 多年里，从原先前店后厂，落后的小作坊生产方式发展成为从材料改制，到工模具及链条专用设备制造、零件生

产、整链装配，形成了一条比较完整的产业链，目前年产值3 000万元以上的规模企业有20多家，年出口创汇数百万美元，生产的链条零件材料和零件供应全国100多家链条生产企业，为推进我国链传动行业持续发展发挥了积极作用。

（3）行业经济运行质量进中向好。"十三五"时期，行业经济运行不仅稳中有进，而且运行质量进中向好，主要表现在两个方面：一是经营风险降低。据统计，2019年行业资产负债率为48.67%，比"十二五"末下降1.21个百分点，大中型骨干企业均通过了政府环保部门的认证，产业生态环境良好。二是多数企业处于盈利状态。2019年工业增加值、利税总额、人均劳动生产率（工业增加值）、人均利税四项主要经济指标分别比"十二五"末增长7.87%、2%、16.42%和13.31%。

2.坚持创新驱动战略，科技进步成效显著

"十三五"时期，链传动行业发展最突出的亮点是自主创新能力明显提高。

（1）技术理论和标准创新。由链传动专业委员会和链传动分会及行业专家等编著的一批链传动专著相继出版，其中《中国战略性新兴产业研究与发展·高端链传动系统》一书，对引领行业广大企业向高端链传动产品制造方向发展具有极其重要的指导作用，为推进行业技术进步和持续高质量发展提供了重要的支撑和保障。

全国链传动标委会积极推进链传动行业开展标准化活动，除了采用国际标准和发达国家的先进标准以外，还自主制定了16项国外链传动行业中没有的、中国独有的自主标准（机械行业标准），不仅弥补了国内链传动标准中的一些空白，改变了链传动产品的设计和生产经营无国际及无国外标准可循的现状，满足了国内外市场客户的需求，而且为国际链传动领域标准化建设做出了重要贡献。

（2）产业科技进步迈上新台阶。一是建立了国家企业技术中心。经国家发展改革委等五部门评审，杭州东华链条集团有限公司、青岛征和工

业有限公司、苏州环球科技股份有限公司的企业技术中心先后被评定为国家企业技术中心，这为推进我国链传动行业自主创新，向高端链传动产品制造方向发展奠定了良好的基础。二是承担了国家工业"强基项目"。全行业3家企业的两个项目进入了国家工业"强基项目"。链传动产业在机械工业中是一个小行业，能建立3个国家企业技术中心，并承担2项国家工业强基项目，获得国家相关资金扶持，这在链传动行业发展史上是前所未有的，它既说明国家对关键基础零部件的高度重视，又标志着我国在链传动行业创新发展方面具有一定的基础和实力。

（3）创新经营模式。诸暨链条总厂在经营中推行"经营＋服务"新模式，企业不仅为用户提供链条产品，而且深入生产现场，帮助用户分析产品使用过程中出现故障的原因，主动帮助用户改进设计，为用户提供成套部件。这种售前售后全过程的技术服务不仅深受用户的欢迎和好评，提高了产品的附加值，而且更重要的是提升了企业自身研发能力和制造水平，构建了独特的核心竞争力。

（4）产业"两化融合"新进展。苏州环球科技股份有限公司结合企业自身发展需求，加大技术改造力度，把投资重点放在新技术、新工艺、新装备应用上，在江苏姜堰新建了信息化与智能化结合的链条生产基地，荣获工业和信息化部"两化融合"证书。浙江中益机械有限公司通过智能机器间的连接，结合软件和大数据分析，重塑生产和管理流程，不仅大幅度提升了生产能力，而且还能实现链轮的智能化生产。

长期以来非标异形链一直依靠人工装配，是困扰产业发展的一项"短板"。杭州东华链条集团有限公司和安徽黄山恒久链传动有限公司率先对这个"短板"进行攻关。目前已成功研制了几条非标异形链的机械化、自动化装配流水线。安徽黄山恒久链传动有限公司研制了具有国际先进水平的欧标高速输送平顶链自动化生产及在线智能检测生产线，以及焊接链、水泥链等产品自动化

柔性生产线，实现了产业"短板"的新突破。

（5）产品创新硕果累累。"十三五"期间，我国链传动行业坚持创新驱动发展战略，自主创新能力明显增强，行业新产品产值增长较快。据统计，2019 年新产品产值达 305 529 万元，比"十二五"末增长 14.45%。获中国机械通用零部件工业协会"自主创新优秀新产品奖"共计 72 项，其中特等奖 39 项。2019 年，苏州环球科技股份有限公司、杭州东华链条集团有限公司、杭州自强链条有限公司、浙江恒久机械集团有限公司、诸暨链条总厂、浙江嵊润机械有限公司、浙江中益机械有限公司、安徽黄山恒久链传动有限公司、青岛征和工业有限公司 9 家企业的 9 种产品荣获中国机械工业联合会颁发的"改革开放 40 年机械工业杰出产品奖"。

3. 加快转型升级步伐，优化结构取得新进展

"十三五"时期，行业广大企业树立新发展理念，积极转变企业发展方式和发展动能，加快了调整结构，转型升级步伐，为行业持续高质量发展奠定了良好基础。

（1）树立新发展理念，向管理要效率。浙江恒久机械集团有限公司在"十三五"期间着力"练内功、强管理"，在企业内部做好加减法两篇文章，做减法是整合资源，盘活存量资产，调整资产结构，实现资源优化配置，提高资产利用率；做加法是坚持创新驱动发展战略，加大对科技和技改投入，大力开发市场适销对路的高技术含量、高附加值新产品，取得了较好的经济效益。同时对分布在浙江、安徽、江西三大区域的子公司，利用互联网，实现公司内部的网络化管理，运用大数据分析技术，有效地管控了全公司的生产经营活动，为企业正确决策提供了可靠保证，大大提升了公司现代化管理水平。

（2）依托技术进步，转变发展动能。行业内不少企业如江苏双菱链传动有限公司、常州盛天传达科技有限公司、杭州持正科技有限公司、嵊州市特种链轮有限公司、浙江永美链条有限公司、安徽黄山中友链条制造有限公司等企业在扩大再生产时，不再简单复制原有模式，而是把资金投放重点放在新技术、新工艺、新装备的使用上，夯实技术基础，提高生产过程中的机械化、自动化、智能化水平，依靠科技进步，提高产能和产品质量，取得了较显著的经济效益，有力地推进了企业持续发展。

（3）走出国门，海外发展。杭州永利百合实业有限公司积极响应"一带一路"倡议，在巴基斯坦投资建厂，并在当地成立了销售公司，既提升自主品牌的知名度，又获得了较好的经济效益。这是链传动行业继杭州东华后又一个走出国门进行海外投资并成功实现跨国发展的企业，它为业内其他企业今后在"一带一路"沿线国家发展提供了宝贵经验。

（4）提升品质，满足高端需求。常州世界伟业链轮有限公司多年来非常重视优化出口产品结构，果断放弃了技术含量低、附加值低的常规产品的订单，积极开发多种高端特种异形链轮，生产的中高端链轮品种达 1 万多种，为不少世界一流的原始设备制造商（OEM）配套，每年出口创汇 2 000 多万美元，是业内知名的出口大户。

（5）延伸产业链，进军新领域。近年来，我国链传动产业在发展中出现了一种新趋势，有不少企业已不再单纯地生产链条、链轮，在坚守主业的前提下，向传动系统集成、链式输送机制造等及其他方面发展。如诸暨链条总厂研制的多点式链斗机和无埋管铜水套，一项填补了国内空白，另一项颠覆了传统设计，仅仅这两个高端新产品就为企业创收 5 000 万元；浙江嵊润机械有限公司自主研制的浙江省首台（套）链式智能化电石输送线替代了进口产品，填补国内空白，对改善我国电石行业的生产作业环境、推进绿色发展具有重要意义，被电石行业列为重点发展推广产品；株洲市特种链条厂和益阳赫山链条制造有限公司分别开发了智能化立体仓库、汽车柴油发动机零配件（进、排气系统）；浙江永美链条有限公司得知国外市场"喂鸟器"需求量大的信息后，立即组织力量进行生产销售，取得很好的经济效

益，成为公司发展新的经济增长点。

（6）转危为机，走出困境。武义东风链条有限公司和浙江八方机械有限公司对因担保互保引起的资金风险，通过深化企业内部改革，盘活存量资产，积极调整产品结构，增收节支，逐步化解风险，使企业转危为安，走出困境，步入了持续平稳发展轨道。

4.产业制造能力、产品质量水平和档次明显提升

近年来，我国链传动产业的制造能力大幅提升，突出表现在产品规格发展速度迅猛。据统计，链条产品的品种已有 3 万多种，规格数量达 10 万种以上，已接近国外发达国家的水平。链传动产品质量水平和档次已从中低档向中高档方向转变，与世界发达国家同类产品相比，虽总体处于中等偏上水平，但有部分产品已接近或达到了国际同类产品的先进水平，如为国产大飞机配套的航空链、变节距（Hy-Vo）齿形链、发动机强化齿形链、冶金输送链中引锭链、港口机械链等，尤其是列入工业强基项目的 CVT 链条和舰船链，这些高端链传动产品打破了国外垄断，替代了进口产品，填补了国内空白，为加快我国重大技术装备国产化进程、引领我国链传动产业高质量发展发挥了积极作用。

综上所述，"十三五"的五年，是链传动行业加快转型升级、优化结构的五年，是科技创新能力不断增强的五年，是质量品牌不断提升、向高质量发展迈进的五年，它为我国链传动行业实现"强国梦"谱写了崭新篇章。

（二）存在的主要问题和差距

在肯定"十三五"取得的显著成绩同时，也要充分看到存在的问题和差距。其中主要有：

（1）产业集中度偏低，产业集聚区"聚而不强"。产能过剩导致的产品同质化竞争激烈现象十分突出。

（2）中小企业创新意识和研发能力较弱，行业原创性自主知识产权匮乏，关键核心技术薄弱，产品"高端不足，中低端过剩"状况亟待改变。

产业核心竞争力有待进一步提高。

（3）产业基础有待加强，产业链现代化水平需提升，尤其是网络化、智能化、数字化发展待加快。行业共性技术研究和技术服务支撑体系较薄弱。

（4）企业品牌建设和现代化管理亟待加强与提高。

（5）人才不足，特别是高级技术、管理人才和工匠型技能人才严重缺乏。

（三）面临的形势

1.国内外宏观环境

"十四五"期间，我国将面临百年未有之大变局。世界进入了动荡变革期，地缘政治、军事冲突加剧；单边主义、贸易保护主义抬头冲击全球化经济秩序；美国把中国视为战略竞争对手，从政治、经济、外交、军事、科技等方面进行全方位打压，中美关系不断恶化；新冠疫情在全球蔓延，给世界经济带来前所未有的重创，当今世界动荡不安，危机四伏，不确定性因素和各类风险挑战不断增加。

国内发展环境令人欣喜。2020 年我国政府率先成功地控制了新冠疫情的蔓延，并恢复了正常的工作、生活秩序，前三季度经济增速同比增长 4.7%，成为全球唯一一个 GDP 由负转正的主要经济体。目前我国人均 GDP 已达 1 万美元，城镇化率已超过 60%，中等收入群体超过 4 亿人，物质基础雄厚。我国拥有超大规模的市场并已成为全球第二大消费市场，对我国经济发展具有基础性拉动作用，同时我国正处于新型工业化、信息化、城镇化、农业现代化的发展阶段，投资需求潜力仍然巨大。另外，在应对疫情的过程中，催生了许多新产业、新业态。社会大局稳定，制度优势显著，发展韧性强大。中共十四届五中全会通过了《中共中央关于制定国民经济和社会发展第十四个五年规划和二〇三五年远景目标的建议》，为我国发展描绘了新蓝图，也吹响了向全面建设社会主义现代化国家进军的号角，中国经济持续向好发展的基本面令人鼓舞。我们一定要把握好

这个难得的历史机遇，坚守实业，做好做强企业，为建设社会主义现代化国家建功立业，做出新的贡献！

随着内外部环境的变化，国家对制造业越来越重视，发布了《中国制造 2025》，大力培育"专精特新"中小企业。2020 年 5 月，中央首次提出"深化供给侧结构性改革，充分发挥我国超大规模市场优势和内需潜力，构建国内国际双循环相互促进的新发展格局"，要将我国市场规模和生产体系优势，转化为参与国际合作和竞争的新优势，不断提高在全球价值链中的位置。逆全球化下，中高端领域受到发达国家"再工业化"和振兴制造业的挑战，而且中低端环节面临周边中低收入国家加大承接产业转移的威胁，进口关键零部件断供风险加大，所以国家不断出台政策，加强产业链供应链安全性，"补短板、锻长板、填空白"，突破"卡脖子"技术，使关键核心零部件实现国产替代进口。新形势对各个企业提出了更高的要求，也带来了新的发展空间。

除了发展机遇外，外部环境也出现了一些挑战性因素。未来几年，全球经济下行风险仍然很高。原料采购成本可能出现较大波动，进口材料与出口货物海运费的不稳定性因素仍存在。人口红利消失，制造业用工荒依然存在，真正的适龄劳动力减少，同时年轻的劳动力对工作环境有更高要求，数字化改造快速发展。"双碳"政策出台，能耗"双控"向碳排放"双控"转变，实现新旧动能转换，未来产业结构升级、去低端产能会不断加速。

综上所述，我们既要有做好应对一系列新的风险挑战的准备，提高风险防控能力，又要坚定信心，增强机遇意识和风险意识，科学应变，勇于逆势而上，善于转危为机，坚守实业，真抓实干，为促进行业企业取得持续高质量发展的新胜利尽责出力。

2. 市场需求分析

（1）5G 对中国未来经济的影响超乎想象。它将加快我国推进工业自动化、智能化进程，创造出崭新的商机。特别是用于"机器人"的精密传动链和各种工业输送链的需求量将会有所增长。

（2）国家推出的"新型基础建设"项目包括特高压、新能源、汽车充电桩、5G 基站建设、大数据中心、工业互联网、城际高速铁路和城市轨道交通项目，国家还将建设 150 个重大水利工程，这对扩大内需，拉动国内经济具有重要意义，为我国链传动产业发展提供了新的机遇。

（3）我国重大技术装备发展迅速，但是重大装备的技术基础、原材料和关键核心零部件仍依赖进口。就以链条为例，每年进口的精密、高速、重载、耐疲劳、耐腐蚀、使用寿命长、适用于复杂环境等的高端特殊链条金额达 2 亿多美元。高端链传动产品的国产替代市场潜力很大。

（4）我国已成为世界汽车第一制造大国和消费大国，每年生产和新销售乘用车和商用车近 3 000 多万辆，而我国能为其配套的发动机链条生产厂家寥寥无几。由于我国汽车拥有量大幅增长，城市交通拥挤、停车难的矛盾非常突出，国家每年投入大量资金进行停车库建设。汽车发动机链、停车库链条的市场潜力巨大。

（5）高端农机链市场前景依然看好。据国家有关部门测算，2020 年，国产农机产品市场占有率为 90%；200 马力（1 马力 ≈ 735.5W）以上大型拖拉机和采棉机等高端产品市场占有率达 30%。到 2025 年，大宗粮食和战略性经济作物生产全程机械品种齐全，国产农机产品市场占有率稳定并高于 95%；200 马力以上大型拖拉机和采棉机等高端产品市场占有率达 60%。特别值得注意的是，为农业机械配套的农机具和农产品深加工设备发展势头迅猛，中高端农机链传动产品的市场需求仍将保持良好的发展态势。

（6）随着我国"十四五"规划实施，钢铁、煤炭、水泥等大宗商品的需求必然会明显增长，冶金链、煤机链、水泥链需求量也将同步增长。

（7）随着"一带一路"倡议的实施，对沿线不少国家的基础建设项目进行援建，如高铁、桥梁、港口等，与此相关的工程机械链、港机链、叉车链等链传动产品的需求量明显增长。

（8）链传动产品具有市场需求量大的独特优势。其一是基础零部件，涉及经济领域的多个行业，用途极其广泛。其二是易损件，需要不断更新。仅以摩托车链条为例，除每年新增1 000多万辆摩托车以外，目前摩托车市场保有量就有近亿辆，维修市场的需求量相当可观。

（9）消费者的需求偏好在变化，如大排量运动型和娱乐时尚型摩托车链条需求在不断增长；对服务有了更高要求，如快速交货、非标定制等。

未来市场前景是外弱内强，喜忧参半。即使是国内市场，各个行业的发展也是不平衡的，有冷有热。困难和希望同在，机遇与挑战并存，关键是要主动适应，把企业自己的事情做好，市场机遇永远是留给勇于创新、追求卓越、超越自我的企业。要研究市场、学习先进技术，进行资源整合，主动求变，善用政策，以开放的心态迎接挑战，与大趋势同频共振。要有使命感，敢于向高科技进军，不断增加研发投入，实现技术与服务双超越。

二、"十四五"规划主要内容

（一）指导思想

以习近平新时代中国特色社会主义思想为指导，坚持新发展理念，把握稳中求进的工作总基调，转变发展动能；贯彻实施创新驱动、内需为主的双循环、品质优先、绿色发展、人才强企五大战略，积极推进产业基础高级化，产业链现代化，大力打造高端、自主、优质、高效的链传动产业，为实现我国链传动产业"制造强国"目标而努力奋斗！

（二）总体目标、发展目标

按我国成为制造强国"三步走"的战略："十四五"末，我国制造业要进入世界强国之列。根据这个战略目标要求，结合我国链传动产业的实际，特提出：

（1）总体目标："十四五"期末，我国链传动产业在国际上要处于中高等水平，进入世界强国之列；力争再用5～10年，进入世界链传动制造强国的领先行列。

（2）发展目标：

① 产业升级：培育3～5家具有国际知名品牌和全球竞争力的世界一流企业（细分领域的行业冠军）及一批具有创新能力的"专精特新"企业。打造"产业基础高级化，产业链现代化"的高端、自主、优质、高效的链传动产业。

② 创新能力：构建以国家企业技术中心为核心，省市企业技术中心为主体的产业自主创新体系和产业基础共性技术服务平台，联合攻关、协同作战，积极引导和推进产业创新发展。加大研发经费投入，力争达到占企业主营业务收入的2%。倡导0到1的正向设计，行业发明专利数提高5%～10%。突破2项以上核心关键技术瓶颈。

③ 质量效益：产品质量达到世界中高端水平；工业增加值率达到22%以上；全员劳动生产率增速提高5个百分点。

④ 绿色发展：单位工业增加值能耗降低10%；废水、废气、固体废物处理率达到100%。积极推动企业采用低碳技术和可再生能源，使链传动行业成为通用零部件行业的绿色标杆，为"碳达峰""碳中和"做出自己的贡献。

⑤ 品牌建设：在国际上拥有3～5个有影响力、知名度的自主品牌；在国内拥有10～15个具有知名度的省市级品牌。

⑥ 国际化布局：鼓励企业并购、开设海外工厂、海外仓库，力争"十四五"期间海外产值增长一倍。为防范贸易摩擦升级做长期准备，为中国链传动行业真正实现国际化打下良好基础。

⑦ 数字化转型：全面推进数字化转型，在全行业打造3～5个数字化标杆工厂和数字化服务案例。

⑧ 对标第一：对标是成功最快的捷径。在行业内，鼓励全行业向国内的杭州东华、恒久、苏州环球、杭州永利百合对标学习，向国外的椿本、沃尔夫、大同对标学习；在行业外，每年组织一次对标学习活动，参观跨行业标杆企业。

⑨ 超越第一：在技术上，通过正向设计，超

越国际先进技术,推出 3 ～ 5 款真正国际领先的产品。在规模上,"十四五"期间,行业内领先企业在细分领域的营业收入超越日本的椿本和大同。

⑩ 加强党的建设:学习党建文化,组织形式多样的党建活动,不断把行业的优秀人员培养成党员,到"十四五"末,行业内党员人数增长 30%。

(三)产业发展方向与产品重点突破及关键核心技术

发展方向:打造"产业基础高级化,产业链现代化"的高端、自主、优质、高效链传动产业,努力实现"制造强国"目标。

产品重点突破:高速/重载/耐腐蚀/复杂多轴链传动系统、超级重载系列(HE 系列)短节距精密滚子链、高强度模锻链、大功率舰船发动机滚子链、汽车用高可靠滚子链和套筒链、无级变速摆销链(CVT 链)、高级农机链、智能链条、智慧链系统等产品。

可替代齿轮、皮带、传动轴的新链条品类,拓展整个链传动的行业空间。

关键核心技术:面向 2035 年发展前沿技术,持续攻关高端链传动产品系列型谱技术、高端链传动产品金相图谱技术、高端链传动产品可靠性数据技术、高端链传动产品失效分析技术、高端链传动产品的设计技术、高端链传动产品仿真分析技术、高端链传动产品制造技术和检测、试验技术等。

(四)主要工作举措

1. 把握稳中求进的工作总基调,攻坚克难守实业

"十四五"时期,国际环境复杂多变,不确定性因素增多、各类风险集聚;新冠疫情给全球经济带来了巨大损失,我国在以习近平同志为核心的党中央坚强领导下,全国人民团结一心,经过艰苦拼搏,取得抗击疫情斗争的决定性胜利,国民经济正在迅速恢复。疫情仍在全球蔓延,后疫情时代全球经济会更加低迷,我们不能掉以轻心。不管今后国内外经济形势如何变化,我们都要坚

定信心,牢牢把握稳中求进的工作总基调,把"稳住企业"作为第一要务来抓,抓好"稳外贸、稳客户、稳现金流、稳员工"的工作。稳住企业,做好自己的事,以不变应万变,攻坚克难,转危为机,砥砺前行,为推进链传动行业持续健康发展做出新的贡献。

2. 坚持创新驱动战略,努力打造高端、自主、优质、高效的链传动产业

科技创新方面:

(1)加强链传动学科基础理论和前沿技术研究。及时推广应用新理论、新技术,将科技成果尽快转化为生产力,不断推进链传动产业的科技进步和高质量发展。

(2)建立产业科技创新机制。构建以国家企业技术中心为核心,省市企业技术中心为主体的产业创新平台,建立以企业为主体的产学研用协同创新机制。组织专家对行业进行全面摸底,排查行业内产品和技术的"卡脖子"问题。对产业共性技术"卡脖子"问题,组织企业对关键核心技术攻关,成果共享,争取"十四五"期间,彻底解决链传动行业的"卡脖子"问题。支持企业进行强基项目、重大技术改造项目及创新产品的申报工作。

(3)加强新产品研发工作。企业要加大科研经费的投入,研发填补国内外空白、替代进口的高端产品,提高为国家重点工程和重点装备配套的综合服务能力。大力开发技术和质量水平比肩发达国家知名链条企业同类产品水平的高性能(高精度、高强度、超耐磨)精密滚子链、汽车链产品,改变我国汽车链产品目前只能供国内自主品牌汽车配套的局面,全面实现全系列汽车链产品进入合资品牌、外资品牌汽车主机配套体系。积极发展列入《工业企业技术改造升级投资指南》《高端装备制造业发展重点领域》《首台(套)重大技术装备推广应用指导目录》等指导目录中的高端链传动产品及链系统部件。

(4)加强标准化工作。不断健全、完善我国链传动产品技术标准,进一步提升我国链标委在

国际链传动标准化组织中的地位和作用。积极参与 ISO 10823《滚子链传动选择指导》国际标准的修订。"十四五"期间，链传动行业要努力完成 GB/T 1243《精密滚子链和套筒链》标准、GB/T 6074《板式链》标准、GB/T 20736《链条疲劳试验方法》三项重要链传动国家标准修订任务，推进《精密滚子链（套筒链）耐磨性能试验方法》等机械行业标准的批准、发布。结合链传动行业实际，大力发展团体标准，积极探索起草、研制链传动领域涉及产品技术、工艺与装备、材料等方面的中国机械联合会团体标准、中国机械通用零部件工业协会团体标准、中国机械工程学会团体标准等链传动团体标准，参与中国农机工业、中国电梯行业等应用链传动产品的主机装备行业团体标准的研制。积极鼓励浙江链传动企业参与集"精心设计、精良选材、精工制造、精准服务"内涵的"品字标浙江制造"高水平团体标准的研制。

（5）推进产业基础高级化、产业链现代化。链传动产业是传统产业，加大技术改造力度，实施产业基础再造和产业链提升工程，是产业高质量发展的必然要求。要做好以下两方面工作：

产业基础高级化：积极引进国外链传动制造的先进技术和自动化、智能化的先进设备，大力推广应用新技术、新材料、新工艺、新装备和现代化的数字化设计工具，用智能化、信息技术改造传统产业，特别要大幅提升关键工序数控化率。大批量标准链的生产方式要从目前的机械化向自动化、智能化转变，非标异形链生产方式向机械化、自动化方向发展，努力运用信息技术和大数据分析技术，加快产业的"两化融合"进程。

产业链现代化：结合智能制造的全面实施，在全行业深入推行信息化和工业化深度融合，更多的企业获得"两化融合"管理体系贯标评定。在高端链传动产品的精密零件研制中，积极推广应用低压真空渗碳（碳氮共渗）与高压气淬热处理、类金刚石（DLC）涂层等先进新技术与新工艺，积极探索零件表面激光强化处理等新型表面

改性技术在链传动零部件制造中应用，高速精密链条自动化生产线在更多企业得到推广应用。

（6）拓展行业发展空间。研发可替代齿轮、皮带、传动轴的新链条品类，与下游新兴行业共同开发新的链条应用场景；同时，鼓励有条件的企业积极研发链条输送机等成套设备。

（7）要充分发挥专家作用。由链传动分会和中国链传动专业委员会联合定期举办"科技创新"交流会，聘请吉林大学链传动研究所及行业内的专家，传授前沿技术理论、推广新技术、交流技术创新经验，为业内企业培养技术人才，提高技术人员的素质，推进行业技术进步和可持续高质量发展。

管理创新方面：

（1）树立"管理是生产力"的理念。重视和加强中小企业管理工作，大力推进管理创新。抓好企业管理基础工作，完善管控模式，创新管理机制、管理手段和方法，积极推广"精细化管理"和"6S 管理"，全面提高企业管理水平。

（2）推广运用现代信息技术和大数据分析技术。创新企业生产工序、工艺流程、物流及供应链的管理模式，推动智能立体仓库的应用，做好物料配送和零配件的供应工作。优化资源配置，提高企业管理效率和效益。

（3）抓好市场分析、研究工作，重视营销网络建设，做好售前售后全过程的服务，大力发展电子商务。

（4）要加强管理人员的教育培训工作。加强现代管理知识学习，提高创新管理能力和水平，特别是企业决策者更要做好表率，不断努力学习，提高战略思维和科学决策能力，提高防控风险能力，引领企业持续健康高质量发展。

（5）推广卓越绩效管理模式。组织行业人员参加卓越绩效管理模式的学习，在企业管理中导入该模式，鼓励行业内企业积极参加市级、省级、国家级的质量奖申报工作。

（6）强化服务意识，鼓励有基础的企业向"服务型制造业"转型。以快速交付和非标定制为

抓手，运用数字化柔性生产技术和跨国高速物流，向国内外高端客户和长尾市场提供小批定制生产、快速交付和个性化服务。

3.坚持以内需为主的双循环战略

"十四五"时期，根据国内外市场变化新形势、新特点，业内广大企业要调整市场布局，坚持以国内经济循环为主体，国内国外经济双循环互相促进的新发展格局。企业要立足国内，满足国内市场日益增长的需求，特别要加强国家政策重点扶持的"两新一重"，即加强新型基础设施建设，加强新型城镇化建设，加强交通、水利等重大工程建设，聚焦十大标志性产业链的需求，做好调查研究、精准施策和配套服务工作。"十四五"时期，国家要重点突破一批以"三超三极限"（超大、超高、超常，极大、极小、极限环境）和"三化三复合"（智能化、绿色化、轻量化，工艺与装备复合、结构设计与制造一体化复合、多工艺工序复合）为代表的"卡脖子"、短板基础制造装备。作为基础零部件制造的链传动产业义不容辞地担当起为其配套和综合服务责任，这对链传动行业广大企业来说是一次难得的机遇，要加大力度提升研发高端产品的能力，提高对这些关键装备零部件配套的供给能力，为我国成为制造强国做出应有的贡献。

在抓好国内经济循环的同时，仍要抓好国际市场的开拓工作，既要巩固老客户，更要发展新客户，把出口创汇工作做得更好。国内国际经济双循环互相促进，推进行业持续健康高质量发展。

4.坚持品质优先战略，加强品牌建设工作，培育一批世界一流企业和可持续发展的"专精特新"企业

在"十四五"时期，培育一批具有国际知名品牌的世界一流企业和可持续发展的"专精特新"企业是链传动产业一项重中之重的战略任务。

（1）企业要树立打造世界一流企业的雄心壮志，确定对标目标，制定赶超计划，从技术、质量、管理方面，进行全方位的对比，找出差距，制订赶超路线图和时间表，付诸实施。中小企业结合实际，对标国内先进水平提升自己，努力打造可持续发展的"专精特新"企业。

（2）加强品牌建设工作。首先要提升品质，使企业产品在市场中有较高的知名度和美誉度。其次要有品牌意识，多创具有自己知识产权的品牌。注重品牌培育工作，加强品牌宣传，善于"亮相"，提高企业产品的品牌知名度。

（3）外贸出口企业要抓住机遇从长计议，有计划、有步骤地推出自主品牌，实现从贴牌生产向自主品牌出口的转变，提高企业在国际市场上的知名度和竞争力。有实力的企业可积极创造条件，走出国门，实现跨国发展。

（4）协会要抓好工业和信息化部品牌培育示范企业和中国机械工业联合会品牌培育表彰活动的相关工作，引导企业重视商标、品牌建设工作，积极为企业申报各级名牌产品、质量奖提供服务。

（5）增强互联网思维意识，做好线上品牌推广和营销工作。在新冠疫情背景下，充分利用新的媒介工具，如抖音、阿里巴巴、亚马逊、FaceBook、INS等线上渠道，开展品牌推广、区域招商和产品营销工作。

5.坚持绿色发展战略，抓好节能减排工作

（1）加大技术改造力度，坚决淘汰落后的制造工艺和设备。特别是那些效率低、消耗高（材料、能源）、污染大的工艺和设备。

（2）加强环保工作。企业须强化社会责任感，自觉严格遵守国家环保法，要把节能减排、安全生产作为企业生存的底线严防死守。业内广大企业要进一步完成 ISO 14001：2015 环境管理体系和 ISO 45001：2018 职业健康安全管理体系的认证并有效运行。

（3）重点处理好制造过程中产生的废水、废油、废渣问题，把节能减排工作落到实处，提升行业绿色制造水平。

（4）有条件的企业要推广应用光伏发电项目，使用绿色能源。

（5）链传动产业基础高级化，链传动产业链现代化。

6.坚持"人才强业"战略，大力培养高素质专业技术人才和工匠型技能人才

国家之间的竞争说到底是制度、人才实力的竞争。中国要进入世界链传动强国之列，必须重视高端专业人才和工匠型技能人才的培养。

（1）要构建"引得进、留得住、用得好"的人才机制。要形成"尊重知识、尊重人才"的良好氛围，要营造公平竞争择优选用的制度环境，鼓励创新、容忍失败的工作环境，待遇适当、无后顾之忧的生活环境，使人才队伍充分发挥积极性、创造性。

（2）积极鼓励企业引进高级技术和管理人才，要加强国际和国内的技术交流活动，相互学习，共同发展。要努力造就一批科研、技术等科技创新领军人才和具有较高水平的创新团队。特别要培养一批有丰富实践经验、能解决生产一线实际问题的工匠型技能人才。

（3）加强与链条专业学会密切合作，充分发挥大学科研单位专家、教授及业内专家的作用，攻克制约行业发展的共性关键核心技术；积极开展行业技术培训活动，为企业培养技术及技能人才，提升产业技术水平，增强产业核心竞争力。

（五）政策建议

（1）国家有关部门要支持关键核心零部件产业发展，加强重要项目和技术改造的支持力度，要根据基础零部件产业实际情况，制定相应的扶持、优惠政策。

（2）建议成立行业技术研发基金会。主要是组织业内专家有针对性地解决影响产业发展的"卡脖子"共性技术问题，加快产业持续健康高质量发展。

（3）建议冶金行业能为链传动行业提供制造高端产品的优质特种钢材。

（4）建议总会或国家有关部门组织业内相关人员到海外学习参观，学习标杆、超越标杆。

〔撰稿人：中国机械通用零部件工业协会链传动分会李树立　审稿人：金玉谟〕

链传动行业抗疫、复工复产情况

做好"六稳"工作、落实"六保"任务是推动链传动企业持续健康发展的不竭动力

扎实做好和认真贯彻党中央提出的稳就业、稳金融、稳外贸、稳外资、稳投资、稳预期工作，全面落实保居民就业、保基本民生、保市场主体、保粮食能源安全、保产业链供应链稳定、保基层运转稳定，这"六稳""六保"是以习近平同志为核心的党中央针对当前我国经济面临的新形势所作出的战略决策，也是我国经济坚持稳中求进工作总基调的主要着力点。为此，我们必须做到：

一是要进一步增强发展信心、保持定力。链传动行业企业的各位领导和广大员工都要临危不惧，变压力为动力，在危机中育新机，于变局中开新局，坚持初心不变，激发奋进力量，临难不避、铆足干劲，全力冲刺，使我国链传动行业各企业经受住这场疫情的严峻考验，使各链传动行业企业继续行稳致远、稳中向好。在困难面前，信心比黄金更重要，信心能焕发向上的力量，信心是做好"六稳""六保"工作的保证。如：武义东风在严峻的形势面前，满怀信心、克服困难，创新发展，进一步拓展国内外市场，取得了逆势增长的好成绩。

二是链传动行业各企业要坚定不移地贯彻"创新、协调、绿色、开放、共享"的新发展理

念。新发展理念是习近平新时代中国特色社会主义思想的重要内容。发展理念管全局、管根本、管方向、管长远，关乎发展成败。

在新发展理念指引下，链传动行业不少企业领导发扬敢为天下先、勇于创新的精神，成为企业创新的组织者、探索者和引领者，不断推动企业生产组织创新、技术创新、市场创新，使企业充满生机和活力。新发展理念也是推动链传动行业各企业高质量发展的指路明灯。如：杭州东华在新发展理念指引下，不断创新市场营销模式，在国内建立营销网络，在国外一些国家建立仓储配送中心。国外的仓储配送中心已成为杭州东华开拓国际市场的桥头堡。黄山恒久坚持产品创新，目前正在建设塑料型链传动研发和生产基地。链传动行业的不少企业用新发展理念寻找企业发展的出路。

三是要以新发展理念为指导，紧密结合链传动行业各企业实际情况，认真做好"六稳""六保"工作。

（1）要稳链传动产品市场。积极扩大链传动产品的内需市场，这是对世界经济下行做出的必然选择，也是链传动行业应对各种风险挑战的战略基点。随着疫情在全球持续蔓延，世界经济下行风险加剧，不稳定、不确定因素不断增多，疫情对全球生产和需求造成全面冲击，使链传动产品的外贸出口面临严峻挑战，链传动行业企业必须坚定实施扩大内需的战略。要充分看到扩大内需市场的许多有利条件。①我国已成为全球第二大消费市场，超大规模的消费市场对经济发展具有基础性的拉动作用。②我国正处于新型工业化、信息化、城镇化、农业现代化的快速发展阶段，投资需求潜力仍然巨大。③在应对疫情的过程中催生了许多新产业、新业态，特别是生物药品制造业等与抗疫相关的产业及防疫重点工程建设项目的快速发展，对链传动产业扩大内需市场带来广阔前景。链传动行业企业要善于捕捉国内各行各业新发展起来的主机和维修市场所需链传动产品的新机遇，拓展国内更多更广的链传动市场，不断扩大链传动产品在国内市场的覆盖面和占有率。

（2）稳外贸是做好"六稳"工作的又一项重要任务。这场全球性的疫情，使一些外贸出口企业面临接单难、履约难、国际物流不畅等难题。贸易壁垒问题增多，世界经济下行不断加剧，对国内企业拓展国外市场带来较大影响。同样，这场疫情对链传动行业各企业出口也带来了严重影响，2022年上半年链传动行业不少企业出口出现零增长或负增长。稳住外贸基本盘既是把疫情对经济造成的影响降到最低的内在要求，也是做好"六稳"工作、落实"六保"任务、实现2022年国家目标任务的题中之意，必须下大决心、花大功夫稳住链传动产品的外贸基本盘。疫情期间，企业可通过现代通信技术进行云端招商、云端洽谈，积极争取国外更多的新客户，巩固国外老客户。我们必须看到，我国链传动产品出口韧性强劲，具有一定的市场竞争力，特别是企业创新意识和国际市场开拓能力都很强。我们要进一步优化外贸营商环境，用足用好国家支持外贸出口的一系列政策举措，进一步激发外贸企业发展活力，及时解决外贸企业发展中的新问题，争取2022年链传动行业企业外贸出口不出现大起大落的现象，力争保持历年水平，为实现稳外贸、稳外资等六稳提出的目标而奋斗。面对当前严峻的外贸出口形势，企业领导应不断提高把握国际市场动向和需求特点的能力，提高把握国际规则的能力，提高国际市场开拓的能力，不断提高企业发展质量。

四是要稳投资。稳投资是"六稳"工作的重要内容之一，企业要发展必须坚持稳投资。稳投资的内容包括稳定企业科技发展所需资金的投入、新产品研发所需资金的投入、企业重大技改项目及企业根据市场需求扩大经营规模所需资金的投入。近几年，链传动不少企业通过稳投资获得了较快发展。

实践证明，企业要发展必须稳投资，特别是在当前疫情影响以及世界经济严峻的形势下，企业必须继续抓好稳投资工作，不断增强发展活力。稳投资就是对企业投资的项目进行科学决策、可行性分析，避免投资的盲目性和随意性。企业重大项目的投资主体应是企业，企业可与大专院校、科研单位进行紧密合作。当前，为应对疫情，不少新产业、新业态快速发展，特别是生物防疫药品制造、重点防疫工程建设、信息传输软件和信息技术服务业发展较快。我们要密切关注这些行业主机所需的链传动产品的配套情况，积极进行投资，研发所需的链传动新产品。

五是要稳企业职工队伍，包括：稳企业一线生产技术工人队伍、稳企业科技人员队伍。稳企业员工队伍是做好"六稳"工作、落实"六保"任务的一项重要工作。

链传动行业的一些企业存在企业员工不稳定的情况，在贯彻实施"六稳"工作、落实"六保"任务时，各企业要把稳定企业员工队伍放在重要位置。

一是要构建企业与员工命运共同体，企业与员工要共享企业发展成果，特别是随着企业的发展和效益的提高，企业员工的收入要不断增加，生活福利也要不断提高，使企业员工自己真正有获得感、幸福感和安全感，从而不断增强员工对企业的凝聚力和向心力。

二是要对长期工作在生产一线的技术工人和干苦脏累活的员工在收入分配上适当倾斜，要及时为他们晋升技术级别并相应增加他们的收入，对做出贡献的一线技术工人还可以破格晋升为中高级技师。

三是要进一步稳定企业科技人才队伍，为他们晋升中高级技术职称创造条件并相应增加他们的收入。

四是对为企业发展做出贡献的一线技术工人和企业科技人员要进行重奖，比如奖励企业股权、住房，以及授予劳模、工匠、先进生产工作者等各种称号，让他们在政治上有荣誉感、在物质上享受到待遇、在生活质量上得到提高。

五是企业要积极通过委托招生或委托培训方式不断培养和扩大企业技术工人队伍，企业还要不断培养和招聘企业所需的科技人才，在贯彻实施"六稳"工作、落实"六保"任务时必须结合链传动行业各企业实际情况，通过多渠道多举措

稳定企业员工队伍，为推动链传动行业高质量发展而努力。

六是要在稳住企业员工队伍的同时还要努力保市场主体，这是落实"六保"任务的一项重要工作。中央提出的保市场主体就是保企业特别是广大中小微企业的稳定。企业是市场主体，也是做好"六稳"工作、落实"六保"任务的载体，特别是广大中小微企业担负着社会就业的重任，但中小微企业往往经不起各种严峻市场的挑战，这场疫情给广大中小微企业带来诸多困难。以习近平为核心的党中央十分关注企业特别是中小微企业的生存和发展；在疫情常态化形势下，国务院又出台了《保障中小企业款项支付条例》，为广大中小微企业攻坚克难减税降费提供了重要政策支持，地方各级政府也相继出台了一系列支持企业复工复产、扶持广大中小型企业生存发展的政策措施。

链传动行业大多数是中小微企业，在当前严峻的市场环境下，链传动行业企业，特别是广大中小型企业要用足用好中央和地方各级政府扶持广大中小微企业走出困境的一系列政策举措，不断激发活力，发展自己的特色和优势产业。过去，链传动行业企业依靠各自的优势，克服了各个时期的重重困难，许多企业不仅生存了下来，而且还走向了发展阶段。今天，在新的困难面前，链传动行业企业要进一步发展各自的特色产品，做好做强市场，不断增强市场竞争力，为实现国家2022年的经济目标做出重要贡献。

在做好"六稳"工作、落实"六保"任务、实现2022年我国经济奋斗目标的过程中必将会遇到各种新的挑战和困难。世上无难事，只要肯登攀。我们只要坚定信心、依靠改革，应对变局、开拓新局，在转型中拓新路，善于识变求变应变，积极展现链传动企业的责任担当，在挑战中谋发展，不断增强企业的竞争力、创新力和抗风险能力，就一定能续写新时代的发展新篇章。

〔中国机械通用零部件工业协会链传动分会根据九届三次会员大会上朱善祥名誉理事长的讲话整理〕

加急生产口罩机链条，保障抗疫需求

——记杭州东华复工复产情况

杭州东华链条集团作为我国首批制造业单项冠军示范企业，是疫情后浙江第一批复工的链传动行业重点龙头企业。2020 年 2 月 10 日复工后，公司一面强抓疫情防控工作，一面积极安排员工有序进行生产经营，各项业务稳步推进，国内外市场稳定，订单充足，特别是口罩机链条的订单，2 月份已接单 180 多万元，比上年全年总量增长 500%，为保障抗疫需求，公司加急生产。

杭州东华链条集团把防疫工作当成首要工作来抓，认真落实防疫要求，由专人专职负责，灵活安排员工分批返岗，科学制定复工复产计划，时刻警惕风险，及时消除隐患；做好员工健康信息登记和管理等工作；做好员工疫情防控知识培训，引导员工掌握防护知识，增强防护意识，尽最大可能减少流动，避免集聚。企业复工当日员工到岗率为 36%，不久员工到位率就达到了99.8%，无一人感染。企业在较短时间内恢复了生产。

杭州东华链条集团在 2020 年 2 月 10 日复工当天接到了两个口罩机链条的特殊订单。一个是来自广州一家口罩生产企业的加急订单：40万节共 1 000 条口罩机链条，需要在 20 日前交货。另一个订单来自福建，需要 300 条口罩机链条，希望尽快发货。口罩机链条是口罩生产机器的必备零件，为了按时交货，公司延迟了一些其他客户订单的交货时间，临时培训了一批具有10 年以上工龄的老员工生产这批产品，并安排员工加班加点生产，如第一个订单以往至少需要30 天，最终 9 天内交货，保障了抗疫需求。第二个订单从接单到发货，只用了半天时间，不仅体现了东华链条对"抗疫"的担当，也体现了东华链条具有快速交货、持续满足客户需求的能力。

杭州东华链条集团仅复工当月接到的口罩机链条订单额达 180 万元，客户主要来自广东、上海、浙江、福建、山东、河南等地，其中广东占比超过 80%。

在东华链条人的眼里，这不仅仅是一笔笔订单，更是企业应当承担的社会责任。公司合理安排生产计划，保质保量，快速、分批交付给客户，为这场"战疫"传递了一份正能量。

疫情之下，杭州永利百合火速转产

——记杭州永利百合总经理曹永年

"好，我们上口罩生产线！"从拍板决定到试机生产只花了 20 天时间，这就是杭州市萧山区人大代表、杭州永利百合实业有限公司董事长曹永年的"速度"。而更让人惊讶的"速度"是企业新投资建设的医用口罩生产线，全部启动后可日产230 万个医用口罩，这对于填补萧山防疫物资缺口无疑起到了重要作用。

2020 年春节，新冠疫情打破了本应平静祥和的节日气氛，作为企业总经理和村党委书记的曹永年早早就备好了口罩、消毒水等防疫物资，一方面在村里安装红外线检测设备助力抗疫，另一方面井然有序地做好企业的复工复产工作。2 月16 日，义桥镇相关负责人找到曹永年，希望他能建一条口罩生产线，用于防疫物资储备，曹永年立即答应了。之所以能这么爽快地答应，是因为这正好与曹永年筹划已久的"腾笼换鸟"不谋而合。

速度是竞争力的关键要素，曹永年说干就干，决定干当天就组建了原料采购组、机器研发组、生产人员培训组等，火力全开，做好建设口罩生产线的一切准备工作。"自动化研究一直是我们企业的强项，这次我们一共要上18条口罩生产线，其中8条是从外国订购的，其余10条则是企业自己研发装配的。"曹永年说。

时间紧，任务重，但曹永年放弃了相对简单的民用口罩生产，而是一步到位进行医用口罩生产。"虽然民用口罩生产手续相对简单，但考虑到企业长远发展，我们还是要上医用口罩生产线"，曹永年说。在杭州市萧山区人大常委会的积极协调支持下，相关部门牵线搭桥、开通"绿色通道"、上门服务，生产审批手续很快完成。企业抓紧采购了3 000万个口罩原材料，日夜赶工安装生产线设备，紧急培训生产工人等。至2020年3月初，口罩生产线顺利竣工投产。曹永年说，"到3月底，我们的18条口罩生产线全面投产，每天可生产230万个口罩"，他的计划不止在"眼下"，"这场疫情增强了市民的健康意识，口罩成了日常用品，我们还将开发儿童口罩，在超市设立口罩专柜等。"对此，曹永年信心十足。

齐心协力抗疫情　砥砺奋进再出发

——记苏州环球科技股份有限公司抗疫复工情况

一、齐心协力抗疫情

2020年，必将成为我们所有人记忆最为深刻的一年。

2020年新春伊始，一场席卷全国的疫情令大家猝不及防，苏州环球科技股份有限公司的员工在这个不同寻常的春节，心中牵挂的是公司能否顺利复工，能否保质保量、按时交付客户订单等。环球苏州厂区和泰州厂区在第一时间为抗击疫情后的复工做了充分的准备。

二、疫情就是命令、防控就是责任

初春的阳光照耀着苏州城区的每一个角落。2020年2月10日，苏州环球和新豪轴承成为苏州市吴中区胥口镇首批获准复工的企业。2月11日，环球泰州工厂也作为姜堰开发区首批获准复工的企业，按期复工。所有员工在通过测体温、消毒、正确佩戴口罩后陆续进入各自的工作岗位。

疫情就是命令，防控就是责任，对客户的承诺就是使命。在公司董事会及经营层班子成员的领导下，农历正月初三就成立了疫情防控应急小组，应急小组立即决定通过慈善组织向武汉捐款10万元，共同抗击疫情。此外，防控应急小组结合公司的实际情况，按照当地政府的防控政策规定，策划制订了"环球集团疫情防控预案"。公司抓紧采购防控物质，制定生产经营复工计划等。

疫情防控期间，公司通过钉钉网向全体员工实时发布最新的政府文件、防疫知识，以视频等形式向员工宣传防疫知识，切实提高员工的防范意识和参与疫情群防群控的主动性和自觉性。

复工的前一天，公司防控应急小组安排员工对公司进行了全面消毒，并准备了防疫物品，保证员工能够安全有序地复工。所有复工人员进入厂区后，按照流程测体温、消毒、登记，严格遵照规定进行防护，各项工作开展得有条不紊。IT部门第一时间提出方案，并修改考勤方式，取消了原先的指纹打卡，采取入厂区手机考勤打卡的形式，最大限度地避免人与人之间的接触。

三、砥砺前行、共创辉煌

苏州环球及新豪轴承的全体同仁万众一心、

抗击疫情。在这个特殊的时期，在做好疫情监测、排查、预警等防疫工作的同时，生产也不放松，为满足客户需求，自复工以来，各部门齐心协力，不放松任何环节，生产、销售正常进行。今后，企业将砥砺前行，共创辉煌！

青岛征和工业股份有限公司董事长金玉谟带头助力战疫

众志成城战疫情，八方支援克时艰。2020年春节前夕发生的新冠疫情牵动着全国人民的心。在这场疫情阻击战中，涌现出了众多不顾自身安危、奔赴一线的最美逆行者。广大企业也勇担社会责任，积极捐款捐物，为一线工作人员提供支持。

为支持疫情防控工作，2020年2月1日，青岛征和工业股份有限公司董事长、平度市企业家联盟会会长金玉谟个人捐款10万元用于疫情防控，并号召平度市企业家联盟会会员捐款捐物，以实际行动支持疫情防控工作。截至2月4日，企业家联盟会共募集94万余元及价值约160万元的医疗及其他物资。

为帮助联盟会各企业解决口罩紧缺问题，金玉谟董事长与相关部门领导全力协调，于2020年2月15日下午采购到第一批应急口罩，并为报名企业发放。

病毒肆虐，人间有爱。青岛征和工业股份有限公司将在做好企业疫情防控工作的同时持续关注疫情走向，发挥征和人勇于承担社会责任的领头羊精神，在第一时间为抗击疫情贡献力量。

浙江恒久机械集团援助一线抗疫

自新冠疫情发生以来，疫情防控工作者们不顾个人安危，舍小家、顾大家，长时间超负荷工作，始终坚守在抗疫第一线，勇当"逆行者"。大量爱心人士和企业纷纷行动起来，为打赢疫情防控战出资出力。

浙江恒久机械集团自2020年2月1日向绩溪县疫情防控单位定向捐赠10万元以后，于2月7日再次定向捐赠给诸暨市人民医院的一线疫情防控医护人员30万元。安徽黄山恒久链传动有限公司为客户紧急提供橡胶手套机链条，保证客户及时生产橡胶手套，用于抗击疫情。浙江恒久机械集团将视疫情防控的需要，再做精准援助和帮扶，以尽恒久人的绵薄之力。战疫路上风雨同舟，共克时艰。

苏州天地链条有限公司开发口罩机、助力抗疫献爱心

为抗击新冠疫情，苏州天地链条有限公司在姚航总经理的带领下，积极开发口罩机。经过努力，短短半个月就开发出口罩机配件；又经过短短半个月努力，开发出了口罩机。该口罩机为全自动流水线，专门生产一次性N95口罩及一次性医用口罩；生产效率高，生产的口罩质量好。

苏州天地链条有限公司可生产多种规格链条（含口罩机链条）、链轮、压轮，刀轴、铝型材等。

2021年春节后开工不久东华链条订单就排到了9月

2021年春节后，东华链条车间里的所有生产线已全部启动，员工们娴熟地操作着手头的活计，一派繁忙的喜人景象。

生产线马力全开的背后，是工人们的快速复工。据了解，开工首日，东华链条员工到岗率达98%，到岗率和产品发货量均创历史新高。

2021年春节前夕，东华链条响应政府"留杭过年"号召，出台一系列奖励举措，在往年发年货、超市卡、红包等的基础上，加大补贴力度，鼓励员工尽量留杭州过节。

据了解，东华链条集团总部有2 400多名员工，其中外地员工占比超过80%，"留杭过年"为东华链条实现"开门红"打下了基础。往年，不少员工都是农历正月十五才到岗，2021年，因为订单要求的时间紧、任务重，不少员工农历正月初四就复工了。

员工到岗后，迅速投入生产，企业开工首日，所有生产线均正常生产，当日10批产品发往全球6个国家和地区，创公司历史开工首日发货新高。

一、马力全开 巴黎铁路扶梯链加急生产

工人们正加紧生产配套于深圳地铁、武汉地铁、重庆地铁、法国巴黎铁路EOLE、马来西亚吉隆坡地铁、上海地铁等30多个城市正在建设的50多条地铁的扶梯梯级链。

东华扶梯链条已覆盖全国40多座城市。同时，东华扶梯链条还畅销海外，如纽约地铁、伦敦地铁、美国新世贸大厦、法兰克福机场等，为全球前十大电梯品牌配套。

近年来，随着国家"新基建"战略的推进，地铁项目也越来越多，给杭州东华带来了更多商机，比如，首个直通冬奥会赛场的高铁站京张高铁太子城站，其自动扶梯梯级链便是杭州东华制造。

此外，杭州东华以带油杯自主创新技术和全新链板防弯技术服务于京张高铁八达岭长城站，该站埋深102m，其中有8台扶梯提升高度为40m左右，是东华开发的最大提升高度、最大破断载荷、单台扶梯中节数最多的梯级链条产品。

在杭州，东华链条产品更是随处可见。自2010年开始，东华扶梯链条就开始为杭州地铁传递动力，1号线到10号线均陆续配套了东华扶梯链条。10年来，杭州东华为杭州地铁提供了超过1 000台扶梯的梯级链条，为市民出行传递着不竭动力。

二、东华链条订单已排到2021年9月

往年企业的春节假期比较长，2021年，杭州各地多家工业企业迅速进入抢工期、赶订单状态，东华链条也不例外。

说起开年企业的发展态势，东华链条董事长宣成说："企业今年的开局非常好，订单都已经排至下半年了，企业上上下下都忙翻了。"

在宣成董事长看来，这得益于国内疫情防控形势的持续向好，从2020年下半年开始，杭州不少公司的订单就处于饱和状态。为保障年前接到的订单顺利交付，企业紧锣密鼓地制作排班计划表，全力投入到紧张的生产当中。

据了解，自2020年11月以来，东华链条订单量较同期翻倍增长，每月订单额2亿多元。2021年春节后开工不久订单就排到了2021年9月，部分订单甚至排到了年底。

"开门红"让东华链条对新一年的发展充满了信心。今后，东华链条将发挥勇于创新的'拓荒牛'精神，不断研发新产品、新技术，更好地服务广大客户，抢占更广阔的市场。

〔供稿单位：中国机械通用零部件工业协会链传动分会〕

中国机械通用零部件工业协会关于"抗击新冠疫情和复工复产先进集体和先进个人"表彰活动的决定

为表彰在抗击新冠疫情和复工复产中涌现出来的先进集体和个人，弘扬爱国、敬业、拼搏和互助的精神，中国机械通用零部件工业协会在行业中开展了"抗击新冠疫情和复工复产先进集体和先进个人"评选活动。由行业内会员企业申报，经各分会秘书处初评推荐，协会秘书处组织评选，经七届四次常务理事会会议批准，形成表彰名单。链传动专业共计8家单位荣获"抗击新冠疫情和复工复产先进集体"称号，12位同志荣获"抗击新冠和复工复产先进个人"称号。

特此予以表彰。

先进集体：

1. 杭州东华链条集团有限公司
2. 浙江恒久机械集团有限公司
3. 苏州环球科技股份有限公司
4. 青岛征和工业股份有限公司
5. 常州世界伟业链轮有限公司
6. 浙江中益机械有限公司
7. 浙江永美链条有限公司
8. 武义东风链条有限公司

先进个人：

1. 杭州东华链条集团有限公司　宣　成　董事长
2. 杭州东华链条集团有限公司　廖杭州　管理部长
3. 浙江恒久机械集团有限公司　寿　峰　总经理
4. 安徽黄山恒久链传动有限公司　陈亦兵　党委书记、总经理
5. 苏州环球科技股份有限公司　卞小娟　人力资源副部长
6. 青岛征和工业股份有限公司　金玉谟　董事长、总裁
7. 常州世界伟业链轮有限公司　徐美芳　经理
8. 浙江中益机械有限公司　王方永　副总经理
9. 杭州持正科技股份有限公司　蒋冬强　常务副总经理
10. 浙江永美链条有限公司　吕永驮　生产主管
11. 株洲市特种链条股份有限公司　凌　峰　质检部长
12. 武义东风链条有限公司　章增武　安全经理

大 事 记

2019—2021 年链传动行业大事记

2019 年

3 月

25 日 链传动分会在杭州东华链条集团有限公司召开了《中国战略性新兴产业研究与发展·高端链传动系统》书稿初审会议，全体撰稿人出席了会议，链传动分会秘书长鲁小林主持会议。

会上，吉林大学孟繁忠教授介绍了他撰写的第 1 章"高端链传动产业的战略定位"内容，接着行业资深专家、高级工程师俞燮元对第 3 章"我国链传动产业与世界先进工业国家链传动产业综合比较"及第 6 章"我国高端链传动产业发展环境分析"进行了介绍，杭州东华链条集团有限公司高级工程师卢旭东介绍了第 2 章"我国高端链传动产业的发展现状"及第 5 章"我国高端链传动产品设计、制造及装备"，杭州东华链条集团有限公司高级工程师邵慧敏介绍了第 4 章"我

国链传动行业标准化现状及展望"，其他撰稿人分别介绍了各自承担章节的撰写进展情况。

在会议交流发言中，浙江恒久机械集团有限公司总经办主任黄清及黄山恒久链传动有限公司总经办程维国等撰稿人交流了撰稿中所遇到的问题及解决方法。孟繁忠教授对稿件进行了点评，指出应该修改的要点。

会议再次强调编辑出版《中国战略性新兴产业研究与发展·高端链传动系统》一书的重大意义和时间进度要求。

4 月

1 日 被誉为"世界工业领域风向标"的德国汉诺威工业博览会在德国汉诺威市正式拉开帷幕。

主办方德国汉诺威展览公司以"智能制造和创新"为主题，举办了一系列开放式论坛。浙江恒久机械集团有限公司董

事长寿飞峰在论坛上全程用英语发言，与听众分享了企业以创新促发展的实践和案例。他说，在经济向更高质量发展的大趋势之下，企业应聚焦于对产品技术要求高的细分应用领域，并不断提高特定细分应用领域的市场贡献额，从大而全的链条"大户"向各细分应用领域的领导者方向发展。围绕这一定位，他向大家介绍了浙江恒久机械集团有限公司在专用设备创新、产品创新、企业并购、目标市场等方面开展的系列实践和取得的成功经验。

杭州东华链条集团有限公司在展会上展示了系统链传动解决方案和实力，成为此次展会上的一道亮丽风景线。杭州东华链条集团有限公司副董事长宣成、副总经理张秉忠、销售负责人马爱华等率领国际市场部销售团队及杭州东华在德国、荷兰、法国、丹麦、匈牙利等地的海外子公司销售团队参加汉诺威博览会，为全球客

户提供全方位服务。

27—28日 链传动分会名誉理事长朱善祥带领链传动分会秘书处一行赴浙江武义调研，相关企业领导热情接待，并陪同参观、座谈。

在武义东风链条有限公司调研时，朱善祥赞扬武义东风链条有限公司以问题为导向，采取一系列创新举措，克服了一个又一个困难；经过几年努力，企业起死回生，走向了新发展阶段。

在武义八方机械有限公司调研时，朱善祥肯定武义八方机械有限公司直面困难、深化改革，积极调整企业产品结构，盘活企业存量，使企业较快走出低谷，找到了行稳致远的发展新路子。

在浙江恒平工贸有限公司调研时，链传动分会秘书长鲁小林称赞浙江恒平工贸有限公司的链条产品装配生产线自动化程度高，从零件装配、铆头、跑合、检测、上油到拆节只需一个人操作，大大提高了生产效率和链条产品装配质量。

朱善祥说，浙江恒平工贸有限公司为不少链传动企业的生态环保技改项目提供了去尘去渣和处理污水设备，通过对废水处理使污水变清水，循环使用，大大节约了企业用水量，浙江恒平工贸有限公司可以作为行业绿色发展的典型企业。

在武义县正达金属丝制品有限公司调研时，朱善祥对金正忠总经理说，武义县正达金属丝制品有限公司每年为全国链传动企业提供大量的光料，对推动行业发展发挥了重要作用。武义县正达金属丝制品公司在厂房搬迁改造中，更新了光料改制的加工设备，进一步提高了企业材料改制的技术装备水平。目前，武义县正达金属丝制品有限公司正积极探索开发中高端链条产品所需的特种光料，以推动武义链传动制造业向高质量目标大步迈进。

调研结束后，朱善祥总结到，武义企业的实践告诉我们，在严峻复杂的市场形势下，企业只有坚持改革和创新，才能行稳致远、健康发展，才能为推动我国链传动制造业的高质量发展贡献力量。

5月

9日 链传动分会九届四次理事会（扩大）会议在素有"塞北江南"的银川立达深航国际酒店举行。中国机械通用零部件工业协会（简称总会）李维荣秘书长、链传动分会朱善祥名誉理事长、理事会成员单位和特邀代表共30余人参加了会议。

理事长单位杭州东华链条集团有限公司宣成副董事长主持了会议并讲话。链传动分会鲁小林秘书长代表分会理事会在会上做了"2018年工作总结和2019年工作思路"工作报告，并提请会议代表审议，最后一致通过了该工作报告。

分会秘书处李树立主任做了"2018年链传动行业经济运行情况回顾及2019年的展望"的发言，黄伟达、寿飞峰等代表相继发言。

10月

9日 在链传动分会名誉理事长朱善祥的带领下，链传动分会秘书处一行赴杭州永利百合实业有限公司进行调研，董事长曹永年热情地接待朱善祥一行。

杭州永利百合实业有限公司在营造营商环境方面很有特色，不仅大量地生产和研发国际市场所需要的链传动产品，而且在国外建厂房，办销售公司，并派技术和管理骨干管控公司的国外企业，取得了很好的经济效益。目前，公司正考虑在"一带一路"沿线国家如孟加拉国建工厂或公司，进一步拓展国际市场。在国内，公司不断引进国内外先进技术和先进设备，进行设备更新和技术改造。

朱善祥称赞杭州永利百合实业有限公司在改革创新强化管理方面成效显著，值得行业企业学习。

17—18日 链传动分会在杭州万华国际酒店隆重召开九

届三次会员大会。来自吉林、山东、江苏、上海、浙江、安徽、湖南等地的链传动行业100多名代表（包括列席代表）参加了会议。

10月17日晚，链传动分会宣碧华理事长主持召开了九届五次理事会会议。

10月18日8时30分，九届三次会员大会隆重开幕。总会李维荣秘书长，链传动分会宣碧华理事长、朱善祥名誉理事长和李文虎顾问出席了会议。

宣碧华理事长主持大会并做了重要讲话。

链传动分会朱善祥名誉理事长在会上做了题为"优化企业营商环境是链传动制造业高质量发展不可逾越的重要战略"的讲话。会上，链传动分会鲁小林秘书长代表九届理事会做了"2019年工作总结和2020年工作思路"工作报告。会上，代表们认真审议了工作报告的具体内容，并一致通过。

接着，大会进行了交流发言，链传动分会办公室主任李树立对2020年前三季度行业经济运行情况做了介绍和分析。浙江永美的吕响阳董事长、南通新兴的潘达新董事长、杭州永利百合实业有限公司的郑金波副总经理、杭州乾峰的应连通董事长、杭州东华的宣成副董事长、柳州柳链的庞洪董事长、吉林大学链传动所的许树新所长、临西军华的崔志钧顾

问、浙江福航的李世松董事长先后在大会上发言。最后，总会李维荣秘书长做了重要讲话。

23—26日 "2019亚洲国际动力传动与控制技术展览会—国际机械传动与零部件及制造装备展览会（PTC·ASIA-MTPF）"（简称2019上海PTC展）在上海新国际博览中心隆重举办。该届展会以"创新驱动未来"为口号，展示企业最新的高技术含量产品；我国链传动行业共有75家企业参展，量大面广，产品种类稳步增加，面积比上届有较大提高。参展企业展台布置尽显匠心。

该届展会亮点纷呈：一是创新产品种类众多，例如塑料链，涉及国民经济大部分行业；二是为汽车、航空、航海等行业服务的高技术含量链传动产品配套能力增强；三是产品质量极大提升，高端链传动产品层出不穷。展会充分展现了链传动行业企业抓住契机向高质量发展的风貌。

2019上海PTC展得到了广大参展企业及客户的一致好评，效果良好，企业通过此次展会既了解了市场供需情况，又吸收了发展新理念。总会姚海光常务副理事长参观了链传动企业展台。

11月

27日 经过多次修改完善，

《中国战略性新兴产业研究与发展·高端链传动系统》完成稿件的审核。全书共11章，约40万字。

12月

10—11日 全国链传动标准化技术委员会2019年度全体会员大会（简称2019全国链标委年会）在吉林省吉林市举行，近30名来自全国链传动标准化技术委员会的委员和行业技术专家参加了此次年会。

2019全国链标委年会主要研讨由GB/T 1243国家标准修订项目工作组提出的等同采用ISO 606：2015国际标准的推荐性国家标准《传动用短节距精密滚子链、套筒链、附件和链轮》的征求意见稿。修订GB/T 1243国家标准已列入国家标准化管理委员会下达的2019年第一批推荐性国家标准计划。年会上与会委员和专家对该标准的征求意见稿进行了逐字逐句的审理，提出了一些修改意见和建议。

年会上，讨论并投票通过了杭州东华链条集团有限公司提出的"GB/T 10855—2016《齿形链和链轮》修改单"的提案，而后将由全国链传动标准化技术委员会秘书处正式向国家标准主管部门申报修改单。大会还研讨了其他与链传动标准化

相关的工作和事项。

12日 参加 2019 全国链标委年会的全国链传动标准化技术委员会委员和技术专家一行 14 人专程赴长春访问了我国链传动领域的专业研究机构——吉林大学链传动研究所，所长许树新教授、副所长朱国仁教授及研究所相关科研人员热情接待了链传动企业代表。

18日 由链传动分会和中国机械工程学会链传动专业委员会、吉林大学链传动研究所共同举办的"高端链传动技术讲座和自主创新交流会"在杭州万华国际大酒店举行。参加此次会议的代表有 70 余人。链传动分会朱善祥名誉理事长、链传动专业委员会孟繁忠主任委员、吉林大学链传动研究所许树新所长、链传动分会鲁小林秘书长、链传动专业委员会范成岩秘书长出席了此次会议。

会上，吉林大学博士生导师程亚兵、杭州东华链条集团有限公司教授级高级工程师叶斌、苏州环球科技股份有限公司顾问许惠康、吉林大学博士生导师孟繁忠、杭州东华链条集团有限公司高级技师邱长法分别做了题为"齿形链系统变异""高端链传动若干制造技术""冲击韧性在输送链上的应用""链传动产品的正向设计和逆向设计（简介）""弘扬工匠精神，助推新制造业有序推进"的演讲。专家们深刻地阐述了链传动学科的新理念及高端链传动产品制造的关键技术，介绍了技术改造和攻关项目的创新成果，使与会代表深受启迪。

〔供稿人：杭州东华链条集团有限公司邵慧敏〕

2020 年

3 月

5日 根据总会关于编制"十四五"规划的通知精神，链传动分会秘书处起草了《关于编制链传动产业"十四五"规划和链传动产业"十四五"科技发展规划的通知》（中链协〔2020〕1 号），分三个阶段开展了《链传动产业"十四五"规划》（简称《规划》）编制工作。

第一阶段：调研阶段（1—3 月）。由于新冠疫情影响，链传动分会秘书处以书面形式为主开展调研，拟订了规划编制调查表，发给各相关企业和业内十几位专家、教授及高级工程师进行调查。

第二阶段：起草阶段（4—6 月）。链传动分会秘书处领导对《规划》编制工作十分重视，多次召开会议对《规划》指导思想、发展目标、发展战略及主要举措等进行专题研究。于 6 月底完成了《规划（初稿）》的起草工作。

第三阶段：修改完善阶段（7—10 月）。《规划（初稿）》出来后，链传动分会秘书处立即将《规划（初稿）》发至链传动分会理事会成员单位和有关专家，征求对《规划（初稿）》的意见和建议，链传动分会秘书处汇总大家的意见和建议，对《规划（初稿）》进行调整和修改。先后经过两下两上，三易其稿，形成了《规划（审议稿）》。

《规划》全文 1 万多字，主要内容包括指导思想、发展目标、产业发展方向和产品重点突破、主要工作举措、政策建议五个方面。

11 月

4日 链传动分会在上海中兴和泰酒店隆重召开了九届六次理事会暨九届四次会员大会，总会原常务副理事长、专家委员会主任王长明，杭州东华链条集团有限公司副董事长宣成及链传动行业 64 家企业的 72 名代表出席了会议。宣成副董事长主持了会议。

首先，宣成副董事长针对当前经济形势做了重要讲话。链传动分会秘书长鲁小林做了"2020年工作总结和2021年工作思路"工作报告；链传动分会办公室主任李树立扼要地汇报了《链传动行业"十四五"发展规划（审议稿）》的编制情况。会议代表审议了工作报告和《链传动行业"十四五"发展规划（审议稿）》，提出了建议。

会上，还举行了《中国战略性新兴产业研究与发展·高端链传动系统》一书的首发仪式。机械工业信息研究院产业与市场研究所刘世博副所长介绍了编辑出版该书的重要意义，并向撰稿单位赠送样书。

接着，李树立做了"2020年链传动行业经济运行情况浅析及明年的展望"的发言，苏州环球科技股份有限公司董事长黄伟达、常州世界伟业链轮有限公司总经理李伟国、浙江恒久集团办公室主任黄清、杭州沃尔夫链条有限公司总经理孙迅、浙江永美链条有限公司总经理吕珺震、吉林大学链传动所副所长朱国仁教授针对当前生产经营和技术创新情况做了交流发言。

3—6日 2022亚洲国际动力传动与控制技术展览会（PTC ASIA）（简称PTC展）在上海国际博览中心"疫后"重启。展会以"驱动未来"为己任，

促进国内国际双循环，为行业提供信息交流平台。

在本届PTC展会上，链传动行业企业展现了战疫情、促生产的精神风貌。精心布置展台，展示高技术含量的链传动产品、专业解决方案、智能化系统等，服务开始成为新主角。当下，全球经济寒潮暗涌，发展环境严峻，企业面临许多新的挑战和诸多不确定性因素，业内广大企业，尤其是中小企业化危为机，从危机中找寻机遇。从此次展会上可以看出，链传动行业已进入微利与微微利时代。市场在变化，企业的思路也要变化，要适应市场，做好内外两个循环。在疫情趋缓和可控的情况下，参加线下和线上展会是打通供需点、复苏产业链、找寻新机遇的一个有效途径。

链传动行业会员浙江神龙链传动有限公司、嘉善三永、常州盛天传动科技有限公司、苏州环球科技股份有限公司、常州世界伟业链轮有限公司、江苏双菱链传动有限公司、嵊州特种链轮有限公司、绩溪徽山链传动有限公司、诸暨链条总厂、浙江永美链条有限公司、安徽新诺、浙江恒久工贸有限公司、杭州东华链条集团有限公司、青岛征和股份有限公司、浙江恒平工贸有限公司、金华鸿烁链条有限公司、杭州永利百合、新昌承恩、苏州富邦、

山东中恒、武义东风链条有限公司、无锡宏达和苏州天地等30家企业参加了此次展会，参展面积超过1 000m²。

12月

24—26日 全国链传动标准化技术委员会2020年度全体会员大会（简称2020年会）在杭州市余杭区举行，此次大会采用云视频会议形式，全国链传动标准化技术委员会委员和各会员单位的代表参加了此次会议。

2020年会主要议程：一是预审推荐性国家标准GB/T 1243—202×《传动用短节距精密滚子链、套筒链、附件和链轮（送审稿）》。GB/T 1243国家标准是链传动领域最基础的重要产品标准，正在修订中的GB/T 1243—202×标准由吉林大学链传动研究所、杭州东华链条集团有限公司、浙江恒久机械集团有限公司、江苏双菱链传动有限公司、浙江德立坤链传动有限公司、常州世界伟业链轮有限公司、青岛征和工业股份有限公司、杭州盾牌链条有限公司、苏州环球科技股份有限公司、杭州持正科技股份有限公司、杭州永利百合实业有限公司等12家单位负责起草，送审稿由吉林大学链传动研究所、东华链条集团有限公司执笔完成。与会委员和代表

对 GB/T 1243—202× 标准修订工作组提交的 GB/T 1243—202× 标准征求意见汇总处理表的逐条内容进行了审查、确认，认真讨论、审议了 GB/T 1243—202× 标准送审稿的全部内容，

提出了两条修改意见。二是通报了近期链传动国际标准化活动情况，对全国链传动标准化技术委员会 2020 年度工作进行了总结并拟定了 2021 年度工作计划。会议期间，还召开了推

荐性国家标准《传动用精密滚子链和板式链疲劳试验方法》修订工作组扩大会议，对《传动用精密滚子链和板式链疲劳试验方法》（修订草案）进行了研讨。

2021 年

5月

28 日　中国机械通用零部件工业协会链传动分会九届七次理事会在重庆召开，总会李维荣秘书长及链传动分会的 25 家理事单位共计 32 人出席了会议。杭州东华链条集团有限公司董事长宣成主持了会议。

首先，宣成致辞，他对当前国内外经济形势及链传动行业生产经营运行情况进行了分析，指出企业生产经营成本增长是不可逆的常态化趋势，要抓好环保工作。他提出，要进一步提升企业服务能力和品牌议价能力；要从实际出发，循序渐进，加强数字化、自动化建设。链传动分会秘书长鲁小林做了"2020 年工作回顾和 2021 年工作思路"报告。

然后，链传动分会办公室主任李树立做了"2020 年链传动行业经济形势情况的回顾及今年的展望"汇报。预测

2021 年经济运行情况：一是国内经济发展进入新格局，处于难得的发展机遇期；二是国家"十四五"规划的启动，将为我国链传动行业高质量发展提供广阔的平台。他指出，链传动产品市场空间巨大，机遇永远存在。当前大宗商品价格大涨，压力巨大，要采取有力措施，适应这种新常态。

最后，总会李维荣秘书长做了"新常态、非常态"重要讲话。

8月

23 日　中国机械通用零部件工业协会理事、链传动分会名誉理事长、原杭州市经济委员会主任朱善祥同志因病医治无效，于 2021 年 8 月 23 日 17 时 45 分逝世，享年 84 岁。朱善祥同志为我国链传动行业的发展做出了巨大贡献，他的逝世，是链传动行业的巨大损失。

26 日　朱善祥同志遗体告

别仪式在杭州殡仪馆举行。出席告别会的领导、同事、好友、亲属共计 200 名。

送花圈花篮的主要有：杭州市委、杭州市人大、杭州市政府、杭州市政协及中共杭州市经济和信息化局党组、杭州市经济和信息化局和浙江省国家安全厅、国家安全部党委驻浙江厅纪检组。

链传动行业送花圈花篮的有：中国机械通用零部件工业协会、中国机械通用零部件工业协会链传动分会及杭州东华链条集团有限公司、杭州盾牌链条有限公司、浙江恒久机械集团有限公司、黄山恒久链传动有限公司、吉林大学链传动研究所、武义县链条制造协会、杭州沃尔夫链条有限公司、株洲特种链条有限责任公司、浙江德立坤链传动有限公司、绩溪徽山链传动有限公司、常州永强链传动有限公司、常州世界伟业链轮有限公司、武义东风链条有限公司、浙江恒平工贸有限公司、浙江腾美工贸有

限公司、黄山中友链条有限公司、浙江中益机械有限公司、杭州持正科技股份有限公司、常州东传链传动科技股份有限公司及亲朋好友等。

10 月

23 日 链传动分会十届一次会员大会在杭州华辰银座酒店隆重召开。中国机械通用零部件工业协会常务副理事长姚海光、杭州东华链条集团有限公司董事长宣成、链传动分会秘书长鲁小林在主席台就座。来自浙江、江苏、辽宁、山东、上海等地的 100 多名代表参加了会议。姚海光常务副理事长主持大会。

鲁小林秘书长代表九届理事会向大会做工作报告，报告提出，让我们在党的第二个百年目标指引下，紧紧围绕新时代、新目标，为实现链传动强国梦砥砺前行、不断奋斗。

接着鲁小林秘书长做了"九届理事会财务收支情况报告"；总会姚海光常务副理事长宣讲了"十届理事会选举办法"及提名监票人、计票人建议名单，与会代表进行了认真的审议，并一致通过。

在选举阶段，第一阶段采

用举手表决方式等额选举出吉林大学链传动研究所等 21 家单位为副理事长单位；无锡宏达不锈钢链条厂等 26 家单位为理事单位。第二阶段，首先进行竞选演说，杭州东华链条集团有限公司董事长宣成和青岛征和股份有限公司董事长金玉谟分别介绍了各自企业的发展情况及对行业发展的设想；接着选举理事长单位，在 21 名副理事长单位中，采用无记名投票方式选举青岛征和工业股份有限公司为理事长单位。

总会姚海光常务副理事长宣布选举结果。青岛征和工业股份有限公司当选为链传动分会第十届理事会理事长单位。

之后，举行了十届一次理事会，青岛征和工业股份有限公司董事长金玉谟主持大会并做了首次发言。他指出，链传动行业内的企业应心无旁骛地做主业，发扬工匠精神，做国家的栋梁。链传动行业是制造业的核心行业，为了行业发展，链传动行业的企业应有序竞争、良性竞争，与国外企业竞争，应该向建百年老店的方向发展，以实现链传动产业世界强国的目标。

26—29 日 一年一度的"PTC"展会在上海博览中心如

期举办。展会以"战疫情，领跑智能制造"为主题，为行业提供信息交流平台。

链传动行业有近 30 家企业参加了此届展会，杭州东华链条集团有限公司、浙江恒久机械集团有限公司、苏州环球科技股份有限公司、青岛征和股份有限公司等业内大企业亮点依旧，小企业绩溪徽山链传动有限公司、浙江神龙链传动有限公司、金华鸿烁链条有限公司、浙江恒平工贸有限公司等精心布置展台；参展企业展出了品种众多的中小链条、工业链等高质量链条；精密齿轮、塑料链等精品链条，反映出了行业贯彻新发展理念、战疫情复工复产高质量发展的风貌。

通过此届展会，企业感受颇深，大家认为线上和线下展会相互补充，融合发展，可以全方位展示企业亮点。电商在营销端的发展一定会拉动产业端的数字化。

因疫情影响，此届展会以国内企业及客户为主。链传动分会十届理事会理事长单位青岛征和股份有限公司董事长金玉谟参加了此届展会，并参观了行业企业展台。

〔供稿单位：中国机械通用零部件工业协会链传动分会〕

企 业 概 况

链传动行业部分重点企业介绍

青岛征和工业股份有限公司

青岛征和工业股份有限公司 2021 年 10 月当选为中国机械通用零部件工业协会链传动分会理事长单位，企业董事长兼总经理是金玉谟。

该企业自成立之初就从事各类链传动系统的研发、制造和销售，产品主要应用于各类车辆的发动机和传动系统、农业机械传动和输送系统、工业设备传动和输送系统。近年来，随着产品规模不断扩大，公司已成长为国内链传动行业的领军企业之一。

凭借行业领先的研发技术、产品质量及服务水平，青岛征和工业股份有限公司积累了丰富的优质客户资源。为本田、雅马哈、铃木、大长江、春风动力、钱江摩托、德国克诺尔等知名车辆制造企业提供车辆链系统产品；为德国克拉斯、雷沃阿波斯等境内外知名农业机械厂家提供农业机械链系统产品；为广东信源、昆船物流、青岛科捷及新松机器人等知名企业提供工业设备链系统产品。公司商标已在 50 多个国家完成注册，产品远销欧美、东南亚、南美、非洲等数十个国家和地区，服务售后市场客户超 2 000 家。

青岛征和工业股份有限公司一贯重视技术研发与创新，其技术中心 2013 年被认定为国家企业技术中心，2020 年被认定为山东省链传动工程研究中心。多年来，公司以"为全球机车行业提供与车同寿命的高品质链传动系统"为己任，组建了强大的研发团队，在同行业率先拥有汽车发动机链传动系统的设计、分析能力，掌握了链传动领域的微观分析和有限元与仿真技术，并率先掌握了内外复合啮合设计、链板侧面及节距孔的全光亮冲裁、销轴表面复合金属共渗、套筒表面超硬共渗处理、套筒露头装配和带油孔套筒定向装配等一系列汽车链设计、生产制造新技术、新工艺，公司研发的部分主导产品已达国际先进水平。

近年来，青岛征和工业股份有限公司的技术创新团队先后承担了青岛市级以上技术创新项目 50 余项，其中工业和信息化部"工业强基"工程项目 1 项、工业和信息化部重大科技成果转化项目 1 项、国家中小企业创新基金项目 2 项，有 16 个项目填补了国内空白，有 5 个项目被中国机械通用零部件工业协会评选为优秀新产品奖特等奖，并获得山东省科技进步奖三等奖两项，青岛市科技进步奖二等奖一项、三等奖两项。尤其是青岛征和工业股份有限公司研发成功的"发动机用强化齿形链"，打破了国外技术垄断，使青岛征和工业股份有限公司成为继美国 Morse 和日本 DID 公司之后全球第三个研发成功的厂家，在国内奠定了发动机齿形链研发生产方面的优势地位。另外，其研发成功的"汽车柴油发动机用精密套筒链"也使其成为继德国 IWIS 和美国博格华纳之后全球第三个研发成功的生产厂家。

截至目前，青岛征和工业股份有限公司共参与制定国家和行业标准 24 项，其中有 6 项由青岛征和工业股份有限公司独家负责制定，有 1 项获得了"国家标准创新贡献奖一等奖"。截至 2020 年 12 月底，公司共获得 152 件国家专利授权，其中发明专利 21 件。此外，公司研发人员还在《机械传动》《机械设计》等国内核心期刊上发表了20多篇论文，与全国链传动标准化技术委员会合作翻译出版了《日本链传动标准译文集》，为行业追赶国际先进水平做出了应有的贡献。

青岛征和工业股份有限公司的征和工业（003033）新股发行上市仪式已于2021年1月11日在深交所成功举行，是链传动行业首家A股上市公司。

〔供稿单位：中国机械通用零部件工业协会链传动分会〕

上云如同"自我诊疗"，企业实现精细化管理

——浙江电视台记者采访杭州东华链条集团有限公司副董事长宣成

记者：近年来，东华链条在国际链传动行业声名鹊起。东华链条是我国首批制造业单项冠军示范企业，作为国内链条传动行业的排头兵，在世界许多一流企业里都能看到东华链条的身影，并且东华链条的工业链条种类涵盖几百个工业行业，产量位居全国第一，在全球排前三位。东华链条现在的生产情况怎样？

宣成：我们生产线从2021年3月份正式复产以后，都一直处于饱和状态，这跟2021年上半年我国疫情得到有效控制，整个中国经济逐渐恢复分不开，我们的很多客户行业获得了高速发展，像农机行业、汽车行业、工程机械行业等，在这些行业高速发展带动下，公司现在订单处于饱和状态，公司的一些产品订单已经排到年底了。

记者：作为杭州第一批复工的企业之一，请宣总谈谈在疫情防控形势严峻的情况下，东华链条是如何迅速恢复生产的。

在宣成看来，企业的快速发展离不开政府的大力支持，身处杭州余杭经济技术开发区的东华链条，发展的每一步都走得特别踏实、安心。

宣成：杭州政府2020年提出，要打造数字经济第一城，这在全国都是一个新的概念，从杭州市政府到余杭区政府，一直以来对企业在数字化建设方面都有大量的政策支持，其实不仅是政策支持，而且是很多行动的支持，可以说是真正做到了有钱出钱、有力出力，像我们企业现在很多数字化方面的投入，政府都有相关的补助补贴。除了这些以外，政府也会定期组织我们企业员工进行相关方面的培训，包括参观数字化方面的先行企业，取得经验，然后帮助我们在数字化方面增强意识；同时政府也会推荐数字化方面的服务商，让我们省去自己找服务商的时间，以便帮助我们更有效地推动数字化建设。所以，在数字化建设方面，我觉得能够在杭州这样的城市有这样的政府支持，让我们在数字化建设方面更有信心。

记者：链条行业与汽车、装备、机械等各行各业都紧密相关，可谓是经济的"晴雨表"。全球70%的链条是中国制造，而东华链条更是占了不小的权重。

在采访过程中，我们路过东华链条工厂，机器轰鸣，不时能传来金属的碰撞声。繁忙的生产线，是东华链条在市场上的话语权标签，随着人工智能时代的到来，智能制造和数字工厂已成一种趋势。请宣总谈谈东华链条在智能化建设方面都做了哪些工作。

宣成：其实我们在20世纪90年代，就已经开始用ERP系统，那个时候还没有数字化的概念，ERP系统只是作为一种信息化工具，真正进入数字化领域应该是在2013年，当时我们正式开始运用SAP的管理软件，这个软件能够帮助我们企业提升数字化管理水平。这些年应用下来，数字化工具已帮助我们企业在管理效率上面有了大幅度提高。

记者：宣总说数字化改造就像是"练内功"，不仅可以强化管理，还能提升链条的制造能力。请宣总谈谈东华链条数字化转型情况。

宣成：有个比较形象的比喻，就是把企业形容成"人"，其实我们是不太了解自己身体的，如果只在你觉得哪里不舒服的时候才选择去医院就晚了，我们需要吃药、打针，需要一系列治疗。对企业来讲，最好的方法是我们能够做到提前诊治提前预防，通过数字化的手段，能够把我们的管理单元缩小到企业里的每一位员工、每一台设备上，这样就能够让我们清楚地了解到每一台设备、每一位员工每天的工作状态。

记者：数字化改造能够帮助企业真正实现精细化管理，好比你的身体发生异样了，或者说是整个生产流程哪里发生异样了，可以提前从数字化赋能的某些数据当中发现一些端倪，从而做出一些改变。数字化改造后，东华链条有哪些变化？

宣成：我们现在有 3 万多个品种，10 万多个规格的产品，所以我们的产品系列是全世界最全的。这么庞大的产品数据库，对于企业来讲，既是一种优势又是一种负担，怎么管理这样庞大的数据，保证不出错，保证所有产品信息我们都能够随时掌握，都能够及时地展现给我们的客户，只有数字化工具能做到。用了数字化工具以后，这些问题都迎刃而解。通过信息化建设，我们能

够快速地读取数据、找到数据，提高了我们的管理效率。

记者：2017 年，宣成接过了父亲的接力棒，子承父业的宣成可以说是伴随着东华链条集团成长起来的。从小耳濡目染父亲创业的毅力和自强、自立。更是牢牢记住了父亲的目标：小链条链动全球。您和父亲还达成了一个共识：要做细分领域的行业冠军。目前，东华链条在扶梯链、板式链等细分领域的市场占有率已位居全球链传动行业前列。比如，在汽车链领域，东华链条也有多个产品做到了世界一流水平。请宣总介绍一下东华链条在这方面的市场情况。

宣成：东华的链条有 3 万多个品种、10 万多个规格，广泛应用于军工、汽车、智能制造等领域，几乎覆盖了工业制造全领域，2019 年增长最快的是汽车链。在国内来说，我们目前跟行业前 10 位自主品牌厂家里面的 7 家进行了合作，其中有几家已经进行了深度合作，我们已经成为他们的主要供应商。将来，我们力争在汽车链领域成为世界第一。

〔供稿单位：中国机械通用零部件工业协会链传动分会〕

浙江恒久机械集团有限公司
成为九大细分行业链条供应商

浙江恒久机械集团有限公司（简称恒久集团）连续通过了日本丰田叉车、美国海斯特耶鲁叉车和瑞典斯凯孚的供应商评审，目前，三大巨头正在对恒久集团的链条产品进行进一步的体系测试，以便把恒久集团纳入自己的零部件供应体系。

"一旦成为它们的供应商，明年仅叉车链条的产值就有望大幅提升，我们对自己的产品质量很有信心。"恒久集团副总经理兼实业子公司总经理钱建新说。

诸暨的恒久集团是国内最大的叉车链条供应商。也正是因为这个原因，恒久集团成为国家工

程机械质量监督检验中心主办的"2019 年全国叉车与工业车辆技术质量信息交流会"的唯一协办单位。这次会议有 100 多家全国工程机械与车辆技术质量信息网会员单位、叉车行业整机与零部件企业参加，协办这样的全国性工业车辆高层次会议，对公司进一步做大叉车市场意义重大。

事实上，恒久集团不仅是国内叉车链条细分领域的冠军企业，在很多特定的细分领域，恒久集团都获得了行业标杆客户的认可。比如在钢铁冶金领域的宝武集团、马钢集团；在水泥领域的海螺、拉法基；在啤酒领域的百威、青啤、燕京、

嘉士伯等公司；在汽车制造领域的东风、郑州日产、吉利。

〔供稿单位：中国机械通用零部件工业协会链传动分会〕

安徽黄山恒久链传动有限公司走"技术切入市场"之路

近年来，安徽黄山恒久链传动有限公司（简称黄山恒久），围绕高质量发展，探索实践了"技术切入市场"的质量品牌建设之路，通过有的放矢地实施"把研发骨干人员培养成优秀销售人员，把销售骨干人员培养成优秀工程师"工程，实现了与客户的高效对接，不仅提高了产品质量和服务质量，满足了客户的个性化需求，更提高了企业质量品牌核心竞争优势。

一、实施背景

1.振兴国家装备制造业的需要

就应用环境而言，链条通常分为两大类：一类是在常规环境下使用的普通链条，另一类是使用在复杂环境下的链条，诸如超高温／超低温、无油润滑、酸碱湿蚀、矿砂粉末等恶劣环境下使用的高强度、高耐磨、高耐疲劳链条等。后者是耐复杂环境的特殊链，它们广泛应用于在国民经济中发挥重大作用的重大装备和高端装备上，如矿山开采、水泥制造、石油钻探、造船与港机、重载工程与道路机械、城市环保、停车与轨道交通等设备。

改革开放以来，尽管我国链传动行业得到了迅猛发展，但配套这些重大装备和高端设备的链条一直被美国、德国、日本、英国等国家的厂商，以品牌优势和技术优势并以高于我国同类链条数倍的价格抢占了大部分市场份额。因此，黄山恒久作为我国耐复杂环境工业链条领军企业，只有通过技术切入市场，才能进一步发挥科研、人才、品牌、规模、信息、市场等综合优势，研发生产高端特殊链条，与高端国产主机配套，实现替代进口，促进我国链传动行业技术进步乃至我国装备制造业振兴。

2.满足客户个性化需求的需要

链条产品虽是机械基础件，但高端耐复杂环境的工业链条结构复杂、制造难度大、质量要求高。传统的质量管理模式越来越无法满足客户的个性化需求。只有根据客户的实际情况，充分了解客户需求的链条的具体服役工况，才能将先进的设计理念转化为优质的产品，满足客户所需。因此，只有使技术切入市场，把好设计关，才能真正实现为客户量身定制。

3.实现全面质量管理的需要

公司通过了 ISO 9001 质量管理体系和美国 API Q1 质量管理体系认证。在狭义全面质量管理实现有效运行的基础上，公司更关注广义全面质量管理，即在抓好产品质量的同时，抓好成本质量、交货期质量和服务质量。因此，只有通过使技术切入市场，站在用户的角度思考质量管理问题，才能实现广义全面质量管理，进而提高公司的质量品牌优势。

二、管理方法

公司数十年专注于工业链条的研发生产销售，一直秉持"以质量经营品牌，以诚信经营企业"的理念，对质量品牌建设提出"好质量就是持续满足客户需求"的刚性要求。为此，瞄准市场需求，探索践行了"技术切入市场"的质量品牌之路。

第一，坚定走自主技术创新之路，不断提升质量品牌综合优势。因为任何企业技术创新的立足点和归宿点，说到底就是为了满足顾客需求，进行持续的质量改进。为此，公司聚集优势技术人才，在 1999 年建立了省级企业技术中心。近年来，公司又建立了"安徽省博士科研工作站""安徽省耐复杂环境工业链条工程研究中心"，将科技研发工作作为企业发展的优先战略，提升企业的科技实力和产品的科技含量。

第二，坚持设计输入"三充分"，把研发骨干人员培养成优秀销售人员。链条是机械基础件，主要配套于各行各业的机械设备上。因此，一般设计输入的内容往往等同于客户提出的设计要求。这也是公司先期的主要做法。近年来，公司主动借鉴国外链传动行业企业的先进做法，在新产品开发或成熟产品改进前期，由研发人员跟客户技术部门进行技术沟通，充分了解配套链条服役的工况，充分掌握客户的技术创新、品牌建设、节能降本等相关信息，充分尊重客户对链条产品的个性化需求，做到精准沟通、无缝对接。

第三，坚持销售人员"三必须"，把销售骨干人员培养成优秀工程师。面对日趋激烈的行业竞争，公司建立了销售工程师管理机制，通过"走出去""请进来"的培训方式，使每个销售骨干人员必须知晓公司的质量品牌战略，必须掌握公司和国内外链传动行业的技术进步动态，必须熟悉"黄山"牌工业链条产品的技术参数和适配工况。将销售人员培养成为客户的技术顾问，成为客户的座上宾，给客户"传经送宝"。

三、实施与运行

1. 搭班子

2018年9月，调整了质量品牌建设领导小组，由总经理陈亦兵任组长，总工程师周健任执行组长，全面负责策划实施公司质量品牌建设工作。领导小组调整充实后，制定了实施方案。首先利用3个月的时间，通过外请资深ISO9001质量管理体系辅导员，重点对销售人员和技术人员进行了为期5天的ISO 9001质量管理体系再培训，有效提高了这些人员的质量意识、品牌意识。

2. 建机制

2019年1月，公司出台了销售工程师管理机制，并纳入常态化管理。明文规定销售人员每年必须接受不少于10个工作日的技术培训，通过考核合格后方可持证上岗。培训内容侧重链传动行业前沿技术动态、链条产品技术要求、链条产品典型服役工况等，由总工程师负责实施。5月，首批培训了15人，其中，13人合格上岗，2人转岗。实现了销售人员从单一的"卖产品"到"经营质

量品牌"的华丽转身，调动了销售人员学技术、比技能、强服务的主动性和积极性。

3. 定任务

2019年3月，领导小组围绕实施"技术切入市场"主题，实施了"把研发骨干人员培养成优秀销售人员，把销售骨干人员培养成优秀工程师"工程。一年来，这项工程一直持续推进，不断提升，纳入了制度化、常规化管理。在对销售人员进行持续产品技术培训的同时，规定研发人员每年必须接受不少于6个工作日的销售服务培训，内容包括设计输入输出要领及主机行业技术发展趋势等，其中研发骨干人员每年还必须深入不少于3家主机厂商生产现场一线，并撰写1～2份链条服役工况报告。比如，2019年技术工艺处长等研发人员深入青岛啤酒集团，了解高速输送用平顶链服役工况，通过与青岛啤酒集团技术人员进行充分的交流沟通，研发生产了欧标高速输送用平顶链，质量水平领先国内同行，实现了进口替代，成功配套于青岛啤酒三厂5万瓶技改生产线，并申报了2项发明专利、2项实用新型专利。实现了研发人员从"闭门造车"到"开门攻关"的华丽转身，调动了研发人员"看前沿、接地气、精设计、比服务"的主动性和创造性。

4. 重激励

2019年9月，围绕"宣传贯彻《质量发展纲要》推进建设质量强国"质量月主题，领导小组负责组织开展了卓越绩效管理再培训活动，宣传贯彻了《质量发展纲要》，进一步健全了销售工程师管理机制。制定了《优秀销售工程师评比办法》，将优秀销售工程师纳入公司年度总结评比表彰中，进一步加强了"技术切入市场"的力度。至今已评选了2位优秀销售工程师，他们不仅在完成年度销售额方面遥遥领先，而且都为客户提供了链传动系列技术解决方案，有效发挥了"黄山"牌链条品牌效应。

5. 讲互动

2019年9月，围绕"回归质量本源 聚焦质量提升 推进高质量发展"质量月主题，领导小

组组织开展了"开门办厂"质量品牌建设提升活动，与国内外啤酒冷食、粮油、水泥三大细分行业市场用户进行了进厂观摩、技术洽谈等互动，实现了客户与公司技术人员、销售人员的零距离交流，肯定了公司优势，探讨了提升产品质量和服务水平的有效办法。

综上所述，2018年以来，公司探索实践了"技术切入市场"的质量品牌建设之路，做到有组织、有制度、有活动、有评比、有成效，逐步纳入制度化、规范化、常态化管理中，更好地满足了客户需求，提升了公司质量品牌竞争综合优势。

四、实施效果

近年来，通过探索实践"技术切入市场"的质量品牌建设之路，实施"把研发骨干人员培养成优秀销售人员，把销售骨干人员培养成优秀工程师"工程，有效消除了中美贸易摩擦带来的经营风险，2019年销售收入、上缴税金、净利润与2018年相比均实现2位数增长。同时，延伸了自主技术创新信息触角，增强了公司科技成果转化落地成效。2019年，自主研发的"黄山"牌冷床链成功配套马钢特大重型H型钢项目，助力马钢成为全球第五家、国内首家具备重型、厚壁、宽翼缘H型钢生产能力的企业。这些技术进步成果，

极大地推动了"黄山"牌耐复杂环境链条系列产品的研究开发进度，加快了企业主要产品寻求技术保护、专利保护的进程，为公司参与国内高端市场竞争提供了核心竞争优势保证。2019年，申报发明专利11项，均已进入实质审查阶段。

五、深化与推广

自探索实践"技术切入市场"质量品牌建设之路，实施"把研发骨干人员培养成优秀销售人员，把销售骨干人员培养成优秀工程师"工程以来，公司取得了明显的经济效益和社会效益，积累了一些宝贵经验。实践证明这是企业实现高质量发展的有效途径。为此，公司将此实践经验写入企业"十四五"发展规划，志在此路上发扬光大，做强做精企业。2020年起，公司正着力"两推广"活动，即从研发骨干推广到全体研发人员，从销售骨干推广到全体销售人员，让更多的技术、销售人员参与到这一项工程中，提高素质，齐心协力塑造自主品牌，早日把公司建设成为引领我国非标异型链条研发生产的示范基地，为振兴我国装备制造业做出新的更大贡献。

〔供稿单位：中国机械通用零部件工业协会链传动分会〕

诸暨链条总厂在铁链上创出高精尖技术

在链条行业，说得出名字的链条品种均能在诸暨链条总厂找到。郭万宋的团队认为，创新突破没有尽头。

诸暨链条总厂依托雄厚的实力，追踪客户市场新需求，对接国际最新技术，不断开发新产品，近期就开发出多点式链斗机和无埋管铜水套两个新产品。总经理郭万宋说："一款填补国内空白，一款颠覆传统设计，仅这两个新产品，就能为企业新增5 000万元左右的产值"。

诸暨链条总厂创建于1972年，50多年来，已为国内各行业提供了上万种不同规格的链条，产品覆盖面及企业综合实力均在行业内名列前茅。

在不少业内人士看来，诸暨链条总厂似乎已在链条领域做到极致。

"链条行业如同一碗米饭，如今越来越多的人在分这碗饭吃，每个人能吃到的会越来越少。如果要增大胃口，就得跳出这个碗，去外面吃面条、面包。"两年多前，郭万宋对激烈的市场竞争进行了研判，正在思考往哪个方向拓展时，国家环保改革的东风拂面而来。

现下，国内的发电、水泥、钢铁等行业多采用湿法脱硫脱硝方法，处理后的白烟往往会导致 $PM_{2.5}$ 浓度上升，使雾霾天数增加。德国有一种干法处理方法，能让处理后的气体无色无味。在环

保要求日益严格的今天，国内企业除了进口设备别无他法，然而高昂的价格以及漫长的装运周期，又让他们望而却步。

在干法脱硫脱硝设备中，有一项技术必不可少，需将链条高度提升至 60m 以上。这项技术恰恰在诸暨链条总厂掌控的技术范围内，这让郭万宋看到了近在咫尺的商机。早在 2009 年，诸暨链条总厂就与外国公司开展了跨国合作，从国外邀请精工专家驻地指导。随后，承接了高强度立体车库链、垂直循环停车设备链条、输送设备链、冶金机械链等具有国际前沿技术的"高精尖"产品，陆续拿下 28 项国家专利，使得诸暨链条总厂迎来高质量发展期。这样的技术储备让郭万宋信心满满。经过自主研发，多点式链斗机正式问世。"我们交货只需 3 个月，价格也只有国外价格的 1/3，一进入市场就受到广泛欢迎，2019 年订单已饱和。"郭万宋说。

追踪客户需求，迎接市场风口的选择，让诸暨链条总厂尝到了甜头。乘势而上，一款具有颠覆性创新思维的新产品无埋管铜水套紧接着问世。

此前，有色冶炼用的都是有埋管铜水套，冶炼炉内温度超过 1 000℃，一旦管子漏水，极易发生爆炸。一次，在与客户对接需求的交流中，客户指出原有埋管铜水套存在安全隐患，郭万宋团队从西安交大研究的飞机尾翼的无通水降温设备中找到了灵感，最终发明无埋管铜水套，获得国家专利。业内专家称，无埋管铜水套能为设备多带走 30% 的热量。

"从国际国内市场形势看，要抢占先机，必须依托已有技术进行创新开拓，做追踪客户的上线，延长产业链。"郭万宋说，近年来，诸暨链条总厂全年研发投入占销售额的 3%～5%，未来还将进一步投入资金进行设备研发、人才引进。

〔供稿单位：中国机械通用零部件工业协会链传动分会〕

浙江腾美工贸有限公司

浙江腾美工贸有限公司成立于 2015 年，其前身为始建于 2002 年的武义白洋带钢有限公司，至今已有 20 多年发展历程。公司坐落于素有"萤石之乡、温泉之城"之称的美丽城市浙江省武义县，地处交通极为便捷的经济开发区仙洞工业区桃花路 8 号，占地面积 3 万 m^2，建筑面积 2 万多 m^2，总资产超过 2 亿元，是国内专业的冷轧带钢厂，生产 40Mn、45Mn、50$^\#$、65Mn、Q195、Q235、SK5 等各种规格钢带，广泛应用于链条、卡簧、锯片、五金工具、园林工具、电子元件等行业，年产量达 16 万 t。

公司拥有全自动酸洗生产线、德国进口 AGC 冷轧生产线、光亮强对流罩式退火生产线、高精度纵横剪生产线等一流生产设备，公司历来十分重视产品质量及企业信誉，拥有德国进口的 Q8Magellan 真空直读光谱仪、金相分析仪、影像仪、液晶显示拉力机等先进检测设备，已全面通过 ISO 9001:2015 质量管理体系认证。公司现有员工 100 余人，其中，专业技术人员 50 余人，研发人员 20 余人。公司具有先进的生产技术和一流的管理团队，产品销往国内 20 多个省市及俄罗斯、巴西等国家和地区，现有的合作客户包括杭州东华、杭州盾牌、苏州环球、永利百合、青岛征和等，产品深受广大客户好评。

浙江腾美工贸有限公司坚持"以人为本、客户至上"的宗旨，以科技为先导的原则，更新设备、创新技术、优化产品，锲而不舍地走产品质量提升和创新服务之路，不断提高公司的核心竞争力，致力于打造成为冷轧行业内的龙头企业，以饱满的热情、优质的产品和专业的服务成为用户合作伙伴。

〔供稿单位：中国机械通用零部件工业协会链传动分会〕

杭州东毅链传动有限公司

杭州东毅链传动有限公司坐落于江南美丽的城市——杭州，占地面积约 20 000m²，拥有各类专业技术人才 300 多名。公司是一家专业从事设计、生产、销售 A/B 系列标准滚子链、套筒链、板式链、不锈钢链、农机链、提升链、摩托车链以及异型链、特种链、输送链等链传动产品的现代化生产企业。

杭州东毅链传动有限公司拥有世界领先技术水平的年产 8 000t 链传动产品生产线，企业已通过 ISO 9001 质量管理体系、ISO 14001 环境管理体系、ISO 10012 测量管理体系认证，以及汽车行业的 ISO/TS 16949 质量体系认证。同时，公司已通过国际知名认证公司 SGS 认证。公司的"东灵""鑫东灵"品牌链传动产品，凭借卓越的品质和良好的服务，已销售至欧洲、美国、日本和东南亚等 20 多个国家和地区，得到了客户的一致好评。

杭州东毅链传动有限公司以诚信为本，将以雄厚的技术实力和科学的管理方法为客户提供优良的产品和服务；立足国内，面向全球，致力于打造国际一流的企业。

公司的质量方针：以顾客为中心，通过全体员工的共同努力和持续改进使产品质量逐年提高，完善服务质量，增强顾客满意度。

〔供稿单位：中国机械通用零部件工业协会链传动分会〕

专　　文

浅谈"多合一"体系下提高内部审核有效性的方法

近年来，随着全球经济一体化进程的加快，国际市场进一步开放，信息技术迅猛发展，市场竞争日趋激烈，顾客对质量的期望越来越高，对社会责任越来越关注，企业为了竞争和保持良好的经济效益和社会效益，就要努力提高自身的能力。建立、实施并运行质量、环境等"多合一"的标准管理体系，可以帮助企业增强市场竞争能力，使企业获得成功。

杭州东华链条集团是 1991 年成立的民营制造企业，以中国杭州为总部，经过多年的发展，已成为链传动行业排名前列的国际化链传动企业。2008—2017 年间连续十年荣登"中国民营企业制造业 500 强"榜单，是中国制造行业的首批单项冠军企业。该公司在 1996 年就通过了 ISO 9000 质量管理体系认证，此后又先后通过了 ISO 14001、IATF 16949、ISO 45001、ISO 10012、API、知识产权管理体系认证和国家实验室认可等。多年来，质量、环境、知识产权、职业健康安全等管理体系的有效运行为企业正常经营和顾客满意度提高，以及安全水平提高、企业风险控制等方面起了很好的规范和保障作用。无论是在 1996 年开始贯彻实施单一的 ISO 9000 质量管理体系，还是之后又贯彻实施 ISO 14001、IATF 16949、ISO 45001、ISO 10012 等管理体系，多标准合一管理体系（简称"多合一"体系)的运行,证明企业内部已建立起不断自我发现问题、持续改进问题的内部审核机制。在"多合一"体系下开展内部审核,虽然各体系的审核准则等方面相似甚至相同,但单一体系与"多合一"体系在内部审核组织实施难度、对审核员的要求等方面有着很大不同,不可等闲视之,应该有针对性地加以研究和予以改进。

一、单一体系与"多合一"体系的内部审核既存在共性问题,又存在个性问题

内部管理体系审核活动(简称内部审核)是评价管理体系符合性和有效性的重要手段。然而,随着管理体系认证的标准增多和覆盖范围延伸,内审过程中一些影响企业内审效果的问题暴露出来,这些问题影响了内审的有效性,因此,探讨并认清单一体系与"多合一"体系内部审核之间存在的共性问题及个性问题,提出应对措施并在实施"多合一"体系内部审核时加以预防非常必要。

1.审核过程中存在的共性问题

(1)内部审核策划时目的性不明确,不能结合公司的战略目标、经营情况制定审核计划,没有依据上期的审核报告、管理评审结果、内外部审核发现的问题等进行策划,导致审核策划无针对性。

(2)把内部审核当成是应付外部认证审核的事情来做,不把内部审核看作是一种持续的、自觉的内部管理行为,一些部门不按规定的时间和间隔开展内部审核,审核延期,认识不到内部审核是一种改进机会。

(3)纠正措施中没有不合格原因分析或分析不到位,或纠正措施与分析原因不对应,或没有规定纠正措施的实施责任人和完成期限,或对不合格的事项纠正就事论事,未对其他类似的不合格事项进行排查和整改,未能做到举一反三。

(4)审核准备不充分,检查表可操作性差,未能合理地安排审核准备、审核实施、审核报告时间,导致审核忙乱;审核中调查取证与检查工作混淆,以审核员个人的经验进行判定。

(5)对内部审核缺乏考核机制。审核中对发现有意义问题的人没有进行鼓励,导致有些内部审核发现的问题不敢暴露,内部审核经常出现"扎实搞形式,认真走过场"的现象,指出来的问题简单、没有意义,改进浮于表面,使得审核失去意义。

(6)审核中只注意记录的完整性,对记录的数据缺乏分析,导致内部审核不能对质量改进发挥增值作用,不能为领导决策和下阶段审核策划提供有价值的输入。

(7)改进过程中行之有效的纠正措施未纳入相关的文件中,未达到防止同类不合格事项再次发生的目的。

(8)内部审核员的专业化程度未达到要求,一些内部审核员只熟悉标准,对其他一知半解,导致审核时不能从专业角度发现问题,只能发现一些诸如"不戴安全帽"之类的问题。

2."多合一"体系内部审核过程中存在的个性问题

随着认证体系的增多,企业管理体系的构建发生了变化,内部审核难度增加了。"多合一"体系内部审核作为评价管理体系符合性和有效性的重要手段,其中包括的各单一体系在审核准则、审核深度、内部审核不符合项、对审核员要求的处理等方面有很大差异。

(1)审核准则不同,"多合一"体系的内部审核既有基于ISO的,还有非ISO的特定行业准则;"多合一"体系内部审核强调各类标准能融会贯通、灵活运用,这给整个审核策划、实施提出了更高的要求。

(2)审核的深度不同,单一体系可以审核得很深入和充分,但"多合一"体系的审核往往容易顾此失彼。审核员往往对擅长的专业领域审核得深入,指出的不符合项多,对不熟悉的项目则审核得比较浅,发现的问题少,指出的不符合项少。

(3)内部审核时不同体系的不符合项处理也不同,既有基于体系的,还有基于客户和产品的。

这给审核判定带来巨大挑战，容易造成张冠李戴或者自相矛盾。

（4）"多合一"体系的内部审核出的不符合项，要得到真正的原因分析和提出合适的针对性改进措施比单一体系难度大。不仅体现在原因分析中对体系知识掌握方面，还体现在分析时对业务的专业知识掌握方面。另外，在进行不符合项处理时，由于责任主体既有行政上级，又有业务垂直上级，"多头"管理经常出现意见不一致，导致问题久拖不决，延误了改进时间，削弱了改进效果。

（5）"多合一"体系对审核员的要求更高，即不仅要求懂质量环境知识，还要懂职业健康安全知识，以及其他一些更细分专业的知识。审核员既要熟悉体系标准，还要熟悉很多专业岗位知识。这些给审核员的选派带来难度，要么派不出合适的人员担任审核员，要么一个组要有很多成员才能完成审核任务。

二、"多合一"体系下提高内部审核有效性的方法和途径

"多合一"体系下的内部审核对体系运行的保证作用比单一体系更大，搞不好"多合一"体系内部审核就会出现"多层皮"，比以前经常说的"两层皮"更可怕。导致看似体系整合为一体，但事实上是貌合神离，导致企业员工对体系失去敬畏，不遵守制度和规则，体系失去基础的运行保障。"多合一"体系下企业要充分检查运行的规范化程度，对审核过程进行控制和改进，让内部审核起到对体系有效运行的保证作用。为此，应注意并做好以下几点工作。

第一，管理者代表确定审核重点并主持每次内部审核的策划工作，以增强对内部审核的有效性。

① 管理者代表作为企业高层代表要成为内部审核组织者和策划者。这样才能统领大局和调动更多资源，形成最佳团队，使确定的审核重点能与企业面临的市场环境和问题相结合。内部审核策划时以管理体系的标准要求作为重点控制内容；

内部审核策划要考虑公司价值增值；内部审核策划要结合年度管理评审输出、以往的审核结果、第二方审核、第三方审核或日常监督巡视发现的过程问题等不足来进行策划；审核策划时将这些薄弱环节考虑进去，通过内部审核找原因，完善制度，提出好的科学方法，为企业解决问题，实现公司价值增值。

② 内部审核策划要结合企业现状并兼顾管理体系的要求。审核方案应考虑质量目标、相关过程的重要性、关联风险和以往审核结果；如管理体系审核包括对管理体系的建立、实施过程、产品和服务的审核，审核突出关键部门，过程审核要全覆盖，应在年内对所有关键过程、特殊过程全覆盖，还应考虑问题较多、较薄弱的过程；产品审核应在年内按周期和既定方案进行，以产品为主。

③ 内部审核策划要考虑审核时机。新建质量体系运行后、质量管理体系有重大变化时、外部审核前、领导认为有需要时、过程运行中出现重大问题时是审核最好的时机，此时的审核效果好。

第二，企业精细化管理与各类标准的不断更新，对内部审核员的业务能力和审核水平提出了更高的要求，企业要通过不断提升审核员的业务能力和审核水平，来保证内部审核的有效性。为了帮助内部审核员提升业务能力与审核水平，企业可以进行以下尝试：

① 企业通过各类机构、网络平台及时收集各类标准，并组织内部审核员进行标准系统学习，理解不同管理体系标准要求中所对应的本单位具体情况，通过强化自我学习、参加系统培训等形式，不断加深对标准具体要求的理解。

② 吸收审核员参与文件的起草、修订或评审，让他们了解每份文件的立意和背景，以使其在今后的内部审核时可以做到比较深入和更专业。要求内部审核员必须熟悉内部审核程序，熟悉程序文件，把这些标准学精、吃透并能理论联系实际、活学活用。

③ 企业内部审核员要在企业发展中不断更新知识和完善知识结构，还要积累一定的专业技术知识，充分了解企业产品的生产过程、关键的工艺设备、工艺特点和水平等。

④ 由于公司层、部门层的内部审核各有侧重，为了提高内部审核员的实战能力，公司在每次安排审核员时应按专业化内容补充相应的专业化成员，如进行专项审核就请企业内有专长的管理者或专家参加审核，参与审核检查表的编制、不符合项的评价、措施的制定等，这样既保证了审核的效果又提升了内部审核员的实战水平。

第三，充分的准备可以确保整个内部审核策划和流程在可控范围内。在审核流程中，好的审核策划、高水平的内部审核员、条理清晰、内容翔实的检查表对内部审核效果提升是很有好处的。面对"多合一"体系标准，要做到内部审核各标准兼容，必须有好的现场审核检查表，而好的现场审核检查表的审核输入必须充分，要全面并及时地掌握企业内外部管理信息，经过细致的策划、分析、归纳整理，为内部审核提供必要的输入材料。

第四，做好内部审核组间的沟通对内部审核的效果提升有一定的帮助。因为"多合一"体系，各个内部审核员对标准的理解不一，同时水平高低也有差异，以前单一体系下会出现的问题，在"多合一"体系下同样会存在，甚至会更复杂。为了确保审核效果，管理者代表应在审核前期组织审核组进行充分沟通，就如何系统地考虑"多合一"体系下检查表的兼容性进行探讨，对审核中可能出现的问题、如何询问、如何收集审核证据等内部审核技巧进行交流，重申内部审核任务的完成节点，重申审核要坚持以事实为基础、公平、公正、高效率的原则，以有利于审核组达成共识，顺利完成审核任务。

第五，组织相关人员进行内部审核经验总结，做好审核员交流工作，为后续有效实施积累更多知识。每次内部审核结束后，对整个内部审核的实施情况进行回顾和总结，总结经验方法和审核技巧，指出不足之处，提出改进措施，以利于推动整个内部审核效果的优化。

第六，要做好内部审核不符合项的原因分析和改进措施实施情况的跟踪验证，并将改进情况纳入绩效评价中。每位审核员都要亲自对不符合项进行分析，并在审核组内部总结交流会上交流看法，让审核员能在审核中获得成长和能力提升。审核组成员的改进指导和跟踪验证能力、认识水平提高后，对提高有效运行水平有很大帮助。总结出的好经验，对流程进行标准化改造，形成制度，持之以恒地做下去，内部审核的有效性肯定会得到提升。

综上所述，在企业管理精细化、多标准体系运行过程中，通过探讨"多合一"体系与单一体系运行中的共性和个性，找到影响内部审核实施效果的因素，根据企业的体系运行现状，结合企业内部各个过程进行改进，对提升内部审核有效性有很大的帮助。同时，"多合一"体系下的内部审核还应紧扣企业发展战略目标、经营计划，为企业价值带来增值，内部审核有效性才能得到持续提高。

〔撰稿人：杭州东华链条集团有限公司袁立华　邱丽巡　王晓霞〕

统 计 资 料

2019—2021 年链传动行业主要经济指标

序号	指标名称	单位	2019 年	2020 年	2021 年
1	工业总产值（当年价）	万元	915 485	963 143	1 173 788
	其中：新产品产值		305 529	333 754	443 843
2	工业销售产值	万元	860 211	948 294	1 146 044
3	工业增加值	万元	172 781	183 390	221 915
4	出口额	万美元	37 502	29 965	40 476
5	产品销售收入	万元	891 727	911 072	1 152 771
	其中：工业链条销售收入		648 248	726 236	770 427
6	利税总额	万元	71 442	76 218	101 593
7	产品产量 工业链条	万 m	26 670	25 957	27 856
		t	487 803	498 109	560 208
	工业链轮	万只	4 355	3 996	4 480
		t	83 994	82 156	84 656
8	资产总值	万元	927 060	1 042 455	1 099 667

注：根据链传动分会部分企业统计报表数据汇总。

〔供稿人：中国机械通用零部件工业协会链传动分会李树立〕

2019—2021 年链传动行业工业总产值超亿元企业

2019 年			2020 年			2021 年		
序号	企业名称	工业总产值 / 万元	序号	企业名称	工业总产值 / 万元	序号	企业名称	工业总产值 / 万元
1	杭州东华链条集团有限公司	200 449	1	杭州东华链条集团有限公司	203 684	1	杭州东华链条集团有限公司	292 223
2	浙江恒久机械集团有限公司	122 634	2	浙江恒久机械集团有限公司	113 762	2	浙江恒久机械集团有限公司	147 946
3	苏州环球科技股份有限公司	59 560	3	杭州永利百合实业有限公司	88 283	3	武义县正达金属丝制品有限公司	90 975
4	武义县正达金属丝制品有限公司	55 522	4	武义县正达金属丝制品有限公司	60 623	4	安徽新诺精工有限公司	90 529
5	杭州永利百合实业有限公司	54 004	5	苏州环球科技股份有限公司	56 320	5	苏州环球科技股份有限公司	59 883

（续）

2019 年			2020 年			2021 年		
序号	企业名称	工业总产值/万元	序号	企业名称	工业总产值/万元	序号	企业名称	工业总产值/万元
6	诸暨链条总厂	51 198	6	安徽新诺精工有限公司	53 970	6	浙江腾美金属材料有限公司	58 770
7	安徽新诺精工有限公司	40 391	7	诸暨链条总厂	47 142	7	诸暨链条总厂	52 359
8	浙江中益机械有限公司	40 000	8	浙江中益机械有限公司	31 088	8	杭州永利百合实业有限公司	50 528
9	德清建宏链传动材料有限公司	21 458	9	浙江博宇机电有限公司	22 871	9	浙江博宇机电有限公司	37 928
10	浙江永美链条有限公司	18 634	10	德清建宏链传动材料有限公司	22 737	10	德清建宏链传动材料有限公司	32 114
11	嵊州市特种链轮有限公司	18 499	11	浙江永美链条有限公司	18 664	11	浙江中益机械有限公司	31 168
12	常州世界伟业链轮有限公司	18 218	12	杭州持正科技有限公司	15 787	12	常州世界伟业链轮有限公司	22 215
13	江苏双菱链传动有限公司	14 850	13	嵊州市特种链轮有限公司	15 573	13	嵊州市特种链轮有限公司	21 607
14	杭州持正科技有限公司	14 721	14	常州世界伟业链轮有限公司	14 610	14	浙江永美链条有限公司	21 269
15	安徽黄山中友链条制造有限公司	13 583	15	浙江恒昌链条有限公司	14 397	15	杭州持正科技有限公司	18 816
16	常州盛天传动科技有限公司	12 994	16	安徽黄山中友链条制造有限公司	14 149	16	常州盛天传动科技有限公司	16 321
17	东阳市永美链条有限公司	12 990	17	东阳市永美链条有限公司	13 956	17	安徽黄山中友链条制造有限公司	15 892
18	浙江恒昌链条有限公司	12 071	18	江苏双菱链传动有限公司	13 650	18	东阳市永美链条有限公司	15 206
19	湖州锐狮标准件有限公司	11 015	19	常州盛天传动科技有限公司	13 218	19	湖州锐狮标准件有限公司	15 092
20	益阳赫山链条制造有限公司	10 782	20	湖州锐狮标准件有限公司	11 954	20	江苏双菱链传动有限公司	13 650
			21	益阳赫山链条制造有限公司	10 782	21	金华安联机械有限公司	10 500
						22	浙江神牛机械制造有限公司	10 390

注：根据链传动分会部分企业上报数据统计。

〔供稿人：中国机械通用零部件工业协会链传动分会李树立〕

2019—2021 年链传动行业销售收入 5 000 万元以上的企业

2019 年			2020 年			2021 年		
序号	企业名称	销售收入/万元	序号	企业名称	销售收入/万元	序号	企业名称	销售收入/万元
1	杭州东华链条集团有限公司	196 058	1	杭州东华链条集团有限公司	208 971	1	杭州东华链条集团有限公司	290 976
2	浙江恒久机械集团有限公司	124 307	2	浙江恒久机械集团有限公司	117 581	2	浙江恒久机械集团有限公司	156 211
3	苏州环球科技股份有限公司	58 550	3	杭州永利百合实业有限公司	85 006	3	武义县正达金属丝制品有限公司	91 028
4	武义县正达金属丝制品有限公司	55 522	4	武义县正达金属丝制品有限公司	60 623	4	安徽新诺精工有限公司	87 034
5	杭州永利百合实业有限公司	47 502	5	安徽新诺精工有限公司	55 792	5	苏州环球科技股份有限公司	58 150
6	诸暨链条总厂	47 316	6	苏州环球科技股份有限公司	55 650	6	浙江腾美金属材料有限公司	56 499
7	安徽新诺精工有限公司	40 320	7	诸暨链条总厂	44 305	7	诸暨链条总厂	50 190
8	浙江中益机械有限公司	38 251	8	浙江中益机械有限公司	30 076	8	杭州永利百合实业有限公司	43 742
9	德清建宏链传动材料有限公司	20 913	9	浙江博宇机械有限公司	22 780	9	浙江博宇机械有限公司	36 902
10	嵊州市特种链轮有限公司	18 499	10	德清建宏链传动材料有限公司	22 627	10	德清建宏链传动材料有限公司	32 197
11	浙江永美链条有限公司	17 658	11	杭州持正科技有限公司	19 376	11	浙江中益机械有限公司	30 825
12	杭州持正科技有限公司	15 726	12	浙江永美链条有限公司	18 642	12	嵊州市特种链轮有限公司	21 607
13	常州世界伟业链轮有限公司	15 650	13	浙江恒昌链条有限公司	14 380	13	常州世界伟业链轮有限公司	20 736
14	江苏双菱链传动有限公司	14 765	14	嵊州市特种链轮有限公司	14 043	14	杭州持正科技有限公司	20 319
15	东阳市永美链条有限公司	12 990	15	东阳市永美链条有限公司	13 956	15	安徽黄山中友链条制造有限公司	15 623
16	常州盛天传动件有限公司	12 166	16	江苏双菱链传动有限公司	13 860	16	东阳市永美链条有限公司	15 206
17	浙江恒昌链条有限公司	12 101	17	常州世界伟业链轮有限公司	13 696	17	湖州锐狮标准件有限公司	15 092
18	安徽黄山中友链条制造有限公司	11 989	18	安徽黄山中友链条制造有限公司	13 449	18	常州盛天传动件有限公司	14 732
19	益阳赫山链条制造有限公司	11 263	19	常州盛天传动件有限公司	12 507	19	江苏双菱链传动有限公司	13 860
20	苏州大唐金属型材有限公司	11 170	20	湖州锐狮标准件有限公司	11 954	20	浙江永美链条有限公司	13 646

（续）

2019年			2020年			2021年		
序号	企业名称	销售收入/万元	序号	企业名称	销售收入/万元	序号	企业名称	销售收入/万元
21	湖州锐狮标准件有限公司	10 240	21	益阳赫山链条制造有限公司	11 263	21	浙江神牛机械有限公司	10 285
22	浙江八方机械有限公司	9 361	22	浙江八方机械有限公司	9 280	22	苏州市吴中区输送链条厂	8 903
23	杭州山水实业有限公司	9 231	23	苏州大唐金属型材有限公司	8 888	23	安徽绩溪徽山链传动有限公司	8 790
24	浙江神牛机械制造有限公司	8 590	24	杭州山水实业有限公司	8 740	24	杭州山水实业有限公司	8 708
25	安徽绩溪徽山链传动有限公司	6 790	25	苏州市富龙不锈钢链条厂	7 266	25	益阳赫山链条制造有限公司	8 627
26	常州东吴链传动制造有限公司	6 625	26	苏州市吴中区输送链条厂	6 550	26	浙江八方机械有限公司	8 076
27	苏州市富龙不锈钢链条厂	6 208	27	浙江神牛机械有限公司	6 340	27	苏州市富龙不锈钢链条厂	7 938
28	武义东风链条有限公司	5 602	28	武义东风链条有限公司	6 273	28	武义东风链条有限公司	7 259
			29	安徽绩溪徽山链传动有限公司	6 220	29	杭州钱江链传动有限公司	6 780
						30	苏州大唐金属型材有限公司	6 749
						31	浙江恒昌链条有限公司	6 747
						32	株洲特种链条有限公司	5 900
						33	金华安联机械有限公司	5 650
						34	常州东吴链传动制造有限公司	5 409
						35	山东中恒链传动有限公司	5 144

注：根据链传动分会部分企业上报数据统计。

〔供稿人：中国机械通用零部件工业协会链传动分会李树立〕

2019—2021年链传动行业工业链条产量超千吨企业

2019年			2020年			2021年		
序号	企业名称	链条产量/t	序号	企业名称	链条产量/t	序号	企业名称	链条产量/t
1	杭州东华链条集团有限公司	136 175	1	杭州东华链条集团有限公司	138 379	1	杭州东华链条集团有限公司	198 521

（续）

2019 年			2020 年			2021 年		
序号	企业名称	链条产量/t	序号	企业名称	链条产量/t	序号	企业名称	链条产量/t
2	浙江恒久机械集团有限公司	88 675	2	浙江恒久机械集团有限公司	76 650	2	浙江恒久机械集团有限公司	93 418
3	苏州环球科技股份有限公司	46 555	3	杭州永利百合实业有限公司	59 504	3	苏州环球科技股份有限公司	54 330
4	杭州永利百合实业有限公司	41 540	4	苏州环球科技股份有限公司	43 950	4	杭州永利百合实业有限公司	38 867
5	诸暨链条总厂	34 083	5	诸暨链条总厂	32 033	5	诸暨链条总厂	35 683
6	浙江永美链条有限公司	18 587	6	浙江永美链条有限公司	15 550	6	浙江永美链条有限公司	17 724
7	浙江恒昌链条有限公司	11 759	7	浙江恒昌链条有限公司	14 258	7	杭州持正科技有限公司	15 680
8	江苏双菱链传动有限公司	11 270	8	东阳市永美链条有限公司	12 916	8	东阳市永美链条有限公司	13 635
9	杭州持正科技有限公司	11 245	9	杭州持正科技有限公司	11 428	9	安徽黄山中友链条制造有限公司	13 243
10	东阳市永美链条有限公司	10 825	10	江苏双菱链传动有限公司	10 500	10	江苏双菱链传动有限公司	10 500
11	安徽黄山中友链条制造有限公司	10 447	11	浙江八方机械有限公司	7 785	11	浙江八方机械有限公司	7 848
12	浙江八方机械有限公司	9 992	12	武义东风链条有限公司	6 398	12	浙江神牛机械有限公司	6 907
13	浙江神牛机械有限公司	6 397	13	安徽黄山中友链条制造有限公司	5 140	13	苏州市吴中区输送链条厂	6 848
14	常州东吴链传动有限公司	5 910	14	益阳赫山链条制造有限公司	5 006	14	武义东风链条有限公司	6 822
15	杭州山水实业有限公司	5 436	15	浙江神牛机械有限公司	4 904	15	益阳赫山链条制造有限公司	6 636
16	益阳赫山链条制造有限公司	5 038	16	杭州源景链传动有限公司	4 120	16	杭州山水实业有限公司	5 970
17	安徽绩溪徽山链传动有限公司	4 710	17	杭州山水实业有限公司	4 113	17	浙江恒昌链条有限公司	5 825
18	武义东风链条有限公司	4 706	18	常州东吴链传动有限公司	3 720	18	杭州钱江链传动有限公司	5 407
19	杭州源景链传动有限公司	3 610	19	浙江福航工贸有限公司	3 575	19	安徽绩溪徽山链传动有限公司	4 596
20	江苏泰州市精工链条总厂	3 290	20	杭州钱江链传动有限公司	3 316	20	常州东吴链传动有限公司	4 507
21	杭州钱江链传动有限公司	3 176	21	安徽绩溪徽山链传动有限公司	3 070	21	山东中恒链传动有限公司	4 287
22	浙江嵘润机械有限公司	3 092	22	江苏泰州市精工链条总厂	2 995	22	杭州源景链传动有限公司	4 140
23	浙江福航工贸有限公司	3 017	23	湖州南浔通惠金洁链条制造公司	2 735	23	株洲市特种链条有限公司	3 055

（续）

2019 年			2020 年			2021 年		
序号	企业名称	链条产量/t	序号	企业名称	链条产量/t	序号	企业名称	链条产量/t
24	湖州南浔通惠金洁链条制造公司	2 680	24	苏州富龙不锈钢链条有限公司	2 600	24	江苏泰州市精工链条总厂	3 036
25	株洲市特种链条有限公司	2 098	25	南京利民机械有限公司	2 440	25	苏州富龙不锈钢链条有限公司	2 645
26	葫芦岛鼎力达机械工业有限公司	1 796	26	浙江嵊润机械有限公司	2 244	26	浙江福航工贸有限公司	2 120
27	苏州富龙不锈钢链条有限公司	1 520	27	苏州市吴中区输送链条厂	2 180	27	常州永强链传动有限公司	2 042
28	杭州云峰链条有限公司	1 395	28	株洲市特种链条有限公司	2 093	28	浙江嵊润机械有限公司	1 786
29	南京利民机械有限公司	1 278	29	浙江昂星链条有限公司	1 760	29	湖州南浔通惠金洁链条制造公司	1 763
30	常州永强链传动有限公司	1 269	30	山东中恒链传动有限公司	1 750	30	南京利民机械有限公司	1 583
31	齐齐哈尔链传动有限公司	1 106	31	杭州云峰链条有限公司	1 192	31	杭州云峰链条有限公司	1 397

注：根据链传动分会部分企业上报数据统计。

〔供稿单位：中国机械通用零部件工业协会链传动分会〕

2019—2021 年链传动行业工业总产值同比、环比

2019—2021 年链传动行业工业总产值同比、 环比如图 1 所示。

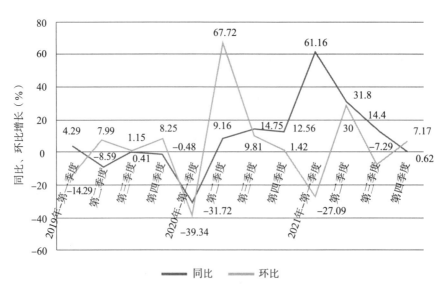

图 1　2019—2021 年链传动行业工业总产值同比、环比

注：根据链传动行业统计信息网 50 家企业统计数据绘制。

〔供稿人：中国机械通用零部件工业协会链传动分会李树立〕

标　准

链传动产品团体标准发展综述

2015 年 3 月，国务院发布了《深化标准化工作改革方案》，方案中提到，把政府单一供给的现行标准体系转变为由政府主导制定的标准和市场自主制定的标准共同构成的新型标准体系。市场自主制定的标准分为团体标准和企业标准。该方案可谓正式提出了"团体标准"这一概念。团体标准是我国标准化发展史上的一种创新，同时也是市场经济不断提质增效的产物。2018 年 1 月 1 日正式施行的新修订《中华人民共和国标准化法》将团体标准纳入了法定标准体系，赋予其法律地位。2015 年以来我国各个社会团体实施标准化改革，大力培育发展团体标准。

团体标准是专业领域内具有影响力及专业能力的学会、协会、商会、联合会等社会组织和产业技术联盟制定的标准，是由团体按照自行规定的标准制定程序制定并发布，供团体成员或社会自愿采用的标准。与政府主导制定的标准相比，团体标准具有"短平快"的优势，这类标准更贴近市场需求，更能适应市场经济的快速发展变化。团体标准的制定和发布无需向相关行政部门报批或备案，是社会团体的自愿行为。根据国际经验，团体标准可转化为行业标准乃至国家标准。

在深化标准化工作的大好局面下，我国各行各业的团体组织积极开展各种团体标准的研制工作，经过近年来的不懈努力，发布了一大批团体标准，并在国家标准委的"全国团体标准信息平台"上公布。链传动行业及生产、使用链传动产品的农业机械等行业的相关团体及企业也积极开展了链传动产品团体标准的制定及标准化活动。截至 2021 年 12 月，据不完全统计，相关团体机构批准、发布了 1 项中国农业机械工业团体标准 T/CAAMM 4—2017《农业机械用直板滚子输送链 节距为 38mm》，11 项"品字标浙江制造"团体标准 T/ZZB 0208—2017《带油杯梯级链条》、T/ZZB 0392—2018《农机专用链轮》、T/ZZB 1018—2019《林业机械 链锯 锯链》、T/ZZB 1291—2019《摩托车链轮》、T/ZZB 1297—2019《停车设备链条》、T/ZZB 1362—2019《输送用单节距和双节距空心销轴链》、T/ZZB 1724—2020《汽车发动机用正时齿形链条》、T/ZZB 1974—2020《竞技用摩托车链条》、T/ZZB 2086—2021《塑料拖链》、T/ZZB 2126—2021《农业机械专用 S 型钢制滚子链条》、T/ZZB 2574—2021《集装箱空箱堆高机用板式链》，1 项河南省机械工业标准化技术协会团体标准 T/HNJB 1—2019《停车设备用循环链条》，1 项山东标准化协会团体标准 T/SDAS 195—2020《舰船用发动机传动链条》，共 14 项与链传动产品有关的团体标准，既满足了相关链传动产品设计开发与生产经营的需求，又丰富了链传动标准体系。下面简要介绍这 14 项链传动产品团体标准。

1. 中国农业机械工业团体标准 T/CAAMM 4—2017《农业机械用直板滚子输送链 节距为 38mm》

T/CAAMM 4—2017《农业机械用直板滚子输送链 节距为 38mm》为中国链传动产品方面的首项团体标准。T/CAAMM 4—2017 标准是中国农业机械工业协会组织制定的中国农机工业首批团体标准之一，这项标准由农机行业的主机设备厂家雷沃重工股份有限公司、常州东风农机集团有限公司、中国一拖集团有限公司和中国农业机械工业协会会员单位中的链传动产品生产企业杭州东华链条集团有限公司、湖州双狮链传动有限公司联合起草，2017年3月22日发布并实施。T/CAAMM 4—2017标准规定了节距为38mm（链号为ZGS38）的农业机械用直板滚子输送链的型式和基本参数、要求、附件、标记、检验规则、标志、包装、运输与贮存标准指标，适用于农业机械输送谷物籽粒、果穗、果实及茎秆等物料的直板滚子输送链。

ZGS38链条是20世纪60年代就开始应用在我国农业机械上的链传动产品，至今仍在我国农机行业和东欧国家的农机上广泛应用。这种农机输送用滚子链的主要尺寸参数和技术性能指标等要求源于苏联的GOST 4267标准，链条结构尺寸比例与性能较好，常使用在输送和提升场合。尽管我国的农业机械仍在普遍使用ZGS38链条，出口东欧国家的链传动产品中还有数量较大的ZGS38链条，但适用ZGS38链条制造的原机械部农机标准NJ 106—86已经作废，很长一段时间内ZGS38链条生产处于无标准可循的状态，不利于ZGS38农机链产品的质量稳定、提高和发展。T/CAAMM 4—2017农机团体标准的适时发布和实施很好地弥补了这类链条产品的标准缺失。T/CAAMM 4—2017新标准对ZGS38链条的要求，比旧标准NJ 106—86的要求有了较大提高，有利于进一步提高我国农机链和农机主机产品的技术和质量水平，使ZGS38滚子链产品供需双方对产品有了统一的检验判别标准。

2. 11项链传动产品的"品字标浙江制造"团体标准

近年来，国务院办公厅和国家标准委批准浙江省开展国家标准化综合改革试点工作，"品字标浙江制造"团体标准（简称"品字标"标准）则是浙江省政府全面实施标准化战略暨国家标准化综合改革试点大力推进的重点标准化项目。"浙江制造"团体标准看齐德国制造，立足国内一流、国际先进。"品字标"标准突破了原有产品标准的固有形态，从产品原材料采购、设计、制造、销售、使用到回收等全生命周期进行了产品核心属性及要求的提炼，集中呈现了"品字标"产品标准"精心设计、精良选材、精工制造、精准服务"的内涵。"品字标"标准由浙江省品牌建设联合会（原浙江省浙江制造品牌建设促进会）组织制定、批准发布。"品字标"标准也是各种制造业高端产品通过"品字标浙江制造"品牌认证须依据的主要标准之一。浙江省是我国传统的链传动产品生产大省，在这样的标准化改革与发展的大好形势下，浙江省内的链传动产品制造企业乘势而为，结合行业发展和产品转型升级的需要，积极开展了链传动产品"品字标"标准研制活动，起草、制定出了一批链传动产品"品字标"标准。

（1）T/ZZB 0208—2017《带油杯梯级链条》

T/ZZB 0208—2017《带油杯梯级链条》是链传动产品的首项"品字标"标准，由浙江蓝箭万帮标准技术有限公司牵头组织，链传动行业的两大重点集团企业杭州东华链条集团有限公司、浙江恒久机械集团有限公司和专业研究机构吉林大学链传动研究所三家单位起草、制定。T/ZZB 0208—2017标准规定了带油杯梯级链条的术语、基本要求、结构型式和尺寸、技术要求及试验方法、检验规则、标记、包装、运输和贮存、质量承诺标准和指标要求等，适用于自动扶梯上使用的带油杯梯级链条。

T/ZZB 0208—2017重点参考了ISO 1977：2006《输送链、附件和链轮》、JB/T 8545—2010《自动扶梯梯级链、附件和链轮》等国际标准和行业标准，系国内外首次针对适用于公共交通型和重载型自动扶梯的带油杯梯级链条而制定的产品标准。该标准涵盖内容多，规定的链条精度、强度性能等技术指标要求高于ISO 1977、JB/T 8545—2010等国内外相关标准的技术要求。T/ZZB 0208—2017标准于2017年9月1日发布、9月30日起开始实施。T/ZZB 0208—2017的适时发布，填补了我国高端、精密梯级链条产品的标准空白。

（2）T/ZZB 0392—2018《农机专用链轮》

T/ZZB 0392—2018《农机专用链轮》由浙江

省绍兴市质量技术监督检测院牵头组织，链传动行业的专业链轮生产企业浙江中益机械有限公司联合产品质量技术监督检测机构、使用链轮的农机主机厂家等5家单位起草、制定，2018年7月20日发布，自2018年8月31日起开始实施。T/ZZB 0392—2018标准规定了农机专用链轮的术语、基本要求、技术要求、试验方法、检验规则、包装、运输与贮存、质量承诺标准和指标要求，适用于农业机械传动用的单面搭子和双面搭子链轮，链轮的齿数为8～57齿。T/ZZB 0392—2018标准较多地参照了德国等欧洲发达国家链传动产品制造及应用企业对链轮的技术要求，标准水平达到了国际水平，特别适合生产出口欧洲市场链轮产品的相关企业使用。

（3）T/ZZB 1018—2019《林业机械 链锯 锯链》

T/ZZB 1018—2019《林业机械 链锯 锯链》由浙江省金华市标准化研究院牵头组织，林业工具行业的重点专业链锯制造企业金华辉煌三联工具实业有限公司联合标准化研究机构起草、制定，2019年3月21日发布，自2019年3月31日起实施。T/ZZB 1018—2019标准规定了锯链的型号和规格、基本要求、技术要求、试验方法、检验规则、标志、包装、运输及贮存、质量承诺标准和指标要求，适用于林业工具便携式油锯和电链锯用的锯链。

T/ZZB 1018—2019标准的技术条件内容比行业标准LY/T 1187—2016《林业机械 链锯 锯链》更为丰富，相关技术指标要求高于LY/T 1187—2016标准的要求。

（4）T/ZZB 1291—2019《摩托车链轮》

T/ZZB 1291—2019《摩托车链轮》由浙江方圆检测集团股份有限公司牵头组织，专业摩托车零部件生产企业浙江长江机械有限公司联合相关检测及产品质量监督检验机构起草、制定，2019年10月30日发布，自2019年11月30日起实施。T/ZZB 1291—2019标准规定了摩托车链轮的术语和定义、基本要求、技术要求、试验方法、

检验规则及标志、运输和贮存、质量承诺标准和指标要求，适用于摩托车后驱动传动链轮。

T/ZZB 1291—2019标准的技术条件内容比国家标准GB/T 14212—2010《摩托车链条 技术条件和试验方法》中摩托车链轮部分增加了许多内容，丰富了摩托车链轮的技术指标要求，进一步满足了绿色环保生产需求。

（5）T/ZZB 1297—2019《停车设备链条》

T/ZZB 1297—2019《停车设备链条》由浙江省产品质量安全检测研究院牵头组织，链传动行业中的中国重机协会停车设备工作委员会成员企业杭州永利百合实业有限公司与行业协会、大专院校、停车设备制造企业等单位联合起草、制定，2019年11月5日发布，自2019年11月30日起实施。T/ZZB 1297—2019标准规定了停车设备链条的术语和定义、基本要求、技术要求、试验方法、检验规则、标志、包装、运输和贮存、质量承诺标准和指标要求，适用于牵引、拉拽机械式立体停车设备载车板和升降机上使用的节距为19.05～31.75mm的单排精密滚子链。中国机械通用零部件工业协会链传动分会参与了T/ZZB 1297—2019标准的编制，这是链传动分会参与起草的首项链传动产品标准。

（6）T/ZZB 1362—2019《输送用单节距和双节距空心销轴链》

T/ZZB 1362—2019《输送用单节距和双节距空心销轴链》由浙江省标准化研究院牵头组织，链传动行业重点企业浙江恒久机械集团有限公司与标准化研究机构、特种链条专业生产企业联合起草、制定，2019年11月18日发布，自2019年11月30日起实施。T/ZZB 1362—2019标准规定了输送用单节距和双节距空心销轴链的术语和定义、结构型式、基本要求、技术要求、试验方法、检验规则、标志、包装、运输和贮存、质量承诺标准和指标要求，适用于各种物料输送机用单节距和双节距空心销轴链。

T/ZZB 1362—2019标准的技术指标要求高于美国链传动产品标准ANSI/ASME B29.27的要求。

（7）T/ZZB 1724—2020《汽车发动机用正时齿形链条》

T/ZZB 1724—2020《汽车发动机用正时齿形链条》由浙江省质量合格评定协会牵头组织，链传动行业中的专业汽车零部件企业湖州求精汽车链传动有限公司等单位起草、制定，2020年9月30日发布，自2020年10月30日起实施。T/ZZB 1724—2020标准规定了汽车发动机用正时齿形链条的术语与定义、基本要求、技术要求、试验方法、检验规则、标识、包装、运输和储存、质量承诺标准和指标要求，适用于汽车发动机用齿形链（静音链）。

T/ZZB 1724—2020标准规定的汽车发动机用正时齿形链条产品有26个链号规格圆销式结构形式的齿形链，包括：6个链号规格、链号前缀为"CL"的外啮合（外接触）正时齿形链条，20个链号规格、链号前缀为"SCR"的内、外复合啮合（内、外复合接触）正时齿形链条，链条节距分别为6.35mm、7.70mm、8.00mm；链条的链板组合方式有3×4、4×4和4×5。T/ZZB 1724—2020标准发布之前，链传动行业应用的与发动机正时齿形链条相关的标准仅有一项应用于摩托车发动机上的中国机械行业标准JB/T 10348—2013《摩托车用齿形链》，T/ZZB 1724—2020团体标准的适时发布填补了汽车发动机用正时齿形链条标准的空白。

（8）T/ZZB 1974—2020《竞技用摩托车链条》

T/ZZB 1974—2020《竞技用摩托车链条》由浙江蓝箭万帮标准技术有限公司牵头组织，杭州持正科技股份有限公司与杭州方信企业管理有限公司、链传动分会等单位起草、制定，2020年11月30日发布，自2020年12月30日起实施。T/ZZB 1974—2020标准规定了竞技用摩托车链条的术语和定义、结构形式、基本要求、技术要求、试验方法、检验规则、标志、包装、运输及贮存、质量承诺标准和指标要求，适用于250CC～1 100CC（1CC=1mL）排量的竞技用摩托车链条（滚子链及带密封圈滚子链）。T/ZZB 1974—2020标准丰

富和扩大了国家标准GB/T 14212—2010《摩托车链条技术条件和试验方法》、机械行业标准JB/T 12490—2015《O形密封圈摩托车链条》规定的摩托车链条的品种规格。

（9）T/ZZB 2086—2021《塑料拖链》

T/ZZB 2086—2021《塑料拖链》由浙江金福隆机床附件有限公司主起草，浙江多恩得科技有限公司、宁波东际思翰进出口有限公司参与起草，2021年4月24日发布，自2021年5月1日起实施。T/ZZB 2086—2021标准规定了塑料拖链的结构组成、基本要求、工作环境、技术要求、试验方法、检验规则、标志、包装、运输、贮存、质量承诺标准和指标要求。拖链产品属于JB/T 6368—2010《链条产品分类》标准中的专用特种链，主要用于机床、机械手、机器人、各种自动化生产线及物料搬运设备中的各种电缆及按相关标准制造的各类软管做规则性运动的保护拖链装置上，拖链一般采用金属或工程塑料制造。因原机械行业标准JB/T 6367—1992《保护拖链 型式尺寸》已作废，现无国家、行业标准可循，T/ZZB 2086—2021的适时发布弥补了拖链产品中塑料拖链这类产品的标准空白。

（10）T/ZZB 2126—2021《农业机械专用S型钢制滚子链条》

T/ZZB 2126—2021《农业机械专用S型钢制滚子链条》由浙江象牌链传动有限公司等单位起草制定，2021年5月24日发布，自2021年6月1日起实施。T/ZZB 2126—2021标准规定了农用机械专用S型钢制滚子链条的术语和定义、产品结构、基本要求、技术要求、试验方法、检验规则、标志、包装、运输和贮存、质量承诺标准和指标要求，主要适用于农用机械专用S型钢制滚子链条（不包括H型链条）。T/ZZB 2126—2021标准规定的链条为"S32～S88"共8链号规格的S型（链板外缘为"∞"字形）钢制滚子链条，链条的最小抗拉强度指标值要求高于ISO 487：1998国际标准中同规格链条的最小抗拉强度指标值要求，增加了外、内链节最小压出力指标值和链条

疲劳性能测试等要求。

（11）T/ZZB 2574—2021《集装箱空箱堆高机用板式链》

T/ZZB 2574—2021《集装箱空箱堆高机用板式链》由杭州东华链条集团有限公司牵头组织并主持起草，2021 年 9 月 15 日发布，自 2021 年 10 月 15 日起实施。这是杭州东华链条集团有限公司继负责制定链传动领域首项"品字标"标准 T/ZZB 0208—2017《带油杯梯级链条》后，再度主持制定的链传动产品"品字标"标准，杭州东华链条集团有限公司成为浙江省链传动行业首家主持研制完成两项"品字标"标准的企业。

T/ZZB 2574—2021《集装箱空箱堆高机用板式链》规定了集装箱空箱堆高机用板式链的术语和定义、结构型式和尺寸、产品标志、基本要求、技术要求及试验方法、检验规则、标记、包装、运输和贮存、质量承诺标准和指标要求等；T/ZZB 2574—2021 标准的主要技术指标达到了国内一流、国际先进，得到了来自标准化科研所、检测机构、用户、行业协会、认证认可机构评审专家们的充分肯定。T/ZZB 2574—2021 标准的实施有利于进一步提高浙江省链条企业乃至中国链传动行业高端板式链产品的制造技术水平，规范和引领行业发展，提升"品字标"品牌形象，为促进中国机械零部件产业发展、提升中国高端装备和中国制造水平做出新贡献。

"品字标"标准以"品质卓越""自主创新""产业协同""社会责任"为基本理念，定位高端化和高品质，"浙江制造"标准的技术要求高于同类产品相对应的国际、国家和行业标准。贯彻实施先进的"品字标"标准，必将推动我国链传动行业的产品、特别是高端链传动产品的质量水平不断提升。

在链传动产品"品字标"标准推动下，相关产品的审核认证呈现蓬勃发展的好势头，在已发布的 11 项产品标准中，已有杭州东华链条集团有限公司生产的"链号为 PT133F16 的带油杯梯级链条"、金华辉煌三联工具实业有限公司生产

的"型号规格为 JL9d-3*56 的半圆角标准齿链锯锯链"、浙江恒久机械集团有限公司和浙江恒久传动科技股份有限公司生产的"链号为 40HP 的输送用单节距空心销轴链""链号为 C2060HP 的输送用双节距空心销轴链"、浙江中益机械有限公司生产的"型号为 20B14H 的农机专用链轮"、浙江强江智能科技有限公司生产的"摩托车链轮（60002P130000 等 11 个型号规格）"、嵊州市特种链轮有限公司生产的"型号为 50B27HX38.1 的农机专用链轮"等高端链传动产品获得了浙江制造国际认证联盟颁发的"品字标浙江制造"产品认证证书，其他有关"品字标"标准涉及的链传动产品还在审核认证中。

3. 河南省机械工业标准化技术协会团体标准 T/HNJB 1—2019《停车设备用循环链条》

T/HNJB 1—2019《停车设备用循环链条》为河南省机械工业标准化技术协会发布的首项团体标准，由机械式垂直循环停车设备专业研究机构卫华机械工程研究院股份有限公司联合河南省的相关机械装备制造企业、质量技术监督及检验检测机构等单位起草、制定，2019 年 12 月 24 日发布，自 2020 年 1 月 1 日起实施。T/HNJB 1—2019 标准规定了停车设备用循环链条的术语和定义、技术要求、试验方法、检验规则、标志、包装运输和贮存等标准和指标要求。停车设备用循环链条是机械式垂直循环停车设备运行的关键零部件、安全件，无相应的国际、国家或行业标准可循，T/HNJB 1—2019 标准的适时发布，填补了此类链条产品的标准空白。

4. 山东标准化协会团体标准 T/SDAS 195—2020《舰船用发动机传动链条》

T/SDAS 195—2020《舰船用发动机传动链条》由山东标准化协会归口并组织青岛征和工业股份有限公司、中国船舶重工集团柴油机有限公司等单位起草制定，2020 年 11 月 2 日发布并实施。T/SDAS 195—2020 标准规定了舰船用发动机传动链条的术语和定义、结构型式和基本参数尺寸、技术要求及检验方法、标志、包装、运输和

贮存等标准和指标要求，适用于舰船用发动机正时链、平衡轴链和电控泵链等传动链条，也适用于其他要求大功率高精度的传动链。标准包括了由 ISO 606 国际标准派生出来的舰船用柴油发动机正时传动系统使用的专用链条规格范围（链号为"MEC 40B ～ MEC 72B"）。

《舰船用发动机传动链条》标准属于专用链条产品标准，其技术参数和性能指标要求高于 ISO 606 国际标准中同规格尺寸滚子链的要求，符合国际专业船级社对"船用发动机中用于凸轮轴和力矩补偿器驱动的链条"的要求，系由链传动行业近期通过鉴定验收的工业强基工程项目"大功率舰船用发动机传动链条"转化的标准创新成果。

综上所述，近年来链传动产品团体标准得到了大力发展，呈现链传动行业专业生产企业、应用链传动产品的主机装备制造厂家都参与链传动产品团体标准研制的好势头，必将对我国从链传动产品制造大国向制造强国迈进，链传动产品在国民经济各个领域中得到更多、更广的应用，进一步提高我国链传动产品技术含量和产品质量，以及高端链传动产品的快速发展起到积极的促进作用。

〔撰稿人：杭州东华链条集团有限公司邵慧敏〕

附　录

中国机械通用零部件工业协会
链传动分会获奖企业和个人

2019 年是中华人民共和国成立 70 周年，恰逢中国机械通用零部件工业协会成立 30 年。为了发扬 30 年来行业企业艰苦创业、奋发图强的精神，弘扬独立自主、创新发展的成就，中国机械通用零部件工业协会常务理事会研究决定表彰 30 年来敬业爱岗，为行业企业发展做出卓越贡献的优秀人物。

中国机械通用零部件工业协会成立 30 周年
"行业功勋事业奖"名单（链传动行业）

黄伟达　陈亦兵　宣碧华　金玉谟　王民梁

中国机械通用零部件工业协会成立 30 周年
"突出贡献人物"名单（链传动行业）

胡春晖　牟家海　邱长法　王方永　钟国英　周志迪

"杰出产品"的征集和宣传是机械行业庆祝改革开放40周年系列活动之一，活动旨在通过对"杰出产品"的征集宣传，充分展现机械工业拼搏奋斗的发展轨迹，展示广大企业创新进取的重要成果，凝聚建设机械强国的行业情怀和精神力量，为进一步开拓机电产品市场、加快机械工业转型升级、实现由大变强提供服务。

机械行业杰出产品（链传动行业）

序号	产品名称	企业名称
1	PT133F16 带油杯梯级链	杭州东华链条集团有限公司
2	北京正负电子对撞机 25-1 高抗磁精密传动链	苏州环球科技股份有限公司
3	高精度和高强度冶金链条	浙江恒久机械集团有限公司
4	汽车发动机用强化齿型链	青岛征和工业股份有限公司
5	EQ2050 分动箱无声链条	杭州自强链传动有限公司
6	卸船机高强度专用提升链	诸暨链条总厂
7	链式智能化电石输送线	浙江嵊润机械有限公司
8	输送用平顶链	黄山恒久链传动有限公司
9	农机用轴承封盖	浙江中益机械有限公司

〔供稿单位：中国机械通用零部件工业协会链传动分会〕

QC 小组成果

2019年6月12日，浙江省机械工业联合会在嘉兴召开了 2018—2019 年度浙江省机械工业群众性质量管理活动暨优秀质量管理小组（QC）成果发布会。杭州东华链条集团有限公司有 4 个 QC 活动成果参加发布会，其中，输送链探索者 QC 小组的"降低 16BHBF1 链条扭曲不良率"和西格玛 QC 小组的"降低 520HF3 抗拉强度一次送检不良率"活动成果获得一等奖；汽车链 QC 小组的"提升正时滚子链耐磨性能"和盾牌战鹰 QC 小组的"提升 08B 加长销链装配工序质量和效率"活动成果获得二等奖。

杭州东华链条集团有限公司围绕如何不断开发满足顾客需求的产品为出发点，大胆改进方法，创新工作思路，QC 小组牢牢把握"小、实、活、新"的原则，解决了生产制造及管理过程中所遇到的许多实际问题，为集团公司的稳健发展起到了推动作用。

〔供稿单位：中国机械通用零部件工业协会链传动分会〕

中国机械通用零部件工业年鉴2022

Ⅲ 齿轮行业卷

中国机械通用零部件工业总览

链传动行业卷

齿轮行业卷

回顾总结我国齿轮行业2022年的经济运行情况，介绍行业的重大技术突破和取得的科技成果，指出行业的发展方向

弹簧行业卷

紧固件行业卷

粉末冶金行业卷

传动联结件行业卷

综述

我国齿轮行业发展情况

中国机械通用零部件工业年鉴2022

Ⅲ 齿轮行业卷

综　述

我国齿轮行业发展情况

齿轮作为核心基础零部件在现代工业中扮演着至关重要的角色，其性能直接决定着重大装备和主机的性能、水平和可靠性，是制约我国重大装备发展的瓶颈因素之一。我国要成为装备制造业强国，首先必须成为以齿轮为代表的基础零部件制造强国。齿轮、电驱动技术是现代工业的核心技术之一，它们广泛应用于各种机械设备中，如汽车、飞机、机床、工程机械和船舶等。

一、行业发展现状

（一）经济形势

自 2020 年以来，面对严峻复杂的国际环境和艰巨繁重的改革发展稳定任务，中国机械通用零部件工业协会齿轮与电驱动分会（简称齿轮分会）认真落实总会要求，坚持稳字当头、稳中求进，2021—2022 年行业运行平稳。2022 年第二季度以来，受国内疫情反弹、乌克兰地区局势动荡等超预期因素冲击及房地产、基础建设放缓等影响，行业下行压力陡然增加，4 月，齿轮分会各企业生产经营面临一系列困难，行业发展陷入短暂停滞状态。齿轮分会秘书处按照中国机械工业联合会等上级机构和工业和信息化部等国家部委工作要求，积极与企业联系，了解并向上级反映企业实际生产过程中遇到的困难，助推行业复工复产。5 月底 6 月初，全行业恢复正常运营。在短时间内行业经济实现企稳回升，增速实现由负转正，显现出齿轮行业的增长潜力和发展韧性。

同时我们也要充分认识到，当前行业经济运行中的不确定因素较多，发展面临的形势依然复杂。国家提出要巩固经济回升向好趋势，着力稳就业、稳物价，保持经济运行在合理区间。我们相信，随着国家出台的稳定经济、助企纾困等各项政策措施逐步落地见效，齿轮企业将重拾信心，再赴征程。

1. 2022 年齿轮行业运行情况

据齿轮分会统计，2022 年齿轮行业工业总产值约 2 890 亿元。较 2021 年略有下滑，下滑约 3.7 个百分点。

车辆齿轮方面，2022 年工业总产值约为 1 680 亿元，整个行业整体发展平稳。以浙江双环传动机械股份有限公司等为代表的新能源汽车齿轮生产企业产值较 2021 年均有较快增长，增幅最大的是凯博易控车辆科技（苏州）股份有限公司，增幅超 80%。商用车齿轮供应商均出现大幅下滑，最大跌幅超 70%。

工业齿轮方面，2022 年工业总产值约为 1 200 亿元，较 2021 年保持 10% 左右增长，得益于信息化和"双碳"经济红利，智能装备用齿轮箱生产企业实现较快增长。其中沃德传动（天津）股份有限公司工业总产值同比实现超 70% 增长。

2. 齿轮行业近年来进出口情况

2016—2022 年齿轮进出口情况见图 1、图 2、表 1。

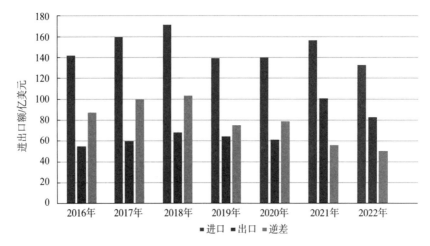

图1　2016—2022年齿轮进出口数据柱状图

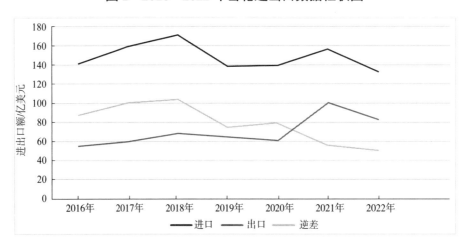

图2　2016—2022年齿轮进出口数据折线图

表1　2016—2022年齿轮行业进出口数据　　　　　　　　　　　（单位：亿美元）

年份	2016 年	2017 年	2018 年	2019 年	2020 年	2021 年	2022 年
进口额	142	159.5	171.25	139.01	139.9	156.5	132.9
出口额	54.8	59.7	67.97	64.15	61.1	100.7	82.9
逆差	87.2	99.8	103.28	74.86	78.8	55.8	50.0

　　由图1、图2可以清晰地看出，2016—2018年我国齿轮进口持续增加，且逆差一直处于高位，2018年贸易逆差高达103.28亿美元。2019年我国齿轮高端产品进口增长明显放缓，2021年齿轮产品出口额突破100亿美元大关，齿轮产品出口由以前的毛坯件转向风电齿轮箱、轨道交通齿轮箱、能源齿轮箱等高端装备。截至2022年，我国齿轮工业贸易逆差进一步缩小，但是仍然有50亿美元。这表明我国齿轮产业转型升级成绩明显，产品科技附加值不断提升。

（二）技术创新

（1）单项冠军。

　　近几年齿轮行业涌现出一批优质企业，这些企业特色明显，主要表现在以下几个方面：

　　1）坚持专业化发展，长期专注并深耕产业链某一环节或某一产品领域。

　　2）市场份额全球领先，企业产品的市场占有率位居全球前3。

　　3）创新能力强，企业生产技术、工艺国际领先，重视研发投入，拥有核心自主知识产权，主导或参与制定相关领域技术标准。

4）质量效益高，企业产品质量精良，关键性能指标处于国际同类产品领先水平。经营业绩优秀，盈利能力超过行业企业的总体水平。重视并实施国际化经营和品牌战略，全球市场前景好，建立了完善的品牌培育管理体系并取得了良好的成效。

5）具有独立法人资格，具有健全的财务、知识产权、技术标准、质量保证和安全生产等管理制度。近三年无环境、质量、安全等违法记录，企业产品能耗达到能耗限额标准先进值，安全生产水平达到行业先进水平。

齿轮行业单项冠军示范企业和冠军产品见表2。

表 2　齿轮行业单项冠军示范企业和冠军产品

企业名称	产品名称	批次	类型	行业
南京高精传动设备制造集团有限公司	风电用齿轮箱	第一批	示范企业	机械
陕西法士特汽车传动集团有限公司	重型汽车变速器	第一批	示范企业	机械
浙江双环传动机械股份有限公司	机动车辆齿轮	第二批	示范企业	机械
秦川机床工具集团股份公司	数控磨齿机	第二批	冠军产品	机械
江苏太平洋精锻科技股份有限公司	汽车差速器锥齿轮	第三批	示范企业	机械
中车戚墅堰机车车辆工艺研究所有限公司	轨道车辆用齿轮传动装置（齿轮箱）	第四批	示范企业	机械
浙江万里扬股份有限公司	中轻型商用车变速器总成	第五批	示范企业	机械
苏州绿的谐波传动科技股份有限公司	谐波减速器	第五批	示范企业	机械
江苏国茂减速机股份有限公司	齿轮减速机	第六批	冠军产品	机械
宁波中大力德智能传动股份有限公司	高精密齿轮减速电动机	第七批	示范企业	机械
浙江夏厦精密制造股份有限公司	小模数精密圆柱齿轮	第七批	示范企业	机械
湖南中大创远数控装备有限公司	全数控螺旋锥齿轮干切成套装备	第七批	冠军产品	机械
广东金力变速科技股份有限公司	12系列金属微小模数减速电动机	第七批	冠军产品	机械
郑州机械研究所有限公司	生物质发电用齿轮传动装置	第七批	冠军产品	机械
宜昌长机科技有限责任公司	数控插齿机	第七批	冠军产品	机械

（2）重大技术突破。

郑州机械研究所有限公司与重庆大学机械传动国家重点实验室共同开发的对构齿轮装置应用于"梦天实验舱"太阳电池翼的阿尔法对日定向驱动机构，对构齿轮传动在对日定向装置中的作用是保障太阳翼连续转动，确保每一缕阳光都垂直照射在太阳翼上。这也是该成果继2022年7月24日应用于"问天实验舱"后，在我国航天事业上的又一次应用。

（三）科技成果

近年来齿轮行业科技成果见表3～表5。

表 3　2016 年以来齿轮行业获得的国家技术发明奖

获奖名称	参加单位	奖项等级	年份
多工位精锻净成形关键技术与装备	华中科技大学、江苏太平洋精锻科技股份有限公司、湖北三环锻压设备有限公司等	二等奖	2016

注：以工业和信息化部发布的数据为准。

表4　2016年以来齿轮行业获得的国家科学技术进步奖

序号	获奖名称	参加单位	奖项等级	年份
1	前置前驱8挡自动变速器（8AT）研发及产业化	盛瑞传动股份有限公司、北京航空航天大学、江铃汽车集团公司	一等奖	2016
2	大功率船用齿轮箱传动与推进系统关键技术研究及应用	浙江大学、杭州前进齿轮箱集团股份有限公司、重庆齿轮箱有限责任公司等	二等奖	2016
3	高铁列车用高可靠齿轮传动系统	中车戚墅堰机车车辆工艺研究所有限公司、大连理工大学、北京工业大学	二等奖	2017
4	商用车机械自动变速式混合动力系统总成关键技术及其产业化应用	清华大学、苏州绿控传动科技股份有限公司、潍柴动力股份有限公司等	二等奖	2019

注：以工业和信息化部发布的数据为准。

表5　2021—2022年齿轮行业获得的中国机械工业科学技术奖

序号	获奖名称	参加单位	奖项等级	年份
1	工业机器人精密减速器测试方法与性能提升技术研究	中机生产力促进中心、江苏中工高端装备研究院有限公司、秦川机床工具集团股份公司等	一等奖	2021
2	高速重载列车齿轮材料开发和关键工艺技术研究	中车戚墅堰机车车辆工艺研究所有限公司	三等奖	2021
3	变（减）速器主减速从动齿轮制造技术研究	中国第一汽车股份有限公司	三等奖	2021
4	GB/T 10089—2018《圆柱蜗杆、蜗轮精度》等6项蜗杆蜗轮国家标准	重庆机床（集团）有限责任公司、郑州机械研究所有限公司、北京工业大学等	三等奖	2021
5	高效率高功密长寿命商用车变速器关键技术及产业化	陕西法士特汽车传动集团有限责任公司、湖南大学、郑州机械研究所有限公司等	一等奖	2022
6	高参数齿轮传动装置系列化设计制造技术研究及应用	浙江大学、杭州前进齿轮箱集团股份有限公司、浙江双环传动机械股份有限公司	一等奖	2022

注：以工业和信息化部发布的数据为准。

（四）重大投资

2020年以来，齿轮行业发展进入新的调整期，行业由高速发展转入高质量发展阶段。产业总体规模增长不大，但是产品的科技附加值提高了，行业整体利润同比实现增长。综合齿轮行业杭州前进、双环传动、南高齿、重齿、宁波东力、太平洋精锻、万里扬、中大力德、江苏国贸、绿地谐波、中马传动、蓝黛科技等上市公司的营业收入情况，2021年、2020年综合利润率较上年分别增长近10%和12%。

近两年，齿轮行业企业投资趋于谨慎，行业运行处于合理区间。部分龙头企业产品结构合理、产业链完整、增长势头较快。受产能影响，企业加大了投资力度，企业的主要投资有：

（1）南高齿在江苏淮安投资50亿元。

江苏省级重大项目——南高齿风电淮安扩产项目成功送电，这也是淮安首个送电的重特大项目，计划2023年6月试生产。

50亿元的投资体量、32万㎡的标准化厂房。项目全部建成后，可年产风电齿轮箱4 800台（套），实现开票销售150亿元，带动就业2 400人，可形成一定规模的产业集群。

（2）天津华建天恒在扬州投资32亿元。

2022年1月6日，天津华建天恒高端传动装备产业化项目在扬州开工。该项目计划总投资32亿元，建成后将形成2 000台5～15MW大功率风电齿轮箱和1 000台（套）高速齿轮的生产能力，产出将超40亿元。

第一季度，全市计划新开工1亿元以上的项目204个，年度计划投资340亿元。其中，产业项目176个，占比86.3%。其中，先进制造业项目144个，占产业项目的比重为81.8%。

（3）郑州机械研究所投资 5 亿元。

郑州机械研究所作为一家大型科技型公益类央企，主要从事装备制造业基础共性技术研究和成果转化，承担了国家许多重要科研攻关任务，支撑了不少国家重点项目的实施。近年来，公司规模化发展迅速，科研生产场地不足问题日益突出，已经成为制约公司快速发展的关键瓶颈。

2022 年 7 月 14 日，郑机所在郑州市公共资源交易中心成功摘牌 100.6 亩（1 亩 ≈ 666.7m²）工业用地，用于建设高标准智能化科研生产示范基地，全力打造高端装备制造产业园，全面打造国家原创技术策源地。该项目将依托公司国家齿轮产品质量检测检验中心等国家平台，重点开展面向装备制造业关键零部件的前沿技术和共性技术研究，推动国家装备制造业先进制造工艺、智能制造技术的研发及成果转化。同时以该项目建设为抓手，推动公司齿轮专业改革改制工作向纵深处发展，全面完成公司"十四五"双倍增战略目标。

（4）浙江双环传动机械股份有限公司投资 20 亿元。

2022 年 5 月，浙江双环传动机械股份有限公司与玉环市人民政府签署"投资合作意向协议"，拟在玉环市投资建设"双环新能源传动部件产业园及齿轮扩产项目"。

浙江双环传动机械股份有限公司（玉环部分）及其在玉环市的控股子公司 5 年（2021 年 1 月—2025 年 12 月）内将新增固定资产投资 20 亿元以上。该项目全面建成达产后，预计浙江双环传动机械股份有限公司年总营业收入可突破 50 亿元。

（5）中大力德在顺德投资 15 亿元。

2021 年 10 月，宁波中大力德智能传动股份有限公司以 5 056 万元竞得三龙湾潭洲会展南片区一地块，用于建设中大力德机器人核心零部件华南区域总部项目。该项目占地面积约 55.7 亩，计划总投资 15 亿元，预计达产后年销售收入不少于 7.08 亿元，6 年纳税累计达到 2.57 亿元。

该项目将聚力打造以华南地区为核心的具有科研、智造、销售三大功能的高端智造中心，持续不断地提高在驱动器、伺服电动机、精密 RV 减速器

等核心零部件方面的研发设计和生产制造基础及一体化集成能力，将有效填补顺德区乃至华南地区机械装备及机器人核心零部件方面的空白。

二、行业发展趋势

1. 行业调整了发展方向

齿轮行业经历了 20 世纪 80 年代末、90 年代和 21 世纪前十年的高速增长，建立了完整的齿轮配套体系。近十年，齿轮行业从高速发展转向高质量发展，随着加工和检测设备的提升，齿轮产品科技附加值不断提高。尤其是自 2015 年以来，随着国家对装备制造业提出产业转型、提档升级的要求，中低端产品逐步被淘汰，中高端产品占领了主流市场。

未来三年是整个齿轮行业的调整期，齿轮行业经过 20 多年的高速增长，一批落后的生产力、思维、观念和机制面临被淘汰，面对调整期我们要做好前瞻性规划，主动积极面对。当前行业的发展要围绕以下三点：①传统产品的提档升级，增加产品附加值，做性价比更好的产品；②齿轮行业尤其是汽车齿轮行业发展重心要转向新能源产品；③要抓住机遇做好技术提升。

2. 基础核心零部件发展行动方案

核心基础零部件与基础制造工艺是装备制造业赖以生存和发展的基础，其水平直接决定着重大技术装备和主机产品的性能、质量和可靠性。核心基础零部件与基础制造工艺主要包括轴承、齿轮、液压件等基础通用和专用零部件，以及机械产品制造过程中量大面广、通用性强的铸锻焊等制造工艺。近年来，我国核心基础零部件与基础制造工艺发展迅速，为制造强国建设提供了有力支撑，但仍存在一些突出问题：整体水平处于中端，局部领域短板突出；基础零部件产品质量稳定性、一致性和可靠性不高，新产品推广应用难；基础制造工艺尚需提升，基础研究和共性技术滞后等。

齿轮作为核心基础零部件，其发展水平直接决定着重大技术装备和主机产品的性能、质量和可靠性。齿轮行业应加快补齐核心基础零部件与基础制造工艺瓶颈短板，提升产业基础能力，支

撑制造强国建设。

当前，世界经济竞争格局正在发生深刻变革并进行深度调整。高端装备制造业是以高新技术为引领，处于价值链高端和产业链核心环节，决定着整个产业链综合竞争力的战略性新兴产业，是现代产业体系的脊梁，是推动工业转型升级的引擎。加速培育和发展高端装备制造业，既是构建国际竞争新优势，掌握发展主动权的迫切需要，也是转变经济发展方式，推进产业结构升级的内在要求。从国际看，金融危机使工业发达国家重新重视实体经济发展，提出了"再工业化"、低碳经济、下一代新能源、智慧地球等发展路线，瞄准高端制造领域，瞄准新兴产业，谋求塑造新的竞争优势。发达国家的"再工业化"等发展路线不仅对我国高端装备的未来发展构成威胁，使竞争更加激烈而且还将挤压我国已经形成优势的产品市场空间。从国内看，国民经济重点产业的转型升级、战略性新兴产业的培育发展和国家重大工程建设等，对装备制造业绿色化、智能化、服务化提出了新的更高要求，并提供了巨大的市场需求空间。

因此，在新的经济形势下，坚持"链主"牵引，用户端创新赋能，提升基础零部件质量和核心竞争力，健全产业链配套体系，推动齿轮产品和基础工艺实现高质量发展，为制造强国建设提供有力支撑。

齿轮行业的发展目标：

1) 到 2023 年，60% 以上齿轮核心零部件实现有效供给，产品可靠性、一致性和稳定性明显提高，达到国际同类产品水平，为装备制造业创新发展夯实基础。

2) 一批核心产品取得突破。核心产品获得突破和提升，重大技术装备所需基础零部件配套能力提高到 85% 以上。

3) 一批基础制造工艺明显提升。推动标志性先进基础工艺实现工程化、产业化突破，支撑基础零部件及装备的性能、质量和可靠性提升。

4) 一批创新服务平台建设形成。建设 1～2 家国家级专业化创新平台，优化一批研发和试验检测公共服务平台。

5) 一批优质企业和产业集群培育壮大。新增 3 家以上单项冠军企业，10 家以上专精特新"小巨人"企业，培育形成 2 个以上基础零部件特色产业集群。

3. 产业基础创新发展目录

2021 年 4 月 2 日，在工业和信息化部、中国工程院和国家制造强国建设战略咨询委员会的指导下，作为专业化、战略性决策参谋机构的国家产业基础专家委员会围绕产业基础高级化开展工作，以科学咨询支撑科学决策，推进产业基础能力提升，助力制造强国建设。作为产业基础高级化的抓手，在国家制造强国建设战略咨询委员会的指导下，国家产业基础专家委员会组织院士专家开展了《产业基础创新发展目录（2021 年版）》（简称《目录》的）编制工作。

《目录》是以我国制造业产业基础发展需求为出发点而编写的，旨在发挥《目录》在行业发展中的决策支持、引导、指南三个方面作用，营造全社会重视产业基础氛围，引导企业从事产业基础领域产品和技术研究开发和产业化，鼓励社会资本参与产业基础领域发展。

《目录》可为各级政府部门确定重点支持方向提供依据；可为银行、证券、基金、保险机构等充分利用多种金融手段，支持《目录》产品的产业化和推广应用提供参考；广大企业和科研院所可以在审慎考虑自身条件、进行充分市场分析的基础上，选择《目录》中的产品和技术进行开发和产业化。

三、小结

我国齿轮行业经历了近 20 年的高速增长，到 2012 年前后开始进入转型升级期，由高速增长转向高质量发展。近十年是行业发展的调整期，齿轮产品由中低端转向中高端（2012 年中高端产品占比不足 45%，2021 年年底中高端产品占比超过 75%），我国也由齿轮制造大国逐渐迈向齿轮制造强国。相信随着国家供给侧结构性改革的不断深入，国家内循环动力的不断释放，国家产业基础的不断增强，齿轮行业必将迎来新的腾飞。

〔供稿人：中国机械通用零部件工业协会齿轮与电驱动分会管洪杰〕

中国机械通用零部件工业年鉴 2022

Ⅳ 弹簧行业卷

中国机械通用零部件工业总览

链传动行业卷

齿轮行业卷

弹簧行业卷

回顾总结我国弹簧行业近几年的经济运行情况，指出行业企业面临的问题，提出行业工作目录；解读弹簧行业"十四五"规划；概述弹簧行业标准化工作；记录弹簧行业大事

紧固件行业卷

粉末冶金行业卷

传动联结件行业卷

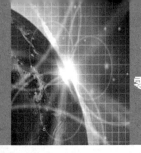

中国机械通用零部件工业总览

链传动行业卷

齿轮行业卷

弹簧行业卷

紧固件行业卷

粉末冶金行业卷

传动联结件行业卷

中国机械通用零部件工业年鉴2022

Ⅳ 弹簧行业卷

综　述

贯彻新发展理念，构思新发展格局

——中国机械通用零部件工业协会弹簧分会第七届理事会工作报告

张彤　中国机械通用零部件工业协会弹簧分会理事长

上海中国弹簧制造有限公司副总经理

中国机械通用零部件工业协会弹簧分会（简称弹簧分会）第七届理事会由 2014 年 5 月 27 日在上海举行的弹簧分会第七次会员大会选举产生，至今已经六年。根据《中国机械通用零部件工业协会章程》的规定，第七届理事会的任期已满。

在过去的六年中世界乃至我国都发生了难以想象的困难和挑战，以美国为首的西方世界挑起的舆论战、金融战、贸易战愈演愈烈，再加上连续的自然灾害，尤其是 2020 年前后发生的席卷全球的新冠疫情，考验着我们的党、我们的国家和我国人民。

全党、全国人民紧密团结在以习近平同志为核心的党中央周围，同心同德、协调一致与新冠病毒争时间、抢速度，以非凡的勇气和智慧取得了抗击新冠疫情的伟大胜利。"冷眼向洋看世界，热风吹雨洒江天"，当整个世界还处在新冠病毒横行肆虐的时候，我国逐步恢复正常的社会秩序。从宏观数据来看，2020 年第二季度以后国民经济呈现向好的发展势头，社会生活、社会活动也逐步趋向正轨，弹簧行业的企业和全国各行各业一样，一手抓疫情防控，一手抓复工复产，绝大部分企业都从困境中走出来，生产经营等各项工作也逐渐恢复了正常秩序。今天我们能在这里召开推迟一年的弹簧分会第八次会员大会实属不易，我们倍感我们党、我们国家、我们军队、我们人民的伟大，我们要倍加珍惜来之不易的局面，立

足本行业、本企业，积极工作，开拓进取，把行业的整体水平再推向一个新的高度。

第一部分　七届理事会六年多的工作回顾

弹簧分会在中国机械通用零部件工业协会（简称总会）的领导下，在分会各理事长单位、理事单位的关心和支持下，在全体会员单位的共同努力下，本着"服务行业，服务企业，加强交流沟通，促进和谐发展"的宗旨，围绕促进行业企业经济工作发展的大局，以各企业的需求和满意为出发点，积极开展多层次、多样化、多途径的工作，分会工作活动形式和内容不断创新、不断务实，管理工作和基层组织工作不断规范，影响力和凝聚力不断加强，行业和企业的地位、经济实力不断增强。

一、齐心协力抗疫情

行业经济运行实现恢复性平稳发展，在第七届任期的六年间，国家经济发展正是处在从高速增长转向中高速增长，从结构不合理转向结构优化，从要素投入驱动转向创新驱动的转型升级新常态发展时期。国内外宏观经济总体运行呈低迷缓慢发展态势，行业企业的发展也遇到了多重困

难的挑战，尤其是经受了自 2015 年起的经济发展低谷等多重困难磨砺的阵痛；当然，受到国家整个发展战略利好的激励，我们始终坚持发展理念，注重行业产业结构调整，逐渐步入中国机械通用零部件行业升级版新的发展阶段，度过了近年来的行业发展低谷期，不断推动行业经济运行逐步进入平稳上升的良性发展时期。

2020 年开年受到新冠疫情冲击，企业一度停工停产。第二季度国内疫情基本得到控制，而国际疫情大面积发生，更大力度、更大面积、更深层次地冲击着全球经济，加上逆国际化政治因素影响，开局十分艰难，预期挑战愈加严峻。疫情和政治动荡带来的全球经济秩序不确定性更加显著，并走向新的常态，对此党中央、国务院及各级政府高度关注，做出了一系列战略安排、制定了一系列应对举措，各企业都采取了自救自强措施，一手抓疫情防控，一手抓复工复产，生产经营等各项工作逐渐恢复了正常秩序。

这次受到总会表彰的十几家企业及几个个人，仅仅是我们行业的代表，各企业积极调动各方资源，认准方向，精准发力，规避风险，转危为机。应对国际供应链断点、堵点增多的实际，做好国内供应链布局和优化，外向型企业则考虑两个市场的均衡发展和互补。行业企业建立了疫情防控联动机制，保生产供应稳定，加大科技投入，加强客户联络和新产品开发；加强公司内部管理，有的企业根据市场需求，及时转产市场急需的产品，做到市场需要什么，就生产什么，大部分企业从困境中走出来了，销售形势逆势上扬。

二、行业企业经济形势发展分析

（一）2020 年 75 家重点企业经济数据调研基本情况

（1）2020 年 75 家企业的销售额约为 110 亿元，和 2018 年的销售额基本持平。

（2）2020 年和 2018 年相比：有 33 家企业实现增长，其中，增长率在 100% 以上的有 6 家，增长率在 50%～100%（不含）之间的有 3 家，增长率在 30%～50%（不含）之间的有 7 家，增长率在 10%～30%（不含）之间的有 7 家，增长率在 10% 以下的有 10 家。持平的有 1 家。

（二）六年来相关企业的主要经济数据

在调研中，我们分别列出了 75 家企业 2015 年和 2018 年以及 2020 年各企业销售额、利润、出口额、新产品率、市场占有率和职工人数 6 项经济指标。其中：

（1）销售额。2015 年，这 75 家企业的销售额约为 80 亿元；而 2020 年为 110 亿元，估计占到整个弹簧行业的近 1/2，六年中增长了 37.5%。

（2）利润。2015 年为 4.4 亿元，2020 年为 7 亿元，增长了 59.1%。

（3）新产品率。新产品在 30% 以上的企业有 33 家，在 50% 以上的有 16 家。

75 家企业的专利数。2015 年 490 个，2020 年 1 300 多个。

2015—2020 年企业经营规模在迅速扩大。销售额过亿元企业 2015 年有 14 家，2020 年增加到 23 家，其中，10 亿元以上的企业有 1 家，5 亿～10 亿元（不含）的企业有 4 家，1 亿～5 亿元（不含）的企业有 18 家。其中，弹簧制造企业 16 家，线材制造企业 3 家，设备制造企业 4 家。

（三）主要亮点

1. 创新体系进一步优化，技术基础有所提高

六年来，标准化工作取得了新的进展，目前有现行国家标准 32 项、行业标准 22 项，承担制定了国际标准 2 项，参与制（修）订国际标准 4 项。企业以内部技术中心、研发中心等多种方式积极开展技术研发活动，推动了企业整体水平提高和研发能力提升；制造工艺改善和新业态的引入提升了企业制造能力和产品质量；一些跨行业技术机构、企业技术组织、上下游企业之间合作开展的专题研究投入加大，使产业链协同得到推进。

在标准化工作方面，一是优化完善了推荐性标准。推进推荐性标准体系优化和复审试点，制定实施推荐性标准复审修订工作方案。二是培育发展团体标准。三是强化标准化全生命周期的管理。四是加强国内国际弹簧技术标准统筹协调，

围绕我国弹簧技术标准"走出去",实质性参与国际标准化活动,推动我国弹簧技术企业更加广泛地参与国际标准化活动,进一步增强我国在国际标准和贸易规则制定方面的话语权和影响力。

在行业学术技术交流与培训方面,弹簧标委会、弹簧学会(简称两会)和弹簧分会多次合作组织国内企业参加标准化国际会议,以及到国外企业考察,学习借鉴国际同行技术创新的经验和成果并向国外同行介绍我国弹簧工业的发展与技术状况。

2. 重大装备配套能力明显提高

"十三五"时期,弹簧行业为国民经济相关产业配套的能力明显提高,行业经济运行质量和效益明显提高,产业韧性明显提高,海陆空乃至太空都有我国制造的配套弹簧,国家急需的弹簧产品一般我国能自主研发。

大连弹簧承接并完成了工业和信息化部工业转型升级强基"超超临界火电机组安全阀用弹簧"项目,通过了工业和信息化部对该项目的验收评价;完成了"华龙一号"项目巴基斯坦卡拉奇核电厂一、二号机组凝汽器弹簧支座的设计制造及出口任务。杭州弹簧成功参与国家新型导弹发射架、深海采油树、海军装备、高端液压件等的配套弹簧研发,新中国成立七十周年阅兵车就有大连弹簧的弹簧。百年老厂天津机车在企业重组改制中焕发青春,近年来,在动车弹簧方面,首次在时速250km标准化动车组上实现批量装车;在客车弹簧方面,铁路客车弹簧实现CRCC资质全覆盖,已成为国内最大铁路客车弹簧供应商;在城轨弹簧方面,100%中标中车长客股份2020年所有公开招标城轨项目,同时扩展了唐山公司、河北京车公司等新的城轨市场,与此同时拓展了工程机械、电梯、军工等新领域。济南试金为满足国家重点工程需求,近年来成功推出了弹簧全自动检测线、100kN试验机+机器人全自动检测系统、货车车厢板全自动焊接与检测系统、WAW-5000F+机器人全自动检测系统等。扬州核威自行设计和制造的碟形弹簧近年来已实现为航天工程的火箭及空间站、核工程、核电工程、中

科院等离子体工程和新型制氧工业装置等大国重器的配套。最近乐清力升弹簧助力"天问一号"着陆火星。

3. 企业创新理念及企业管理水平显著提高

企业依法经营和承担社会责任的意识、环保和安全生产意识明显加强,通过不同程度地在技术创新、管理创新、营销创新等方面的实践,努力建设资源节约型、环境友好型制造企业,推动企业向更高水平、更强实力发展。上海中国弹簧制造有限公司近几年投资2 000多万元新建和改造了环保设施,顺利通过各级各类检查28次,常态化开展环保风险监控点"日检、月查、季监督"工作,顺利通过环境管理体系换证审核和水平衡测试验收工作以及环境突发事件应急预案评审,超额完成"固废降本"和"危废降本"两大专题工作目标。浙江华纬弹簧有限公司建成第一条技术水平国际领先的水淬火材料处理线;研发高强度水淬火弹簧钢丝,提升了弹簧钢丝品质并减少了污染物排放。泰兴宏远公司对公司环保设施进行技术升级,实施超低排放标准。中车贵阳车辆有限公司完成轴承一次清洗线技术改造,转向架落成循环悬挂线工艺改造,在消除安全隐患、提高质量、工序自动化等方面取得长足进步。天津沛衡五金弹簧有限公司在全体员工中开展安全风险管控和隐患排查治理活动,以ISO 14001/OHSAS 18001和IATF 16949体系为依托加强管理。无锡泽根为进一步改善环境,大力进行厂区(厂房)内部改造,购进污水处理设备,做到生产中的污水零排放,还购进油烟分离设备,实现生产中的油烟达标排放。名力弹簧加强电镀、电泳、发黑自动线的投入,更好地完善了产业链,为给客户提供更环保、优质的产品提供了保障。新乡辉簧弹簧有限公司加大环保设施和检测监控投入,实现"三废"达标排放,维持正常生产经营。曲阜天博汽车零部件制造有限公司紧跟国家车辆环保政策,自主设计研发的"新能源汽车行人提示音装置"已经为比亚迪汽车、长城汽车等新能源汽车主机厂批量配套,公司成为该产品国家标准

的起草单位。

4. 企业走出去, 发展良好

不少企业更加注重全球布局, 规避贸易摩擦带来的不利因素影响, 继续拓宽产品出口渠道, 改变出口产品结构, 取得良好发展态势, 出口增长速度高于内销。与此同时, 有不少企业走出国门, 在国外投资办厂, 创办各种模式的经营公司, 为客户提供面对面的服务, 保持了较好发展势头。

湘潭弹簧公司通过自主研发和应用知识产权技术, 使企业产品在竞争中脱颖而出, 外贸出口业务量增加, 随着"一带一路"倡议的实施, 业务从国内拓展到越南、泰国、印度、马来西亚等国家。南京弹簧为适应国外客商的需求, 扩大产能, 货车修理包的销售额持续攀升, 稳定在企业总销售额的七八成左右; 洛阳鑫富润弹簧机械有限公司在印度、伊朗等地设立公司或者代理公司, 方便与客户交流技术和市场信息, 根据客户需求出口相关弹簧机械设备。洛阳显恒公司大力开拓国际市场, 其中 5mm 以上机型远销欧洲、北美和印度等国家和地区。有些企业通过第三方的间接出口也稳中有升。东莞华毅达弹簧机械有限公司在疫情之下针对客户过不来, 用户走不出去的情况, 改变思路, 通过线上交流形式, 展示机器的细节结构, 让客户如同在现场一样, 了解机器的性能; 提供完整的技术方案, 现场制作样件让客户通过视频画面进行确认, 赢得了客户的信任, 增加了采购数量, 该公司的产品先后出口到土耳其、波兰、克罗地亚、阿根廷、马来西亚、泰国、印度等国家, 销售形势良好。

5. "两化融合"取得突破性进展

"两化融合"是"中国制造"的核心, 新一代信息技术与制造技术融合发展, 正在引领制造业向"数字化、网络化、智能化"转型升级深入发展, 这是促进我国制造业由大变强的内在要求, 是基于迎接制造业发展方式深刻变革的重大举措。我们欣喜地看到, 行业企业已经开始实践"两化融合"的工业创新发展新模式, 践行行业企业对"中国制造"更大发展的责任。上海中国弹簧制造有限公司打造数字化生产管控平台, 实施在线生产和追溯项目。基于 ERP 和 MES 平台, 补充、优化当前的生产计划制定和生产指令发布体系。建设生产现场全覆盖的生产数据采集体系。实现生产计划管理、生产过程数据采集、物流配送管理、设备管理、过程质量管理、工艺管理、设备互联、ERP 集成、PDM 集成、QMS 集成。中车贵阳开发了智慧货修综合管理平台, 提供生产监控、协同制造、数据分析等一站式的解决方案, 促进生产管控模式从粗放管理向精细管理迈进。杭州弹簧和高校联合攻克高端弹簧制造工艺的若干难题, 开发智能制造生产线, 取得实际效果, 获得杭州市"两化融合"示范项目奖, 先后在机械行业等行业进行交流介绍。卡塔罗精密部投入巨大精力和资源先后完成了 2 项具有重大意义的科研创新, 填补了国内空白, 比肩国际顶尖同行。一是耗时 3 年半自主研发的"华夏兴智能弹簧设计及制造平台", 二是自主设计和发布了 6 大类 10 万款弹簧标准件, 填补了我国在综合类弹簧标准件企业标准上的空白。浙江华纬建成全自动生产线, 实施"机器换人", 提高生产率和产品质量, 为建设数字化工厂迈出坚实的一步。近三年投入 9 800 余万元, 改造升级了 4 条自动弹簧生产线, 2 条水淬线; 运用 ABB 机器人实现各工序无缝连接, 革新弹簧制造工艺, 实现机器换人。东风沿浦信息化 MES 和 U8 双系统的应用, 建立了物料预警机制, 稳定了交付秩序; 运行扫码系统, 扫码采集物料数据, 使物料即时数据信息畅通。信息化的建设有效地规避了以往丢票、丢物的管理风险。继 2018 年企业获得湖北省"两化融合"示范企业后, 2019 年获湖北省"双创"示范企业称号和十堰市转型升级"上云"标杆企业称号。

第二部分　七届理事会开展的主要工作

几年来, 弹簧分会本着"为政府服务、为企业服务"的宗旨，不断注重提升自身服务能力和业务素质，为行业企业的发展做出了积极的贡献。

（1）注重理事会的作用发挥。注重加强自身建设、注重贯彻民主程序、注重理事作用发挥。七届理事会选举产生后，在七届一次理事会上修改制定了《加强理事会自身建设的意见》，从十个方面规定了弹簧分会理事会的职权、议事规则、理事会的报告制度、理事单位的作用和对理事单位考核内容等，以此作为理事单位的行为准则，弹簧分会根据总会要求开展的评选、推荐各类奖项及项目，都按照理事会制定的相关程序进行讨论；按照"理事要理事"的要求，由秘书处负责，每年对理事单位参加总会和弹簧分会活动情况、信息传送及会费收缴等进行汇总，2020年年末分别送给各理事单位，对履行职责较差的单位及时提醒，本次换届对七届理事单位依据相关考核，对考核结果较差单位不再推荐进入八届理事的推荐名单。

（2）坚持开展正常的活动。召开了三次会员大会，四次分会理事会，七次理事长会议，积极发挥各方面的作用；第七次会员大会（即七届一次会员大会）在上海召开，会议主要内容是换届改选产生第七届理事会；七届二次会员大会在杭州召开，会上进行了同行间的广泛合作与交流，学习数字化、智能化企业管理经验与做法，展示产品的制造水平，对推进行业发展起到了一定的作用；七届三次会员大会在广州召开，主题是纪念弹簧分会成立30周年，大会表彰了为弹簧行业做出突出贡献的人物。期间的理事会和理事长会议都是为三次会员大会的召开做准备或就相关问题进行讨论。

（3）坚持开展分会专门委员会的活动，让更多会员单位参与分会的工作，技术委员会、培训委员会、设备委员会、材料委员会及外事委员会等都根据各自特点开展活动。深入进行同行间的沟通与交流，技术委员会还负责对各企业上报总会的创新产品项目等进行评审推荐。培训委员会和技术委员会会同行业职业技能分中心主要围绕行业员工技能培训考核以及高技能人才的评审推

荐开展活动，材料委员会围绕弹簧制造企业关注的材料问题进行广泛的讨论，对外交流委员会组织有关企业进行境外同行的考察，新冠疫情期间积极推介国际同行的先进技术、工艺及设备仪器，受到了广泛的欢迎。近年来还多次参加由欧洲弹簧协会主办的世界弹簧工业大会并在会上做专题发言，受到与会同行的重视。

（4）坚持践行"两个服务"的宗旨，积极反映行业发展状况和企业诉求，积极反应各会员单位的问题，帮助落实。一是坚持会长或秘书处成员走访会员单位。据不完全统计，"十三五"期间走访了近60家企业，直接听取了解各单位的发展情况，对企业今后的工作提出建议和意见。二是三次通过问卷方式了解企业的经营情况，对行业的总体发展有了大致的了解，每次有近70家企业认真参与调研。三是对会员单位的一些要求，无论大小，尽可能给予满意的解决。2020年通过多方调解，比较成功地解决了业内两个企业的纠纷。

（5）坚持从实际出发，重视分会的组织建设，积极吸收新会员。2015年以来共吸收了61家新会员，对分会的工作开展起到了促进作用。基于少数会员单位，包括个别理事单位多年不参加分会组织的会员活动，也不承担会员应尽的义务，不完成分会的任务，拖欠或者不自觉缴纳会费甚至几年没有缴纳会费，单位信息变更也不及时报告的现实，根据《中国机械通用零部件工业协会章程》规定，并请示总会，自2019年开始进行了会员重新登记工作。对于不参加登记的单位，本着认真负责的态度，请理事长单位、会员单位帮助进行联系，对处于失联状态的50多家单位进行了除名。目前，弹簧分会共有会员单位188家。根据民政部规定会员单位会费管理归口总会的要求，弹簧分会认真协助总会做好会员单位的会费收缴、管理和使用工作。

（6）坚持加强队伍建设，提升队伍素质。从凝聚行业各企业干部员工向心力出发，支持行业职工政治思想工作和企业文化研究会的活动，行业职工政治思想工作研究会活动（简称政研会活

动）是弹簧行业的一大特色活动，坚持了 30 多年，本届任期中举办了三届政研会活动，交流了相关企业的党建工作、企业文化建设和职工思想教育的经验和成果，对"弹簧精神"进行了研讨，形成了行业职业道德培训教材。支持行业职业技能鉴定分中心开展技能培训鉴定工作，行业千余名操作工分别参加了弹簧工和弹簧检查工的理论和技能培训及考核认定取证，其中，技师有 20 多名。2020 年推荐 6 名技师撰写的论文参加机械指导中心举办的高技能人才论文评选活动。继续努力办好《弹簧工程》，《弹簧工程》的影响力和作用日益显现。2017 年举办了纪念《弹簧工程》创刊 30 周年的活动。

（7）坚持促进行业提升创新实力。从实际出发，积极参加、落实总会开展的各项活动：根据总会的要求组织申报、推进"三基项目"的落实，在相关 6 家企业申报的基础上，大连弹簧的"超超临界火电机组安全阀用弹簧"项目被列为工业和信息化部工业转型升级强基项目，经过该公司的努力，通过了工业和信息化部对该项目的验收评价；根据总会要求，积极推进建设智能化工厂项目，杭州弹簧和济南试金在此方面取得了一定成果；积极组织各企业参加申报总会创新产品的活动，总计申报百余项，在各分会中申报项目数名列前茅；积极参加总会组织的《中国工业史·弹簧篇》的撰写和编辑工作，积极组织参加中国机械工业年鉴社组织的《中国机械通用零部件工业年鉴》的编撰工作；尽管近年来行业面临重重困难，弹簧分会还是尽力发动企业参加总会每年在上海举办的亚洲动力传动与控制技术展览会（PTC ASIA）展会，展示弹簧企业的形象。

第三部分　行业企业面临的形势和任务

（一）当前宏观形势

我国已经进入国民经济发展"十四五"时期，这个时期将是我国由全面建设小康社会向基本实现社会主义现代化迈进的关键时期，是"两个一百年"奋斗目标的历史交汇期，也是全面开启社会主义现代化强国建设新征程的重要机遇期，具有新的时代特征和继往开来的里程碑意义。当今世界正经历百年未有之大变局，新一轮科技革命和产业变革深入发展，国际力量对比深刻调整，国际环境日趋复杂，不稳定性和不确定性明显增强。我国已转向高质量发展阶段，而且是一个新的重要战略机遇期。但机遇和挑战都有新的发展变化。

一是国际经济环境更加错综复杂。2019 年，世界经济增长降到十年来最低水平。进入 2020 年，受新冠疫情影响，全球经济进一步下滑，遭遇了 20 世纪 30 年代大萧条以来最严重的经济衰退，超过 90% 的世界经济正在同步萎缩，发达经济体、新兴经济体均难以幸免；同时，贸易保护主义、单边主义加剧，经济全球化遭遇逆流，新冠疫情影响广泛深远，世界经济形势的严峻性、复杂性前所未有。

二是全球产业格局与创新版图加速重构。随着以人工智能为代表的新一代信息技术的快速发展，全球产业格局与创新版图加快调整和重构。以美国为首的经济发达国家，纷纷实施"再工业化"、制造业回流战略，一方面加大先进制造的战略布局，抢占全球科技和产业竞争制高点，重塑国家竞争新优势；另一方面对我国进行技术封锁和打压，引发贸易争端和贸易摩擦，给我国产业链、创新链安全带来巨大风险。

三是我国高质量发展面临机遇与挑战并存的局面。我国经济已由高速增长阶段转向高质量发展阶段，制度与政策、经济与物质基础、人力资源与市场空间等优势明显。但发展不平衡不充分的问题依然突出，传统产业以"规模扩张""要素驱动"及"劳动力红利"为动力的发展模式已难以为继，同时支撑发展的要素条件也发生了显著变化，自然资源和环境保护压力加大，重点领域关键环节改革任务仍然艰巨。

四是造就机械制造强国任重道远，稳增长是发展的经济基础。目前，我国机械工业经济运行面临一些困难，亏损企业数量与亏损金额有所增长，账款回收难和产品优质不优价的问题愈发突出，对外贸易形势不容乐观，亟须加快缓解。转型升级进入攻坚阶段，要从根本改变大而不强、全而不优和"卡脖子""断链子"等受制于人的短板弱项，实现产业基础高级化、产业链现代化，尚需付出艰辛的努力，我国机械工业要做好打硬仗、打持久战的各种准备。

（二）行业存在的问题和差距

今后一个时期经济形势依然严峻，依然呈现"小幅增长、温和回升、平稳发展"的特点，井喷式高速发展的局面不会再有，中低速发展是今后很长一段时期的特征。注重技术含量、注重资源环保、注重品牌质量、注重成本效益是市场需求的主题，我们不仅要追求做大，更要追求做强，追求企业核心竞争力的提升。

现阶段行业发展的主要问题仍然是：产业大而不强，结构性矛盾突出，供给能力不足，区域发展不平衡；科研水平差距较大，前瞻性科技投入少，自主创新能力不强，在产业链中话语权低；政策落实不到位，公共服务缺位，协同性不够；产业转型升级在爬坡，产品质量和综合效益不高，新动能培育不足；生态环保压力大，单位GDP能耗物耗偏高；企业融资难，融资成本高，受承兑汇票等影响，投资回报率低，投资者信心不足，人才流失和招工难日益严重。

具体表现：

一是行业中除少数企业外，大部分企业研发能力不足，中低端弹簧产品的产能严重过剩，市场竞争十分激烈，不少企业仍属粗放型的经营生产方式，技术能级提不高，产品价格低廉，销售额一直在低位徘徊，效益平平，发展艰难，难以进入有需求的技术要求稍微高一些的配套件市场。

二是与国际一流的弹簧制造企业相比，缺乏足够的沟通和人脉资源，故虽然产品价廉质优，但仍处于国际竞争的下风，而且我国产品的质量不够稳定，此种状态亟须改变，需要我国企业加倍努力，勤奋工作，及早开发出一系列高端配套弹簧产品，塑造中国弹簧行业的优质品牌，彻底扭转国际竞争的"劣势"。

三是在弹簧制造、检测工艺方面要大力推广达到国际先进水平的新工艺和新技术，有的企业已经开始运用，有的企业还刚刚起步，有的在此方面还是空缺。我国具有独立自主知识产权的技术和产品仍然十分匮乏，不少为高端产品配套的认可权不在我们手里，而且许多领域需要的弹簧产品往往在我国处于"卡脖子"的局面，不得不高价进口，甚至高价也买不到。

四是高端产品的原材料国产化困难。虽然国内原材料厂家不少，产能规模不断扩大，但技术性能和质量水平仍不能满足顾客要求，目前只能依赖进口。由于国外同行的技术壁垒、封锁，有的原材料无法购买。设备制造厂家也存在类似问题，设备的适用性及其精度、寿命远远满足不了弹簧制造企业的需要，而且企业所需的自动化辅助设备，如传送、包装、在线检测设备等缺乏，制约了弹簧行业的技术进步和经济效益提高，智能制造、无人化、少人化尚在起步阶段。

五是企业管理水平有待提高，学习、推进先进管理进展不快，有些企业还停留在原始的小作坊生产方式，管理落后，生产秩序混乱，工人劳动强度较高，职业安全、劳动保护不到位，脏乱差的企业厂区车间环境还为数不少，严重制约了企业的发展，随着清洁、环保、能源、安全的严格管控，对耗能、污染、员工健康等的严格限制，企业的生存和发展面临着新的挑战。

六是员工队伍建设滞后于企业发展，员工职业道德、职业责任、职业技能水准普遍有待进一步提升，缺少系统学科技术教育，职业技能培训有效性有待提高，企业派送员工培训的动力不足，员工接受职业教育培训的积极性、主动性不高，人才队伍严重不足。企业员工尤其是工程技术人员、一线操作员工以及外来劳务人员的流动快，稳定性较差，一些关键技能岗位人员匮乏，如何培养人才、留住人才是值得关注的共性问题。

七是企业家队伍失衡，职业素质亟待提高，专业知识、市场规则、法律法规知识、管理知识尤其是现代化管理知识缺乏，制约了一些企业的发展，不少企业正处于老一代经营者和新一代经营者交替的转折时期，新生代的企业家如何接班？亟须加强开拓性创新性方面的培养和提高。

第四部分　对"十四五"期间弹簧分会工作目标和任务的建议

建议归纳为：六项目标、五项重点工程、六项重点工作。

一、"十四五"时期的六项目标

（1）涌现4～5家销售额10亿元级以上的企业。

（2）形成一批专精特优的优势企业和智能化制造企业。

（3）行业弹簧及有关产品销售额递增30%。

（4）加强行业内弹簧制造、材料加工、设备制造、检测设备产业链的协同发展，能基本满足国内的需求。

（5）提升技术能级，满足国家重点工程需求，拥有一批具有自主专利和自主开发的具有世界先进水准的技术成果。

（6）形成一支高素质的工程技术人才队伍、经营者人才队伍、管理人才队伍和高技能人才队伍。

二、"十四五"时期着力推进的五项重点工程

（1）推进自主创新工程，提升突破瓶颈的能力。

各企业要加大技术投入，加大技术改革，提档升级，坚决淘汰落后的产品生产工艺和制造方式，在提高产品质量的基础上提高产能；要紧盯市场需求，增强与客户的黏性，以客户的需求为目标，提升服务质量；要与国内优秀的供应商和代理商建立战略伙伴关系，建立高效的企业供应链体系，为国家急需的配套工程提供优质的产品；强化技术创新，努力做大做强企业，积极开发拥有自主知识产权的项目，要有一批拳头产品企业，发展一批国内知名品牌企业；各企业要通过和国内外企业对标，制定企业持续发展的规划，明确目标，每年做几件事，做成几件事，持续做，以推进科技进步和创新，提高持续发展能力，逐步缩小差距；在有相对优势的部分领域达到国内先进水平；加强自身研发能力建设，增加技术研发费用的投入，提高和国内外主机厂同步开发所需弹簧的能力，每年的新产品产值率不低于30%，建设一批国家、省市级技术中心、工程实验室。

（2）推进结构调整工程，提升转型升级能力。

要推进企业的信息化建设，切实实现弹簧制造的智能化、数字化，以满足中国制造的发展要求；要大力转变传统思路，千方百计寻找机遇，开拓海外市场。要凭借企业在质量控制和信息化方面已有的特色优势，保持对国际市场的信心和定力，利用好自己的优势，努力拓展海外市场，避免一味地在国内陷入无休止的价格战；要发扬各自企业的优势，依托原有主机厂，做好主机配套服务工作；紧紧盯住市场需求，跟进新机型开发进度，开发新产品，推进新市场；要加强与大专院校和科研机构的合作和交流，加强纵向横向合作；企业要加大信息化建设改造，增加科研经费投入，提高市场占有率；要加强差异化产品技术研发；继续推进产品多样化结构，向高端产业配套持续推进。

（3）推进提质增效工程，提升企业盈利能力。

要充分认识当前原材料及辅料价格不断上涨，产成品又不断跌价的严峻生存环境；要充分利用资本运作的杠杆作用，选择性进行投资融资，加强多方合作，共谋发展；企业内部要建立以模拟市场为基础的成本核算体系和管理体系，各企业要结合自身实际，建立成本核算考核体系，以降低企业内部交易成本；要完善MES、ERP等信息化管理平台、提升企业供产销的管理水平；要大力开源节流，增强全员资源节约意识，推进精益

生产、精益管理，减少和消除浪费；要根据企业人工成本上涨情况，引进智能化控制方式，研究弹簧设备之间衔接问题，开展群众性的技术改进活动，进一步提高设备自动化程度，推进生产方式向少人化、无人化转变，以提高产品质量和生产效率，减少企业人工成本，做好客户的精细化管理，优先维护重点客户，优化淘汰劣质客户。在搞好主业的前提下探索并推行多元化经营，切实降低企业运营成本，提高企业盈利能力。

（4）推进企业体系建设，提升标准管理能力。

"十四五"企业体系建设的基本目标：加强企业体系建设和法治、法规、制度建设，建立健全合规管理制度，完善合规管理组织架构，明确合规管理职责，构建合规管理体系，有效识别、防范、化解合规风险。以全国弹簧标准化技术委员会为龙头，在国际标准化方面，抓好外文版标准新提案；抓好国内标准化的重点项目、专项、新领域的标准和具有技术推广价值的团体标准立项；做好《"十四五"复审项目的修订计划》落实工作；加强国内弹簧相关技术及标准化基础研究以及现有标准宣传贯彻和推行，引导行业努力提高知晓贯彻执行标准的能力；行业标准化组织将继续参与 ISO 和其他国际组织的工作，落实"一带一路"行动计划。加快推进中国标准走出去，推进标准互认；积极开拓国际标准化工作新领域，研制具有自主技术的国际标准。推动我国企业更加广泛地参与国际标准化活动和技术交流活动，进一步增强国际标准和贸易规则制定的话语权和影响力。

各企业要根据各自特点推行体系建设，在制度制定、经营决策、运营管理环节严格执行合规制度；在市场交易、安全环保、产权管理、劳动用工、知识产权等重点领域加强合规管理；购置智能设备，加大智能改造力度，逐步实现生产、试验、检测智能化，建立互联互通网络，对生产线进行智能化改造，实现生产过程实时调度、物料配送自动化和产品质量检测智能化，组建更多的智能化车间，打造多个智能工厂、数字化物联网工厂；持续加大绿色投入，进行绿色改造，建设绿色工厂。

（5）推进人本塑造工程，提升核心竞争能力。

当今世界，人才是未来企业的最核心竞争力，谁拥有一流的人才谁就会取得领先优势。企业要重视人力资源开发，加强管理体系建设，不断优化企业员工结构，不断加强员工的应知理论和实操能力培训，不断创造良好的用人环境，不断改善员工的工作环境和福利、工资待遇，建立和完善职工养老保险和医疗保险制度；要不断推进企业文化建设，职业道德建设，用中国特色社会主义思想、企业的愿景、核心价值观、企业精神培训，激励、凝聚、塑造员工，培养有理想、有道德、有文化、有纪律的企业员工队伍；在弹簧行业形成一支高技能人才队伍；要加强企业技术人才的培养，形成一支善于钻研和掌握国内外领先技术和理论，善于独立思考、专心于技术攻关、技术改进，有独创精神的技术人员队伍；要大力弘扬企业家精神，加强企业领导班子建设，加强对企业经营者的培训，开展交流帮带活动，形成一支懂经营、懂技术、懂管理、懂政治、懂法律的企业家队伍。

三、六项重点工作

（1）根据国家国民经济第十四个五年计划发展纲要、中国机械工业联合会及中国机械通用零部件工业协会"十四五"规划的要求，制定好弹簧行业的"十四五"规划，各企业也要根据自身实际，制定相应规划，明确"十四五"的目标、主要任务，并且要落实分年度实施的计划、措施和步骤。

（2）加强调查研究，在连续两年问卷调查的基础上，要增加调研内容和参加企业数量，发现、总结和推广相关企业深化改革，以及创新发展中的点滴经验和成功做法，发挥示范效应，推进行业共同发展。

（3）根据行业多数是小微企业的特点，积极向国家有关部门反映各企业反映出来的要求和问题，争取相关部门的技术支持、政策扶持，建设良好的政策环境，促进行业高质量发展。

（4）积极支持和协同弹簧标委会及弹簧学会做好《"十四五"复审项目的修订计划》及落实工作。办好两年一届的技术交流会，对标国际同行，开展弹簧标准化技术研讨和制定工作，努力提升行业技术研发和标准化工作水平，努力提高标准化综合技术服务能力。

（5）探讨当前严峻的国内外经济形势对策和措施。①要整合资源，探讨材料钢丝、辅料如何满足业内需求；②要研讨如何提升业内弹簧制造设备、检测设备的制造水平，如何满足企业智能化、信息化、自动化需求。

（6）全行业要大力开展以弘扬社会主义核心价值观为主要内容、以职业道德为重点的企业文化塑造工程，形成具有行业、企业特色的文化品牌，培养造就三支队伍，即以具有"工匠精神"的高技能领军人才为核心的技能人才队伍，具有开拓、奉献精神并勇于创新探索前沿技术的高素质工程技术人员队伍，具有"增强爱国情怀、诚信守法文明、勇于创新开拓，勇担社会责任、拓展国际视野"精神的企业家队伍，企业家队伍建设是企业能否长盛不衰的关键。

第五部分　对第八届弹簧分会理事会的工作建议

弹簧分会第七届理事会的工作即将任期届满，在这六年多的时间里，广大会员单位以及行业的广大企业团结一致，积极支持理事会的工作，积极为理事会出谋献策，积极主动完成承担的工作，取得了一定的成绩，尤其在新冠疫情期间，更是心往一处想，劲往一处使。在此，我谨代表七届理事会理事长单位、理事单位向总会领导，向全体会员单位，向行业各单位，向今天到会的所有同事、朋友，表示最衷心的感谢和崇高的敬意！总结过去几年的工作，我们深感还有不少工作没做好，与总会和会员单位对我们的要求还有不小

差距，正如许多会员单位在问卷调研中提出的批评、意见和建议一样，我们的工作还做得不扎实，落实得不到位，深入会员单位的调研指导工作做得还不多，帮助解决问题不够迅速，也不够到位。我们诚恳地接受大家的批评和意见，并将大家的许多建议负责任地转达给第八届理事会，以便在今后的工作中努力加以改进，进一步加强学习，进一步深入企业，进一步转变作风，切实提高效率，切实多办实事。

总要求：认真学习贯彻习近平新时代中国特色社会主义思想，学习贯彻党的十九大以来一系列重要文件和指示精神，学习贯彻党和国家"十四五"规划精神及中国机械工业联合会、中国机械通用零部件工业协会的有关会议精神，结合实际，带领行业职工迎接国内外新的挑战，迎难而上、振奋精神、艰苦奋斗，充分发挥行业员工的积极性和创造性，以行业企业的新创造、新业绩、新发展，庆祝中国共产党百年华诞，为迎接党的二十大召开做出应有的贡献。

（1）运用各种形式宣传动员广大行业员工认真学习习近平新时代中国特色社会主义思想和党的十九大以来党中央的重要精神，学习习近平总书记在庆祝中国共产党成立100周年大会上的讲话，以习近平新时代中国特色社会主义思想引领行业持续发展。学习要形式多样、浅显易懂、生动活泼、联系实际、解决问题，让群众自觉参与。

（2）要着手制定《弹簧分会"十四五"发展规划》，并且要不断完善、不断细化、不断落实，各企业也要制定规划并落实相应规划；要关注新一轮科技革命的新动向，时刻关注国家政府新的政策导向，认真研究分析国家相关行业政策，及时传递给企业；通过走访会员单位、多种形式的调查研究，了解企业的需求，积极反馈给有关部门，特别是针对当前原材料（辅料）价格飞涨、如何为企业减负、增加企业效益等问题，征求大家意见后，汇总给总会，提出好的解决办法；将出口退税、机械通用零部件工业振兴规划、用工制度、税收等政策文件信息提供给会员单位借鉴；切实为企

业解决一两件实事，更好地发挥企业与政府之间的桥梁纽带作用。

（3）积极支持、参与行业标委会及两委开展的行业标准化工作，以及技术研讨会，引领行业在智能制造、智慧工厂方面有所作为，积极抢占制高点，赢得市场发展先机。坚持创新驱动，推动行业企业将经济发展的立足点转到提高质量和效益上来，抓好谋划，及早布局，与企业积极配合，推荐企业发展项目纳入国家产业支持的工程项目，积极助力企业的创新升级发展。

（4）进一步夯实基础，在总会的指导下，与企业积极配合，推荐企业发展项目纳入国家产业支持的工程项目中，如"三基工程""强基工程"的申报，积极助力企业的创新升级发展，积极参加总会组织的各项活动，如：每年的 PTC ASIA 展会、年鉴的编撰、创新产品的申报、统计数据上报及的"十三五"成果、单项冠军、专精特企业的推荐等，完成总会下达的各项任务。

（5）大力加强行业员工队伍建设，充分发挥行业职工政治思想研究会在企业文化、党的建设、员工积极性发挥等方面的作用，充分发挥弹簧行业职业能力评价分中心在加强对技术工人培训、考核、能力评价方面的作用，主动协助相关企业开展高技能人才的培育，大力宣传"工匠精神"，树立一批行业技术领军人才，要根据企业需要采用师徒帮带、选送或自行培训方式培养一批专业技术人员，要探索开展合格企业经营者的培训、培养，总结、树立、推介一批优秀的企业家。

（6）面对新形势新环境新机遇新挑战，弹簧分会的工作必须转变观念，创新工作方式，切实为企业为行业为政府做好服务，不折不扣地完成理事会确定的工作任务。要切实加强理事会的自身建设，坚持各项行之有效的工作制度，发挥理事及会员的作用，结合总会的要求，创造性地开展工作，不断扩大弹簧分会的影响力，努力办成"会员之家""行业学堂""企业交流平台"。

好风凭借力，奋进正当时。蓝图已绘就，关键在落实。本次大会将产生新一届弹簧分会理事会，让我们在以习近平同志为核心的党中央坚强领导下，在中国机械工业联合会和总会的领导下，带领弹簧行业上万名职工，坚守初心，践行使命，不断贯彻新发展理念，不断构思新发展格局，开拓创新，拼搏进取，征战"十四五"，为把我国建成弹簧设计、制造强国，为全面建设社会主义现代化国家、实现第二个百年奋斗目标而不懈奋斗！

二〇二一年六月十八日

〔供稿单位：中国机械通用零部件工业协会弹簧分会〕

对弹簧行业编制并实施"十四五"规划的几点思考

党的十九届五中全会通过的《中共中央关于制定国民经济和社会发展第十四个五年规划和二〇三五年远景目标的建议》中明确指出，"十四五"时期是我国全面建成小康社会、实现第一个百年奋斗目标之后，乘势而上开启全面建设社会主义现代化国家新征程、向第二个百年奋斗目标进军的第一个五年。每一个五年规划的实施过程都是我国机械工业发展历程的重要缩影，是了解我国机械工业发展进程的重要切入点。"十四五"规划的编制过程，是对机械工业"十三五"以来发展情况的一次全面梳理和总结的过程。通过对行业发展过程中各方面成绩及问题的深入研究，可以帮助全行业更好地总结经验、开拓思路，对机械行业未来五年乃至更长一段时间的发展具有重要指导意义。

对弹簧行业来说，编制"十四五"规划同样对指导行业发展具有十分重要的现实意义和深远的历史意义。

一、抓住机遇，直面挑战，强化产业基础能力

"十四五"时期，国际格局和政治力量对比加速演变，我国面临大国战略竞争的严峻考验。一方面，中美贸易摩擦具有长期性和不确定性。对我国机械工业来说，如何摆脱西方国家在关键核心零部件、软件及关键材料等方面对我国的制约等，是我国需要重点探讨的问题。另一方面，国际产业分工体系正在重塑，欧美发达国家纷纷实施"再工业化"、制造业回流战略，新兴市场国家也不甘落后，以低成本优势吸引全球跨国公司前去投资。总体来看，各国都十分重视制造业的发展，奋力抢占先进制造业制高点。机械工业作为制造业的重要组成部分，未来将应对发达国家和新兴市场国家形成的"双向挤压"。为此，我国弹簧行业有可能也有必要在"十四五"期间，利用科技进步和科技创新实现发展动能转换，实现产业变革目标，从根本上解决弹簧制造核心技术受制于人的问题，夯实产业发展基础，努力研发达到国际一流水平的新产品，建设享誉国际的一流质量品牌和企业文化。目前，我国弹簧行业与国际一流的弹簧制造企业相比还存在：企业研发能力不足，中低端弹簧的产能严重过剩，经营生产方式粗放，技术含量不高，质量水平不稳，现场管理落后，新工艺和新技术的研发力度不够，有的刚刚起步，有的还是空白等问题。要想进军国际市场，争当"隐形冠军"困难重重。此种状态亟须改变，需要全行业各企业齐心协力共同努力，认真制订并落实好"十四五"弹簧行业发展规划。

二、新产品的开发一定要瞄准主机行业的发展需求，为富国强军服务

机械工业"十四五"规划是一个大体系，分为综合规划、专业规划和专题规划。其中专业规划就有26种。与国防安全、国计民生直接有关的主要机械工业各行业均离不开各种机械基础件，弹簧也一样。主机要发展，无论是性能提升还是质量优化，均离不开配套弹簧的研发和优化。所以弹簧行业"十四五"规划中的新品研发目标应以满足机械工业各行业对弹簧的配套新需

求和要求为依据。在"十三五"规划中明确提出的高应力、高可靠性基础上，进一步提升产品性能、质量水平和扩大品种、规格范围等。尚未完成的"十三五"规划中的新产品研发任务应该转入"十四五"规划，继续花大力气、下苦功夫去努力实现。弹簧产品研发的主攻方向应该继续向高应力、耐疲劳、轻量化方向发展。

① 产品设计向高应力、轻量化、更高功能的弹簧及非线性特征的各类弹簧、不同材料组合弹簧等方向发展。

② 弹簧设计工艺过程向计算机CAE仿真方向发展。

③ 弹簧材料向超纯净高强度弹簧线材、低温氮化钢材发展。

④ 弹簧制造向智能化精密化发展。

⑤ 检测设备向影像检测、自动化检测、仿真检测、智能化检测方向发展，检测设备实现成套化、组合化、在线检测。

专业化、精品化、特色化是零部件产业新的特征。产业结构调整的关键在于产品结构调整，在于提升企业的专业化、精品化、特色化水平。企业应在细分市场、个性化需求上下"狠功夫"，选择世界对标企业和对标产品，制定赶超技术路线图和行动计划，提升企业和行业的综合竞争力。推进"专精特新"产业结构向更高层次发展。

弹簧制造企业应主动参与整机的总体设计，协同主机，无缝对接，充分发挥整机的牵引作用，减少首台（套）产品进入市场的阻力；要把企业的产能同其产业链产能有机整合，形成协同、创新、合作共赢的利益机制；要把企业利益同客户利益融合为一体，这样做有利于稳定用户市场和开拓新的用户市场。

发挥市场在资源配置中的决定性作用，通过市场的公平性竞争、优胜劣汰，逐渐形成行业的"专精特新"结构和良好发展生态。

三、补短板、提层次

随着各主机行业对配套弹簧的品种、性能、质量水平、规格等提出新要求和新需求，弹簧制

造（工艺）技术的基础理论研究须在"十四五"期间进一步加强。在"十三五"实施"核心基础零部件（元器件）、关键基础材料、先进基础工艺和产业技术基础"四基的基础上，"十四五"时期弹簧行业必须准确找到本行业产业基础薄弱环节，补短板、提层次，持之以恒地深入抓好"强基工程"，实现行业的高质量发展。

习近平总书记十分关心提升产业链水平问题，在主持中央财经委员会第五次会议上强调，要打造具有战略性和全局性的产业链，围绕"巩固、增强、提升、畅通"八字方针，支持上下游企业加强产业协同和技术合作攻关，增强产业链韧性，提升产业链水平，在开放合作中形成更强创新力、更高附加值的产业链。弹簧行业首先要时刻关注产业链的完整性、安全性，着力突破一批"卡脖子"瓶颈，尽快消除关键环节受制于人的隐患；其次要着力推动弹簧行业迈向全球价值链中高端，不断提高在产业供应链、价值链中的地位；此外，还要通过加强上下游企业关联性，增强区域产业间协同性，提高产业链与创新链、价值链的紧密度，构建现代产业体系，提升产业核心竞争力。

四、兵马未动，粮草先行

弹簧作为重要的机械基础件，要想提升性能、质量水平及扩大品种规格，制造弹簧的基础原材料十分重要。没有能够耐受高应力、达到高可靠性的材料，没有耐得住高低温的材料，没有能随周边介质温度而同步响应，负荷适应动态变化并具备记忆功能的材料等，弹簧行业就不能制造出高性能和高质量的新产品来，依靠从国外引进，把高端新材料的研发希望寄托在国外某些工业发达国家上，显然是风险太大了。所以"十四五"时期，弹簧行业的一个重要战略任务是，在国家有关部委的统一筹划组织下，进行各行业急需的弹簧新材料的试制、验证、完善、提高的科学研究。

五、工欲善其事，必先利其器

要想制造出工艺一致性完美、卓越的弹簧新产品，没有精良的设备（含检测设备）显然是不行的。"十四五"时期是新一轮科技革命引领产业变革的历史机遇期，人工智能、云计算、大数据、工业互联网等新技术成为引领创新和驱动转型的先导力量，智能工厂、共享制造、服务制造型企业等新模式新业态不断涌现，弹簧行业尤其以自动化生产线和多功能多工位数控设备为代表的智慧工厂的建设为"十四五"规划的重点。新设备（含在线检测、远程同步检测等检测设备）的研发在"十四五"时期任重道远，要努力采用先进的专用设备，加快机器换人进程。目前，我国弹簧行业的产品加工专用装备质量水平远远不能满足生产需要，是制约弹簧行业提高生产效率、稳定产品质量的重要环节。因此要提高专用设备技术水平，采用高质量、高稳定性、高效率的专用装备，提升关键工艺过程控制水平，提高生产效率和保证产品质量稳定。

要重视新产品中间试验能力建设，支持建立行业产品试验基地。以资产为纽带，发挥企业和各级检测机构的积极性，建立联合检测机构或分支机构，满足企业与顾客的需求。

六、专题规划

机械工业"十四五"规划体系架构中还有一个重要的版块，那就是专题规划，如科技发展、质量发展、标准化、节能、人才建设发展、企业管理发展、企业文化建设及信息化发展规划等。弹簧行业的规划同样需要考虑上述内容，应认真学习落实上级专题规划，领会其精神实质，以指导弹簧行业"十四五"时期的相应工作，同时也应有本行业的特色，认真总结推广行业中先进企业的经验，组织好行业沟通交流活动。

推广先进质量管理技术和方法。开展质量标杆和领先企业示范活动，普及卓越绩效、六西格玛、精益生产、质量诊断、质量持续改进等先进生产管理模式和方法。

高素质的管理、技术、技能人才是提质增效的基础。重点培养和塑造一支懂技术、肯钻研的技能型企业操作人才队伍。积极推进职业技能培训工作，在进行广泛的行业初、中级培训鉴定的基础上，加强行业高技能人才的培养，要开展多种形式的职业技能技术竞赛，培养选拔高素质优秀人才。

加强行业标准化工作，协同全国弹簧标准化技术委员会，抓紧行业标准的立项、制订、修改、更新、发布和废除；制定产品市场准入标准，规范市场秩序，引导企业进行差异化定位，优化产业结构，疏导过剩产能，淘汰落后产能；加强行业自律，避免恶性竞争。

加强产业之间的沟通交流，实现上下游产品标准对接；要重视原材料和工艺过程质量标准的制定，促进新材料、新工艺的推广应用。

跟踪国际先进技术发展趋势，注重推进行业标准与国际接轨，要把加强标准的制订贯彻作为提高产品质量、效益的重要基础工作。

高效率低成本是企业生存的关键因素和竞争优势。目前弹簧行业处于高消耗、高排放、低效率的落后状态，与世界先进水平相比，差距显著。要采取措施，调整结构，降低物耗能耗，提高生产效率，降低成本。

鼓励企业进行节能节材降耗技术改造，降低制造成本，发展循环经济。从提升行业总体管理水平着手，改进企业的现场管理、劳动管理、成本管理方式，提高劳动生产率。

弹簧行业的服务市场发展空间很大，推进"互联网＋制造业"经营服务模式创新，做好主机配套和维修保养两个市场的"互联网＋"的服务。企业要以全球客户需求为中心开展全程服务，从提供传统产品向提供产品与服务整体解决方案转变。在增量市场趋缓的背景下，在售后服务市场上挖掘更大的增长空间。善于发现需求，满足需求，创造需求。

〔撰稿人：中国机械通用零部件工业协会弹簧分会副理事长李和平〕

大 事 记

2019—2021 年弹簧行业大事记

2019 年

1 月

月内 辉县市汽车电器弹簧园城西工业园开工建设，总投资 10 亿元，总占地面积 200 亩（1 亩 ≈ 666.7m^2）。项目分两期建设，其中，一期投资 5 亿元，占地面积 113 亩，于 2019 年 1 月全面开工建设，一期工程全部投产后，可带动 400 余人就业，实现年利税 5 亿元；二期工程全部竣工投产后，预计年新增利税 4 亿元，大约可安排 300 人就业。

5 月

9 日 中国机械通用零部件工业协会弹簧分会七届五次理事会于 2019 年 5 月 9 日在宁夏银川市举行，弹簧分会理事长潘宏主持会议，中国机械通用零部件工业协会姚海光常务副理事长参加了会议，并且在会议结束时对弹簧分会的工作提出了要求。会议决定由叶卫东担任弹簧分会常务副秘书长，郑志成不再担任此项职务；根据总会章程的规定，会议同意召开弹簧分会第八次会员大会，进行分会理事会换届改选，同意分会秘书处提出的相关事宜；会议确定2020年5月召开弹簧分会第八次会员大会，由中钢集团郑州金属制品研究院有限公司承办；会议通过了秘书处提出的相关建议名单，并报总会审查；对中国机械通用零部件工业协会成立30周年有突出贡献的个人进行了表彰。参加此次理事会的理事还列席了中国机械通用零部件工业协会七届二次理事扩大会议。

10日 在中国机械通用零部件工业协会七届二次理事会暨会员代表大会上，弹簧分会的张英会、刘辉航同志被授予"协会成立30周年功勋事业奖"荣誉称号，张俊、曹辉荣、郭斌、李和平、黄伟达、张春新等同志被授予"协会成立30周年突出贡献人物"荣誉称号。

20日 根据《中国机械通用零部件工业协会章程》第十八条的有关规定，2019年5月20日下发经弹簧分会七届五次会议审议通过的《关于弹簧分会第八届理事会换届改选的意见》，标志着弹簧分会第八次会员大会的筹备和理事会换届改选准备工作开始启动。

5月21日—6月3日 杭州弹簧有限公司（简称杭州弹簧）董事长李和平一行应杭州米奥兰特国际会展公司的邀请，先后携带200余份本企业产品样本、300余份外贸销售人员名片及部分为汽车、工程机械、铁路（轨道交通）、农业机械等领域配套的弹簧样品参加了2019年中国（土耳其/波兰）贸易博览会。李和平一行的强烈感受是"一带一路"不愧是普惠之路，共建"一带一路"为世界经济增长开辟了新空间，为国际贸易和投资搭建了新平台，为完善全球经济治理拓展了新实践，为惠及各国民生福祉做出了新贡献，成为各国共同的机遇之路、繁荣之路。

6月

1日 是杭州通用弹簧有限公司成立二十五周年纪念日，公司生产的"电梯门复位弹簧"和"千斤顶拉簧"获得浙江省科技厅颁发的"科学技术成果登记证书"。

7月

5日 梅州广汽汽车弹簧有限公司（简称梅州广汽弹簧）项目主体建筑封顶顺利完成。该项目是广州华德汽车弹簧有限公司为贯彻落实广东省产业对口帮扶梅州的重大战略举措和广州市委市政府的指示精神，肩负广汽集团落实1个3亿～5亿元项目落地的使命，于2019年1月初动工的，梅州广汽弹簧主营汽车悬架弹簧、稳定杆。

10日 在江苏泰州荣鼎弹簧钢线有限公司举行了公司一期油淬火生产线点火仪式，该项目是集团重点规划和打造的高起点、现代化项目，公司秉承苏州神王弹簧钢线有限公司20余年的油淬火弹簧钢丝产品开发及生产技术，采用目前行业内最先进的工艺设计和生产设备，以高标准的汽车行业质量体系标准（IATF 16949）实施质量管理，致力于为客户提供优质的产品和完善的服务。

9月

19日 全国弹簧行业第二十六届政研会暨企业文化研讨会在山东省济南市时代试金试验机工业园举行。吴正萍会长做《企业文化建设与员工行为规范》主题报告。济南时代试金公司作为东道主，做了主题发言，杭州弹簧、天津沛衡、苏州神王等企业的代表在会上做了交流发言，参会代表参观了时代试金试验机工业园，试验机＋机器人集成性检测系统成为亮点。

10月

1日 钱江弹簧集团董事长张涌森应邀参加了2019年10月1日在北京天安门广场隆重举行的庆祝中华人民共和国成立70周年大会、盛大的阅兵式和群众游行观礼活动。

13—15日 第13届（2019）全国弹簧行业新产品、新技术及科技信息交流、展示会在浙江省嵊州市举行，会议由浙江万能弹簧机械有限公司、浙江省金狮弹簧机械有限公司、嵊州市人和弹簧机械有限公司协办，大会的主题是"智能助力品质提升"。来自国内外的弹簧制造企业、装备制造企业、材料供应商等企业的187名代表出席了会议，大会集中进行了国内外先进技术与装备、材料、工艺、信息等交流，来自国内外的近20家单位展示了弹簧成型、弹簧磨削、自动化和自动控制在弹簧强化设备中的应用（新一代喷丸机）、热处理、影像检测、在线检测与3D检测等技术，还有一些企业在会议期间交流了企业不断创新的经验和新产品信息，此次会议特别邀请行业老专家，针对目前新技术的发展与应用做专题报告。

23—26日 "第24届亚洲国际动力传动与控制技术展览会（PTC Asia）"在上海新国际博览中心举办。参展的弹簧行业企业有美力科技、杭州弹簧、扬州核威、上海核工、扬州三众、天津元象、嵊州金狮、浙江万能、济南凯雷迪、天津斯迈力、日本松山等。

12月

12—13日 全国弹簧标准化技术委员会四届四次会议暨《弹簧残余应力的X射线衍射测试方法》等4项国家标准、行业标准审查会在重庆洪崖洞酒店召开。全国弹簧标准化技术委员会委员及委员代表共59人（其中委员40名）参加了会议。秘书长余方全面总结了2019年弹簧标委会工作，阐述了新思路新机遇，指出委员履职的问题，并对下一阶段委员会工作提出了思路和要求；会议对2018年已列入国家标准化管理委员会的20173582-T-469《弹簧残余应力的X射线衍射测试方法》、20190831-T-469《高应力液压件圆柱螺旋压缩弹

簧 技术条件》等4项国家标准、行业标准计划项目进行了审查；秘书处还向委员和委员代表汇报了2019年11月14—15日参加ISO/TC 227年会和项目组会议的情况。

23日 弹簧分会七届七次理事长会在天津元象国际贸易有限公司举行。弹簧分会理事16人出席了会议。弹簧分会理事潘宏主持了会议。中国机械通用零部件工业协会姚海光常务副理事长参加了会议，并且在会议结束时对弹簧分会的工作提出了要求。此次会议的主要议题有三项：一是为将于2020年召开的弹簧分会八届一次会员大会作准备；二是汇报开展的清理弹簧分会部分理事单位和会员单位的工作；三是关于总会开展的2019年创新产品的推荐申报工作。

23日 公布《中国机械通用零部件工业协会弹簧分会第八届理事会换届选举办法（草案）》，开始对弹簧分会第八届理事会组成人员进行酝酿提名协商。

2020年

1—5月

月间 为抗击新冠疫情，杭州弹簧有限公司从2020年1月下旬至5月已累计生产负压救护车和医疗垃圾运输车专用弹簧约750万件，其中涉及负压救护车的弹簧款型有6个，涉及医疗车及运输车的弹簧款型约20个，负压救护车对配套弹簧有严格的静声、防振和负荷精度指标要求。2020年以来这两项防疫特种车用弹簧总出货量已达到近千万件。

2月14日 扬州核威碟形弹簧制造有限公司（简称扬州核威）在新冠疫情期间，迅速

出台防治预案，公司申请并且经过工业园区验收合格并同意复工。复工后，扬州核威认真做好值班值守、员工去向摸排、信息动态报送、预警监测等工作，购买口罩、消毒液物资以满足公司防疫所需，至3月中旬公司已实现100%复工，据统计，扬州核威在当年前五个月的生产销售量已达到了2019年同期水平。

4月29日 山东联美弹簧科技股份有限公司测试中心（简称山东联美）通过两年努力，于2020年4月29日通过了中国国家认可委员会（CNAS）认可，表明山东联美测试中心具备了按国际认可准则开展检测服务的技术能力；获得了与CNAS签署互认协议的国家与地区实验室认可机构的承认，认可能力范围有金属材料硬度、金相组织、脱碳层检测，板簧、气门弹簧、悬架弹簧、稳定杆、拉扭簧等产品的负荷检测、盐雾试验、疲劳试验、松弛试验。另外还可以进行X射线应力测试和化学成分测量。

5月19日 中央电视台有关频道播放了对无锡恒瑞五金有限公司（简称江苏恒瑞信）总经理张献智的访谈录，张献智总经理在访谈录中谈到：自己是一个从大山里走出的孩子，和弹簧结下浓厚感情，并且介绍了作为小微企业的江苏恒瑞信应对市场竞争的做法和体会，四年多来该公司申请了20个相关生产设备改进方面的专利，有着自己的"恒瑞信"商标，正在努力申报国家高新技术企业。江苏恒瑞信努力将产品做到可以和行业优秀同行竞争，甚至某些产品或技术工艺争取可以代表中国制造。他表示，企业在发展过程中一直努力为社会多尽责任，参与一些公益活动，帮助一些需要帮助的群体，让江苏恒瑞信成为一家有社会责任的企业。

7月

月内 在杭州弹簧有限公司2020年7月的干部会议上讨论了公司"十四五"规划，确定"十四五"时期总目标比"十三五"末翻番，工业年销售收入达到2亿元，服务业收入达到2亿元，并确定了期间技术改造的主要项目和措施。同时，对公司的愿景奋斗目标展开了讨论。

8月

11—12日 由全国弹簧标准化委员会召集的2020年弹簧标准制定暨弹簧标准外文版制定工作会议在江苏省无锡市举行。这是2020年年初新冠疫情发生以来行业的首次重要会议，来自行业各单位的18位专家和工作组成员参加了会议，会议的目的是启动《弹簧喷丸　第2部分：丸粒技术要求与检测》标准制定以及弹簧标准外文版制定工作。会议确定了项目负责单位、联络人、参加单位及专家，以及工作计划。

9月

由杭州弹簧全资子公司——浙江兰菱弹簧有限公司研发的电梯控制器用安全高负荷弹簧、高压缩比缓冲弹簧和大吨位挖掘机用液压件弹簧相继于2020年第三季度通过浙江省省级工业新产品鉴定。

18日 第十六届ISO/TC 227弹簧国际标准会议在北京召开，来自德国、日本、英国、美国、中国、泰国、马来西亚、法国和意大利的专家参加了此次会议。机械科学研究总院董事长、全国弹簧标准化技术委员会主任委员王德成，杭州弹簧有限公司姜晓炜，中机研标准化院检测研究所所长程鹏，弹簧标委会秘书处余方，中机生产力促进中心邵晨曦和刘晓肖参加了此次会议。会上，王德成主任委员代表中国陈述了新工作项目申请书，并获通过。经各国与会代表商议，形成有关标准方面决议。

11月

3日 弹簧分会七届八次理事长扩大会议在上海举行。出席会议的有弹簧分会各位正副理事长或单位代表，共 32 名。中国机械通用零部件工业协会常务副理事长姚海光出席了会议，弹簧分会潘宏理事长主持了会议。会议对正在草拟的《弹簧分会第七届理事会工作报告》提纲进行了讨论，提出了不少建议。会议希望秘书处要运用多种形式，进一步听取各理事单位和会员单位的意见，尽快完成报告起草工作；要求秘书处和各会员单位充分沟通协商，筹备好弹簧分会七届六次理事会和弹簧分会第八届第一次会员大会的相关工作，要充分发扬民主，做好新一届分会理事会成员的推荐工作；会议通过了推荐给中国机械通用零部件工业协会参加 2019 年技术创新奖活动评选的有关项目。

会议对原定于 2020 年 4—5 月间举行的弹簧分会七届六次理事会和弹簧分会第八届一次会员大会因新冠疫情而未能按时召开进行了说明。到会代表对此表示完全理解，建议视情况延期至 2021 年 4—5 月举行，安排弹簧分会理事会的换届改选等工作事项。会议地点定在安徽省马鞍山市，由中钢集团郑州金属研究院承办。

代表们分别参加了中国机械通用零部件工业协会于 11 月 3 日晚上和 11 月 4 日举行的七届三次常务理事会和七届三次理事会暨会员代表大会，参观了"2020 亚洲国际动力传动与控制技术展览会"。

4 日 在上海召开的中国机械通用零部件工业协会七届三次理事会暨会员代表大会上颁发了"中国机械通用零部件工业协会技术创新奖"，其中，弹簧分会获得 7 项特等奖、16 项优秀奖，弹簧分会秘书长叶卫东被授予"优秀协会工作者"称号。

11—14 日 国内著名的弹簧行业品牌展会之一的第十六届无锡太湖国际弹簧及加工设备展览会在无锡太湖国际博览中心圆满举办，展览面积近 20 000m²，展品涵盖弹簧相关制品、生产用配套原材料、关键零部件、先进制造装备、检测仪器及设备等全产业链的最新技术、产品和服务，吸引了近万家无锡及周边地区采购商进场洽谈采购，预定销售各类机器设备 300 余台，现场成交额达 2 亿多元。

24—25 日 2020 弹簧标准制修订工作组第二次会议在江苏省盐城市举行。近 30 名弹簧标准制修订工作组成员及有关专家参加了此次会议。会议由弹簧行业标准化委员会秘书处主持。会议启动了对《弹簧喷丸 第 2 部分：丸粒技术要求与检测》国家标准的征求意见稿进行意见处理，以及弹簧标准外文版、碟簧两项计划标准的制修订工作。

12 月

13 日 陕西省委副书记胡衡华在陕汽控股党委书记、董事长袁宏明，陕西雷帕得悬架系统有限公司（简称陕西雷帕得）董事长孙庆凯陪同下，对山东雷帕得汽车技术股份有限公司全资子公司陕西雷帕得进行调研，胡衡华一行参观了陕西雷帕得产品展厅和生产现场，详细了解了陕西雷帕得在产业扶贫、发展历程、技术创新、智能制造、战略目标等方面的情况并给予其充分肯定。希望陕汽集团和陕西雷帕得要进一步加大合作力度、增进战略协同，为打赢脱贫攻坚战，实现陕西省培育省内汽车产业链、提升陕汽集团本地化配套的战略目标，做好示范和带动作用。

24 日 浙江美力科技有限公司（简称美力科技）在浙江大明市举行新厂区投产仪式暨庆祝美力科技成立 30 周年大会。30 年来，美力科技以领先性、系列化、高标准定位的高端弹簧专家形象，努力跻身世界弹簧企业的第一阵营。今后美力科技将以新的使命、愿景、价值观，以专注的力量，苦练内功，做好智能化改造，强化管理，成为一家客户、员工、政府、股东最信赖的企业，让企业充满正能量，实现年销售百亿元目标。

2021 年

4 月

8 日 全国弹簧标准化技术委员会在扬州核威召开了《碟形弹簧》制（修）订工作会议，陆培根副秘书长、扬州核威郭斌等专家共 9 人参加了此次会议。会议主要根据标准草案内容进行了有关技术条件标准的讨论。

5 月

15 日 我国自行研制的"天问一号"探测器成功着陆于火星乌托邦平原南部预选着陆区。"天问一号"的着陆器上有多根浙江力升弹簧股份有限公司研制生产的两种弹簧。

17 日 国务院国资委党委书记、主任郝鹏到机械总院集团调研，实地察看企业实验室并与科技人员亲切交流，详细了解装备制造业研发攻关、市场应用等情况，强调要深入学习贯彻习近平总书记关于加快建设制造强国、壮大实体经济的重要论述精神，坚持创新驱动发展，加大科研攻关力度，努力打造装备制造原创技术"策源地"和现代产业链"链长"，加快实现高水平科技自立自强，为推动装备制造业高质量发展、

建设制造强国做出新的更大贡献。

25 日 弹簧分会理事长扩大会议在重庆北碚举行，参加中国机械通用零部件工业协会七届四次理事会暨会员代表大会的代表出席了会议，弹簧分会秘书长叶卫东主持了会议。

潘宏先生因上海汽车集团决定将其调离中弹公司赴其他单位履新职，提出不再参加弹簧分会理事长第八届理事会的选举，会议商议由上海中国弹簧制造有限公司副总经理张彤先生作为弹簧分会第八届理事会理事长候选人之一。

会议审议了弹簧分会第八次会员大会的筹备工作进展情况，决定于 2021 年 6 月 18 日在安徽省马鞍山市举行。会议的主要议程：一是传达学习贯彻总会七届四次会议精神；二是审议弹簧分会理事会工作报告；三是选举产生弹簧分会第八届理事会；四是企业交流等。

会议通过了弹簧分会第八届理事会理事和理事长建议名单，拟提请七届六次理事会通过后提交会员大会无记名投票选举产生；会议对七届理事会工作报告基本同意，会后将进一步听取理事长们的意见后再行修改提请大会审议通过。

会议要求分会秘书处和主

办单位进一步做好弹簧分会第八次会员大会的筹备宣传组织工作，要求分会会员单位和企业积极踊跃参会，确保弹簧分会第八次会员大会成功举行。

28 日 在中国机械通用零部件工业协会七届四次理事会暨会员代表大会上，授予 44 家单位"抗击新冠疫情和复工复产先进集体"称号，授予 34 位同志"抗击新冠疫情和复工复产先进个人"称号。其中弹簧分会：先进集体 11 家，先进个人 4 位。

6—8 月

6 月 17 日 中国机械通用零部件工业协会弹簧分会七届六次理事会在安徽省马鞍山市召开，弹簧分会七届理事会正副理事长、理事近 50 余人参加了会议，中国机械通用零部件工业协会常务副理事长姚海光出席了会议。会议由弹簧分会第七届理事会理事长潘宏先生主持。

会议听取并审议通过了弹簧分会常务副秘书长叶卫东先生在会上做的《关于弹簧分会第七届八次会员大会筹备情况的报告》《弹簧分会第七届八次会员大会的主要议程及日程安排》《弹簧分会第七届八次会员大会表决办法》《弹簧分

会第八届理事会换届选举办法》《弹簧分会第八届会员大会选举安排及选举工作小组名单》及对弹簧分会第八届理事会理事、正副理事长候选单位及代表人等相关问题的说明。

中国机械通用零部件工业协会常务副理事长姚海光在会上代表总会宣读了《中国机械通用零部件工业协会关于弹簧分会召开第七届八次会员大会进行换届选举的批复文件》，推荐上海中国弹簧制造有限公司副总经理张彤作为弹簧分会第八届理事会理事长人选，提交第七届八次会员大会表决。他充分肯定了弹簧分会近年来的工作，衷心希望在今后的工作中团结带领行业会员单位和行业职工为开创弹簧行业的新局面而努力！

潘宏理事长和张彤候任理事长在会议结束时发表了讲话。

6月18日 中国机械通用零部件工业协会弹簧分会第七届八次会员大会在安徽省马鞍山市举行，来自弹簧分会的116家单位的150名代表参加了会议，中国机械通用零部件工业协会常务副理事长姚海光出席了会议，会议由弹簧分会第七届理事会副理事长李和平先生主持。

此次会议的东道主中钢天源股份有限公司党委书记、董事长、总经理毛海波，中国中钢集团有限公司副总经理宫敬升，马鞍山市政府副市长、市

政协副主席李强，此次会议的支持方全国弹簧标准化技术委员会副秘书长、弹簧学会两委秘书长程鹏等先后致辞，热烈祝贺弹簧分会第七届八次会员大会召开。

弹簧分会第七届理事会秘书长叶卫东做了第八次会员大会的筹备工作报告，宣读了第七届八次会员大会的主要议程；姚海光常务副理事长宣读了《中国机械通用零部件工业协会关于弹簧分会召开第七届八次会员大会进行换届选举的批复文件》。

弹簧分会候选理事长、上海中国弹簧制造有限公司副总经理张彤做了题为《贯彻新发展理念，构思新发展格局》的第七届理事会工作报告，参加会议的全体代表以举手表决的形式通过了张彤先生所做的第七届理事会工作报告。

大会表彰了在抗击新冠疫情、复工复产中表现突出的先进集体和先进个人，共计34位同志获得先进个人、11家企业获得先进集体称号。

参加会议的弹簧分会会员单位代表在选举工作小组的主持下，按照会议通过的选举办法，以无记名投票方式，选举产生了由43家单位组成的弹簧分会第八届理事会，选举产生了理事会理事长单位1家和副理事长单位10家，上海中国弹簧制造有限公司继续当选为理事长单位，副总经理张彤为理事长；大连弹簧有限公司等10

家单位为副理事长单位，李和平等为副理事长。大会以热烈的掌声祝贺弹簧分会新一届理事会产生。张彤理事长在当选后代表新当选的理事会成员发表了讲话。

根据《中国机械通用零部件工业协会章程》规定，张彤理事长提议叶卫东担任弹簧分会第八届理事会秘书长。

中国机械通用零部件工业协会常务副理事长姚海光在会上做了热情洋溢的讲话，他分析了当前面临的经济形势，高度评价了弹簧分会卓有成效的工作，提议全体到会代表以热烈的掌声，感谢历任会长邹定伟和潘宏以特有的人格魅力对行业所产生的影响。姚海光代表中国机械通用零部件工业协会对弹簧分会第七届八次会员大会的召开，对大会选举产生的第八届理事会和张彤被选举担任新一届理事长表示热烈的祝贺！他接着对新一届理事会提出了三方面的要求。

此次会议还邀请专家做了专题讲座，受到了出席会议人员的欢迎。

6月18日 经弹簧分会第七届八次会员大会选举产生的弹簧分会第八届理事会组成人员名单予以公布。

7月1日 是中国共产党成立的100周年，弹簧行业的各家企业纷纷在7月1日前后举办各种活动，庆祝中国共产党成立100周年。

6—8月 我国由南至北遭遇特大暴雨袭击，弹簧行业各相关企业发扬风雨无情，大爱无疆的精神，勇于应对。中钢集团郑州金属制品研究院（简称中钢制品院）的干部职工迅速投入抢险救灾中，守护家园，保卫职工人身安全，经过数十个小时惊心动魄的苦战，中钢制品院一切安好，职工一切安好，在确保安全的前提下，及时恢复供电供水，全面恢复了正常的生产经营和生活秩序；巩义市持续暴雨、大暴雨天气，多条河流水位持续上涨并出现险情，城市和多个乡镇浸泡在洪涝之中，多处基础设施被毁、山体塌方、房屋倒塌、道路受阻、电力、通信中断，面对强降雨高水位和重灾情的严重威胁，全镇上下全面动员，恒铭金属董事长朱文卿立即部署并带领员工驰援救灾现场，奋力抗洪抢险，解救受困群众，紧急转移安置受灾群众，用行动诠释了对人民群众的无限热爱，履行企业的责任担当；济南凯镭迪、洛阳显恒等企业考虑到很多客户工厂的设备可能出现设备过水或进水情况，专门发文提醒并提供灾后维护保养设备知识，对出现无法排除的故障，公司提供免费技术支持，因此，解决了客户实际问题，使客户的设备在最短时间内恢复了正常运转，让客户的损失降到最低。

9月

24日 "2021金属制品行业技术信息交流会暨无锡太湖线材制品、弹簧及加工设备展览会"在无锡成功举行。会议围绕"开局'十四五'创新谋发展"的会议主题，进行了深入广泛的信息技术交流；中钢制品院党委书记、院长毛海波，中国金属学会金属材料深度加工分会秘书长米振莉，江苏狼山钢绳股份有限公司董事长、总经理顾其林出席了会议并致辞。尽管新冠疫情的影响未完全消去，会议报到人数却达到了200多位，足以体现出行业人士对会议的热情和关注。

27日—10月1日 ISO/TC 227召开了ISO/TC 227第17届会议，来自德国、日本、英国、美国、中国、法国、马来西亚和意大利的专家参加了此次会议。机械科学研究总院董事长、全国弹簧标准化技术委员会主任委员王德成及杭州弹簧姜晓炜、广州华德汽车弹簧有限公司邓小云主任和孙亚光工程师、中机研标准化院副院长程鹏、弹簧标委会秘书处余方、中机生产力促进中心邵晨曦博士、张树丽博士也参加了此次会议。

此次会议主要任务包括：①参加ISO/TC 227第17届会议；②参加WG3工作组会议；③参加WG4工作组会议；④与ISO/TC 227全体成员商讨委员会未来

工作任务，发出中国承办2022年ISO/TC 227会议的邀请。

28日 西北农林科技大学与陕西雷帕得举行校企合作签约仪式，并为共同筹建的实习培训基地揭牌。西北农林科技大学机电学院院长黄玉祥教授、车辆工程系学科带头人陈军教授及8位导师，陕西雷帕得董事长孙庆凯、副总经理袁宏彦等中高层管理人员出席了签约仪式等活动。

月内 杭州弹簧和浙江兰菱机械股份有限公司双双进入了由中航军融中心牵头组建的"民企参军一站式综合服务平台"组织编制的《军工装备配套产品及军队物质供应商推荐目录》并被授予"民参军重点企业"牌匾，标志着杭州弹簧和浙江兰菱机械股份有限公司在军民融合发展的道路上又迈出了可喜的一步，期待着这两家企业为富国强军事业做出新的更大贡献。

10月

26日 中国机械通用零部件工业协会弹簧分会第八届一次理事长会议在上海举行，弹簧分会理事长张彤主持会议，分会各位副理事长或代表共15人出席了会议。会议审议了经过修改后的《弹簧分会加强理事会自身建设的意见》的修改意见；会议决定了新一届理事会各工作委员会的召集人；会议听取并审议通过了秘书处关于总会开展的 2021 年创新产品的推荐情况说明，拟推荐 38 个项目作为创新产品以及其中的 14 个项目作为特等奖项目报送总会审批；会议初步决定 2022 年 5 月在浙江省诸暨市由浙江华纬赞助召开弹簧分会第八届一次理事会。

〔供稿单位：中国机械通用零部件工业协会弹簧分会〕

专　　文

弹簧制造企业环保改善的实践与思考

2018 年 12 月召开的中央经济工作会议再次强调：要协同推动经济发展和环境保护，加强污染防治和生态建设。作为弹簧制造企业，杭州弹簧有限公司（简称杭州弹簧）近几年来结合三次生产现场的搬迁和数项技术改造项目的实施，进行了多次环评，根据国家法规和 ISO 14001《环境保护管理体系要求》，对弹簧制造过程如何改善环境进行了多次策划，采取了多项整治措施。这些实践活动的主要做法和思考如下：

弹簧制造过程中的主要污染源有：

（1）各类机械设备运转中产生的噪声，其中尤以吸尘机、抛丸机、磨簧机等的噪声为甚。

（2）工业炉窑如淬火炉、回火炉等产生的油烟，尤以热卷簧的淬回火和冷卷簧的高温回火产生的油烟为甚。

（3）磨簧过程产生的磨屑和粉尘，尤以冷卷簧干磨工艺的双端面磨簧产生的粉尘为甚。

（4）产品清洗过程及淬火回火炉冷却系统产生的工业废水，尤以产品清洗中添加过工业清洗剂和防锈油的废水为甚。

一、噪声的治理

减少弹簧设备在产品制造过程中产生的噪声，最好的办法是采用高精度、低噪声的先进设备。随着弹簧制造设备运动精度和旋转精度的提高，润滑技术的不断提升，设备运转过程中产生的噪声就会降低不少。然而，目前许多企业拥有的弹簧设备（尤其是高噪声的喷丸机、吸尘机、磨簧机等）的技术水平较低，噪声较大，添置新的先进设备成本较高，对现有设备进行隔声、消声研究及处置是不可放弃的处理噪声的好方法。

近几年来，杭州弹簧采取给高噪声设备，如喷丸和磨簧过程的吸尘机建造隔声房、隔声墙（见图 1）、隔声罩的方式，使车间现场的噪声从 85dB 以上降到了 65dB 左右，效果不错。对于弹簧气动强压机、冲压机等设备产生的间歇性、冲击性噪声，杭州弹簧通过认真研制，在每台设备上都配置了压缩空气消声器，使这类噪声不再刺耳难耐。

图 1　隔声墙

另外，加强对各类声源性设备的润滑保养，避免因设备干运转造成的不堪入耳的噪声，也是设备管理必修的功课。

二、油烟的治理

弹簧在制造过程中，无论是冷卷还是热卷都要进行淬火回火（包括钢丝油淬火回火）处理，在淬火回火过程中产生一定的油烟是不可避免的。问题在于如何减少弹簧制造过程中产生的油烟，降低油烟对环境的污染及对职工健康的影响。

对于冷卷来说，由于杭州弹簧生产的弹簧产品大量采用油淬火回火钢丝，钢丝表面沾有很多淬火回火油污。为了提升弹簧质量，弹簧制造工艺规定在卷后的 0 ～ 8h（最好 1h）内进行高温（一般在 420 ～ 450℃）回火处理。因此，要想避免油烟的产生，卷簧时就应注意减少油淬火回火钢丝上的油污，以防止在回火炉内高温条件下产生过多油烟。最简便的办法：

一是在卷簧前进行去油污处理，如在放线架与卷簧机之间增加洁线擦线装置，至少也要在数组滚轮间加擦线回丝，利用进线摩擦力和滚轮径向力（轴间切力）将钢丝擦一遍。目前，数控卷簧机上还没有专业的擦线装置，但用擦线回丝进行清洁，还是有一定效果的。

二是回火炉的排油烟罩应充分收集由回火炉两端冒出的油烟，油烟通过足够长的油烟管道在油烟管道口经过碳纤维吸附或光触媒吸附装置处理后达标排放。

三是利用油烟分离装置进行处理。国内外已有许多大专院校、科研单位研制出油烟分离装置（设备）（见图 2），油烟分离装置可对收集来的油烟进行提取分离，将废油沉淀集中收集，清烟（甚至可以提取出热气）达标排放，再把收集沉淀的废油待达到一定量后作为工业固废交给有资质的单位处理。

对热卷弹簧制造过程油烟的控制至关重要，不仅要考虑减少产生、泄漏的油烟对环境的污染，而且要考虑节能及成本。所以热卷弹簧制造过程，

图 2 油烟分离装置

即从加温、卷制、淬火、回火等工艺过程，工业炉窑的两端炉门的密封很有讲究。一般情况下工业炉窑加温方式有三种：电阻加热、中频加热、燃气（天然气、自制煤气等）加热。燃油炉因油烟过大及从节能、成本考虑已基本被淘汰。热卷弹簧淬火过程因工件一般在高温（≥810℃）条件下接触淬火介质（淬火油或淬火液），所以瞬间会升腾大量的油烟，采用密封罩收集油烟并用专用管道集中处理很有必要，处理热卷过程油烟的分离装置与冷卷用的原理一致。

三、粉尘的处理

弹簧制造过程的粉尘主要产生于磨簧和喷丸两道工序中，当然有时候卷簧工序也会由于弹簧钢丝上沾有较多已经干结的淬火油或拉丝粉等杂质，卷簧进线过程中，在数对滚轮摩擦力的推削下也会产生粉尘，一般采用带管道的吸风机吸取收集粉尘处理方式。

磨簧粉尘和喷丸粉尘量大且集中，故常采用专业的吸尘机来吸取收集。专业的吸尘机有布袋式和脉冲式，既有单机式，也有集中式。目前，整个行业的吸尘机技术水平不高，不能很好地解决粉尘吸收处理问题。若采用工业发达国家一些企业研制的达到国际先进水平的吸尘机（或吸尘装置），往往需要购买成套设备，价格昂贵，使用成本过大，对中小企业来说并不是理想的选择。因此，在没有更好的办法之前，需要我们做好日常管理工作，尤其是按 IATF 16949 的要求做好预见

性维护工作。根据实际操作情况，监视吸尘机收集粉尘的量，及时清理，及时维护。万万不可疏于管理，只运行，不维护，造成吸尘管道堵塞，甚至吸尘器布袋/脉冲箱粉尘塞满板结，最终导致无法运行，生产现场粉尘四扬。预测性维护流程如图3所示。

图3　预测性维护流程

热卷簧的磨簧机粉尘处理相对简单，因为此类磨簧机往往是湿式磨簧机，只要经常清理冷却系统，保持磨屑收集通道畅通，定期清理沉淀池即可。要坚持做好清理和维护，不可掉以轻心。

四、废水的处理

近年来，随着我国汽车工业的发展，国家和顾客对汽车质量和节能减排指标要求提高了，尤其是尾气排放标准提高了，而弹簧制造企业的工业废水越来越多，关键零部件必须经过清洗，且清洁度必须达标。清洗需要工业清洗剂和水。像气门弹簧，无论是按国际标准还是按国内外汽车企业的要求，一件弹簧一般清洁度不能超过1mg。为了达到这一要求，杭州弹簧与兄弟单位联合研制了自动清洗生产线。采用四道超声波振荡清洗＋两道加压及加温喷淋漂洗＋专用脱水油脱水＋上防锈油防锈，自动清洗生产线如图4所示。

图4　自动清洗生产线

在自动清洗生产线生产过程中，不可避免地会产生废水废液。为此，杭州弹簧又与有关科研单位联合研制了日处理量为1t以上的工业废水处理装置，对自动清洗生产线已经处理过的工业废水再次进行沉淀、过滤、络化、提取固废物、压榨收集。将处理达标的清水循环利用、工业废水进入污水管道排放，并将提取收集的固废交给有资质的单位处置。污水处理装置如图5所示。

图 5 污水处理装置

要做好工业废水的依法依规处置，首要的条件就是依法做好截污纳管、雨水管道与污水管道分离工程，并做好日常的雨水、污水分离管理工作，不能将工业污水（达标的工业污水）误排入雨水管道。车间现场的工业固废和液废等都不能随意堆放，防止下雨天误流入雨水井。

五、工业固废

弹簧制造过程中产生的工业固废有以下几种：

（1）可变现的工业固废，如废钢丝、废弹簧、废包装物等，一般收集后出售，可带来一定的收益。

（2）不可变现的工业固废，如废手套、废回丝、废包装皮、废玻璃等。这些固废种类多，往往称为工业垃圾。但因为这些工业固废带有常见的工业油污，故不能与一般的生活垃圾混在一起，要分门别类地进行专门收集、专门处理，以免污染环境。

（3）称为危化品的工业固废。如各类强酸碱物、塑粉盒、油漆桶、松香水瓶、化学试剂袋、计算机墨粉盒、废电池等。这类工业固废具有一定的危险性和社会危害性，一般受国家专门机构（如公安局）管制。采购、使用、储存、保管、报废、回收、处置等均须按国家法规规定执行。

工业固废的分类管理必须有完整的制度，必须有专人负责，严格执行，并做好台账记录，责任人签字，纳入企业 KPI 考核。目前，全社会都在开展垃圾分类管理活动，作为有社会责任的企业，必须做好工业固废的分类管理，以实际行动认真践行杭州弹簧的"为社会做贡献，为员工谋福利"宗旨。化学品理化特性如图 6 所示。

〔撰稿人：杭州弹簧有限公司李和平〕

图 6 化学品理化特性

后疫情时代对制造业企业家素质的基本要求

2020 年是不平凡的一年，以美国为首的西方国家对我国采取打压手段，企图阻碍我国经济的全球化发展，而新冠疫情所带来的防控压力，给全球经济带来了沉重打击，对我国制造业的国际贸易造成不小冲击。

当前，我国弹簧行业的外部环境依然恶劣，进出口受到部分国家的非理性贸易措施限制，国际物流受阻，国内需求在低价位徘徊，并且以美国为首的西方国家对我国进行打压，造成我国的大宗商品物价飞涨，弹簧用钢价格一直处于高位，严重威胁着我国中小企业的生存和发展安全。

2021 年是中国共产党成立 100 周年，也是"十四五"规划的开局之年。国际形势走向尚不明朗，我国正处在百年未遇之大变局和"两个一百年"奋斗目标历史交汇的特殊时期。在此新起点上，弹簧行业理应顺应时代发展新趋势，"强基础、补短板、抓机遇、化危机、锻长板、谱新篇"，全力推进产业振兴。

在面临全球经济进入"后疫情时代"的新发展时期，我国制造业的企业家们应该具备什么样的素质才能适应时代发展？

一、坚守阵地，绝不退缩，心无旁骛抓主业

现在办企业难，产品价格一降再降，原材料价格一涨再涨，人工成本一升再升，没订单心急如焚，有订单发愁做不出来，做出来没利润，不亏就算好的。国家在环保、安全、职业健康方面的要求越来越高，企业必须高度重视，尤其是中小企业，这就给企业领导者提出了更高要求。

"不好当，也得当，还要千方百计当好！"这就是时代对我们的要求。杭州弹簧的治厂宗旨是"为员工谋福利，为社会做贡献！"。不忘初心，牢记使命！不辜负党和国家的培养，不辜负员工群众的信任，在当前错综复杂的国际国内经济形势面前，绝不能退缩，坚守阵地。

2020 年春节一过，2 月 1 日杭州弹簧就召开了疫情防控和复工复产工作会议，制定了防控措施和复工复产计划，确保 2 月 12 日全公司包括两个生产基地全面实现复工复产，确保了主机厂交给杭州弹簧的配套弹簧生产任务按时完成。2 月，为中国重汽、潍柴、三一重工等顾客制造负压救护车和医疗垃圾运输车配套弹簧 250 万件，销售额达 378 万元，自 3 月起产销值一路提升，平均每月销售额达 1 250 万元，进入 2021 年还处于增长态势。

二、加强学习，收集重要信息，以敏锐的眼光捕捉商机

"商场就是战场"，知己知彼，方能百战不殆。当前的市场形势不确定因素太多，不仅要按质量管理八项原则第一条"要以顾客为关注重点"，想顾客之所想，急顾客之所急，而且还要关注相关信息。如党和国家的各项方针政策、社会环境变化、员工诉求等。要深入了解这些信息，认真学习并深入研究，尤其要认真学习和深入研究党和国家的各项方针政策，在此基础上制定出合理措施。2020 年 2 月复工复产以后，通过认真学习研究国家关于疫情防控和复工复产的一系列指示和政策精神，杭州弹簧及其全资子公司浙江兰菱机械有限公司敏锐地捕捉到一条重要信息，果断地向各级政府主管部门提交了为生产疫情防控配套弹簧产品需增加流动资金贷款的申请报告，并获得了批准，顺利地进入了国家有关部门及银行的扶持名录，3 月上旬获得 4 笔流动资金贷款，共 1 000 多万元，有力地保证了杭州弹簧的生产经营规模，推动了公司的发展。

三、依靠群众，科学管理，依法依规治企

想办好一个企业，最难的是管理，管理是企业发展的永恒主题。当今社会管理理论多如牛毛，各有千秋。一个企业家没有精力全部涉猎，最基本的是按国际共识共用的 ISO 管理标准去管理。如汽车行业的 IATF 16949，铁路行业的 ISO 22163，综合的 ISO 9001、ISO 14001、ISO 45001等。贯彻这些标准，不能简单地照抄照搬，因为国情不一样，企业实际情况不一样。学习贯彻这些标准要有本企业特色，要学习精髓，求其成效。如中国特色的社会主义企业管理，理应依靠工人阶级和广大劳动群众，实行民主管理，企务公开，这是由国家性质决定的；必须严格遵守国家各项法律法规，认真按国家要求做好环保、安全和职业健康等工作。这也是"十四五"期间国家对企业的基本要求。在这次疫情防控和复工复产中，杭州弹簧不仅没有放松反而加强了这方面的工作，取得了很好的效果。为了强化疫情防控效果和促进复工复产，杭州弹簧先后派车去千里之外的安徽江西等地接回职工群众 50 余人。20 余名党员干部和一线技术骨干主动要求从杭州去嘉兴的两个分公司工作，在隔离的 14 天期间，在隔离室戴着口罩组织生产，解决现场质量、设备等问题，有力地保证了生产经营活动的正常进行。2021 年年底，杭州弹簧隆重地召开了疫情防控和复工复产表彰大会，共表彰了 5 个先进集体和 32 名先进个人。

四、勇于创新，实干巧干，大力弘扬"工匠精神"

2020 年 11 月 24 日，习近平在全国劳动模范和先进工作者表彰大会上的讲话中，指出："从2021 年开始，我国将进入'十四五'时期，这是乘势而上开启全面建设社会主义现代化国家新征程、向第二个百年奋斗目标进军的第一个五年。立足新发展阶段，贯彻新发展理念，构建新发展格局，推动高质量发展，在危机中育先机、于变局中开新局，必须紧紧依靠工人阶级和广大劳动群众，开启新征程，扬帆再出发。

"大力弘扬劳模精神、劳动精神、工匠精神。'不惰者，众善之师也。'在长期实践中，我们培育形成了爱岗敬业、争创一流、艰苦奋斗、勇于创新、淡泊名利、甘于奉献的劳模精神，崇尚劳动、热爱劳动、辛勤劳动、诚实劳动的劳动精神，

执着专注、精益求精、一丝不苟、追求卓越的工匠精神。劳模精神、劳动精神、工匠精神是以爱国主义为核心的民族精神和以改革创新为核心的时代精神的生动体现，是鼓舞全党全国各族人民风雨无阻、勇敢前进的强大精神动力。"

"咬定青山不放松，立根原在破岩中"。如今，中国制造在转型升级的过程中，必定会面临新旧矛盾的困扰，遭遇难以预测的挑战。越是这个时候，就越要有"将主业做精做专"的韧劲，越要拿出不断进步的拼搏精神。

全国人民经过多年来的不懈努力，我国工业总体实力迈上新台阶，已经成为具有重要影响力的工业大国。但是，工业基础能力不强，严重影响主机、成套设备和整机产品的性能、质量和品牌信誉，制约我国工业创新发展和转型升级，已成为制造强国建设的瓶颈。对此，国家制定了"工业强基"计划，从基础零件抓起，夯实工业、机械制造业等行业基础，提升产业发展的质量和效益，推进制造强国建设。

工业强基是"中国制造 2025"的核心任务，决定制造强国战略的成败，是一项长期性、战略性、复杂性的系统工程，必须加强顶层设计，制定推进计划，明确重点任务，完善政策措施，整合各方资源，组织推动全社会齐心协力，抓紧抓实，长期坚持，务求抓出实效。杭州弹簧一直坚持科技创新、管理创新和观念创新，不断研发高精度、高可靠性、环保型、节能型新产品，攻克一项又一项技术难关，在其主导的气门弹簧和液压件弹簧在 20 世纪 80 年代、90 年代相继被评为国家机械工业部优质产品和浙江省优质产品的基础上，"十二五"以来，先后完成工业和信息化部强基工程 1 项，科技部中小企业创新基金、火炬计划研发项目各 1 项，通过省级新产品鉴定 8 项，获得省级优秀工业新产品奖和省级科学技术成果奖共 6 项；同时，因参加国家及行业标准（含国际标准）制修订及研究工作，获中国机械工业科学技术进步奖一等奖、杭州市技术标准一等奖和浙江省标准创

新型企业奖。杭弹弹簧和两个子公司（兰菱机械和兰菱弹簧）先后被评为国家重点扶持领域高新技术企业和中国机械工业最具创新力企业。杭州弹簧研究所 2020 年被认定为浙江省企业研究院。

习近平总书记曾多次强调："发展是第一要务，人才是第一资源，创新是第一动力。中国如果不走创新驱动道路，新旧动能不能顺利转换，是不可能真正强大起来的，只能是大而不强。"任何一个企业想要长足发展，都少不了企业领导者及其团队对人才、创新的重视。为了保持企业的人才活力，杭州弹簧通过"内部培养"和"人才引进"两种方式储备人才。对内，不计一时的成本得失，培养高级技工，并不断将技术人员送往国内外学习最先进的技术；对外，和各大高校合作，及时发现并培养年轻人才，保障年轻人才的职业规划能够实现，用规范的管理机制，确保有志向的年轻人在杭州弹簧这个大学校、大家庭中茁壮成长。

做企业，需要全身心投入；兴企业，重在全力以赴创新。对于企业下一步规划，杭州弹簧有明确的目标：第一，从单纯制造型向制造服务型转变。依托企业目前颇具实力的科研队伍，建设企业研究院、重点实验室和检测技术公司，为上下游产业链服务。第二，改造商业模式。初步尝试网络营销，充分利用汽车后市场的广阔空间，提升销售额。第三，面对"国内大循环和国际国内双循环"的市场新格局，继续大力开拓国内、国外两个市场，尤其是"一带一路"沿线国家和地区、欧洲和东南亚市场。另外，充分利用"军民融合"的大好时机，在多年来参与军工产品配套的基础上，加大军工产品的研发、制造力度，有效扩大军工市场。

〔撰稿人：杭州弹簧有限公司董事长、高级工程师李和平〕

标　　准

2019—2021 年全国弹簧标准化工作综述

一、概况

截至 2021 年 12 月，弹簧标委会归口管理的国家标准有 32 项、行业标准有 22 项；弹簧国际标准化组织（ISO/TC 227）已制定国际标准 7 项，在研的国际标准 2 项，其中，采标 6 项。

主要参与弹簧标准化工作的企业：杭州弹簧有限公司、广州华德汽车弹簧有限公司、浙江美力科技股份有限公司、上海中国弹簧制造有限公司、杭州兴发弹簧有限公司、杭州富春弹簧有限公司、华纬科技股份有限公司、浙江金昌弹簧有限公司、山东联美弹簧科技股份有限公司、无锡

泽根弹簧有限公司、江苏大奇金属表面处理有限公司、盐城乐砂抛丸设备有限公司、湖北鑫宝马弹簧有限公司、上海核工碟形弹簧制造有限公司、扬州核威碟形弹簧制造有限公司、扬州弹簧有限公司、常州自强金具机械有限公司和克恩-里伯斯（太仓）有限公司等。

二、标准制修订工作与复审工作

2019—2021 年，立项申报的国家标准有 6 项，已批准 5 项；立项申报的行业标准有 5 项，已批准 0 项；申报国家标准外文版 1 项，已发布。在研国家标准计划 3 项，2 项已完成审查；共发布国

家标准4项，行业标准1项。2020年，复审行业标准16项。

三、国际标准化工作参与情况

2019—2021年，我国主导或参与制定的弹簧国际标准有3项。弹簧标委会以ISO/TC 227 P成员身份分别参加了ISO/TC 227的第15次、第16次和第17次年会，同期参加各项目组会议。

2021年完成了中国主导制定的项目ISO/NP 22705-3《弹簧测量和试验参数 第3部分：冷卷成型圆柱螺旋扭转弹簧》立项，并召开项目组会议，与各国进行沟通与确认。弹簧标委会组织国内弹簧企业，针对各国专家提出的意见开展试验验证和行业调研，对重点问题进行研讨、测试验证、实物收集、测试视频制作与会议用文件制作，力求为全球贡献中国弹簧技术方案，维护企业利益。该标准项目的推进，对于规范和促进弹簧全球贸易发展、提高弹簧制造企业的全球化服务能力、更好地发挥技术标准的支撑作用具有重要意义。该标准项目的立项标志着我国在参与国际标准制定方面又迈出了重要一步。

四、标准化与科研工作

2019年，SAC/TC 235参与的支撑重点领域工业"三基"的关键技术标准研究项目有2个，均已按计划目标完成标准审查。

2020—2021年针对碟簧标准项目开展的工作：①在碟簧现有材料和热处理工艺条件下，开展了硬度与抗拉强度对照换算的实验验证。②针对我国碟簧生产的实际使用工况，进行了关于A、B等级碟簧的动静载验证。③对碟簧的负荷、计算应力、刚度和变形能计算公式进行验证。对国际标准不适用部分进行了修正与完善。

2020年《钢板弹簧 技术要求》国际标准研究项目获得2020年度中国机械工业科学技术奖科技进步类一等奖。

五、标准宣传贯彻与培训工作

2019—2021年，举办了"第13届（2019）全国弹簧行业新产品、新技术及科技信息交流、展示会"；弹簧标委会秘书处参加业务培训2次，开展"云"课堂标准宣传贯彻1次，以会议宣传贯彻标准4次。保证标准实施质量，培养了年轻的专家队伍。

六、年会情况

2019—2021年，召开全国弹簧标准化技术委员会（SAC/TC 235）年会3次，召开国家标准审查会3次。

〔供稿人：全国弹簧标准化技术委员会余方〕

"浙江制造"标准《汽车发动机气门弹簧》的制定过程与思考

浙江省人民政府办公厅于2014年9月发布浙政办发〔2014〕110号文《关于打造"浙江制造"品牌的意见》（简称《意见》）。《意见》明确提出打造"浙江制造"品牌的主要目标是：按照"企业主体、市场认可、社会参与、政府监管"要求，综合运用经济、科技、法律、行政等手段，着力构建"浙江制造"品牌培育、发展和保护机制，形成一批品质卓越、技术自主、管理先进、美誉度高、带动力大、竞争力强，占据国内市场话语权和比肩国际先进水平的"浙江制造"

品牌。其基本原则之一是坚持标准引领，以质取胜。以质量为核心，加强"浙江制造"高标准体系建设，建立健全相应的质量管理体系，塑造优质优价的自主品牌形象，提升"浙江制造"核心竞争力和国际国内美誉度。根据《意见》提出的重点任务，实施"浙江制造"标准提升工程，逐步形成"浙江制造"高标准体系。统一规范"浙江制造"在创新性、先进性、带动性和责任性等方面的基本要求。研制形成一系列国际先进、国内一流、拥有自主知识产权的"浙江制造"产品标准。为此，杭州弹簧向浙江省品牌建设联合会提出了"汽车发动机气门弹簧"标准立项申请，浙江省品牌建设联合会经过论证通过了此申请，下发的浙品联〔2018〕11 号《关于发布 2018 年第三批"浙江制造"标准制定计划的通知》中包含此标准。该标准的制订研究工作自 2018 年 7月起正式启动。

一、主要工作过程

1. 前期准备工作

组建"浙江制造"工作组，工作组人员构成见表 1，研制计划及时间进度安排见表 2。

表 1　"浙江制造"工作组人员构成

序号	专家姓名	所属单位	专长	职称	分工
1	李和平	杭州弹簧有限公司	机电一体化、标准化	高级工程师	主持项目、组长
2	姜晓炜	杭州弹簧有限公司	弹簧设计、标准化	高级工程师	标准起草
3	程海波	杭州弹簧有限公司	弹簧设计、工艺设计	工程师	标准产品工艺设计
4	王润东	中国质量认证中心（CQC）杭州分中心	体系认证	工程师	体系要求
5	冯庆芳	济南凯雷迪弹簧检测设备公司	弹簧检测	高级工程师	检测技术及设备
6	陶善龙	郑州金属制品研究院有限公司	金属材料	研究员	原材料研发
7	屠世润	浙江美力弹簧股份有限公司	弹簧材料及热处理	教授级高级工程师	标准验证

表 2　研制计划及时间进度安排

序号	阶段	时间进度	主要任务	责任人
1	初稿	2018-7-3—2018-7-31	完成初稿	李和平　姜晓炜
2	初审	2018-8-3—2018-8-15	针对专长部分进行初审	各位专家
3	验证	2018-8-15—2018-9-30	验证关键指标	各位小组成员
4	征求意见	2018-9-30—2018-10-30	对于初稿进行修订完善，发布征求意见稿	各小组成员
5	评审	2018-11-1—2018-11-15	邀请专家委员进行评审	专家组成员

制订该标准时的重点研究内容是围绕按 IATF 16949：2015 的风险分析要求——潜在失效模式 FMEA 分析展开，主要针对全尺寸精度、性能指标、可靠性指标、汽车行业对清洁度等的特殊要求及指标提升问题进行专题研究。

按照"浙江制造"标准工作组构成要求，组建标准研制工作组，明确标准研制重点和提纲，明确各参与单位或人员职责分工、研制计划、时间进度安排等情况。

2. 标准草案研制

针对型式试验内规定的全技术指标先进性进行研讨。

针对基本要求（型式试验规定技术指标外的产品设计、原材料、关键技术、工艺、设备等方面）、质量保证、先进性进行研讨。

按照"浙江制造"标准制订框架要求及"浙江制造"标准编制理念和定位要求对标准草案进行研讨。

在该标准制订工作启动会和研讨会上，工作组对标准草案进行了逐条讨论，整理和汇总了 41 条意见，作了相应处理，编制完成了征求意见稿。

3. 征求意见

此次共向来自顾客（主机厂）、原材料制造商、检测设备制造企业、弹簧加工制造企业、大专院校的 13 家典型单位代表发放了 13 份征求意见表，回收 13 份，共收到 63 条意见，均与意见方进行了详细的沟通,处理完善后形成了送审稿。

4.专家评审及标准报批

按照"浙江制造"标准评审要求,召开评审会;将专家评审意见记录汇总,按照专家评审意见进行标准文本修改,形成报批稿。

二、标准编制原则、主要内容及依据

1.编制原则

标准的编制原则是基于汽车发动机气门弹簧特殊使用条件和该类弹簧的发展趋势,在原JB/T 10591—2007《内燃机 气门弹簧 技术条件》标准基础上吸收和采纳国内外先进的企业标准,如戴姆乐的DBL 8823《气门弹簧 供货技术条件》,德国大众的88295《气门弹簧疲劳和衰减》,5172《气门弹簧材料》,德国曼的0743946-3.1《压缩弹簧技术质量要求》,卡特比勒的1E0641A《气门簧材料过程技术要求》,并借鉴GB/T 23935—2009《圆柱螺旋弹簧设计计算》标准内容,结合目前国内发动机主机厂家如上汽通用、潍柴动力、中国重汽、

东风小康等厂家的气门弹簧新产品开发研制过程及生产状态的现有技术水平状况而制定的标准。

2.主要内容

该标准的主要内容包括弹簧的使用工况、材料、尺寸参数、性能参数、试验方法和检验规则等。需要说明的内容如下:

(1)由于GB/T 1805—2001《弹簧 术语》已将GB/T 1805—1986中的负荷、扭矩、变形量的特性参数符号进行修订,负荷从原来的 P 变更为 F,扭矩从 M 变更为 T,变形量从 F 变更为 f 等,因此,该标准将涉及的相应参数指标条款、计算公式及图样等进行了相应修订。另外由于原标准条款3中的参数在现有的《弹簧 术语》中已有相应的规定,因此在修订该标准时删除了原标准条款3中弹簧的参数、代号及单位部分的内容。

(2)对引用标准进行了全面查新,使用最新版本代替原标准所引用的老版本。该标准制订中涉及的标准查新内容见表3。

表3 该标准制订中涉及的标准查新内容

序号	标准名称	新标准号	备注
1	钢的脱碳层深度测定法（GB/T 224—2008，ISO 3887：2003，MOD）	GB/T 224—2008	
2	金属材料洛氏硬度试验 第1部分：试验方法（A、B、C、D、E、F、G、H、K、N、T标尺）	GB/T 230.1—2009	
3	弹簧 术语	GB/T 1805—2001	当时的新标准
4	油淬火 - 回火弹簧钢丝	YB/T 18983—2003	
5	圆柱螺旋弹簧设计计算	GB/T 23935—2009	
6	圆柱螺旋弹簧抽样检查	JB/T 7944—2000	
7	弹簧喷丸强化 技术规范	JB/T 10802—2007	
8	螺旋弹簧疲劳试验规范	JB/T 16947—2009	

(3)在范围部分,行业标准的适用范围是200mm及以下缸径的气门弹簧,从调研的情况看,气门弹簧存在着大型化和微量化两个趋势,目前杭州弹簧已经开发和量产了200mm以上缸径的发动机气门弹簧。另外,对于高应力气门簧,目前已有采用卵形和D形截面材料的情况,因此,该标准拓展了适用范围,适用于采用圆截面钢丝的圆柱螺旋汽车发动机气门弹簧,采用非

圆截面钢丝的弹簧或非圆柱螺旋气门弹簧可参照执行。

(4)该标准将弹簧的技术要求从原来的以尺寸为主转向以性能和可靠性指标为主,增加了关键过程工艺要求,如喷丸、热强压、磁粉探伤等要求及性能指标要求,如热强压后的热衰减要求,无损检测后的退磁要求等。引入了喷丸后的残余应力概念,缩小了负荷特性公差,安装负荷特性

公差从 $\pm 8\%F_1$ 提高到 $\pm 5\%F_1$，工作负荷特性公差从 $\pm 5\%F_2$ 提高到 $\pm 4\%F_2$。增加了对于非线性特性线的拟合要求，以及疲劳可靠性要求，即从 2 300 万次提升到了 3 000 万次，同时增加了热疲劳的试验要求。

（5）由于气门弹簧要求进行轻量化设计，所以弹簧的工作位置存在下移的趋势。从以往的疲劳验证情况看，弹簧的压并高度和余隙量的多少会影响弹簧的疲劳寿命，因此高应力气门弹簧的制造必须对压并高度和余隙量加以控制。若按以往的计算公式计算已不能满足现有精细化生产发展的需要，因此调整了压并高度的计算公式，即从原来的 $(n1 \times d)$ 调整到 $(n1-0.3) \times d$，该公式

已与主机厂家多次确认，既能满足现行设计要求，又能够达到制造过程控制的要求。

（6）随着环保要求的提高及排放标准的提升，对弹簧的环保指标提出了特定要求，因此在该标准中增加了弹簧清洁度指标及有毒有害检测及网络注册要求。

（7）增加了弹簧追溯性标识要求及质量承诺要求。

3. 依据的标准

该标准主要是针对气门弹簧高端顾客的图样、技术标准及特殊要求，同时结合杭州弹簧近 30 年的气门弹簧生产经验及累积的过程数据，依据见表 4 的标准而制定。

表 4　依据的主要标准

标准号	标准名称	类型	关注点
JB/T 10591—2007	内燃机　气门弹簧　技术条件	中国／行业标准	性能、尺寸、可靠性
DBL 8823	气门弹簧供货　技术条件	德国（企业标准戴姆勒）	材料、性能、清洁度
88295	气门弹簧疲劳和衰减	德国大众集团标准	可靠性
3104	气门弹簧残余应力要求	德国大众集团标准	残余应力
5172	气门弹簧材料	德国大众集团标准	材料
1E0641A	气门簧材料过程技术要求	企业标准（卡特比勒）	材料、性能、衰减
0743946-3.1	压缩弹簧技术质量要求	企业标准（德国曼）	材料、表面强化、功能试验、过程细节等

三、标准的先进性

1. 型式试验内规定的所有指标对比分析情况

型式试验内规定的所有指标对比分析情况见表 5。

表 5　型式试验内规定的所有指标对比分析情况

关键性能指标		本标准	JB/T 10591	戴姆勒	德国大众	备注
可靠性	疲劳寿命	剪切应力 800MPa，或根据制造商要求确定；120℃，25Hz，3 000 万次 F_2 负荷损失率 $\leqslant$ 4%	常温条件下 $\geqslant$ 2300 万次后不断，F_2 负荷损失率 $\leqslant$ 5%	与发动机使用寿命一致	剪切应力 800MPa，或根据制造商要求确定；140℃，25Hz，1 000 万次 F_2 负荷损失率 $\leqslant$ 4%　　剪切应力 900MPa，或根据制造商要求确定；(23 ± 5)℃，25Hz，500 万次 F_2 负荷损失率 $\leqslant$ 4%	修改提高
	硬度	同批的硬度差小于 3 个 HRC 单位	无此要求	—	—	新增

（续）

关键性能指标		本标准	JB/T 10591	戴姆勒	德国大众	备注
耐用性	热衰减特性	压缩至 $1.1F_1$，在150℃，保持16h，F_2 热衰减率≤5%	无此要求	压缩至 $1.1F_2$，在150℃保持16h，F_2 热衰减率≤6%（若已压至并圈，则改为 $1.05F_2$，在150℃保持16h）	压缩至 $1.1F_1$，在150℃，保持16h，F_2 热衰减率≤5%	新增
使用性能	负荷特性	$\pm5\%F_1$ $\pm4\%F_2$	$\pm8\%F_1$ $\pm5\%F_2$	按照 DIN 15800 公式计算		提高

2.基本技术要求与质量承诺

（1）原材料，拟采用达到 JISG 3561 等国际先进标准水平要求的超纯净高强度油淬火合金材料。

（2）结构形式，拟采用圆截面或非圆截面材料，以优化应力；同时采用变径或等节距/变节距结构、变刚度设计，提高弹簧的输出功率，同时避免共振发生。

（3）精度等级，采用先进的智能制造设备制造，提高产品的性能指标和装配精度指标。

（4）通过优化工艺路线，采用喷丸强化、热强压等工艺手段提高产品的可靠性和耐用性指标。

（5）通过对过程环境因素的控制，达到清洁、环保和绿色制造的要求。

3.标准体现的"智能制造""绿色制造"内容

在"浙江制造"品牌建设工作中，秉持"精心设计、精良选材、精工制造、精准服务"的理念。在精心设计方面，增加了设计上的要求，采用计算机辅助软件（CAD、CAE 等）设计弹簧的负荷特性曲线、应力水平，采用英国设计软件和设计数据库相结合，并采用有限元分析方式提升可靠性设计能力；在精良选材方面，提出了超纯净及涡流探伤的要求，在附录 A 中给出了高强度油淬火合金新钢种的标准，在适用产品范围中增加了高端发动机上卵形等非圆截面材料的应用内容；在精工制造方面，增加了工艺要求；提高了热处理硬度控制难度，增加了探伤、喷丸、压并高度等的控制要求，增加了对于热衰减性能和常

温/带温疲劳试验的要求。

通过技术改造和专用设备的投入，将在线检测技术、在线防错技术及智能终端控制等先进技术用于产品的生产加工中，形成专用气门弹簧生产线，通过 6S 现场管理及精益 JIT 管理模式的实施，可持续稳定地提供高端精良的产品。

四、与现行相关法律、法规、规章及相关标准的协调性

1.目前国内主要执行的标准

目前国内主要执行的标准有 JB/T 10591—2007《内燃机　气门弹簧　技术条件》。

2.该标准与相关法律、法规、规章、强制性标准相冲突的情况

该标准的各项技术指标均高于国家和行业标准。未有与法律、法规、规章及强制性标准相冲突的情况。

3.该标准引用的文件

该标准引用的标准均现行有效，具体为：GB/T 224—2008《钢的脱碳层深度测定法》、GB/T 230.1—2009《金属材料　洛氏硬度试验　第1部分：试验方法》、GB/T 1805—2001《弹簧　术语》、GB/T 2828.1—2012《计数抽样检验程序　第1部分：按接收质量限（AQL）检索的逐批检验抽样计划》、GB/T 3821—2015《中小功率内燃机　清洁度限值和测定方法》、GB/T 18983—2017《淬火-回火弹簧钢丝》、JB/T 10802—2007《弹簧喷丸强化　技术规范》、YB/T 5311—2010《重要用途碳素弹簧钢丝》、DBL 8823《气门弹簧　供货技术条件》、5172《气门弹簧材料》、0743946-3.1《压缩

弹簧技术质量要求》。

五、社会效益

《汽车发动机气门弹簧》标准基于国外先进标准而高于国外先进标准，完全符合国家产业政策要求和国家环保、节能、降耗要求，可提升我国汽车产业关键零部件的总体质量水平，具有显著的经济效益和社会效益。

汽车发动机气门弹簧的国外市场基本被德国和日本占领，由于汽车发动机气门弹簧的可靠性高低直接影响发动机的使用寿命和性能，因此，对产品质量要求近乎苛刻，强调零缺陷。"浙江制造"品牌建设计划的推出，有力地推动了民族企业的发展，只有在内在品质、设备及质量管理上不断改进、抓紧赶超，才能创造出自己的品牌，对企业持续发展具有深远意义。

从行业统计看，"十三五"期间国内汽车发动机年产量在 2 500 万～3 000 万辆之间，一台乘用车一般需 16 件/台（套）气门弹簧，一台重型商用车一般需 8～24 件/台（套）气门弹簧，因此整体国内市场年均气门弹簧需求量约 40 000 万件，甚至更多，因此，该标准在助推企业拓展更大市场和经济效益提升方面具有重要意义。

汽车发动机气门弹簧的生产技术可广泛用于其他种类螺旋压缩弹簧的制造中，如高应力液压件气动元件配套弹簧、铁路冷卷弹簧或工程机械配套弹簧等的开发制造中。同时该新标准的推出有助于提高弹簧制造企业的整体质量水平，为提高企业社会效益和经济效益创造了有利条件。

该标准不涉及专利。该标准已于 2019 年 2 月由浙江省品牌建设联合会以浙品联标发〔2019〕31 号文《关于批准发布"浙江制造"标准〈汽车发动机气门弹簧〉的通知》颁布，标准编号为 T/ZZB 0952—2019，自 2019 年 3 月 31 日起实施。作为已批准发布的"浙江制造"标准，该标准文本由浙江省品牌建设联合会在官方网站（http://www.zhejiangmade.org.cn/）上全文公布，供社会免费查阅。

〔撰稿人：杭州弹簧有限公司李和平　姜晓炜〕

附　　录

2019 年中国机械通用零部件工业协会
技术创新奖弹簧分会获奖名单

2019 年中国机械通用零部件工业协会技术创新奖弹簧分会获奖名单

序号	单位名称	产品／项目名称	奖项
1	大连弹簧有限公司	地铁转向架用轴箱弹簧（出口）	特等奖
2	杭州弹簧有限公司	200mm 以上缸径高端商用车发动机气门弹簧	特等奖
3	嵊州市金狮弹簧机械有限公司	CK11250 十一轴 25mm 数控弹簧成形机	特等奖
4	浙江美力科技股份有限公司	二次硫化工艺前稳定杆总成	特等奖
5	山东联美弹簧科技有限公司	东风商用车 DDi11（沃尔沃发动机项目）内外气门弹簧	特等奖
6	上海中国弹簧制造有限公司	上汽大众 A0 后簧	特等奖

（续）

序号	单位名称	产品／项目名称	奖项
7	浙江万能弹簧机械有限公司	5G+ 自动弯丝卷簧设备	特等奖
8	大连弹簧有限公司	固定偏转角涨紧机构弹簧	优秀奖
9	东莞永腾自动化设备有限公司	无凸轮 15～24 轴电脑多功能弹簧制造机 CMM-660R 转线机	优秀奖
10	东莞永腾自动化设备有限公司	无凸轮 12 轴电脑多功能弹簧制造机 CMM-610R 转线机	优秀奖
11	杭州弹簧有限公司	大吨位挖机用主阀调压弹簧	优秀奖
12	杭州通用弹簧有限公司	电梯门复位弹簧	优秀奖
13	杭州通用弹簧有限公司	千斤顶拉簧	优秀奖
14	浙江家度弹簧机械有限公司	数控精密磨簧机 M77-40D	优秀奖
15	淄博高新区百力工贸有限公司	热卷圆弹簧直棒料步进式加热炉	优秀奖
16	山东联美弹簧科技有限公司	东风商用车 DDi12（沃尔沃发动机项目）片形弹簧	优秀奖
17	山东联美弹簧科技有限公司	20200049AA 轻量化后螺旋弹簧	优秀奖
18	上海中国弹簧制造有限公司	上汽大众 A0 稳定杆	优秀奖
19	洛阳显恒数控机床有限公司	数控模具卷簧机 CSM-5120MCNC	优秀奖
20	曲阜天博汽车电器有限公司	深冷工艺在弹簧生产中的应用	优秀奖
21	珠海隆鑫科技有限公司	温度传感器固定弹性夹	优秀奖
22	扬州核威碟形弹簧制造有限公司	铍青铜弹性元件	优秀奖
23	浙江金昌弹簧有限公司	阀门弹簧工艺改进	优秀奖

〔供稿单位：中国机械通用零部件工业协会弹簧分会〕

2019—2021 年弹簧分会会员单位获得的奖项／证书信息统计

2019—2021 年弹簧分会会员单位获得的奖项／证书信息统计

序号	企业名称	项目／奖项名称	颁发机构	取得年份	等级	备注
1	曲阜天博汽车电器有限公司	电动汽车低速提示音系统	中国民营科技促进会	2022	国家	
2		弧形弹簧成型工艺	山东省机械工业科学技术协会	2019	省	
3		环境自适应电子喇叭	山东省机械工业科学技术协会	2019	省	
4		电动汽车低速提示音系统	山东省科技厅	2019	省	
5		弧形弹簧成型工艺	济宁市工业行业发展服务中心	2020	市	
6	梅州广汽汽车弹簧有限公司	2019 年度"梅州速度"	梅州日报社	2020	市	
7		广东省五一劳动奖状	广东省总工会	2021	省	
8		广东省守合同重信用企业	梅州市市场监督管理局	2021	市	
9	广州华德汽车弹簧有限公司	空心稳定杆电阻加热温控技术创新项目	广州市总工会	2020	市	羊城工匠杯铜奖
10	中钢集团郑州金属制品研究院股份有限公司	可调弹性系数弹簧的开发与应用	河南省科技厅	2020	省	
11		高速铁路关键金属材料测试技术与装置研发及应用	河南省科技厅	2021	省	

（续）

序号	企业名称	项目／奖项名称	颁发机构	取得年份	等级	备注
12	苏州力迩美精密电子有限公司	国家高新技术企业	江苏省	2021	国家	
13		江苏省民营科技企业	江苏省	2021	省	
14	杭州弹簧有限公司	超纯净高强度高端气门弹簧材料国产化开发	工业和信息化部	2022	国家	科技助力经济2020
15	中机生产力促进中心	《钢板弹簧 技术条件》国际标准研究	中国机械工业联合会	2020	一等	科技进步类
16	中钢集团郑州金属制品研究院股份有限公司	可调弹性系数弹簧的开发与应用	河南省科技厅	2020	省	科技进步类三等奖
17		高速铁路关键金属材料测试技术与装置研发及应用	河南省科技厅	2021	省	科技进步类二等奖
18	大连弹簧有限公司	超超临界火电机组安全阀弹簧工业强基项目	工业和信息化部	2019	国家	
19	东莞新永腾自动化设备有限公司	广东省东莞市首台（套）重大技术装备	东莞市工业和信息化局	2020	市	
20		高新技术企业	广东省科技厅	2021	省	
21	浙江万能弹簧机械有限公司	"浙江制造"标准《数控卷簧机》	浙江省品牌建设联合会	2019	省	批准发布
22		高新技术企业	浙江省科技厅、浙江省财政厅	2020	省	
23		浙江省中小企业协会副会长单位	浙江省中小企业协会	2020	省	
24		浙江省隐形冠军企业	浙江省经济和信息化厅	2021	省	
25		TK-7200多轴联动高速电脑数控卷簧装备	浙江省经济和信息化厅	2021	省	浙江省首（台）套产品
26		浙江省企业研究院	浙江省科技厅	2021	省	被认定
27		浙江省专精特新中心企业	浙江省经济和信息化厅	2021	省	
28		CNC-1240多轴联动高速数控卷簧成套装备	绍兴市经济和信息化局	2022	市	2021年度绍兴市装备制造业重点领域首台（套）产品
29		"浙江制造"认证证书	浙江制造国际认证联盟	2022	省	
30		绍兴市数字化车间	绍兴市工业转型升级领导小组办公室	2022	市	
31	上海中国弹簧制造有限公司	2019—2020年度上海市文明单位	上海市人民政府	2021	省	
32		上海中国弹簧制造有限公司：悬架工厂涂装班组	中国机械工业质量管理协会、中国机械冶金建材工会全国委员会、中国机械工业职工思想政治工作研究会	2021	国家	2021年度全国机械工业优秀质量信得过班组一等奖
33		上海中国弹簧制造有限公司：张弛有度QC小组	中国机械工业质量管理协会、中国机械冶金建材工会全国委员会、中国机械工业职工思想政治工作研究会	2021	国家	2021年度全国机械工业优秀质量管理小组活动成果二等奖
34		高新技术企业	上海市财政局、上海市科学技术委员会	2020	省	
35		环境管理体系认证合格证书	上海质量技术认证中心	2020	省	

（续）

序号	企业名称	项目/奖项名称	颁发机构	取得年份	等级	备注
36	新乡辉簧弹簧有限公司	新乡市智能制造示范企业	新乡市工信局	2020	市	
37		河南省汽车起动机弹簧工程技术研究中心	河南省科技厅	2020	省	
38		河南省知识产权优势企业	河南省市场监管局	2020	省	
39		河南省专精特新中小企业	河南省工信厅	2021	省	
40		高新技术企业	河南省科技厅、财政厅、税务局	2021	国家	
41		河南省技术创新示范企业	河南省工信厅	2021	省	
42	嵊州市金狮弹簧机械有限公司	《数控弹簧双端面磨床》	浙江省品牌建设联合会	2020	省	"品字标"团体标准
43		行业标准 JB/T 6103.3—2020《型材卷弯机 第3部分：精度》	工业和信息化部	2020	国家	
44	华纬科技股份有限公司	工业和信息化部专精特新"小巨人"企业	工业和信息化部	2021	国家	
45		高新技术企业	浙江省科技厅、浙江省财政厅、浙江省税务局	2019	国家	
46		全国机械工业质量奖	中国机械工业质量管理协会	2019	国家	
47		浙江省节水型企业	浙江省经济和信息化厅、浙江省住房和城乡建设厅、浙江省水利厅、浙江省节约用水办公室	2022	省	
48		2022年度生产制造方式转型示范项目（绿色化方向）	浙江省经济和信息化厅	2022	省	
49		2021年浙江省智能工厂（数字化车间）	浙江省经济和信息化厅	2021	省	
50		浙江省级绿色低碳工业工厂	浙江省经济和信息化厅	2021	省	
51		2021年新一代信息技术与制造业融合发展试点示范企业	浙江省经济和信息化厅	2021	省	
52		2020年浙江省"隐形冠军"培育企业	浙江省经济和信息化厅	2021	省	
53		浙江省信用管理示范企业	浙江省企业信用促进会	2020	省	
54		"守合同重信用"企业	浙江省市场监督管理局	2020	省	
55		浙江省博士后工作站	浙江省人力资源和社会保障厅	2019	省	
56	珠海隆鑫科技有限公司	一种使用高频涡流进行加热的精密振动式回火炉	中华人民共和国国家知识产权局	2019	国家	发明专利，专利号：CN206783716V
57		一种自动封装按键弹簧的包装塑料管及包装装置	中华人民共和国国家知识产权局	2019	国家	实用型专利，专利号：CN208499207V
58		一种数控弹簧机高压微电流超灵敏度探针电路	中华人民共和国国家知识产权局	2019	国家	实用型专利，专利号：CN208600640V

（续）

序号	企业名称	项目／奖项名称	颁发机构	取得年份	等级	备注
59		一种 CNC 弹簧机同步送线架	中华人民共和国国家知识产权局	2019	国家	实用型专利，专利号：CN208374083V
60		一种数控板材冲压成型机	中华人民共和国国家知识产权局	2019	国家	实用型专利，专利号：CN208601031V
61		一种电子元器件编带设备微型 PTC 胶带加热装置	中华人民共和国国家知识产权局	2019	国家	实用型专利，专利号：CN208715560V
62		一种精密弹簧半自动编带机包装盒结构	中华人民共和国国家知识产权局	2019	国家	实用型专利，专利号：CN209382662V
63		一种精密弹簧半自动编带机压带装置	中华人民共和国国家知识产权局	2019	国家	实用型专利，专利号：CN209382339V
64		一种开关疲劳测试机	中华人民共和国国家知识产权局	2019	国家	实用型专利，专利号：CN209387826V
65		一种开关疲劳测试机用偏心压轮	中华人民共和国国家知识产权局	2019	国家	实用型专利，专利号：CN209387825V
66		一种模块化开关疲劳测试机	中华人民共和国国家知识产权局	2019	国家	实用型专利，专利号：CN209387827V
67		一种精密弹簧包装自动封装切割装置	中华人民共和国国家知识产权局	2019	国家	实用型专利，专利号：CN209553698V
68		一种弹簧包装自动封装压孔装置	中华人民共和国国家知识产权局	2019	国家	实用型专利，专利号：CN209634838V
69	珠海隆鑫科技有限公司	一种带运转箱的回火炉	中华人民共和国国家知识产权局	2019	国家	实用型专利，专利号：CN209816204V
70		一种弹簧运转箱	中华人民共和国国家知识产权局	2019	国家	实用型专利，专利号：CN209814589V
71		一种压电开关疲劳测试机快速安装结构	中华人民共和国国家知识产权局	2019	国家	实用型专利，专利号：CN209639951V
72		一种平面振动式回火炉	中华人民共和国国家知识产权局	2020	国家	实用型专利，专利号：CN209941031V
73		一种弹簧多次冲压测试的压并装置	中华人民共和国国家知识产权局	2020	国家	实用型专利，专利号：CN210533676V
74		一种半自动端子机切割传送装置	中华人民共和国国家知识产权局	2020	国家	实用型专利，专利号：CN211055460V
75		精密弹簧半自动编带机用纸编带装置	中华人民共和国国家知识产权局	2020	国家	实用型专利，专利号：CN210284722V
76		一种压缩弹簧行程调节机构	中华人民共和国国家知识产权局	2020	国家	实用型专利，专利号：CN211178932V
77		一种用于弹簧的高速批量测试机构	中华人民共和国国家知识产权局	2020	国家	实用型专利，专利号：CN209945704V
78		一种多功能批量疲劳测试机	中华人民共和国国家知识产权局	2020	国家	实用型专利，专利号：CN211061166V
79		端子编带加热装置	中华人民共和国国家知识产权局	2020	国家	实用型专利，专利号：CN211055461V
80		精密弹簧加工用平面振动式回火炉	中华人民共和国国家知识产权局	2020	国家	实用型专利，专利号：CN210287412V

（续）

序号	企业名称	项目／奖项名称	颁发机构	取得年份	等级	备注
81		编带纸带收料架	中华人民共和国国家知识产权局	2020	国家	实用型专利，专利号：CN210480334V
82		一种U型触摸按键弹簧	中华人民共和国国家知识产权局	2020	国家	实用型专利，专利号：CN210628149V
83		一种弹簧编带装置	中华人民共和国国家知识产权局	2020	国家	实用型专利，专利号：CN210618573V
84		一种旋转式弹簧疲劳测试机	中华人民共和国国家知识产权局	2021	国家	实用型专利，专利号：CN214471722V
85		一种全自动高速精密弹簧立定机	中华人民共和国国家知识产权局	2021	国家	实用型专利，专利号：CN215033225V
86		一种板材成型自动冲孔装置	中华人民共和国国家知识产权局	2021	国家	实用型专利，专利号：CN215032775V
87	珠海隆鑫科技有限公司	一种新型全自动弹簧成型机	中华人民共和国国家知识产权局	2021	国家	实用型专利，专利号：CN215033224V
88		精密弹簧全自动编带机编带控制系统V1.0	中华人民共和国国家版权局	2019	国家	计算机软件著作权登记记证书
89		精密弹簧自动筛选光纤传感器检测控制系统V1.0	中华人民共和国国家版权局	2019	国家	计算机软件著作权登记记证书
90		多组弹簧机用的PLC控制系统V1.0	中华人民共和国国家版权局	2019	国家	计算机软件著作权登记记证书
91		精密弹簧包装自动封装控制系统V1.0	中华人民共和国国家版权局	2019	国家	计算机软件著作权登记记证书
92		压电开关疲劳测试机控制系统V1.0	中华人民共和国国家版权局	2019	国家	计算机软件著作权登记记证书
93		珠海市科技创新先进单位	珠海企联	2021	市	
94		珠海市诚信经营示范单位	珠海企联	2021	市	
95		高新技术企业	广东省科技厅	2020—2022	省	
96		实验室认可证书（中英文）及认可决定书	中国合格评定国家认可委员会	2020	国家	
97		博士后科研工作站	人力资源和社会保障部全国博士后管委会	2020	国家	
98	浙江美力科技股份有限公司	先进复合材料汽车零部件及高性能弹簧数字化车间	浙江省经济和信息化厅	2020	省	2020年浙江省数字化车间／智能工厂
99		复合材料板簧	中国机械通用零部件工业协会	2022	国家	2021年"华中数控"杯全国机械工业产品质量创新大赛优秀奖

〔供稿单位：中国机械通用零部件工业协会弹簧分会〕

弹簧行业特殊贡献人物

聚力创新挑重担　深化改革促发展

——记国务院国资委系统优秀党员毛海波

毛海波现任中钢天源股份有限公司（简称中钢天源）党委书记、董事长、总经理，中钢集团郑州金属制品研究院有限公司（简称中钢制品院）党委书记、院长。他思维活跃、求真务实，带领全体员工抢抓市场机遇，激活发展动能，使中钢天源实现了跨越式发展。目前，中钢天源资产总额较2017年重组前增长264%，利润总额增长508%，利润年增长率达50%，2020年成功入选国务院国资委"科改示范企业"。他先后荣获郑州市"五一劳动奖章"、马鞍山市优秀企业家、中央企业优秀共产党员等荣誉称号。

一、提高政治站位，践行忠诚干净担当

毛海波同志始终将政治建设摆在首位，立场坚定，对党忠诚。他注重加强政治理论学习，坚定共产主义理想信念，在思想上、政治上、行动上同党中央保持高度一致，严守党的政治纪律和政治规矩。他严格落实中央"八项规定"要求，廉洁从业，带头降低履职待遇标准，从来不让公司安排高档住宿。他履职尽责，夙夜在公，全年无休，近几年来，他往返于郑州、马鞍山、广州、长沙、鞍山、贵阳多地，每年行程超过100 000km，2020年仅在钉钉上完成的审批事项就达3 000余项，半夜修改文件是常态，他充满激情地开拓新材料事业，以实际行动表达对企业的深厚感情。

二、抢抓机遇，构建多点支撑大格局

上任伊始，面对复杂的行业环境和多变的市场形势，毛海波同志坚持战略先行。他运筹帷幄，在"大势"中谋"大事"，坚持"大客户"市场开发原则，率队拜会宝钢金属、格力电器、广州华

德等大客户，积极促成与贵阳、吉林、南京等地多家企业建立跨区域、跨行业合作关系。他积极探索、深刻把握央企治理规律，按照现代企业制度，确立了"质量效益优先、技术创新引领、管理提升为本、释放改革活力"的发展理念，提出了"做强磁性材料及器件、金属制品及检测服务等核心产业，做优矿山专用设备、芴系列功能材料及冶金检测设备等特色业务，积极拓展新能源材料等业务"的发展思路，建立了以市场为导向、以科技为支撑的经营体系，通过一系列的内部资源挖潜整合，所属单位的自主经营能力及产品的市场竞争力得到加强，经过几年努力，中钢天源已成为我国国防军工领域重要的金属制品研发制造企业、全国权威的金属制品检验检测机构、国内最大的芴酮产品出口商。公司软磁材料四氧化三锰的生产能力、市场占有率居世界第一位，永磁器件市场竞争力位居行业前列。

三、攻坚克难，点燃双轮驱动新引擎

在他的带领下，中钢天源以建设科技创新型上市公司为目标，大力实施科技创新和资本运营双轮驱动发展战略，实现了高质量可持续发展。他牵头制定并实施"促进科技创新改革发展实施意见"等科技创新制度，力促技术创新成果转化，重视科研平台建设，构建了规范高效、充满活力的科技创新体制。中钢天源通过科技创新产生的直接或间接经济效益超过了1亿元。2017年至今共转化应用67项科技创新成果。2020年，"JZJS原料工程产业化"等"卡脖子"项目实现新突破，专利成果量质齐升，荣获"国家技术创新示范企业"称号。他注重发挥上市公司的优势，搏击资

本红海。通过非公开发行 A 股、下属子公司混改、并购投资等方式，引入优质战略投资者，推动企业做大做强。近两年来，中钢天源成功收购西部业黔、吉林正达，控股金宁三环，参股贵州铜仁金瑞、铜陵纳源、马鞍山新康达。2020 年，中钢天源非公开发行股票成功募集资金 9.5 亿元。通过兼并重组，中钢天源总体规模快速壮大，产业布局进一步完善，市场占有率显著提升。

四、锐意改革，激活创新创造动能

毛海波同志以打造世界一流企业为己任，紧扣市场化大方向，大刀阔斧地进行内部改革，着力提高管理效率。他积极推动股权激励、岗位分红、混改、股权多元化等一系列改革措施落地，充分激发了企业活力。他以"一企一策、一业一策"为原则，精准定向赋权，将人才引进、绩效考核、资金使用、项目投资、采购与销售审批等管理权限授放到位，进一步提高了全级次各企业的决策效率和管理效率。他全面推行"首席技术专家"和"青年科技骨干"竞聘任期制，形成科技人才良性竞争的格局。以市场化方式选聘职能部门负责人，聘任一名熟知知识产权运营的行业专家为总经理，探索南京区域财务一人多岗、干部交流任职、职能部门减人不减资等灵活用人方式。实施全员绩效管理，仅 2020 年就淘汰 32 人，22 人次薪酬下降，4 人岗位降级，人员收入最高与最低比值达到 9.6，实现了人员能进能出、薪酬能升能降、岗位能上能下。

2020 年，中钢天源在战疫情、克时艰的大背景下，通过一系列改革措施的实施，实现营业收入 16.72 亿元，同比增长 21.04%；实现归属于上市公司股东的净利润 1.73 亿元，同比增长 25.76%；基本每股收益较上年同期上升 25.79%；加权平均净资产收益率较上年同期上升 1.60 个百分点。

〔撰稿人：中钢集团郑州金属制品研究院股份有限公司程永强〕

全国五一劳动奖章获得者

——中国机械通用零部件工业协会

成立 30 周年"突出贡献人物"张春新

张春新于 1976 年 1 月出生，中共党员，现任广州华德汽车弹簧有限公司生产技术科科长、助理工程师、技师。公司主要生产丰田、本田、通用、日产等世界品牌汽车的弹簧、稳定杆、支撑杆、座椅骨架与铰链等产品。二十几年来，他一直奋斗在生产一线，不断解决生产一线的技术难题，为企业提升装备水平、核心竞争力、跻身全国弹簧行业前三甲做出了突出贡献。

一、业绩突出，成立创新工作室

张春新先后在生产一线担任班长、副线长、线长和技术主管，带领团队攻坚克难迎难而上，先后承担起公司多个重要产品的技术开发和技改创新等课题的攻关任务，做出的成绩得到了各级领导和同事的首肯，荣获多项荣誉。

2012 年张春新被评为广州市劳动模范，同年他成立了"张春新劳模创新工作室"，几年来，他带领工作室成员，积极参加公司组织的技术革新、劳动竞赛和 QCC 活动，不断进行革新创新和管理改善，开展降本增效等活动，取得了 140 多项技改创新成果，共创造经济效益 9 500 多万元，其中多项核心技术在行业中处于领先水平。

二、发挥模范带头和"传帮带"作用

张春新带领工作室成员发挥模范带头作用，通过劳模、技术能手的"传帮带"，不断培养基层一线的技能人才与创新人才。为了迅速提升公司技术人员的水平，张春新分批对岗位上的技术操作员从理论到实操进行全面培训，规范了操作程序。几年来，对公司员工进行了"提高操作者

对重点设备的驾驭能力""QC 基础知识""五原则""执行力"等培训，培训 50 余场次，培训人数超过 1 000 人次，使公司员工的综合能力整体大幅度提升，培养出了一大批能在一线独当一面的优秀管理人才和技能人才。目前，他培养出的管理人才和技能人才都在公司多个重要领域的管理岗位或技术岗位工作，得到了公司的高度认可。工作室通过定期组织骨干人员与各级企业开展交流，参观弹簧设备机械展等外出学习活动，拓展了创新思路，提升了工作室成员的创新水平，为给企业做更多的创新改善贡献力量。

三、荣誉

由于张春新个人技能和工作业绩突出，先后被评为企业技术能手、技术标兵，多次被评为先进工作者，突出贡献先进个人等。2012—2017 年，先后获得广州市劳动模范、广州市企业最美员工、广州月度和年度十大榜样、广东省劳动模范和全国五一劳动奖章等荣誉称号。

他带领的"张春新劳模创新工作室"在2013—2017 年先后获得广汽工人先锋号、广东省工人先锋号、全国工人先锋号、广州市"劳模创新工作室"、广东省"劳模创新工作室"、全国机械冶金建材系统职工创新工作室和全国示范性劳模和工匠人才创新工作室等荣誉称号。

〔撰稿人：广州华德汽车弹簧有限公司何春燕〕

见证我们身边的劳模风采

——辉县市南寨镇蒿地掌村党支部书记、新乡辉簧弹簧有限公司董事长元银贵

元银贵，2019 年荣获"河南省劳动模范"；2019 年，他带领的蒿地掌村荣获"新乡市文明村"称号；2020 年，他被中国内燃机工业协会电机电器分会评为"卓越企业家"；2020 年，他荣获"辉县诚实守信道德模范"称号；2021 年，他被中共新乡市委授予"史来贺式好干部"称号。

距离辉县市区 40km 的南寨镇东北方向，有一块群山环绕的小平地——蒿地掌村。这个巴掌大的太行山小山村，却有着"中国汽车电机弹簧第一村"的美誉，已成为中国电机弹簧的行业标准制定者。

地处大山深处的蒿地掌村何以能获得如此盛誉？村民们说这一切都得益于村里有一个精明能干、甘愿奉献的"大管家"，村民们口中的"大管家"就是蒿地掌村党支部书记元银贵。

多年来，借助改革开放的东风，元银贵带领村民们专注于弹簧产业，硬是将一个贫穷落后的小山村发展成了"中国汽车电机弹簧第一村"，年利税达 1 000 多万元，村民年人均收入达 3 万多元。那么，这一切变化是怎么发生的呢？

一、不服输让他从"山里娃"成长为董事长

元银贵出生于 1957 年，在太行山里长大的他，从小就有一股不服输的犟劲儿。1974 年，辉县市举全市之力修建三郊口水库，文件中写到，干满 2 年，表现突出者可以被推荐"招工"工作。正在彷徨的元银贵得到这一消息后，在村里率先报名。

蒿地掌村距离三郊口水库 20km。那年深秋，17 岁的元银贵与村里的大人们一起，拉着平板车，扛着铁锹、撬杠等工具，步行来到三郊口水库工地，投入到紧张的劳动中。

吃住都在工地，每天干活十三四个小时，主要工作是拉石头。

此时的元银贵虽然还没有成年，但干起活来十分卖力，不输成年壮劳力。

不论是拉石头还是砌石头，都属于重体力劳动，一些人干着干着就辞工回家了。为了确保工期，有足够的人干活，县里出台政策，连续干满3 个月，除了每天记工分外，每个月再补助 2 元。连续干满 2 年，优先被推荐"招工"工作。

为了获得被优先推荐的资格，元银贵在三郊口水库工地一干就是2年，从不叫苦叫累。

1976年下半年，辉县市交通局组建汽车三队，招收10名学员学开车，已经在三郊口水库工地干了2年的元银贵被招收，成了一名货车司机，每天开着货车给山区供销社各网店运送物资。2年后，元银贵被调到当时的辉县电机厂，如愿成了一名车工。

靠着自己的努力打拼，元银贵慢慢出了名，成了村里大人小孩都知道的名人，有主意、有魄力，敢闯敢干，是个经营好手。是好钢就得用到刀刃上。1980年，辉县市指定一批国有企业对深山贫困村开展帮扶活动，原辉县电机厂被指定对口帮扶蒿地掌村。1983年，已经在原辉县电机厂当了4年车工的元银贵被派往蒿地掌村，协助筹办弹簧厂。

说是办厂，在当时一没资金，二没技术，谈何容易。当时，选取了村边的一小块空闲地，元银贵带领村民建了厂房，并请来弹簧厂师傅，手把手教大家弹簧制造技术。当时，工厂只有5名工人、一口大铁锅、一个手拉风箱，弹簧靠手工绕制，蒿地掌村弹簧厂因陋就简开始了生产。

"其实就是一间手工作坊，只能比葫芦画瓢做一些简单的电机弹簧。"元银贵说。起初，蒿地掌村生产的电机弹簧全部供应原辉县电机厂使用，但由于使用量有限，多出来的弹簧就需要自己寻找销路。

对于穷山村里的小厂来说，打开销路可谓难上加难，元银贵跑市场、摸行情、谈生意，吃奶的劲儿都用上了，盼望着能有一个改变企业命运的机会，1985年的一天下午，这个机会终于来了，他在安阳市与客户谈妥了一单生意，但是客户要的急，必须在第二天早晨送来500件弹簧产品。500件，对于一个山村小厂来说，这可是天上掉馅饼的大好事。

谈好生意的元银贵满心欢喜地前去长途汽车站，准备坐车回去。然而此时发往辉县的班车已经没有了。那个时候交通不方便，安阳市到辉县

南寨只有公共汽车，需要两个多小时的路程。没车了，怎么办？如果自己晚上回不去，产品就生产不出来，以前的努力都会白费。元银贵把心一横，今天晚上一定要赶回厂里，他一边跑到邮局给厂里打长途电话，让工人赶紧准备原料，开工生产。一边跑到马路边，拦住一辆开往辉县的货车，坐上车就回来了。

为了不耽误安阳客户的工程进度，他和工人们连夜生产，赶在第二天早晨6点之前完成了任务，8点准时把货物送到了安阳客户面前。

安阳客户惊奇地问道："你昨天没走吗？"

"昨晚就赶回去了，今天刚到。"元银贵回答。

这位厂长惊讶得连声赞叹："真不简单！真讲诚信！"

靠讲诚信，之后的多年，蒿地掌村弹簧厂成了包括安阳市汽车电机厂在内的众多电机企业的一个稳定客户。蒿地掌村弹簧厂也因此得以逐年发展壮大。

1985年，年产值已接近40万元的蒿地掌村弹簧厂更名为河南省辉县弹簧厂，元银贵被推举为厂长。

弹簧行业属于较冷僻的行业，大厂不屑于做，小厂又做不成，元银贵抓住这一机遇，陆续添置设备，逐步提高产品质量，扩大生产，抢占市场。

电力供应是保障企业生产的先决条件。蒿地掌村因处于大山深处，在20世纪80年代，电力供应极不正常，随时会拉闸停电，严重影响了企业生产。1990年，元银贵下定决心将企业搬迁到辉县市城郊。

多年后再回过头来审视这次搬迁，元银贵觉得这是自己做出的最正确的一个决定。这次搬迁，不但保障了企业用电，也为企业日后走出河南、走向全国、走向世界奠定了坚实基础。

生产弹簧，设备是关键。企业搬迁后不久，元银贵就遇到了一个难题。1993年初春的一天，元银贵去安阳一家汽车机电厂送货，该厂厂长拿出一个从美国进口的扁弹簧，问元银贵能不能做。元银贵观看再三，然后鼓足勇气回答说："我能完

成任务"。

而在当时，国内所有的弹簧厂家，生产的都是圆弹簧，还没有一家弹簧厂做过扁弹簧。

元银贵知道自己这次是打肿脸充胖子，厂里没有做扁弹簧的设备，根本就做不出扁弹簧。但大话已经出口，就绝不能食言。

元银贵是一个酷爱学习的人，他想到了自己正在看的一本书《弹簧制造技术》，该书的编审肖椿林是当时国内弹簧界的权威，在天津弹簧厂工作。

去天津找肖椿林，元银贵即刻动身，几经周折来到天津弹簧厂。

此时的元银贵与肖椿林并不相识，也没有提前预约。在天津弹簧厂大门口，为了见到肖椿林，元银贵一等就是一天。眼看着就要下班了，门卫告诉元银贵，肖椿林可能出差去外地了，怕是几天也回不来，但肖椿林有个学生叫潘硕友，是研究所的所长，说不定可以帮上忙。

谢过门卫，元银贵就近找了一家旅馆休息。第二天一上班，元银贵来到天津弹簧厂研究所，找到潘硕友，说明来意，还特意把蒿地掌村贫穷落后的面貌做了一番介绍。潘硕友被元银贵的真诚所感动，按照元银贵带来的图纸，帮忙制作了一个手工制作扁弹簧的简易设备。

元银贵千恩万谢告别潘硕友，带着这台设备回到厂里，组织工人生产，做出了国内第一只扁弹簧。

经过这件事之后，元银贵意识到了设备的重要性。他把眼光瞄向世界，筹措重金购买最先进的弹簧设备，先后引进了国内第一台 OCF—10 数控高精密度绕簧机、国内第一台波纹簧数控绕簧机、国内第一台数控圆簧机等。

在引进世界先进弹簧设备的同时，元银贵加大与国内大专院校以及科研单位的合作力度，不断提升自身科研实力，先后开发出系列数控弹簧机和弹簧机数控系统，填补了国内空白。

产品质量过硬，技术含量高，客户不请自来。2004 年，国内某军工研究所工作人员来到辉县市，找到元银贵，请求加工某型号弹簧，要求产品质量零误差，并且必须签订生产保密协议。

元银贵立即意识到这是一个特殊订单，可能涉及国家某个重大计划，不能问也不能说。他安排厂里的技术骨干亲自操作，以确保产品质量。

2005 年 10 月 12 日，神舟六号飞船成功升空。之后没多长时间，元银贵收到一个特别礼物——神舟六号飞船模型。这时的元银贵才明白，自己生产的那批弹簧被用到了神舟六号飞船上。这使他感到非常自豪。

2012 年，元银贵生产的汽车电机弹簧成功进入德国博世公司全球采购体系，这是国内第一个，也是迄今为止国内唯一一个进入该体系的电机弹簧产品，被广泛应用于德系、美系、日系、韩系等高端汽车。

用心做产品，这是元银贵挂在嘴边的一句话。

做中国第一，全球最好，这是元银贵给企业定的定位。

这些，元银贵都做到了，也拉开了弹簧厂的辉煌之路。

二、一家富不算富，村里每家都富了才叫富

1990 年弹簧厂从村里搬迁到辉县市城郊时，厂里的一大半工人都是蒿地掌村的村民。时间长了，许多村民都掌握了生产弹簧的技术。元银贵鼓励村民，另立门户，开办自己的弹簧厂，并表示愿意提供从资金到技术等一切需要的帮助。

在元银贵的鼓励下，村民崔保元勇敢迈出了第一步。2005 年，崔保元在辉县市城郊租赁了几间空房作为厂房，并成立自己的弹簧公司，聘用 8 名村民作为工人，开始生产弹簧，生意做得风生水起。

2017 年，辉县市产业集聚区第一批标准厂房建成，对外招商。已经有了一些积蓄的崔保元立即想到，要购买一间标准厂房，把公司搬到集聚区内，一来可以提升公司的对外形象，二来集聚区统一进行污染处理，可以降低不少环保费用。

但由于标准厂房数量有限，需要标准厂房的企业主太多，一时间形成了卖方市场。崔保元知道,凭着自己的企业规模和人际关系,买到标准厂房的可能性几乎为零。他想到了元银贵,想通过元银贵请相关领导出来坐坐,借机疏通关系。

元银贵拒绝了崔保元请领导吃饭的想法,但表示会想办法帮忙。

"元书记是我们莪地掌村对外的名片,只要元书记答应帮忙,大事小情十有八九都能办成。"崔保元说。

果不其然,没过多久,集聚区电话通知崔保元交钱。崔保元如愿以偿买到了标准厂房。

贷款难长期以来严重影响着中小企业的发展。崔保元买到标准厂房后,想扩大生产规模,但苦于贷不到款。他把自己的想法告诉了元银贵。元银贵立即协调当地农商银行,帮助崔保元及时贷款120万元。

2019年,崔保元接到一个订单,生产某型号弹簧,但是兜兜转转一大圈,买不到原材料。

"这种原材料市场上有,但厂家不零卖,买多了用不完又浪费,零买又买不到,真是急人。"

崔保元再次求助元银贵。元银贵二话没说,安排工作人员把自己厂里的原材料拿出一部分送到了崔保元的厂里。

就这样,十几年下来,崔保元不仅买了车,还在辉县市区全款买了两套房,小日子过得比城里人还舒服。

"企业发展只要有困难,元书记就是我们最强大的后盾,没有元书记的鼓励和帮助,我不可能有今天的生活。"崔保元说。

截至目前,莪地掌村村民在元银贵的鼓励、帮助下共成立了57家弹簧生产企业,生产的弹簧产品用于摩托车、农机、汽车、飞机和导弹等行业,其中,汽车电器类弹簧供应量占全国总用量的80%以上,成为名副其实的"中国汽车电机弹簧第一村"。

有人说元银贵傻,自己是做弹簧的,还鼓励、帮助别人去做弹簧,这是自挖墙脚。元银贵说:"这叫胸怀,一家富不算富,村里每家都富了才叫富,只有这样才能实现共同富裕。"

如今的莪地掌村有多富裕?全村272户,几乎每家每户都购买了轿车,在辉县市区都购买了住房,大多数家庭在市区的住房有两套以上。全村916口人,留在村里的只有70多个孤寡老人,其余人家全部搬出了大山,在辉县市区居住。全村除了老人孩子,人人有工作。2020年,全村上缴税收超过1200万元,人均税收超过1万元。

"平时在小区里,一说我是莪地掌村人,左邻右舍都会投来羡慕的眼光,自己也感到特自豪!"王苏苹说。

三、当好村民们贴心的"大管家"和"勤务员"

莪地掌村人口不超过1000人,虽然村不大,但长期以来村"两委"班子不和,各拉各的弦,各唱各的调,人心散。正应了一句老话:越穷越折腾,越折腾越穷。至1993年年底,全村拖欠村干部工资、村民务工费等30多万元。

1993年年底,南寨镇主要领导主持召开莪地掌村全体党员会议,会上,元银贵被任命为党支部书记。

"镇领导之前没有与我沟通,我也没有一点思想准备,再说企业当时正处在发展阶段,对我来说太突然。"元银贵说。

尽管镇党委的这一任命显得有点武断,但作为一名党员,元银贵没有退缩。

一边是正处在发展阶段的企业,一边是生养自己的乡亲,一个在城区,一个在大山里,两者相距50km,元银贵在两者之间寻找平衡点。

上任伊始,为了平息村内矛盾,元银贵自掏腰包,替村里还清了所有欠款,又出资5万元,将村里破旧的小学修缮一新。

吃水难是山区群众第一难,大山深处的莪地掌村更是如此,长期以来村民吃的全是雨水,遇到大旱年,村民们成群结队到6km外的邻村挑水吃。

为了解决群众吃水难难题,村里曾多次挖井寻水,但都未能如愿。1994年,元银贵自筹资金30多万元,请来河南省物探队和辉县市钻井队,为村里打了一眼360m深的水井,又争取上级资金

25 万元，铺设管道 17 000m，家家户户吃上了自来水。

在解决群众吃水难的同时，元银贵也在考虑怎么解决群众出门难难题。蒿地掌村坐落在山坳中，家家户户开门见山，门前的路宽的不过 2m，窄的只有几十厘米。元银贵采取自己出水泥、出工钱，村民出工的办法，硬化了出村道路和村内道路，家家户户通上了水泥路。改变了过去村里雨天一身泥，晴天一身灰的现象，彻底解决了村民出行难、行路难的难题。

1996 年，元银贵又投资 10 多万元，在村里架设了 5km 长的专用电缆和 100 对电话专用线，解决了全村群众看电视频道单一和打电话难的难题，蒿地掌村也因此成为辉县市深山区第一个电视电话村。

为帮助村里的重疾重残人员和孤寡老人，元银贵带头捐款，成立"扶贫救助基金会"，一天时间全村捐款达 45 万元。

打井、修路、捐款……有人粗略估算，自 1993 年年底元银贵担任村支部书记至 2021 年，28 年来元银贵为了村里的各项事业，个人出资至少在 700 万元以上。

有人说他傻，但他认为："上不让党吃亏，下不让群众吃亏，中间当干部的就应该能吃得了亏。吃上一个亏，就算干成了一件事，吃了小亏干成小事，吃了大亏就干成大事了！"

不仅如此，对群众，元银贵也是有求必应。

元银贵不仅帮忙解决了村里的孩子上学问题，而且村里的老人看病，元银贵也忙前跑后。2011—2012 年，王苏苹的父母先后被确诊为食道癌，元银贵听说后，急忙联系当地最好的医院，安排两位老人住院治疗，又交代厂里的工会干部，给每人送去 1 万元住院费。

村民们说："元书记就像村里的'大管家'，谁家有了事都会去找他。"

"春燕衔泥筑春巢，一枝一叶总关情。"元银贵认为，作为一名村干部，要时时刻刻当好村民贴心"勤务员"。"把村民的事当自己的事，虽然村支书这个岗位看似平凡普通，但这是党组织相信我，给了我服务群众的平台，我会一直坚守初心做下去。"他说。

65 岁的元银贵觉得，他能从一个山里娃发展到今天，都是共产党给他带来的机会，他能成为一名党员，是发自内心深处的一种执着与崇高信念。回顾当村支书的过程，他有感而发：就是安心为党办"公事"，踏实为群众办"好事"，一辈子追随坚定的"信仰之心"，追随赤诚的"为民之心"，追随无我的"奉献之心"，追随强大的"奋斗之心"。

多年的风风雨雨，元银贵缔造了一个弹簧王国，也带富了一方百姓。下一步，他准备抓住乡村振兴战略机遇，早日把村子打造成为共同富裕示范村。

〔撰稿人：新乡辉簧弹簧有限公司张幸福〕

在国际弹簧界发出中国声音

——中国机械通用零部件工业协会成立 30 周年"突出贡献人物"张俊

张俊同志是上海中国弹簧制造有限公司的副总工程师，教授级高级工程师，是弹簧行业公认的技术权威专家。他同时兼任弹簧分会秘书长、弹簧行业标准化委员会副主任、中国机械工程学会弹簧失效与预防专业委员会副主任、弹簧行业职业技能鉴定分中心主任等多个重要职务，多次担任国际弹簧标准化委员会（ISO/TC 227）中国

团技术负责人，多次参加国际行业交流和学术交流，在国际同行的交流中发出中国弹簧界的声音。

主要业绩和职务：

1) 行业龙头企业技术发展及国际级平台产品设计开发的领军人物，中国弹簧行业技术的引领者。工业和信息化部和科技部项目研讨和评审邀

请专家。

2）每两年一次的国际弹簧行业大会（XX Int. Spring Manufacture Conference）和学术活动的中国代表团领导和发言人。

3）国际弹簧标准化委员会（ISO/TC 227）标准化工作的中方团组技术总负责人，全国弹簧标准化委员会（GB/SAC 235）副主任，亲自起草编制了多个重要的技术标准。

4）国内弹簧行业中高级职业培训教材的主编，《弹簧工程》杂志的主编。

5）参编了国内主要专业手册，发表了多篇论文，拥有大量专利。

6）担任中国机械通用零部件工业协会专家委员会委员、中国汽车学会悬架专业学组委员、中国机械工程学会材料分会残余应力专业委员会委员、中国金属学会金属材料深加工分会委员会委员、中国金属学会轧钢分会金属制品学术委员会委员等。

〔供稿单位：上海中国弹簧制造有限公司〕

抗击新冠疫情和复工复产先进集体和个人

为表彰在抗击新冠疫情和复工复产中涌现出来的先进集体和个人，弘扬爱国、敬业、拼搏、互助精神，经会员单位推荐，各分会秘书处初评推荐，报中国机械通用零部件工业协会（简称总会）秘书处组织评选，经总会七届四次常务理事会批准，在总会七届四次理事会暨会员代表大会上授予44家单位"抗击新冠疫情和复工复产先进集体"、34位同志"抗击新冠疫情和复工复产先进个人"称号。其中：弹簧分会先进集体11家，先进个人4位。

弹簧分会抗击新冠疫情和复工复产先进集体

杭州弹簧有限公司
宁波名力弹簧有限公司
新乡辉簧弹簧有限公司
广州华德汽车弹簧有限公司
上海中国弹簧制造有限公司
天津沛衡弹簧有限公司

乐清市东风弹簧有限公司
嵊州市金狮弹簧机械有限公司
浙江万能弹簧机械有限公司
杭州兴发弹簧有限公司
扬州核威碟形弹簧制造有限公司

弹簧分会抗击新冠疫情和复工复产先进个人

姓　名	职　务	单位名称
赖运丁	部长	广州华德汽车弹簧有限公司
李和平	董事长	杭州弹簧有限公司
俞　强	行政经理	浙江万能弹簧机械有限公司
元银贵	董事长	新乡辉簧弹簧有限公司

〔供稿单位：中国机械通用零部件工业协会弹簧分会〕

中国机械通用零部件工业年鉴2022

Ⅴ 紧固件行业卷

中国机械用零部件工业总览

链传动行业卷

齿轮行业卷

弹簧行业卷

回顾总结我国紧固件行业 2019—2021 年的经济运行情况和"十三五"行业发展情况，介绍紧固件行业在科取得的成就，概述紧固件行业质量与标准化工作；记录紧固件行业大事

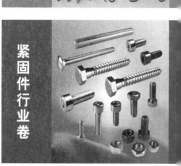

紧固件行业卷

粉末冶金行业卷

传动联结件行业卷

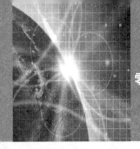

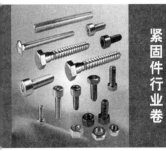

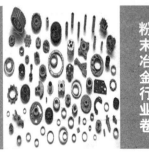

中国机械通用零部件工业总览

链传动行业卷

齿轮行业卷

弹簧行业卷

紧固件行业卷

粉末冶金行业卷

传动联结件行业卷

中国机械通用零部件工业年鉴2022

V 紧固件行业卷

综　　述

2019—2021 年中国紧固件行业发展综述

一、行业经济运行情况

2019 年中国紧固件完成的经济指标：

紧固件销售量达到 856 万 t，同比增长 9.7%；销售金额达到 890 亿元，同比增长 7.2%。紧固件（钢制）出口量达到 317 万 t，同比下降 3.7%；紧固件（钢制）出口总金额达到 64.39 亿美元，同比下降 0.7%；紧固件（钢制）进口量达到 26.7 万 t，同比下降 15.7%；紧固件（钢制）进口额达到 28.3 亿美元，同比下降 11.8%。

2020 年中国紧固件完成的经济指标：

紧固件销售量达到 820 万 t，同比下降 4.2%；销售金额达到 944 亿元，同比增长 6.1%。紧固件（钢制）出口量达到 305.7 万 t，同比下降 3.6%；紧固件（钢制）出口总金额达到 69.7 亿美元，同比增长 8.2%；紧固件（钢制）进口量达到 26.3 万 t，同比下降 1.5%；紧固件（钢制）进口额达到 27.8 亿美元，同比下降 1.8%。

2021 年中国紧固件完成的经济指标：

紧固件销售量达到 930 万 t，同比增长 13.4%；紧固件销售金额达到 1 190 亿元，同比增长 26.1%；紧固件（钢制）出口量达到 337 万 t，同比增长 10.2%；紧固件（钢制）出口总金额达到 93.16 亿美元，同比增长 33.7%；紧固件（钢制）进口量达到 30.95 万 t，同比增长 17.7%；紧固件（钢制）进口额达到 31.89 亿美元，同比增长 14.7%。

2021 年，国家经济运行政策积极因素产生集聚作用，据国家统计局数据显示，2021 年机械工业增加值同比增长 10%，机械工业累计实现营业收入 26 万亿元，同比增长 15.6%。中国紧固件企业同样受益于国家经济运行政策积极因素的影响，并且在注重自身产品转型升级的基础上，积极挖掘市场商机，许多紧固件企业取得了较好成绩。从 2021 年部分数据可以看出：规模企业经济形势稳健趋好，增长主要源于国内外经济复苏；国内商务汽车、5G 电子及新能源风电，特别在 2021 下半年呈现出旺盛的市场活力；但是小微企业经济形势微弱于上年，造成经济低迷的因素是限电时间长、招工难和原材料价格上涨等；部分地区外贸出口受疫情影响较大。全球疫情造成的供需变化和由运费、原材料成本、能源资源价格、人民币汇率上升组成的"四升"问题直接加重了企业负担，尽管 2021 年外贸订单量有所恢复，但由于普遍面临集装箱短缺、拥堵和运费飙升问题，海运成本占比从 5% 上升至 20% 左右，企业利润受到影响。

构建以国内大循环为主体，国际国内双循环相互促进的新发展格局是中央根据我国发展阶段、环境、条件变化做出的战略决策，是事关全局的系统性深层次变革。2019—2021 年，中国紧固件行业加快形成以国内大循环为主体，国际国内双循环相互促进的新发展格局。通过大家努力，中国紧固件行业现在已把扩大内需作为经济转型的战略基点，壮大国内大循环既可以减轻对外依存度，又可以借助国内市场推动紧固件产业优化，促进科技创新，替代进口，有力增强中国紧固件的发展自主性，更好拓展经济发展空间。以扩大内需为经济转型的战略基点，可以真正把中国超大规模紧固件国内市场的消费潜力释放出来。

2021 年 4 月印发的《商务部办公厅关于开展

2021 年度国家外贸转型升级基地考核认定工作的通知》要求开展 2021 年度国家外贸转型升级基地认定和认定基地的考核，邯郸市永年区国家外贸转型升级基地（紧固件）成功通过了国家考核。国家外贸转型升级基地是国家和地方重点扶持和发展的集生产和出口功能为一体的产业集聚体，是培育信息、营销、品牌、质量、技术、标准、服务等出口竞争新优势的重要载体，是促进外贸发展方式转变和优化出口商品结构的重要抓手。

二、抗疫复工复产概述

2020 年，新冠疫情发生后，紧固件行业各个协会及企业充分发挥各自作用，坚定发展信心、履行责任担当，积极筹措急需的资源和物资，尽己所能为抗疫工作贡献力量，与社会各界一道砥砺前行，共克时艰。不遗余力地支援疫区，充分展现出紧固件人的大爱与担当。

企业在抗疫的同时，积极筹划复工复产。

（1）2 月 2 日山东高强紧固件有限公司成为行业首个复工的规模企业。

（2）2 月 12 日宁波金鼎紧固件有限公司、中江、群力等被当地政府批准第一批复工。

（3）2 月 18 日，浙江明泰标准件有限公司等 3 家工厂率先复工，到 2020 年 2 月底，温州紧固件 90% 企业实现复工。

（4）永年地区将 1 708 家企业分为 ABCD 四类 5 个批次，有序复工。

（5）广东、上海、湖南、四川、云贵、海盐等地区的紧固件行业企业根据防控要求和部署也逐步恢复生产。

到 2020 年 3 月底，全行业基本上全面复工。

龙头企业的积极引领作用和地区的集聚效应已经显现。在海盐宇星螺帽有限责任公司、眉山中车科技紧固件有限公司、贵州航空精工标准件有限公司、定西高强度紧固件股份有限公司等一批"小巨人"和行业标杆企业带动下，紧固件行业企业加大了内循环，扩大了内销市场的份额，围绕大基建、新兴战略产业的投资加速，积极扩大在高铁、新能源、家用电器、汽车、船舶、大型机械装备、IT 电子数码通信、军工等领域的产品市场，抓住机遇，逆势增长，闪耀出许多新的亮点。

（1）宁波紧固件行业，以新产品开发促市场转换，带动新增产值上升 7.4%。

（2）温州紧固件行业，全年销售总产值超过 237 亿元，同比增长 3%。

（3）河北紧固件行业，全年总产量 454 万 t，同比增长 5%；产值 295.1 亿元，同比增长 5.7%。

（4）江苏紧固件行业，全年钢制紧固件同比增长 7.8%。

（5）广东紧固件行业，数码通信及电子类、小家电螺钉、建筑用紧固件呈现较大幅度的逆势增长，全年同比增长超过 20%。

三、强国基石

1. 大力开发新品

2019—2021 年是紧固件行业迎接创新发展新模式的重要年份，通过逐步落实行业的产业结构调整和产品转型升级，中国紧固件行业开始进入实施高质量战略发展的新时代。

中国紧固件行业紧紧依靠汽车、新能源、高铁、电子电器、航空航天、建筑维修等产业，加快全行业产品结构调整。加速企业创新驱动下的产品结构调整，推进企业向"专、精、特、优"方向发展。在取得初步成效的基础上，引导和支持企业创立名牌。促进企业开发新产品，提高产品质量水平，提高产品附加值，以新产品开拓新市场，以新产品打造新的增长点，增强了我国紧固件产品在国内外市场的竞争力。

2019—2021 年的新产品转化率和结构占比已实现较大增幅提高。

2019 年，紧固件行业荣获中国机械通用零部件工业协会技术创新奖 28 项，其中，特等奖 13 项，优秀奖 15 项。

舟山市 7412 工厂近年来聚焦高档汽车发动机和底盘用高强度紧固件，特别是着力开发技术含量高的耐热紧固件及铆合螺栓等新产品，使企业的产品结构走上了高端化。

宁波、温州和广东等紧固件协会与当地政府协同努力，通过与国内科研院所合作，加快自身产品向"高、精、尖、深"方向进军。如：2020年宁波紧固件行业的新产品产值达 21.4 亿元，同比增长 13.2%。

济南实达紧固件公司 2021 年的研发投入达800 万元，台阶法兰面螺栓、防松动法兰面螺栓和 T 形螺栓等 6 项产品获得国家实用新型专利，增加销售收入 5 000 万元。

2021 年 6 月，冷水江天宝实业有限公司中标的工业和信息化部工业强基－高速机车动力（牵引、传动等）系统 10.9 级高性能紧固件项目，总投资 2.665 亿元，其中 5 000 万元用于研发，经过了四大阶段、七个轮次、近千次的试制，历时三年半，顺利通过验收。成功申报专利 20 项，创收4.9 亿元。

2021 年 12 月 27 日，中国机械工业联合会在组织开展的 2021 "华中数控" 杯全国机械工业产品质量创新大赛中宣布：

舟山市 7412 工厂的马氏体不锈钢 40Cr10Si-2Mo 冷镦成形技术获银奖；思进智能成型装备股份有限公司的 ZX04-20 高速精密多工位冷镦成形成套装备获优秀奖。

2021 年 11 月 28 日，由上海大学材料学院董瀚教授领衔的高性能钢铁材料团队、河北龙凤山铸业有限公司、七丰精工科技股份有限公司、舟山市 7412 工厂、江苏冶金技术研究院、上海大学（浙江）高端装备基础件材料研究院、上大新材料（泰州）研究院七家单位经过一年多的联合攻关，研制出国内首款 19.8 级超高强度紧固件，跻身世界最高强度等级紧固件的研制行列。

2. 加强科研工作

科学技术是第一生产力，创新是第一动力。紧固件行业尤其要加强科技研发，通过集中力量开发新材料、新工艺、新设备、新产品，为紧固件行业注入新动能。随着紧固件行业对技术开发认识的进一步提高，各地都在科技研发方面投入了大量人力、物力和财力。

腾龙精线集团在 2020 年合计投入研发经费 3亿元，2021 年计划将研发经费与营收占比进一步提高到 5%。

思进智能成形装备股份有限公司设立了"省级博士后工作站"，引进先进的设备设计软件，促进了企业创新能力的持续提高。成功研发出可实现远程控制的多工位冷镦机，为下游用户无人车间的智能生产打下了基础。

许多各种层次各种规模的科研单位正在筹建，如：省级型的有河北省紧固件产业技术研究院和浙江省企业技术研究中心（奥展实业、宇星紧固件）；厂校结合型的有上海大学—舟山市 7412 工厂高端紧固件研究院和宁波鄞州职业高级学校—宁波思进股份冷镦成形加工技术人才产教融合基地；企业型的有浙江奥展紧固件技术研究院、浙江省东瑞智能冷镦成型装备技术研究院和湖南申亿机械应用研究院（国家技术标准创新基地）等。

3. 推动行业品牌建设

品牌是企业产品质量、技术深度、文化底蕴的重要体现，是企业珍贵的无形资产。紧固件分会通过组织协调、宣传引导、推荐等方式，助力企业打造优秀的品牌形象。

在工业和信息化部最新发布的单项冠军示范企业名单中，眉山中车紧固件科技有限公司荣获2020 第五批制造业 "单项冠军示范企业"、湖南飞沃新能源科技股份有限公司的风电叶片预埋螺套荣获 2020 第五批制造业 "单项冠军产品" 荣誉称号。

2020 年 3 月，舟山市 7412 工厂荣获中国制造"冠军企业奖"。

风力发电是绿色能源重要产业，现在已出现了舟山市正源标准件有限公司、上海申光高强度螺栓有限公司、湖南飞沃新能源科技股份有限公司和定西高强度紧固件有限公司等风电紧固件专业生产特色企业。

4. 进一步强化绿色制造理念

许多企业以"创新驱动、绿色发展"引领紧固件产业升级。在产业延链、补链、强链上做文章，引入高端项目、培育重点企业、开发优质产品、打造知名品牌。

永年标准紧固件产业已被认定为首批"河北省中小企业示范产业集群"和"河北省区域特色产业基地"。这反映出绿色环保的产业梯度转移与承接的趋势正在有序加大。

河北省邯郸市永年区引导组建产业技术研究院和产品检测中心，现已有16项技术获国家专利，解决了一批永年紧固件行业共性技术难题。同时，为解决表面处理环保难题，永年区建成了恒创环保科技高端标准件产业园。2019年，整治无望的5 017家标准件企业已全部取缔。2020年，又对1 708家紧固件企业进行排查整治，通过分类施治，将1 708家紧固件企业整合为1 559家，得到生态环境部的充分肯定。

5.加强紧固件行业产业转移及园区建设

随着原料价格的不断上涨和劳动力成本的不断提高，以及环保政策的日渐严苛，许多紧固件企业的竞争优势正在逐渐减弱，在此情况下，企业急需探索一种新的发展方式。近几年，紧固件行业频频出现的"产业转移"和新建一批产业园区成为行业的一大亮点。目前，有10多个颇具规模的紧固件产业园区正在或筹备、或建设、或招商之中，如新建的"河北魏县高端紧固件产业创业创新服务基地"，温州紧固件企业抱团转移到江西、湖北及海盐建生产基地，广东紧固件企业组团去阳江与韶关投资建厂，乍浦紧固件行业在江苏宿迁投资建新厂，奥展实业有限公司三个紧固件生产物流园区的规划建设项目已成功招商等。

这些紧固件园区总体特点是思路新、规模大、水平高。都希望能整合国内外紧固件生产技术优势，形成紧固件产业创新孵化基地和生产基地，使紧固件产业园集技术研发、检验认证、产品生产、仓储物流、产品销售、人才培训等功能于一体，成为国内紧固件标准化型、智慧型和全产业链的重要产业集聚基地。如果全部按规划方案完成建设，将对我国紧固件的发展产生巨大推动作用。

6.加快智能制造发展步伐

紧固件企业的互联网＋发展已赋予了许多新内容，推动了企业在生产体系、业务形态、技术运用、服务模式、品牌建设等方面的高效化、透明化和规范化发展。

2020年，舟山市正山智能制造科技股份有限公司在风电叶片双头螺栓、地锚螺栓、长螺杆等大规格高强度紧固件生产车间建设中，以"设备自动化、信息数字化、决策智能化"为目标，通过建立数据采集及集成平台，实现车间智能装备与MES等系统的高效集成，并与ERP系统对接，向智能化迈进了一步。

正山智能工厂通过数据采集、系统互联和平台建设，实现车间智能装备与MES等系统的高效集成，部门业务与车间生产的高效协同，推动正山智造向"未来工厂"发展。

浙江东明不锈钢制品股份有限公司在嘉兴市经济开发区建设东明新数字化工厂，以实现公司的数字化转型发展。

7.加大工业品从互联网到物联网的发展

牢牢把握创新驱动发展机遇，紧跟智能制造和电子商务、产业供应链整合发展步伐，时刻关注新一轮科技革命新动向；对标世界一流企业，打造紧固件制造业数字化转型标杆企业，培育综合性强、带动面广的示范企业，建设和推广工业互联网平台，积极发展服务型制造新模式新业态，给紧固件行业及企业带来新变化。

推进紧固件商贸物流电商平台发展，运用互联网新技术，打通设计选型、订单管理、生产加工、仓储库存、质量检测以及物流运输等环节，形成新理念、新生态、新服务模式，提升了整个紧固件生态链的运转效率。

目前，行业企业中已有上海集优标五高强度紧固件有限公司、常熟标准件厂有限公司、东明不锈钢紧固件有限公司、晋亿实业有限公司、浙江明泰标准件有限公司、鹏驰紧固件有限公司等建立了电商平台，经营效果明显提升。

另外，优工品、工品一号、三块神铁、紧商

科技等互联网专业公司也正在迅速发展壮大。

8.加大技术改造力度，加快行业结构调整和经济转型升级

目前，整个紧固件行业的结构调整和经济转型升级空间还很大，必须继续积极推进紧固件绿色产业提升工作，敢于动真碰硬，标本兼治，依法依规解决突出的生态环境问题。许多紧固件企业在厂房、技术装备及自动化方面进行了全方位的改造，已经朝着智能化制造的方向布局和改造。这种大手笔技术改造将成为紧固件行业转型升级的积极措施，为高质量发展打下坚实基础。

由富奥汽车零部件股份有限公司投资 11 亿元建设的富奥汽车零部件股份有限公司紧固件分公司年产 7 万 t 汽车紧固件项目已于 2021 年 10 月正式投产。紧固件分公司的年销售收入将从 7 亿元增加到 14 亿元，每年实现利润约 1.4 亿元，纳税额达 9 000 万元。

宁波金鼎紧固件有限公司 2021 年度投入技术改造项目的资金达 5 000 万元余元，其中先进的立体自动化仓库可储存成品紧固件 2 万余 t。

舟山市 7412 工厂在杭州湾新区投入资金 2 亿元新建了一个生产基地，用于制造异形冷镦零部件。目前正在采购冷镦设备及热处理设备等。

舟山市正源科技股份有限公司于 2021 年 7 月 18 日落成的舟山市正山智能制造科技股份有限公司，合计投入技术改造项目资金 5 000 万元余元。

思进智能成形装备股份有限公司投入设备购置资金 15 477 万元建设生产基地中心，目前，购置的日本东芝公司设备已经陆续到位。

温州地区：2019—2020 年，已投入 8 亿元进行设备升级换代改造。

永年地区：2020 年 9 月 16 日，集中签约了不锈钢紧固件等 9 个项目，预计投入 13 亿元。永年紧固件技术服务中心项目总投资 3.8 亿元，已被列为河北省重点项目。

四、专精特新"小巨人"企业

专精特新"小巨人"企业发展加速，三年来，紧固件行业已有 18 家优质企业入选。

2019 年，工业和信息化部发布的第一批专精特新"小巨人"企业，紧固件行业有海盐宇星螺帽有限责任公司、飞沃新能源科技股份有限公司、眉山中车紧固件科技有限公司、贵州航天精工制造有限公司、定西高强度紧固件有限公司入选。

2020 年 12 月 11 日，工业和信息化部发布的第二批专精特新"小巨人"企业名单中，舟山市 7412 工厂和邯郸美坚利五金制造有限公司榜上有名。

2021 年，工业和信息化部发布的第三批专精特新"小巨人"企业名单中，紧固件行业有航天精工股份有限公司、舟山正源标准件有限公司、山东九佳紧固件股份有限公司、宜昌恒昌标准件有限责任公司、湖南申亿五金标准件有限公司、中铁隆昌铁路器材有限公司、贵阳白云中航紧固件有限公司、浙江荣亿精密机械有限公司、浙江腾龙精线有限公司、思进智能成形装备股份有限公司、宁波雪波特紧固件有限公司 11 家企业入选。

"小巨人"起着推动中小企业由小到大、由大到强、由强变优的承上启下关键作用。各级组织将对"小巨人"加大财税金融政策的支持力度，必将促进中国紧固件行业的发展。这些"小巨人"企业是紧固件行业珍贵的无形资产。紧固件分会通过组织协调、宣传引导、推荐等方式，全力帮助打造优秀的"小巨人"企业品牌形象。

五、行业"十三五"规划总结和标志性成果

在执行"十三五"规划中，紧紧围绕"发展是第一要务，创新是第一动力，人才是第一资源"。以全球视野，立足国内，制定出具有前瞻性、战略性和导向性的发展目标。中国紧固件行业主动适应经济发展新常态，坚持稳中求进工作总基调，坚决贯彻落实国家稳增长、促改革、调结构、惠民生、防风险一系列重大政策措施，奋力推进创新驱动发展、经济转型升级。不断增强全行业的核心竞争力和创新能力，在国际国内复杂环境中取得了一定的进步。基本上完成了"十三五"规划确定的目标任务。总体上，稳中向好，取得了较好成绩。其中，超预期的标志性成

果主要有:

1.紧固件出口均价突破2 000美元/t

2019年,紧固件出口均价为2 028美元/t(2016年为1 766美元/t,2017年为1 706美元/t,2018年为1 960美元/t),成为行业的一大亮点。

充分证明,经过多年努力,中国紧固件产品有了质的提高,附加值明显增加。

2.汽车紧固件已能100%生产

通过近20年的不断规划立项,特别是"十三五"规划中将汽车紧固件作为重点研发任务。现在,100%掌握了汽车紧固件的材料、工艺及设备等主要环节的技术。但由于材料供应、品牌效应、管理体系及检验检测等多种因素的影响,目前实际成熟供货仅达到85%以上。

目前,发动机中的缸盖螺栓、飞轮螺栓、带轮螺栓及耐高温紧固件,以及底盘紧固件中的铆螺栓、涂胶螺栓、车轮螺栓螺母、锁紧螺母,车身紧固件中的穿垫带导向螺栓、内六角螺栓、焊接螺栓、焊接螺母、组合螺母等我国都能成批量生产。

3.七工位冷镦机试制成功,重大技术装备实现技术突破

在"十三五"规划中重点提到,复合形状的零件冷成形机是国内需要研发的重大技术装备,要结合冷成形工艺、模具和材料以及零件的精度要求来开发,同时要求设备制造企业具有冷成形工艺和模具的开发能力或与用户合作共同开发的能力。

思进智能成形装备股份有限公司承担的国家2015年度"高档数控机床与基础制造装备"重大科技专项——"高速精密多工位冷镦成形成套装备"课题,通过三年多的研制,成功研制出两台高速精密六工位冷镦成形机,技术水平达到国内领先,并接近国际先进水平,2018年10月顺利通过工业和信息化部验收。2019年又试制成功七工位零间隙零件冷镦机。

近几年,杆类零件冷成形机发展到四工位、五工位甚至六工位、七工位,而筒类零件冷成形机也发展到五工位、六工位和七工位,同时冷成形机的运动定位精度和切断精度有了很大提高。

通过新型结构的采用和加工质量的提高,已将冷成形机的生产效率提高到接近进口产品水平。在"十三五"期间,通过对多工位工艺技术的研究,配置快速换模、在线监控等装置,冷成形机已达到人机一体化,能生产10.9级紧固件及零件产品,生产效率达到每分钟100~200件,满足了重大工程的重点产品需求。

4.智能制造和商务电子已初见成效,超出预期

湖南飞沃新能源科技股份有限公司的"高强度紧固件智能制造试点示范"已列入工业和信息化部公布的2018年智能制造试点示范项目名单。

紧固件行业中有些骨干企业,如昆山鹏驰制品公司、舟山市7412厂、上海上标汽车紧固件公司和浙江东明不锈钢制品公司等,对紧固件产品的制造已基本实施智能化制造及全过程控制。运用全新制造业智能设备的MI引擎,按照制造工艺流程,对企业的加工设备安装具有记载设备运行参数、零件代码、工艺数据、检测结果等全部运行过程信息的生产监控设备,并通过建立SPC(统计过程控制)工作站、工厂中心控制管理监视中心和产品的条形码技术,实现对工厂产品全过程的智能制造、智能控制和智能监视。

同时,互联网+发展已赋予紧固件企业许多新内容,推动企业在生产体系、业务形态、技术运用、服务模式、品牌建设等方面向高效化、透明化和规范化发展。杭州优工品科技有限公司、杭州紧商科技有限公司、常熟标准件厂有限公司、上海标五高强度紧固件公司和"工品一号"网等在电子商务方面已取得许多可喜的成绩和经验,远远超过了"十三五"规划中的目标。

5.绿色升级改造成果显著

近几年,紧固件行业频频出现的"产业转移"和新建一批产业园区成为行业的亮点。

全国各地,特别是浙江、河北、广东实施了最严格的环保监督政策,经过环保整治提升工作的开展,收到了良好的效果,进一步优化了紧固件产业生态。

"十三五"期间,我国紧固件全行业基本保持

着增长 - 持平状态，但增幅是减缓的，这既反映出国内外经济形势为我国紧固件制造业提供了良好的发展机遇，同时也反映出紧固件行业发展面临的困难和挑战，行业发展中存在不少问题与隐患。在我国紧固件行业持续 20 年高速增长后，市场需求、生产能力、产业组织方式、生产要素相对优势、市场竞争特点、资源环境约束、经济风险、资源配置模式和宏观调控方式等已发生趋势性变化。随着我国经济发展进入新常态，"十四五"时期，紧固件发展方式必将从高速增长转向高质量发展、从规模速度型粗放增长转向质量效率型集约增长，结构调整从以增量扩能为主转向存量和增量并存的深度调整，发展动力从传统增长点转向新增长点。

"十三五"期间，浙江明泰标准件有限公司、冷水江天宝实业有限公司、思进智能成形装备股份有限公司、河北魏县紧固件行业企业、湖南飞沃新能源紧固件有限公司、常熟标准件厂有限公司、芜湖紧固件有限公司等企业主动提出的符合重点发展方向的项目，都得到了国家有关部门的立项和政策资助。对这些企业发展产生了深远影响。

因此，"十四五"期间，尽管世界经济复杂多变，但是政府拉动内需，汽车、高铁、公路、发电、输配电、环保等行业的发展及基本建设的投资力度加大，使紧固件仍有广阔的需求空间。"十四五"期间，紧固件行业企业要牢固树立改革创新的意识，实现高质量发展。重点工作是：产品高端化、装备智能化、工艺绿色化、商务电子化。

六、紧固件标准化工作（2019—2021 年）

1. 概况

全国紧固件标准化技术委员会（简称全国紧标委，英文名称：National Technical Committee 85 on Fasteners of standardization Administration of China）研究领域包括紧固件和紧固连接的术语和定义，

尺寸和公差，机械、物理性能和功能特性，表面处理，试验方法，验收和质量程序，紧固系统／连接设计和计算，装配方法，装配/连接资质（包括紧固系统、装配工具及人员资质）等方面的标准化工作；涉及螺栓、螺柱、螺母、螺钉、木螺钉、自攻螺钉、销、垫圈、铆钉、挡圈、组合件和连接副、其他（如焊钉）十二大类产品（不包括航空航天专用紧固件）。

截至 2021 年 12 月底，我国有现行有效国家标准 453 项、指导性技术文件 1 项、机械行业标准 23 项；在研国家标准计划 12 项、行业标准计划 8 项，其中 8 项国家标准采用国际标准。

全国紧标委对口国际标准化组织紧固件技术委员会（ISO/TC 2），中国为 P 成员。ISO/TC 2 下设 5 个分技术委员会及 3 个工作组 5 个分技术委员会，5 个分技术委员会分别是：相关标准（ISO/TC 2/SC 7）、米制外螺纹紧固件（ISO/TC 2/SC 11）、米制内螺纹紧固件（ISO/TC 2/SC 12）、非米制螺纹紧固件（ISO/TC 2/SC 13）和表面处理（ISO/TC 2/SC 14），3 个工作组分别是垫圈和非螺纹紧固件（ISO/TC 2/WG 13）、不锈钢紧固件（ISO/TC 2/WG 17）和预涂胶紧固件（ISO/TC 2/WG 18）。

全国紧标委起草的《预载荷高强度栓接结构连接副》系列标准荣获 2019 年度中国机械工业科学技术奖三等奖，在 2018 年全国专业标准化技术委员会考核评估中被评为一级。

2. 标准制修订与复审工作

2019—2021 年，第六届全国紧标委制修订国家标准 28 项和行业标准 8 项，标准计划完成率达 100%；日常复审工作完成率达 100%，2020 年和 2021 年分别按期完成归口管理的 23 项行业标准和 384 项国家标准复审工作；2019—2021 年紧固件标准项目立项、发布、审查情况见表 1。

表 1　2019—2021 年紧固件标准项目立项、发布、审查情况

年份	2019	2020	2021	合计
立项	10	13+8（行业标准）	7	30+8（行业标准）
发布	0	13	8	21
审查	7	13	8+8（行业标准）	28+8（行业标准）

3. 国际标准化工作

2019—2021 年完成国际标准草案投票共计 38 项，完成国际标准复审共计 74 项。2019—2021 年组织国内专家 40 余人次参加线下或线上 ISO/TC 2 国际会议共计 42 次。

为推动我国提出的国际标准工作提案《紧固件机械性能　细晶非调质钢螺栓、螺钉和螺柱》的落地，按照 2019 年 10 月 ISO/TC 2 国际会议确定的验证试验方案，于 2020 年 2—10 月进一步开展了细晶非调质钢螺栓验证试验，并向 ISO/TC 2/SC 11 秘书处发送了试验情况的初步报告。2021 年，结合高强度紧固件重点产品、工艺"一条龙"应用示范工作，推动细晶非调质钢材料及螺栓产品的换代升级工作。

首次牵头修订 ISO 7434：1983《开槽锥端紧定螺钉》、ISO 7435：1983《开槽长圆柱端紧定螺钉》、ISO 7436：1983《开槽凹端紧定螺钉》和 ISO 4766：2011《开槽平端紧定螺钉》4 项国际标准，实现了我国紧固件国际标准化零的突破，带动我国专家全面参与紧固件国际标准化工作。

4. 标准化科研工作

2019—2021 年，陆续完成"高档数控机床等重点领域核心基础零部件关键技术标准研究"和"三代核电关键技术标准研究"两个 NQI 项目，完成八项国家标准的研制工作。两个项目均已顺利通过验收，3 项《紧固件机械性能》国家标准已于 2020 年发布实施，标准使用单位通过贯彻标准取得了较好的社会效益和经济效益；5 项《核电厂用紧固件》国家标准已于 2022 年 3 月发布，苏州热工院等参与标准编制的单位采用其中的技术要求，均产生了良好的经济效益与社会效益。

完成工业和信息化部行业标准化研究项目"紧固件测试方法标准体系研究与推广研究"及其他部门的"军民标准比对分析及交叉重复清理技术支撑研究"，完成《国内外军用紧固件技术与型谱研究现状》研究报告编制；承担装备发展部"紧固件产品与检测评定标准化开放共享研究"项目；开展对口国际标准转化研究，完成《对口国际标准转化情况研究报告》。

5. 自身建设情况

第六届全国紧标委自 2017 年 9 月批复换届以来，于每年年会上（年会召开情况见表 2），通过增补、解聘委员等进一步完善标委会委员结构，在委员人数没有变化的基础上，提升了委员的学历和技术水平，具有硕士以上学历的约占 25%，具有副高级以上技术职称的委员约占 50%，利益相关方覆盖了紧固件设计、工艺、原材料、服务和检测等领域，委员还包括核电和风电等绿色能源、汽车、铁路桥梁、建筑钢结构等领域的用户单位，组成结构更加合理，覆盖面更广。

表 2　第六届全国紧固件标委会年会召开情况

序号	时间	地址
第一次	2017. 11. 9	天津
第二次	2018. 11. 19	浙江海盐
第三次	2019. 11. 14	江苏徐州
第四次	2020. 11. 30	河北邯郸
第五次	2021. 12. 16	线上会议

标委会秘书处工作人员结构也进一步得到优化，专兼职工作人员达到 5 人，其中，研究员 2 名、高级工程师 2 名、工程师 1 名。标委会工作人员多次参与由国家标准委等有关部门组织的新《标准化法》、GB/T 1.1—2020《标准化工作导则　第 1 部分：标准化文件的结构和起草规则》、国际标准化技能等方面培训。

2021 年 12 月，对口的国际标准化组织紧固件国际标准化技术委员会（ISO/TC 2）进行了工作领域调整，新纳入了紧固系统/连接设计和计算、装配方法和装配/连接资质等专业领域标准化工作。全国紧标委组织开展了国内标准化技术委员会工作领域调整和标准体系梳理的研究和讨论。

6. 标准化综合技术服务情况

2021 年，全国紧标委参与行业技术工作，秘书处挂靠单位派员参加协会、学会组织的各项活动，主动为企业提供标准化等技术服务。全年开展标准化技术咨询近百次，服务企业 500 余家。

开展标准宣传贯彻培训。积极推动标准贯彻实施，在紧固件行业组织多种形式的培训活动3次。

组织紧固件标准宣传贯彻图书出版工作。2019年出版了《机械基础件标准汇编　紧固件基础（上、下）》和《机械基础件标准汇编　紧固件产品（上、中、下）》（第三版）、《标准紧固件实用手册》（第二版）；为配合"2021紧固件技术论坛"活动，选编印制了《紧固件技术论文集》，收录了螺纹连接理论与设计计算、紧固件用材料、紧固件制造技术与装备、质量控制、紧固件测试技术、紧固件应用技术、紧固件防松技术、紧固件失效分析、螺纹相关技术、新业态10个专题的部分优秀论文，共计55篇，优秀论文推荐在《机电产品开发与创新》期刊发表。

重点标准实施情况研究。针对紧固件领域重点标准实施情况开展研究，完成了《不锈钢紧固件机械性能系列标准实施情况研究报告》《〈预载荷高强度栓接结构连接副〉系列标准实施情况研究报告》《〈环槽铆钉　技术条件〉标准实施情况研究报告》编写。

组织开展试验室间数据比对工作。根据核电、风电、重型机械、钢结构领域企业对大规格紧固件技术需求，开展大规格螺栓连接副扭矩系数试验室间数据比对工作及研讨，围绕扭矩系数试验的影响因素和问题、解决方法、后续工作方向等进行研讨，在行业内统一了意见。

组建紧固件应用验证基地。大力推动"国家技术标准创新基地（先进制造工艺及关键零部件）"关键零部件分基地建设，协同推进机械通用零部件技术创新，与湖南申亿机械应用研究院合作成立"紧固件应用验证基地"。

工业和信息化部重点产品、工艺"一条龙"应用示范工作。作为推进机构，根据工业和信息化部印发的"2021年度重点产品、工艺'一条龙'应用示范方向"要求，做好协调工作，推动"高强度紧固件"上下游通畅协作，引导和推动参与企业加强产业链协作创新。

加强紧固件标志管理工作。为进一步促进标准的贯彻实施，提高紧固件产品的质量，按照标准要求进行了紧固件生产厂"制造者识别标志"的协调、确认和发布工作。截至目前，已有400多家企业正式登记注册了紧固件标志。通过不断完善紧固件标志体系的建设，扩大了标志使用率。加强标志的审批和更新及作废管理，提升产品追溯能力。

七、抗疫复工先进集体和先进个人

新冠疫情发生以来，党中央高度重视，举全国之力，团结一心，采取了最全面、最严格、最彻底的防控举措。经过艰苦努力，疫情已经出现积极向好态势。

在这场战疫中，全国紧固件同仁们同心同德，全面落实联防联控措施，构筑群防群治的严密防线，企业纷纷捐款捐物、携手共筑坚强后盾，大家心往一处想、劲往一处使，形成了众志成城抗击疫情的强大合力，彰显出紧固件人的大爱和担当。当前疫情防控形势依然复杂严峻，受国内外多种因素影响，当前我国经济下行压力持续加大。因此，我国应加快建立同疫情防控相适应的生产运行秩序，积极有序推进企业复工复产，努力把疫情造成的损失降到最低限度。

把握大势、综合研判，统筹兼顾、精准施策。以更严格、更全面、更细致的措施，全面守好守牢安全发展底线。及时调整有关规范，加快恢复正常生产生活秩序。提高紧固件企业复工复产效率，全力促进企业的产业链和供应链稳定。善于危中寻机，把握新经济新产业发展机遇。

2020年1月27日，上海集优标五高强度紧固件有限公司（简称上海集优标五）收到来自上海联影医疗科技有限公司为支援武汉防疫前线生产CT和DR的"供应商紧急告知函"，急需提供CT机设备配套用的紧固件。对此，上海集优标五迅捷响应，第一时间组织党员积极行动，加班发货，仅用了一个多小时就将急需的产品送到客户手中。东风汽车紧固件有限公司成立防疫车辆生产突击队，25名队员明确监督责任和权力，有效保障东风公司为疫情防控支援的 875 辆防疫车辆的顺利工作，为湖北省防疫工作贡献东风汽车公司的社会责任。温州市紧固件行业协会三次组织开展"走基层"活动，一起商量对策，一起消解"瓶颈"。

面对新冠疫情，许多公司和企业严格落实"八个必须""五个到位""四个坚持"指示精神，在企业内部做好群防群控工作部署，全力做好后勤保障和疫情预防宣传发动及防控工作，用实际行动守护广大员工的健康，切实履行企业在疫情防控中的社会责任。

面对突如其来的疫情，许多企业迅速反应，用爱心捐助表达风雨同舟、共渡难关的信念。山东高强度紧固件有限公司向诸城红十字会捐款 160 万元，用于抗击新冠疫情。温州紧固件企业向武汉灾区捐献善款 70.66 万元。海盐宇星螺帽有限责任公司和济南实达紧固件有限公司等企业都用爱心助力支援疫区的防疫行动，充分体现出紧固件人的大爱与责任担当。

尽管疫情已经对紧固件经济造成较大冲击，全球经济又具有巨大不确定性，但作为全球最大的紧固件生产国，坚决做好"稳增长"工作，奋力夺取疫情防控和紧固件经济发展双胜利。

中国机械通用零部件工业协会对抗击新冠疫情和复工复产先进集体和个人进行了表彰，其中，荣获"抗击新冠疫情和复工复产先进集体"称号的紧固件行业企业有：常熟市标准件厂有限公司、温州市紧固件行业协会、重庆标准件工业有限责任公司、东风汽车紧固件有限公司、富奥汽车零部件股份有限公司紧固件分公司、佛山市巨隆金属制品有限公司、山东高强度紧固件有限公司、邯郸市飞达标准件厂、上海南市螺丝有限公司和上海集优标五高强度紧固件有限公司 10 家单位。

紧固件行业荣获"抗击新冠疫情和复工复产先进个人"称号的有：定西高强度紧固件股份有限公司的陈怀玉总经理，安徽省宁国市东波紧固件有限公司的戴忠总经理，思进智能成形装备股份有限公司的李忠明董事长，柳州市华侨紧固件有限公司的唐建伦副总经理，冷水江天宝实业有限公司的肖从恒 5 人。

八、积极和理性地应对国际贸易摩擦

2019—2020 年是紧固件行业国际贸易摩擦案件多发的两年。先后有美对涉华碳合金钢螺杆作出双反终裁、南非对进口钢铁螺纹紧固件作出保障措施终裁、越南继续对进口盘条实施保障措施、土耳其对螺钉螺母等紧固件产品征收附加关税、乌克兰对华钢质紧固件作出反倾销初裁，以及 2020 年年底欧盟再次对我国钢铁制紧固件发起反倾销调查等，这些贸易摩擦加大了紧固件企业的出口阻力。

近年来，由于经历了多次国际贸易摩擦的考验，特别是有八年与欧盟反倾销抗争的经验，我国紧固件行业已经逐步提高了对国际贸易摩擦长期性和复杂性的认识。

1. 欧盟对我国钢铁制紧固件发起反倾销调查

2020 年 12 月 21 日，欧盟对我国钢铁制紧固件再次发起了反倾销调查，经过近 14 个月的调查，2022 年 2 月 16 日，欧盟发布公告，最终决定对原产自我国的钢铁制紧固件产品采取反倾销措施。2 月 20 日，中国机械通用零部件工业协会紧固件分会代表我国紧固件行业发布严正声明，对此表示最强烈的抗议和坚决反对。

自欧盟紧固件反倾销调查开始以来，涉案各方全力以赴、密切配合、共同努力，积极有序地开展各项工作。为进一步做好应对工作，加强组织协调，中国机械通用零部件工业协会紧固件分会立即成立了"紧固件反倾销工作组"。反倾销工作组组织专家和律师研讨相关对策，提出指导性建议，加强信息交流，坚持四体联动，加强和国家有关部门的直接联系和沟通，积极参与欧盟反倾销的应诉。

地方协会也积极行动起来，宁波紧固件协会对应诉骨干企业在资金方面给予大力支持。浙江省紧固件协会和海盐县紧固件同业商会与 31 家出口企业共同制定了《欧盟钢铁紧固件反倾销应诉工作实施方案》。2021 年 7 月 22 日，苏州地区经批准成立了苏州市紧固件公平贸易工作站。

2021年3月19日，中国机械通用零部件工业协会紧固件分会在常熟市召开了反倾销案专题会议，中国机械通用零部件工业协会和紧固件分会领导，商务部贸易救济调查局及各省市商务厅（局）相关负责人，中国机电产品进出口商会（简称机电商会）法律服务部负责人，各省市紧固件行业协会领导，以及各地紧固件企业代表、专家、相关律师表示全力支持欧盟反倾销应诉工作，并提出了许多有益的建议。

商务部贸易救济调查局高度重视，多次与欧盟委员会进行沟通交涉，及时提交评论意见；协调中方驻欧盟使团、地方商务主管部门和机电商会形成最大合力，研判案件形势进展，共同确定应对方案；商务部贸易救济调查局领导在各商务厅局同志陪同下赴数个省市企业实地调研并召开座谈会，了解企业诉求并指导企业应诉工作。紧固件分会薛康生会长陪同商务部领导进行了调研并汇报了全国紧固件行业总体情况。

本案的调查及应对工作主要依托商务部"多体协同"应对机制，各方各司其职、形成合力，共同积极应对本案，开展了大量工作。共提交抽样问卷92份，其中3家企业被确定为抽样企业，21家企业参与了行业无损害抗辩。

案件结果：2021年12月14日欧盟发布文件，将2021年11月16日欧盟文件规定的征收23.9%～89.8%反倾销税调整为征收22.1%～86.5%反倾销税。2022年2月16日，欧盟发布终裁报告，维持反倾销税22.1%～86.5%。具体到各企业的反倾销税情况江苏甬怡22.1%、宁波金鼎46.1%、温州君浩48.8%、其他应诉合作企业39.6%、所有其他未应诉企业86.5%。欧盟无视世贸组织规划，无视贸易双方的共同利益，竟向我国紧固件产品征收高额税率。

2022年2月20日，中国机械通用零部件工业协会紧固件分会发布严正声明，最强烈抗议和坚决反对欧盟对我国的紧固件产品实施反倾销措施。再次奉劝欧盟采取有利于中欧经贸合作发展的明智措施，尽快临时中止征税，启动双边谈判。

本案作为我国与欧盟贸易摩擦典型案例，受到商务部贸易救济调查局的高度重视，在应对过程中得到各地方商务主管部门和各方的大力支持，中国机电商会也发挥自身优势，联合各方组织帮助企业进行高效应诉。

近年来，我国紧固件行业已经经历了多次国际贸易摩擦的考验，特别是八年与欧盟反倾销的抗争，以及这一次的经历，使我国紧固件行业进一步了解到全球环境的复杂严峻和更趋不确定性，必须切实提高对国际贸易摩擦长期性、反复性和复杂性的认识。

中国机械通用零部件工业协会紧固件分会对欧盟委员会无视世贸组织规则的行为及对倾销和损害缺乏法律依据的做法表示强烈反对。欧盟委员会裁决的征收较高税率，会对我国企业出口造成较大影响。我国企业要坚决斗争，建议各方收集国内外相关信息，共同做好下一步应对工作，维护企业利益。

本案裁决存在的许多问题，以及欧盟委员会在程序中存在的违规做法，我国可以采取进一步的应对措施，并就裁决执行中企业面临的问题作出下一步工作安排。

面对欧盟委员会不公正的裁决，全行业应坚定信心。我国紧固件行业在规模及性价比等方面存在竞争优势，反倾销税在短期内会对企业产生一定影响，但前景依然乐观；鉴于欧盟委员会在调查中采用的错误做法及违反世贸规则的行为，企业要斗争到底，通过司法诉讼以及世贸组织有关程序等方式，维护自身利益；同时，我国紧固件企业要增强自身实力，不断进行产品转型升级，开拓多元化市场，打造高端产品，做强产业链，在危机中迎难而上，开拓紧固件新局面。

在商务部贸易救济调查局和中国机电商会指导和地方商务主管部门支持与合作下，反倾销工作组将继续指导企业做好案件终裁后的出口工作并组织企业做好诉讼工作，做好协调沟通，使各方通力合作，争取最好的结果。

由于欧盟委员会已对本案做出终裁，措施自

2022 年 2 月 17 日起开始生效，所以，中国机电商会将继续指导企业做好终裁后的出口工作，解答企业在出口、报关等环节遇到的相关问题。此外，中国机械通用零部件工业协会紧固件分会也将择机就企业关心及遇到的共性问题组织线上线下会议或相关培训，更好地指导和帮助企业做好出口工作。

虽然本案已终裁，但针对欧盟委员会在调查中采用的错误做法及违反世贸规则的行为，紧固件分会将继续与中国机电商会一起组织企业做好法院诉讼及世贸组织上诉的相关工作。欧盟作出裁决的整个过程都缺乏事实和法律依据。据律师分析，欧盟产业缺乏申诉的资格；替代价格缺乏 WTO 规则依据；再次编造中国普通紧固件对欧盟汽车紧固件等高端产品造成了损害的虚假信息等都将成为我国紧固件行业重要的上诉要点。

2022 年 5 月 13 日，中国机电商会关于中国诉欧盟紧固件反倾销案的起诉书已提交欧盟普通法院，已立案受理。

总之，无论国际风云如何变幻，我国紧固件行业都要坚定不移地做好自己的事情。我国紧固件行业将团结一致，心怀大局，坚定自信，积极参与，充分运用法律武器，按照国际贸易规则，采取必要措施，维护自己的正当权益，争取最好的结果。

2. 对欧盟和英国的进口碳素钢紧固件反倾销案件

2021 年 4 月 28 日，中国机械通用零部件工业协会紧固件分会代表中国碳素钢紧固件产业向商务部提交了反倾销措施期终复审申请书。申请人主张，如果终止反倾销措施，原产于欧盟和英国的进口碳素钢紧固件的倾销可能继续，对国内产业造成的损害可能继续，请求调查机关对原产于欧盟和英国的进口碳素钢紧固件进行期终复审调查，并维持对原产于欧盟和英国的进口碳素钢紧固件实施的反倾销措施。

2021 年 6 月 28 日，中华人民共和国商务部发布 2021 年第 14 号公告，对原产于欧盟和英国的进口碳素钢紧固件所适用的反倾销措施进行期终复审调查。

这个案件可以追溯到 2010 年 6 月 28 日，商务部发布 2010 年第 40 号公告，决定对原产于欧盟的进口碳素钢紧固件征收反倾销税，税率为 6.1% ～ 26.0%。2016 年 6 月 28 日，商务部发布 2016 年第 24 号公告，决定自 2016 年 6 月 29 日起对原产于欧盟的进口碳素钢紧固件继续征收反倾销税，税率为 6.1% ～ 26.0%。实施期限为 5 年。

商务部于 2021 年 6 月 28 日发布 2021 年第 14 号公告，决定对原产于欧盟和英国的进口碳素钢紧固件所适用的反倾销措施进行期终复审调查。同时，向欧盟驻华代表团及英国驻华大使馆提供了立案公告和申请书的公开版本。同日，商务部将本案立案情况通知了本案申请人及相关企业。

损害调查期内，国内产业在实施反倾销措施的情况下获得了一定程度的恢复和发展，但仍处于生产经营不稳定、抗风险能力较弱的状态，仍然容易受到倾销进口产品的冲击和影响。商务部调查结果为，如果取消反倾销措施，倾销进口产品数量可能大量增加、价格可能降低且可能对国内产业同类产品价格造成不利影响，导致国内产业盈利能力和财务状况恶化，国内产业遭受的损害可能继续或再度发生。

商务部经过复审裁定，如果终止反倾销措施，原产于欧盟和英国的进口碳素钢紧固件对我国的倾销可能继续或再度发生，对我国碳素钢紧固件产业造成的损害可能继续或再度发生。

2022 年 2 月 28 日，商务部发布关于原产于欧盟和英国的进口碳素钢紧固件反倾销措施期终复审裁定的公告（商务部公告 2022 年第 17 号）。

根据《反倾销条例》第五十条的规定，商务部根据调查结果向国务院关税税则委员会提出继续实施反倾销措施的建议，国务院关税税则委员会根据商务部的建议作出决定，自 2022 年 6 月 29 日起，对原产于欧盟和英国的进口碳素钢紧固件继续征收反倾销税，实施期限为 5 年。

反倾销税率如下：卡马克斯有限公司为 6.1%，

内德史罗夫有限公司为5.5%，其他欧盟公司和所有英国公司为26.0%。

九、2019—2021年行业部分重要会议与交流活动

1.中国机械通用零部件工业协会紧固件分会八届三次常务理事会议

2019年6月10日，中国机械通用零部件工业协会紧固件分会八届三次常务理事会议在上海衡山北郊宾馆凯旋宫隆重召开。中国机械通用零部件工业协会紧固件分会常务理事、各省市紧固件协会会长和企业嘉宾近80人出席会议。

中国机械通用零部件工业协会副理事长、中国机械通用零部件工业协会紧固件分会会长薛康生主持会议并做工作报告。此次会议主要是总结2018年的工作，谋划2019年的发展。大家一起分析当前我国紧固件行业的经济运行形势，以及应对措施。

2018年是不平凡的一年，庆祝了改革开放40年，经历了国际经济不确定因素的磨炼，感受到了经济下行的压力。但是，大家迎难而上，在2018年取得了令人满意的好成绩，这得益于广大同仁做出的努力和贡献。

2019年，大家普遍感受到诸多不确定因素所带来的严峻经济下行压力。此次会议，在"贯彻新发展理念，推进高质量发展"的主题下展开，大家进一步感悟并了解了2019年的宏观经济形势，对于研判紧固件运行态势，增强预见性，提高应对措施具有重要意义。

在此次会上，中国机械通用零部件工业协会紧固件分会薛康生会长所做的工作报告指出，2018年度行业主要工作都得到了良好开展，他从八个方面分析了行业发展和工作方向，主要发展和工作方向为：跟上智能制造和电子商务的发展步伐，加强新产品研发，进一步强化绿色制造理念，加强紧固件行业转移及产业园区建设，成功办好以中国·上海国际紧固件工业博览会为主的交流活动，积极和理性地应对中美贸易摩擦，成功举办2018年五地域紧固件协会交流大会和加强协会的组织建设等。

薛康生会长指出，要把握机遇，创造机遇。他在布置2019年工作要点时表示，2019年紧固件分会需要继续做好七个方面的工作，分别为：推进紧固件行业向信息化、智能化发展，促进全行业技术进步，推进行业结构调整和经济转型升级，加强应对贸易摩擦的工作，继续加强组织建设，做好紧固件行业转移及产业园区建设，使已出台的各项政策措施尽快发挥作用和继续办好中国·上海国际紧固件工业博览会。

会上还向为中国机械通用零部件工业协会做出重要贡献的机构和个人颁发了奖项。授予李安民、冯金尧、沈德山"协会成立30周年功勋事业奖"荣誉称号，授予赵毓波、樊玉龙、吴金尧、汪士宏、祝军、刘永华、丁宝平七位同志"协会成立30周年突出贡献人物"荣誉称号，授予中国机械通用零部件工业协会紧固件分会"先进分会"荣誉称号。

作为企业代表，海盐宇星螺帽有限责任公司的沈家华总经理和定西高强度紧固件股份有限公司的朱平董事长分别就中美贸易摩擦、市场判断、企业发展等方面的问题进行了精彩发言。在目前经济形势下，这两个企业积极努力地准确识变，科学应变，主动求变，顺应技术进步加快创新，拓展市场布局，探索做强品牌的各种成功方法，值得其他企业学习借鉴。

会上，上海财经大学教授余典范做了"实体经济新动能与发展方向"报告。他对实体经济新动能与发展方向的详细分析，使大家得到了不少启发。

会上，中国机械通用零部件工业协会姚海光常务副理事长从"一带一路"、世界经济不确定因素等宏观角度分析了紧固件经济形势。在总体稳中有升的情况下，他鼓励大家坚定信心，勇于担当，坚信未来是光明的。

根据会议安排，全体参会成员在2019年6月10日下午前往上海市紧固件和焊接材料技术研究所和上海球明标准件有限公司参观和考察。上海

市紧固件和焊接材料技术研究所的先进且精良的测试仪器和创立的国内首家紧固件产品缺陷展示室给大家留下了深刻印象。上海球明标准件有限公司周曰球总经理的成功跨界经营理念也给了大家许多启发。

全体参会成员还参加了6月11日在上海世博展览馆举行的2019中国·上海国际紧固件工业博览会盛大开幕式。此次展会对企业开展多项交流起到了积极的推动作用，在协会和各企业的大力支持下，2019年的展会规模进一步扩大，面积达42 000m²，展商较上年增长了25%。

"中国经济是一片大海，而不是一个小池塘。"薛康生会长引用习近平总书记的话做了会议总结，他鼓励企业把紧固件高质量发展不断推向前进，变压力为动力、化挑战为机遇。许多常务理事纷纷表示，过去40年，我国紧固件行业取得了巨大成就，未来我国紧固件实现高质量发展也必将会有更加辉煌的成果。风雨无阻奋进路，岁寒更知松柏操，有风有雨是常态，风雨无阻是心态，风雨兼程是状态。今天的中国紧固件行业，正经历成长的风雨。只要我们保持战略定力，增强发展信心，全面深化改革开放，增强经济发展内生动力，增强应对挑战抵御风险的能力，下大气力解决突出矛盾和问题，把紧固件高质量发展不断推向前进，就一定能迎来更加光明的发展前景。

2.第31届全国紧固件经济贸易和技术洽谈会

2019年12月6—8日，由中国机械通用零部件工业协会紧固件分会主办，为期三天的第31届全国紧固件经济贸易和技术洽谈会在江西省南昌市隆重举行。

中国机械通用零部件工业协会紧固件分会薛康生会长、中国机械通用零部件工业协会李维荣秘书长、中国机械通用零部件工业协会专家委员会王长明主任、全国紧固件标准技术委员会丁宝平主任，以及江苏省、河北省、杭州市和宁波市、乐清市等紧固件行业协会会长和来自全国各地的300多位紧固件行业同仁欢聚一堂，共同见证了此次盛会。

中国机械通用零部件工业协会李维荣秘书长做了题为《中国机械工业经济运行情况介绍——新时代，高质量，促发展》的报告。报告指出，2019年，在日趋复杂的国内外发展环境下，机械工业承压前行，其经济形势可概括为：稳中有变、下滑明显、总体可控、转机可待。如今，随着新一轮科技革命和产业变革来临，改革开放走深、走实，需要扩大国内市场。国际环境和国内市场瞬息万变，零部件产业也逐步上升为国家战略，应当抓住机遇推动高质量发展。

中国机械通用零部件工业协会紧固件分会薛康生会长在会上做了题为《辉煌七十年·奋进新时代　推进中国紧固件高质量发展》的主旨报告。报告共分三个部分，第一部分，薛会长深刻分析了目前紧固件行业的现状和发展趋势。指出，2019年，我国紧固件行业总体状态稳中向好，稳中存变。第二部分，他总结了新中国成立70年紧固件行业的辉煌成就。他指出，我们必须不忘初心，坚定改革方向，磨砺创新意志，改革开放再出发，创造属于自己也属于时代的新成就。第三部分，薛会长部署了2020年的重点工作。他强调，2020年，我们要按照中央经济工作会议指出的"面对复杂严峻的形势，必须贯彻新发展理念，坚定不移地推动高质量发展。"面对形势，正视现实，坚定信心，谨慎谋划，迎难而上，努力工作，在2020年再创佳绩。因此，2020年，我们必须做好以下重点工作：培育更多"专精特新优"的"小巨人"企业；建立健全科研队伍，强化科研创新能力；跟上智能制造的发展步伐；进一步强化绿色制造理念，担起社会责任；建设一批特色鲜明的紧固件制造集聚区；培育先进品牌，增强企业实力，做强做精行业；积极理性地应对中美等国际贸易摩擦；洞察工业品从互联网到物联网的发展趋势，推进紧固件商贸物流电商平台的发展；办好以上海国际紧固件工业博览会为主的交流活动等。

上海财经大学青岛财富管理研究院院长姜晖博士做了题为《当前宏观经济分析和企业对策》

的报告，从增长、通胀、美国就业与制造业、美国房地产、欧洲制造业、欧洲就业与消费等方面详细盘点了 2019 年全球经济。他指出，2019 年，内外需求同时走弱，经济前高后低，进出口增速、制造业投资增速、居民可支配收入实际增速等出现历史新低。他认为，2020 年国外需求仍然低迷，但中美贸易摩擦可能短期缓和，PPI 全年均值有望走出通缩区间，库存周期有望见底，战略性新兴产业有望带动制造业投资增长，外部融资条件限制或将边际改善。

奥展实业有限公司董事长、杭州紧固件商会会长黄成安做了题为《产业链驱动企业创新发展》的演讲，介绍了新时代奥展实业有限公司和紧商科技股份有限公司的创新发展情况。上海岳展精密科技有限公司总经理岳来鹏、万丞科技有限公司经理郑智全、思进智能成形装备股份有限公司副总经理谢五一和沧州市亿达渤润有限公司经理张艳雷分别介绍了各自公司的新产品、新工艺和新设备。

通过聆听大会报告和交流，大家认为，2019 年在日趋复杂的国内外环境下，紧固件行业承压前行。年初开局增加值增速波动较大，出现了上升、下滑、再回稳的状况。供需矛盾、结构性矛盾等困扰行业发展的深层次问题尚未明显改善，全年实现平稳运行的压力依然存在。与此同时，紧固件产业面临着行业基础薄弱、产业发展不平衡等挑战，也将迎来改革开放逐渐走深、走实、减税降费等措施的实施给企业带来的发展机遇。

通过此次会议的学习和交流，企业认识到，应该积极落实明年的重点工作，构建全球战略视野，提前进行深入调研和及时配置。同时，洞察宏观经济形势，掌握新的财经知识和方法。还要改变传统思维，建立预见性思维，主动拥抱新技术、新产品、新业态和新模式。

"全国紧固件经贸和技术洽谈会"立足行业，举办了多年，已成为紧固件行业的品牌洽谈会，深得业内外人士的拥护和欢迎。该洽谈会为紧固件行业提供了一个良好的交流平台，新老朋友济济一堂，一起交流行业发展现状，讨论困境突破策略，共享企业发展新思路，共同促进紧固件行业的健康发展，为今后紧固件行业发展汇聚良策，促进企业间的合作共赢！

3. 第 32 届全国紧固件经济贸易和技术洽谈会

2020 年 11 月 3—4 日，"第 32 届全国紧固件经济贸易和技术洽谈会"在上海市隆重举行。

中国机械通用零部件工业协会常务副理事长姚海光、秘书长李维荣、专家委员会主任王长明，中国机械通用零部件工业协会紧固件分会会长薛康生、广东省紧固件行业协会会长陈巨添、河北省紧固件行业协会会长赵毓波、浙江省紧固件行业协会会长沈家华、深圳市紧固件行业协会会长翁克俭、宁波紧固件工业协会会长樊玉龙、杭州市紧固件行业商会会长黄成安、温州市紧固件行业协会秘书长吴杰升、东莞市紧固件行业协会会长刘远平、兴化市戴南紧固件行业协会会长邱永寿、嘉善县紧固件行业协会会长张建龙、平湖市紧固件行业协会会长吴其法等，以及来自全国各地的行业专家、紧固件产业链供应商和紧固件行业企业代表 200 多人汇聚一起，共享全国紧固件行业交流盛宴。

中国机械通用零部件工业协会紧固件分会薛康生会长在大会上做了题目为《新起点，新使命，新愿景，谋划中国紧固件新发展格局》的主旨报告，他对当前紧固件行业的经济运行状况和发展趋势进行了详细分析，从 2020 年经济运行总体概况、"十三五"规划标志性成果、"十四五"规划总体发展思路和 2021 年工作重点四大方面与大家共同交流探讨。

薛康生会长根据业内大量数据和翔实资料，分析总结了 2020 年总体经济运行概况。具体情况如下：一季度行业主要经济指标大幅下降；二季度生产经营秩序基本恢复正常；三季度行业经济运行指标明显改善；四季度回稳向好趋势愈加明朗。因此，全年紧固件行业经济运行呈现了前低后高，逐步回升的良好趋势，超过了预期，估计全年经济指标有望实现小幅度增长。

薛康生会长对紧固件行业的"十三五"规划执行情况进行了总结评估，提出了5个方面的标志性成果，充分肯定了"十三五"规划的成绩，以及对紧固件行业发展的积极作用。

关于"十四五"规划的总体发展思路，他指出要牢牢树立"改革创新"的使命，高质量发展紧固件行业。"十四五"规划必须主题鲜明、立意高远、目标明确、措施有力。未来五年的重点工作是：产品高端化、装备智能化、工艺绿色化、商务电子化。

薛康生会长详细布置了2021年的重点工作，主要是：加快形成以国内大循环为主体，国际国内双循环相互促进的新发展格局；进一步落实精准防疫抗疫，推动惠企政策落实落地；加大新产品研究开发工作，提高产品附加值；加快建立健全科研队伍，强化科研创新能力；加大技术改造力度；洞察工业品从互联网到物联网的发展趋势，推进紧固件商贸物流电商平台的发展；以及办好以上海国际紧固件工业博览会为主的交流活动。

在报告中，薛会长强调，紧固件行业要坚持稳中求进、进中提质的工作总基调，树立新发展理念，坚持推动紧固件高质量发展。要抓住主要矛盾，有针对性地切实做好自己的事情。要积极有效、冷静地应对外部经济环境变化，加大内循环。努力在危机中育新机，于变局中开新局，确保我国紧固件行业经济运行平稳致远。

在此次大会上，复旦大学国际金融研究中心副主任、著名学者、博士生导师朱强教授做了题为《中国当前经济形势与财政金融政策》的主题演讲。

11月4日举办的产品展示、贸易洽谈、自由交流活动也受到了大家欢迎。

此次会议是在国内疫情防控进入常态化，我国经济运行回升，党的十九届五中全会刚刚闭幕的背景下召开的。大家纷纷表示，一定要认真学习贯彻党的十九届五中全会精神，结合薛会长布置的具体任务，做好本单位工作。

通过此次会议的学习和交流，大家认识到，

我国发展仍然处于重要战略机遇期，但机遇和挑战都有新的发展变化。党的十九届五中全会针对当前我国发展面临的环境形势作出了重大判断，指出了风险和挑战，更指明了机遇和方向。作出"加快构建以国内大循环为主体、国内国际双循环相互促进的新发展格局"的重大部署，提出要"不断提高贯彻新发展理念、构建新发展格局能力和水平，为实现高质量发展提供根本保证"。新冠疫情的持续冲击、错综复杂的国际环境、内部转型积累的压力，都让我国紧固件人面临前所未有的挑战。眼下的各项工作都要立足"在危机中育先机、于变局中开新局"。我们要抓住机遇，应对挑战，趋利避害，奋勇前进，迎接更加不平凡的2021年。

4.2019中国第一届产业供应链峰会暨杭州市紧固件行业商会创新大会

2019年4月20日，由中国机械通用零部件工业协会、中国机械通用零部件工业协会紧固件分会和中国产业供应链峰会组委会主办，杭州市紧固件行业商会、奥展实业有限公司和紧商科技股份有限公司承办的"2019中国第一届产业供应链峰会暨杭州市紧固件行业商会创新大会"在杭州水博园大酒店隆重举行。

此届会议以"新生态　新理念　新服务"为主题，邀请到了行业协会、研究院等机构的领军人士，紧固件产业供应链上下游的生产商、供应商、经销商、服务商等企业的高层领导，同时也邀请了行业资深人士、专家、企业高管及各地方协会领导、相关政府领导、企业代表等逾600人出席会议。大家共同聚焦当前热点和未来发展趋势，探讨实现产业供应链"共建·共享·共赢"的途径。

为了紧固件产业供应链的新发展，把握前进的目标，理清如今行业中各领域发展中遇到的问题并找到解决这些问题的办法，此次会议以学习、交流、共享为宗旨，深入分析了行业中各领域覆盖运营、管理、供应、金融等方面的问题，大家相互探讨，各抒己见，共同策划产业供应链发展的新方向，并推动其健康持续发展。

中国机械通用零部件工业协会姚海光常务副理事长在致辞中对行业发展的趋势进行了预测，对做好产业供应链提出了期望和要求，提出技术创新是产品创新的核心。他鼓励企业要敢于幻想，敢于创新，结合营销，更好地实施企业改革。

中国机械通用零部件工业协会紧固件分会薛康生会长在会上做了《紧固件行业现状与展望》主题发言。他从八个方面详细分析了我国紧固件行业的现状和发展趋势。他指出，2018年我国紧固件行业经济运行稳中有增，稳中向好。同时，随着产业区位转移，紧固件产业发展格局正发生新的变化。民营企业对行业的贡献率逐年提高，正成为行业转型升级的重要组成部分。他指出，面对国际贸易摩擦，行业已经历了多次考验，规避及应对举措更趋完善。

他强调，必须学习掌握现代科技，主动运用信息化、智能化技术，在品牌、技术、市场调整的效能上有所突破，为我国紧固件行业高质量发展做出更大贡献。

薛会长表示，我们将继续发挥服务行业的作用，助力培育一批具有国际竞争力的大企业和"单项冠军"企业。树立新发展理念，坚持推动紧固件行业高质量发展。

杭州市紧固件行业商会会长、奥展实业有限公司董事长黄成安做了《新生态　新理念　新服务》的演讲。他阐述了对紧固件行业发展历程及产品理念的理解，并对现有供应链核心企业运作模式做了分析，剖析了互联网供应链与传统制造供应链的特点，提出现阶段应营造一个良性循环的行业产业链生态圈，与供应链上下游企业实现共建、共享和共赢。

在此次会议上，许多专家和代表做了专题发言，其中有：紧商科技股份有限公司常务副总经理张松飞的《互联网数字交易新时代》、上海浦东发展银行杭州分行盛小玲的《供应链金融新模式》、浙江奥展紧固件技术研究院执行院长周礼明的《工业品云仓》、杭州嘉豪铭泰投资管理有限公

司董事长徐孝雅的《精准创业与产业链构建》、湖南申亿五金标准件有限公司董事长王凯波的《共建　共享　共赢》、清华大学全球领导力秘书长顾常超的《产业互联，开启供应链时代》。

此次会议主旨是聚焦当前热点、应用前沿思维，促进上下游企业间借力互助、资源共享，探讨多元化的经营战略，共同推动紧固件产业健康发展。通过各行业人士的分享与交流，给紧固件行业发展带来深刻启示。

传统的供应链结构是生产企业、批发商、贸易公司、零售终端四个环节各自为政，这种供应链结构的特点是效率低、成本高。而新的供应结构则是金融机构、客户、供应链知识服务、供应链系统服务、供应链金融服务环环相扣，这种供应链结构为企业带来了一种新的盈利模式。对于企业而言，还可以通过互联网技术接入生产工业流程，来实现工业制造的智能化。工业互联网以数字化为技术基础，以标准化支撑数字化转型，从而搭建整个工业品智能体系。

期待大家共同努力，通过本次会议的学习和交流，今后能用敏锐的市场洞察力，建立起紧固件产业供应链的新模式，把技术链、产业链、资本链三链贯通，从而实现无限互联、共享库存和云仓服务，实现产业链上下游资源的有效共享与高效配置。

5.四地域紧固件协会会长举行视频会议

2021年11月17日上午，四地域紧固件协会会长举行了视频会议，出席会议的有：香港螺丝业协会主席张建茗，韩国FASTENER工业协同组合理事长郑汉城，中国机械通用零部件工业协会紧固件分会会长薛康生和台湾螺丝工业同业公会理事长蔡图晋，以及各协会的相关人员。

会上，各位会长简要交流了在新冠疫情下的行业发展概况。薛康生会长首先感谢香港螺丝业协会精心组织了此次网上会议，同时表达了对同仁的关切，期待行业兴旺复兴。并表达了增进了解、创造机遇、合作共赢的愿望。中国紧固件行业将继续秉承公平客观、开放合作、增进友谊的

宗旨，加强与全球紧固件行业同仁特别是亚洲地区紧固件同仁们的交流与交往，为互利共赢创造条件，为合作发展夯实基础。

会上讨论了2022年四地域螺丝交流大会举办情况及形式。大家一致认为：应在新冠疫情好转后适时举办线下交流大会，需要时还可举办网上会议。

大家感谢、支持和赞同香港螺丝业协会为协会间交流所做的工作和努力，会上指出的一些事务仍然委托香港螺丝业协会主办。

这是行业2021年的一次重要会议，交流了想法，沟通了思想。大家都期待疫情过后，紧固件行业更加兴旺发达。

6.中国机械通用零部件工业协会紧固件分会召开会长视频会议

2021年，由于疫情防控复杂严峻，紧固件分会的多项会议和活动受到影响。为保持协会工作正常运行和信息正常流通，2021年11月30日下午，中国机械通用零部件工业协会紧固件分会召开了会长视频会议。

会议由中国机械通用零部件工业协会紧固件分会薛康生会长主持。中国机械通用零部件工业协会秘书长李维荣和中国机械通用零部件工业协会紧固件分会名誉会长冯金尧出席了会议。参加会议的还有副会长（以姓氏笔画为序）丁宝平、卞建春、方明红、吴金尧、沈家华、张鹏飞、陈巨添、赵毓波、施根华、樊玉龙，以及副会长代表许守进等30多人。

这是紧固件业内的一次高层视频工作会议，整场"云上聚会"，业界"大咖"云集，支招献策，共话新时代新机遇。前沿话题纷呈，新锐观点迭出。

薛康生会长首先致辞，感谢并欢迎所有代表参加此次会议。在会上，薛会长做了主旨报告，通报了行业情况和协会重点工作。薛会长的报告共分五个部分，分别阐述了2020—2021年行业经济运行概况，2020—2021年度行业主要工作内容，"十三五"规划标志性成果，"十四五"规划的总体发展思路和2022年行业工作思路。

薛会长在报告中特别指出，2021年是充满挑战和机遇的一年，是"十四五"规划的开局之年。在这一年中，全国紧固件同仁们同心同德，形成了众志成城的强大合力。坚持稳中求进工作总基调，奋力推进创新驱动发展和经济转型升级。从2021年的经济运行状况来看，紧固件行业将延续2020年的恢复性增长，基本上可以完成2021年的目标任务。

关于2022年的工作，薛会长强调，我们必须按照中央要求："今年以来，我国发展遇到的新挑战交织叠加，超出预期。""国内外环境中不稳定不确定因素增多，我国经济面临新的下行压力。我们既要坚定信心，又要把困难估计得更充分，把办法想得更周全有效。"我们要以习近平总书记重要讲话精神为根本遵循，推动产业迈向高端化、智能化、绿色化。我国紧固件行业要坚持稳中求进、进中提质的工作总基调，树立新发展理念，坚持推动紧固件高质量发展。我们要加大内循环，努力在危机中育新机，于变局中开新局，确保我国紧固件行业经济运行平稳致远。

中国机械通用零部件工业协会紧固件分会名誉会长冯金尧在发言中提到，我们已经取得了许多成绩，有了很大进步，但是仍需要创新改革的新思路，在调整结构，提质增效，开发新品上下功夫，力争在2035年建成紧固件制造强国。

中国机械通用零部件工业协会秘书长李维荣肯定了紧固件行业发展的良好态势。通报了工业和信息化部正在酝酿的通用基础零部件的提升计划。同时，布置了年底总结、统计及军品等多项工作。

会上，大家纷纷发言，交流了在新冠疫情下各地的行业发展情况。大家紧紧围绕行业关心、企业关切的热点和难点问题，建言献策。大家认为，当今世界进入动荡变革期，2022年将是不平凡的一年。一方面，紧固件行业对市场反应滞后，钢材价格不稳，电力供应不足，订货单不确定因素增多。另一方面，一些国家对我国紧固件行业进行反倾销制裁，使出口难度加大，我国紧固件行业将面临更多严峻的挑战。大家更深刻地认识到，紧固件企业要面对目前的形势，正视现实，在做好 2021 年工作的同时，谨慎谋划 2022 年工作，力争 2022 年再创佳绩。

会上，还研究讨论了协会的有关其他事务。其中，一致通过了有关会费标准和会费管理新方案。

7. 办好以中国·上海国际紧固件工业博览会为主的交流活动

中国·上海国际紧固件工业博览会已于 2019 年 6 月 11—13 日、2020 年 6 月 22—24 日在上海成功举办了两届。这是亚洲乃至全球最具规模和影响力的行业盛会，搭建好我国紧固件行业与全球紧固件企业的权威交流平台是紧固件行业各位同仁的共同愿望。

由中国机械通用零部件工业协会、中国机械通用零部件工业协会紧固件分与汉诺威米兰展览公司、上海爱螺展览有限公司共同主办的"2020 中国·上海国际紧固件工业博览会"在上海世博展览馆成功举办。展出面积达 40 000m²，标准展位近 1 650 个，全球近 600 家知名企业悉数前来参展。展会为国内外紧固件产业链各环节的企业搭建了高效的技术与商务交流平台，该届博览会成果丰硕、多元。同时举行的紧固件技术交流专题会议，以及紧固件工业跨国采购对接会议更是给大家带来了不一样的精彩，搭建起了我国紧固件行业与全球紧固件企业的权威交流平台。

应该充分认识：我国紧固件产业必须构建以国内大循环为主体，国内国际双循环相互促进的新发展格局，进一步扩大开放，有效利用全球创新资源，在更高起点上提升我国紧固件制造业的创新能力。

〔撰稿人：中国机械通用零部件工业协会紧固件分会俞汝庸〕

大 事 记

2019—2021 年紧固件行业大事记

2019 年

1 月

月内　常熟市标准件厂有限公司自主研发的高速机车动力系统紧固件项目顺利通过国家级科技成果鉴定。

16 日　由重钢集团首席技术专家肖勇领衔攻关的自锁式单向螺栓新技术示范工程通过专家验收，专家组认定此示范工程达到了国际先进、国内领先水平。用于此项示范工程的自锁式单向螺栓主要用于构成建筑物框架的梁和柱的连接。自锁式单向螺栓由于改进了螺栓构造，所以可以直接紧固在梁柱体内。其冷连接方式十分环保，简单方便的单面施工使工效大为提高。验收组专家表示：作为国家重点研发计划"绿色建筑及建筑工业化"重点专项，自锁式单向螺栓新技术在重庆率先成功应用，将为重庆市乃至全国绿色建筑工业化起到极大的推动作用。

19 日　由中国机械通用零部件工业协会紧固件分会主办的"2019 紧固件行业迎新茶话团拜会"在上海隆重举行。各地方协会领导和部分中外企业代表 70 多人欢聚一堂，共迎新春。

2 月

13 日　宁波市商务局党组成员、巡视员严秋渊，市商务局政策法规处（公平贸易处）处长陈志伟和副处长沈益本，宁波科信会计师事务所副主任会计师翁一菲一行四人在宁波市镇海区商务局党组副书记、副局长张萍萍陪同下考察调研宁波紧固件工业协会的宁波市紧固件工业对外贸易预警示范点。

26 日　工业和信息化部信息化和软件服务业司（简称信软司）李冠宇副司长率领信软司综合处、产业处相关同志，以及中国机械通用零部件工业协会、中国通用机械零部件工业协会紧固件分会、中国汽车工程协会等单位的同志赴山东省济南市九佳紧固件股份有限公司调研，对新泰工业 APP 创新平台进行了考察，了解九佳生产管理集中管控 APP 的开发、验证、封装、复制等工作，以为中小企业提供低成本高成效的解决方案。

27 日　中国机械通用零部

件工业协会紧固件分会会长薛康生、顾问专家沈德山赴山东中兴电动工具有限公司考察。该公司前身是军工厂，成立于 1970 年，是国内最大的电动螺纹装配工具专业生产厂家和供应商。

4 月

20 日　由中国机械通用零部件工业协会、中国机械通用零部件工业协会紧固件分会和中国产业供应链峰会组委会主办，杭州市紧固件行业商会、奥展实业有限公司和紧商科技股份有限公司承办的"2019 中国第一届产业供应链峰会暨杭州市紧固件行业商会创新大会"在杭州水博园大酒店隆重举行。

此届会议以"新生态　新理念　新服务"为主题，中国机械通用零部件工业协会紧固件分会薛康生会长在会上做了"紧固件行业现状与展望"主题发言。杭州市紧固件行业商会会长、浙江奥展紧固件技术研究院理事长、奥展实业有限公司董事长、紧商科技股份有限公司董事长黄成安做了《新生态　新理念　新服务》演讲。逾 600 人出席会议。

23 日　晋亿实业公司年报显示，2018 年该公司实现营业总收入 34.7 亿元，同比增长 17%；实现归属于母公司所有者的净利

润 1.8 亿元，同比增长 20.5%。

5 月

10 日　美国对从中国进口的 2 000 亿美元清单商品加征的关税税率从 10% 增加到 25%、其中包括紧固件产品。

13 日　国务院关税税则委员会发布公告，针对美国政府对从中国进口的 2 000 亿美元清单商品加征的关税税率由 10% 提高到 25%，导致中美经贸摩擦升级，违背中美双方通过磋商解决贸易分歧的共识，损害双方利益，不符合国际社会的普遍期待。为捍卫多边贸易体制，捍卫自身合法权益，中方不得不对原产于美国的部分进口商品调整加征关税措施。

根据《中华人民共和国对外贸易法》《中华人民共和国进出口关税条例》等法律法规和国际法基本原则，国务院关税税则委员会决定，自 2019 年 6 月 1 日 0 时起，对原产于美国的 600 亿美元产品提高加征关税税率，分别实施加征 25%、20% 或 10% 的关税。对之前加征 5% 的关税的税目商品，仍继续加征 5% 关税。

19 日　宁波紧固件工业协会（简称协会）召开应对中美贸易摩擦座谈会。参加会议的有协会"宁波市紧固件工业对外贸易预警示范点"领导小组

全体成员、协会副会长。座谈会由樊玉龙会长主持。会议交流了当前严峻的外贸形势，与会人员纷纷提出多种应对办法和建议。

6月

5日 工业和信息化部公布第一批专精特新"小巨人"企业名单，紧固件行业5家企业榜上有名，分别是海盐宇星螺帽有限责任公司、飞沃新能源科技股份有限公司、眉山中车紧固件科技有限公司、贵州航天精工制造有限公司和定西高强度紧固件有限公司。

10日 中国机械通用零部件工业协会紧固件分会八届三次常务理事会议在上海衡山北郊宾馆凯旋宫隆重召开。中国机械通用零部件工业协会紧固件分会常务理事、各省市协会会长和企业嘉宾近80人出席会议。会议在"贯彻新发展理念，推进高质量发展"的主题下展开，会议总结了2018年的工作，谋划2019年的发展。大家一起共同研究分析当前行业的经济运行形势，以及应对措施。

11—13日 由中国机械通用零部件工业协会、中国机械通用零部件工业协会紧固件分会、德国汉诺威展览公司主办，上海爱螺展览有限公司、汉诺威米兰展览（上海）有限公司

共同承办的"2019中国·上海国际紧固件工业博览会"于6月11—13日在上海世博展览馆盛大举行。此届展会展出面积达42 000m²，较上年增长24%。全球725家紧固件知名企业竞相亮相，逾60个国家及地区的紧固件专业人士前来参展，吸引了海内外采购商、经销商、贸易商、终端商、制造商等，紧固件产业链专业观众达36 080人次（其中海外观众4 212人次）。

20日 嘉兴市工业互联网平台推广会暨紧固件行业应用现场会在海盐召开。参会代表主要参观了海盐县一些紧固件企业的生产现场并进行了交流。针对紧固件行业企业正在进行的智能化技术改造工作，海盐县采取以企业主导、政府引导、中介指导的工作思路大力推进。

8月

18日 常熟市标准件厂有限公司新生产基地（简称常标新厂区）落成典礼暨江苏丁品之芯网络科技有限公司平台上线发布会在常熟国际饭店隆重举行。常标新厂区占地面积约268亩（1亩≈666.7m²），员工700多人。工品之芯平台上线后，常标新厂区将集生产、存储、平台销售于一体，实现一站式采购。规划2019年销售目标达到10亿元，2021年达到

15亿元，成为国内知名民族品牌的高新技术企业。

9月

9日 据中国工业新闻网消息，安徽省宁国市东波紧固件有限公司致力于发展挡圈生产，成为国内生产规模最大、世界第三的专业生产企业和挡圈生产线最全的国家高新技术企业，公司被评为安徽省第四批专精特新中小企业，被安徽省经济和信息化厅誉为"隐形冠军"。

10日 工业和信息化部发布2019年第37号公告：自公告发布之日起，《高强度紧固件行业规范条件》（工业和信息化部公告2015年第45号）等6个行业规范条件管理相关文件予以废止。鼓励相关行业组织充分发挥行业自治作用，加强行业自律，维护市场公平秩序，引导监督企业规范发展。

10日 国防科工局军品配套司副司长一行到航天精工有限公司（简称航天精工）调研指导工作。航天精工是中国航天科工集团有限公司直属的集高、中端紧固件研发、制造和检测为一体的高新技术企业，具备为国际民用航空航天高端紧固件进行配套的资质。

12日 由海盐县委和县政府主办的"中国·海盐紧固件产业创新发展高峰（国际）论坛"在海盐县召开。在此次论

坛上海盐县发布了《海盐县紧固件行业创新发展三年行动方案》。

10月

12日 腾龙智能制造产业园在枣庄滕州盛大开幕。枣庄市委、市政协、市政府、滕州市委领导及中国工程院院士王一德、腾龙精线集团董事长陈佩君、各企业领导负责人、紧固件业内人士及媒体代表约2 000人共同见证了园区盛大开幕。该园区总投资50亿元,其中一期投资30亿元,二期投资20亿元。采用了先进的制造技术工艺和国际先进水平的生产设备,主要从事特种用途不锈钢精线精丝、不锈钢及特种合金钢紧固件等产品的研发、加工、制造。项目一期工程用地面积248亩,建筑面积超10万m²,建成年产8.4万t不锈钢紧固件及特种合金紧固件生产线。二期规划用地300亩,引进不锈钢制造上下游产业链相关企业落户滕州。

16日 "第十三届中国·邯郸(永年)紧固件及设备展览会"在邯郸市永年区紧固件国际博览中心(新展馆)举行。此届展会展出面积约15 000m²,共设790个展位,其中特装设备展位90个,标准展位700个。

31日 "2019浙江省企业领袖峰会暨浙江省企业家活动日"在杭州召开。会上表彰了

第十八届浙江省优秀企业家。海盐宇星螺帽有限责任公司董事长沈家华荣获"浙江省优秀企业家"称号。

11月

4日 常熟市常力紧固件有限公司年产6万t高强度、轻量化汽车紧固件项目在常熟经济技术开发区开工奠基。该项目是2019年度常熟市重点项目,将为奇瑞捷豹路虎汽车、观致汽车、大众汽车等国内主流汽车制造商以及新能源汽车制造商提供优质的高强度紧固件配套服务。常熟市常力紧固件有限公司是江苏省高新技术企业、常熟市"小巨人"企业、常熟市"两化融合"企业以及常熟市"智能制造"模范企业。

10日 国家市场监督管理总局公布了77种产品质量国家监督抽查情况,共抽查了5 152家企业生产的5 256批次产品(不涉及出口产品)。其中抽查了11个省(市)90家企业生产的90批次高强度紧固件产品,其中5批次产品不合格(河北、上海、浙江各1批次,江苏2批次),不合格发现率为5.6%。

15日 2019亚洲四地域紧固件协会交流大会在台湾高雄隆重召开。作为亚洲紧固件行业盛会,得到了域内外紧固件行业的广泛关注。

此届大会由台湾螺丝工业

同业公会主办,台湾螺丝工业同业公会理事长、中国机械通用零部件工业协会紧固件分会会长、香港螺丝业协会主席、韩国FASTENER工业协同组合理事长和各地域知名企业代表约100人参加了此次盛会。各地域代表围绕上年本区域内螺丝产业的发展情况及进出口情况展开交流分享。会议期间还参观考察了相关企业。

22日 瑞典Bulten位于天津的新厂正式启用。为了在中国生产高品质汽车用紧固件,该公司投资约2 500万瑞朗(成本预计在1 600万~2 000万瑞朗)建设此新厂。天津新厂的建立,使Bulten成为少数几家在我国可以自行完成一条龙管控所有制程的紧固件供应商之一。Bulten在全球6个国家拥有许多高品质紧固件制造厂。

月内 宝钛集团公司线材厂紧固件用单重150kg的TC4钛合金大单重盘圆线坯轧制成功,为弥补国产钛紧固件短板打下了坚实基础。此前,国内钛合金航空紧固件用盘圆丝材单重仅10~20kg,无法满足航空紧固件大单重要求。航空紧固件生产厂家为了确保紧固件尺寸、质量一致性,生产用丝材常采用进口大单重盘圆丝材。

12月

6—8日 由中国机械通用

零部件工业协会紧固件分会主办，为期3天的"第31届全国紧固件经济贸易和技术洽谈会"在江西省南昌市隆重举行。

16日 "第三届摩洛哥中国贸易周"在卡萨布兰卡国际会展中心正式拉开帷幕，来自浙江、江苏等国内10多个省份的150多家中国紧固件企业带着产品在现场展示。

18日 欧盟委员会发布公告，其已对原产于中国的销和U形钉启动反倾销调查。

30日 以"忆往昔，看今朝，赢未来"为主题的广东省紧固件行业协会第四届二次会员代表大会在广东佛山美的鹭湖岭南花园酒店隆重举行。

2020 年

1 月

7日 河北新闻网消息：河北省科技厅组织业内专家对邢台钢铁有限责任公司承担的"高强度耐低温风电螺栓用盘条的研发""高强高韧性非调质冷镦钢线材的研发"等三个省级研发项目进行验收。验收合格，标志着邢钢产品在绿色洁净能源、节能环保领域应用上又迈上了一个新台阶。

2 月

4日 美国国际贸易委员会（USITC）投票对来自中国的钢制牙条作出反倾销日落复审产业损害肯定性终裁。

10日 紧固件分会薛康生会长致全体紧固件同仁慰问信，代表中国机械通用零部件工业协会紧固件分会向广大紧固件人在抗击新冠肺炎病毒战"疫"中做出的努力和贡献致以崇高的敬意和感谢，并向大家致以

亲切地慰问！

月内 正当辞旧迎新之际，一场抗击新冠疫情的大战正在中国拉开帷幕。新冠疫情发生后，全国紧固件同仁们同心同德，各地广泛组织职工、凝聚群众，全面落实联防联控措施，构筑群防群治严密防线。企业各方纷纷捐款捐物、携手共筑坚强后盾，形成了众志成城抗击疫情的强大合力。

5 月

5日 欧盟委员会发布公告，根据欧洲普通法院判决结果，对由马来西亚转口（无论是否标明原产于马来西亚）原产自中国的钢铁制紧固件（certain iron or steel fasteners）重新征收反倾销税。涉案产品欧盟编码为73181290、73181491、73181499、73181559、73181569、73181581、73181589、73181590、73182100和73182200。

19日 英国发布脱欧后的关税政策，预计于2021年1月1日起正式生效，透过采取精简化的关税制度，使进口关税更低，并使用英镑计价。以紧固件产品（7318）系列来说，原共同对外关税为3.7%，新制度实施后降至零关税。

6 月

12日 工业和信息化部公布了2020第一批行业标准制修订计划，其中由全国紧固件标准化技术委员会归口的机械行业紧固件标准8项，由全国汽车标准化技术委员会归口的汽车紧固件标准13项，由中国航空综合技术研究所归口的航空行业紧固件标准1项。

22日 "第十七届中国·邯郸（永年）标准件厂商联谊暨产品展示会"开幕。此次展会为期3天，在线上共设5个展馆，4个产品馆、1个外贸馆。参展企业可实现720°全景展示厂区实景，通过图文、视频、3D等形式展示产品信息。

25日 荷兰国王威廉－亚

历山大到访上海电气海外企业皇家内德史罗夫集团赫尔蒙德工厂，了解新冠疫情对汽车制造业的影响及企业应对措施，皇家内德史罗夫集团总裁马蒂亚斯·斯库尔陪同。内德史罗夫始创建于 1894 年，是欧洲最大的紧固件企业。2014 年 8 月，上海电气出资 1.9 亿欧元，通过旗下提供零部件及解决方案的产业集团上海集优完成对内德史罗夫 100% 的股权收购，成为上海电气全球布局的重要组成部分。

28 日 "浙江奥展紧固件技术研究院技术成果展示会暨会员大会"在奥展实业有限公司 4 层多功能厅隆重举行。此次大会以"信息化、智能化、自动化"为主题，由浙江奥展紧固件技术研究院主办，奥展实业有限公司、紧商科技股份有限公司联合承办。此次大会主要邀请了来自紧固件行业及协会的领军人物、行业资深人士、专家、顾问学者及企业领导等参会，会议全程线上直播。

月内 上海市紧固件和焊接材料技术研究所有限公司研制的 WAW—6000L 卧式拉伸试验机调试成功，这是当时国内紧固件领域第三方检测机构配备的首台拉力可达 6 000kN 的大规格螺栓拉伸试验机。

7 月

18 日 上海大学—舟山市 7412 工厂高端紧固件研究院签约揭牌仪式举行。上海大学和舟山市 7412 工厂签订全面战略合作协议，双方将聚焦列入国家产业结构调整指导目录内的汽车产业、船舶产业和航空航天领域高温、高强度紧固件产品开发及产业化生产进行合作，并致力于将该研究院建设成为我国最具竞争力和影响力的高端紧固件产业化技术研究基地及高端技术人才培养基地。

21 日 海盐县召开紧固件行业绿色发展工作部署会议，海盐县生态环境分局局长周忠伟指出，此项工作分宣传发动、整治提升、验收评价和总结提高四个阶段推进，主要从规范项目准入条件、鼓励采用先进设备、优化提升生产工艺、积极开展污染治理、有效防范风险隐患和建立健全管理机制六个方面精准发力、精心施策。

8 月

14 日 富奥汽车零部件股份有限公司召开了第九届董事会第二十四次会议，审议通过了"关于公司拟收购 ABC Umformtechnik GmbH & Co.KG 有限合伙份额和 ABC Umformtechnik GmbH 全部股份"的议案，公司拟以自有资金收购 ABC Umformtechnik GmbH & Co. KG 有限合伙份额和 ABC Umformtechnik GmbH 全部股份（两者合称标的公司）。交易对价约 1 267.99 万欧元。标的公司是欧洲领先的汽车行业紧固件制造商和全球供应商，主要客户为德国宝马、戴姆勒、大众集团、保时捷等。标的公司业务与富奥股份紧固件平台的产品技术关联度较大，符合富奥股份的产品战略方向。

20 日 富奥浩车零部件股份有限公司（简称富奥股份）公告称，富奥股份和东风零部件（集团）有限公司（简称东风零部件）签署合资意向书，拟在紧固件业务领域开展合作，进一步深化战略合作伙伴关系。东风汽车紧固件有限公司（简称东风紧固件）是东风零部件旗下全资子公司；此次合作，由富奥股份向东风紧固件以现金方式进行增资或东风零部件向富奥股份转让其持有的股权的方式来实现双方在紧固件业务上的合作。增资或股权转让完成后，东风零部件将持有合资公司 30% ～ 40% 的股权，富奥股份将持有合资公司 60% ～ 70% 的股权，富奥股份合并报表。

29—31 日 中国机械通用零部件工作协会紧固件分会会长薛康生到访广东省紧固件行业协会，与广东省紧固件行业协会会长陈巨添，深圳市紧固件行业协会会长翁克俭，东莞市紧固件行业协会会长刘远年、副会长徐福生、秘书长郭成辉，阳江市紧固件行业协会前任会长严刚，上海爱螺展览有限公司营销主管付云等一起座谈，实地了解广东省东莞、阳江、深圳等地区紧固件工厂的疫情防控和复工复产情况，与会代表各自介绍了企业情况和对第四季度工作的安排情况，并表达了对全年工作业绩的期望。

9月

4日 河北省科技厅组织专家对永年标准件研究院新型研发机构建设项目进行了验收。验收会上，专家组听取了永年标准件研究院新型研发机构建设项目运行绩效报告，认真审阅了相关材料，进行了深入沟通和交流，提出了改善建议。经过评议，专家组充分肯定了永年标准件研究院的工作成绩，新型研发机构建设项目各项指标达到验收要求，一致同意通过验收。

29日 浙江长华汽车零部件股份有限公司（简称浙江长华）在上海证券交易所主板上市。浙江长华深耕汽车金属零部件领域数十载，在汽车紧固件、冲焊件、铸铝件领域沉淀了精湛的技术和丰富的经验，逐步形成了以紧固件、冲焊件、铸铝冲焊总成件为核心的产品

体系，产品广泛应用于汽车车身、底盘、动力总成系统及新能源汽车三电系统等部位。

10月

15日 阿根廷生产发展部发布第552/2020号公告，对原产于中国的碳素钢紧固件启动反倾销日落复审调查。

16日 宁波紧固件工业协会第四届六次、五届一次会员大会在宁波新舟宾馆顺风厅顺利召开，会上选举产生了新一届协会领导班子。宁波经济技术开发区甬港紧固件有限公司樊玉龙当选为宁波紧固件工业协会会长；宁波东港紧固件制造有限公司王巍为名誉会长，宁波金鼎紧固件有限公司徐鹏飞为常务副会长。

19日 "2020年江苏省紧固件产业高质量发展大会暨泰州市高性能紧固件产业技术创新战略联盟成立大会""江苏省机械行业协会紧固件分会一届三次会员代表大会"及"第二届江苏省装备制造紧固件产业协作配套对接会"在江苏省靖江市隆重举办。大会由江苏省机械行业协会、江苏省表面工程行业协会和靖江市人民政府联合主办。

11月

3—4日 "第三十二届全国

紧固件经济贸易和技术洽谈会"在上海隆重举行。

3—5日 中国·上海国际紧固件工业博览会盛大举行，展出面积达到40 000m²，标准展位近1 650个，全球600多家知名企业竞相亮相。在新冠疫情严重冲击世界经济的特殊时期，各路展商如约而至，相聚在这个共享的开放大平台。

23日 国网天津电科院首次应用相控阵无损检测新技术完成天津地区30基输电线路铁塔地脚螺栓腐蚀缺陷的无损检测评估工作，为天津电网安全可靠运行提供了技术支撑。

30日 由全国紧固件标准化技术委员会主办，北京金兆博高强度紧固件公司邯郸分公司承办的"2020全国紧固件标准化技术委员会第六届四次年会"在邯郸市顺利举行。全国紧固件标准化技术委员会委员、顾问、紧固件企业代表、科研院所专家、大专院校老师和学生代表、特邀代表及其他代表近200人参加了此次会议。

12月

2日 浙江东明高端不锈钢紧固件数字化工厂增资项目正式签约，落户嘉兴经开区。

3日 工业和信息化部公布的《2020年国家技术创新示范企业名单》，认定63家企业为国家技术创新示范企业。其中，

中国航空工业标准件制造有限责任公司榜上有名。

11 日 工业和信息化部公布了第二批专精特新"小巨人"企业名单。紧固件行业舟山市 7412 工厂和邯郸市美坚利五金制造有限公司榜上有名。

11 日 中国机电商会与中国机械通用零部件工业协会组织召开欧盟对我国钢铁紧固件发起反倾销调查预警网络视频工作会议。

11 日 思进智能成形装备股份有限公司（简称思进智能）在深圳证券交易所中小企业板上市，证券代码为 003025，发行价格为 21.34 元 / 股，发行市盈率为 22.99。思进智能主要从事多工位高速自动冷成形装备和压铸设备的研发、生产与销售，是一家致力于提升我国冷镦成形装备技术水平、推动冷镦成形工艺发展进步、实现紧固件及异形件产业升级的国家高新技术企业。

18 日 浙江省紧固件行业协会和海盐县紧固件同业商会召开了"欧盟对我国钢铁紧固件反倾销应诉（准备）协调会议"。31 家出口企业到会共同制定推出了"欧盟钢铁紧固件反倾销应诉工作实施方案"，为浙江省紧固件产业有序高效应对欧盟反倾销措施打下了基础。

18 日 中国永年紧固件价格指数在上海举办的"2021 我的钢铁第三届特钢年会"上正式发布。

21 日 欧盟对我国钢铁紧固件发起反倾销调查。欧盟委员会发布公告称，应欧洲工业紧固件协会申请，正式对原产于中国的钢铁制紧固件产品发起反倾销调查。涉案产品欧盟海关编码为 73181290、73181491、73181499、73181558、73181568、73181582、73181588、73181595、73182100 和 73182200，此案倾销调查期为 2019 年 7 月 1 日 — 2020

年 6 月 30 日，损害调查期为 2017 年 1 月 1 日 —2020 年 6 月 30 日。

月内 根据《中华人民共和国产品质量法》《产品质量监督抽查管理暂行办法》《广东省产品质量监督条例》等相关规定，广东省市场监督管理局对广东省通用紧固件产品进行了质量监督抽查。共对 36 家企业生产的 60 款通用紧固件产品的质量开展了监督抽查，涉及广东省的广州、深圳、汕头、佛山、惠州、东莞、揭阳 7 个地市。经检验，发现 3 家企业生产的 4 款产品不合格，不合格项目主要有：最小拉力载荷、硬度。

1—12 月 嘉兴市紧固件产品进出口总额为 12.65 亿美元，逆势增长 2.67%。其中，出口 12.11 亿美元，同比增长 2.49%；进口 5 355 万美元，同比增长 6.9%。

2021 年

1 月

1 日 为支持加快构建新发展格局，推动经济高质量发展，根据《中华人民共和国进出口关税条例》的相关规定，自 2021 年 1 月 1 日起，对部分商品的进口关税进行调整，列入 2021 年进口关税调整方案的紧固件产品有：方头螺钉（73181100）、其他木螺钉（73181200）、钩头螺钉（73181300）及环头螺钉（73181400）、自攻螺钉（73181510）、抗拉强度在 800MPa 及以上的螺钉及螺栓（不论是否带有螺母或垫圈）其他螺钉及螺栓（73181590）、螺母（73181600）、未列名螺纹制品（73181900）、弹簧垫圈及其他防松垫圈（73182100）、其他垫圈（73182200）、铆钉（73182300）、销及开尾销（73182400）、其他无螺纹紧固件

（73182900）。

5日 为更好地开展工作，中国机械通用零部件工业协会紧固件分会成立了反倾销工作小组，确定了工作小组职能和作用，即努力做好组织协调、上下沟通工作，与企业通力合作应对反倾销问题。

21日 证监会召开2021年第11次发行审核委员会工作会议，审议通过了浙江明泰控股发展股份有限公司（简称明泰股份）的首发申请。明泰股份是老牌民营企业，其前身可追溯到1984年成立的"瑞安县梅头屿门通用电器厂"。在近40年的发展历程中，创始人陈金明、陈美金等六人一直专注紧固件领域，以螺栓、螺母、异型件等为主要产品，完成了从自行车紧固件、摩托车紧固件到汽车紧固件的迭代升级，是国内首批进入德国大众、美国通用紧固件配套体系的企业之一。明泰股份的整车企业客户包括上汽通用、上汽大众等，产品覆盖国内大部分乘用车品牌，是国内汽车紧固件行业综合实力领先的龙头企业。

2月

10日 在农历辛丑年新春佳节来临之际，中国机械通用零部件工业协会紧固件分会薛康生会长发表新年贺词，向全行业同仁拜年并致以新春问候、美好祝福。

18日 中国钢铁工业协会发布《耐候钢结构紧固件用热轧盘条及圆钢》等18项中国钢铁工业协会团体标准。该批团体标准通过了专业标准化技术专家审定，并经标准化技术归口单位审查，符合要求。

3月

19日 中国机械通用零部件工业协会紧固件分会在江苏省常熟市召开反倾销案专题会议。中国机械通用零部件工业协会、中国机械通用零部件工业协会紧固件分会、商务部贸易救济局、江苏省市商务厅、中国机电产品进出口商会法律服务部等机构的相关负责人，各省市紧固件行业协会领导、各地紧固件企业（包括涉案企业）代表、专家、相关律师事务所律师近50人参加了会议。会上，商务部、江苏省市商务厅、中国机电产品进出口商会和协会等的领导通报了两个案件（欧盟对我钢铁紧固件发起反倾销调查和中国对欧盟和英国进口碳素钢紧固件反倾销期终复审调查）的进展情况，各地紧固件行业协会汇报了反倾销工作情况。会议回顾和总结了上一次反倾销案取得胜利的经验，并表达了应对此次反倾销案的决心。同时，参会的各协会、企业一致认为：应继续对欧盟紧固件实施反倾销措施。

5月

27—28日 中国机械通用零部件工业协会七届四次理事会暨会员代表大会在重庆北碚隆重举行，近200名会议代表参会。5月28日，紧固件分会副理事长薛康生主持召开了全体会员代表大会。

大会表彰了荣获"抗击新冠疫情和复工复产先进集体"称号的单位，获得此荣誉的紧固件分会名单如下：常熟市标准件厂有限公司、重庆标准件工业有限责任公司、富奥汽车零部件股份有限公司紧固件分公司、山东高强紧固件有限公司、上海南市螺丝有限公司、温州市紧固件行业协会、东风汽车紧固件有限公司、佛山市巨隆金属制品有限公司、邯郸市飞达标准件厂、上海集优标五高强度紧固件有限公司。

6月

16日 卡迈锡精密成形（江苏）有限公司在中德（常州）创新产业园举行奠基仪式。卡迈锡集团成立于1935年，是德国黑森州中部最大的公司之一，是世界领先的汽车工业高强度螺栓制造商，在全球7个国家有13个制造基地。

28 日 商务部公告 2021 年第 14 号关于对原产于欧盟和英国的碳钢紧固件所适用的反倾销措施发起期终复审调查的公告。根据《中华人民共和国反倾销条例》第四十八条规定，商务部决定自 2021 年 6 月 29 日起，对原产于欧盟和英国的进口碳钢紧固件所适用的反倾销措施进行期终复审调查。

7 月

18 日 在浙江省舟山市隆重举行舟山市正山智能制造科技股份有限公司智能工厂开业典礼。

20 日 欧盟委员会发布的公告称，欧盟对原产于中华人民共和国的某些进口钢铁紧固件的反倾销程序不实施临时措施。2020 年 12 月 21 日，欧盟委员会就原产于中华人民共和国的某些钢铁紧固件的进口提起了反倾销诉讼。鉴于案件的技术复杂性，委员会决定在现阶段继续进行反倾销调查，不采取临时措施。

8 月

4 日 工业和信息化部公布了第三批 2 930 家专精特新"小巨人"企业名单。紧固件行业的航天精工股份有限公司、舟山正源标准件有限公司、山东九佳紧固件股份有限公司、宜

昌市恒昌标准件有限责任公司、湖南申亿五金标准件有限公司、中铁隆昌铁路器材有限公司、贵阳白云中航紧固件有限公司、东方蓝天钛金科技有限公司、浙江荣亿精密机械有限公司、浙江腾龙精线有限公司、思进智能成形装备股份有限公司和宁波雪波特紧固件有限公司 12 家企业榜上有名。

22 日 河北省邯郸市永年区的"河北省紧固件产品质量监督检验中心"顺利通过了河北省市场监督管理局评审组进行的计量认证现场评审，获得检验检测机构 CMA 资质，是河北省唯一一所省级紧固件产品质量检验机构，可全面服务于永年区及河北省其他地方乃至我国北方地区的广大紧固件企业，满足这些企业的检验检测需求。

23 日 因防疫工作需要，原定于当日召开的温州市紧固件行业协会五届一次会员代表大会延期举行。

9 月

1 日 宁波市镇海区紧固件行业协会党委会同镇海区发展办、宁波中机检测公司等在紧固件综合服务大楼组织开展了"工匠研修在身边，助企服务送温暖"专题培训活动。活动邀请宁波中机检测公司的技术专家进行了两场实验室运行和紧

固件基础知识培训，区域内 20 余家紧固件骨干企业的技术人员参加。讲解了实验室日常运行过程中人、机、料、法、环的管理和紧固件产品与材料性能知识。

7 日 "2021 年（第五届）华南工业线材暨紧固件产业链高峰论坛"在广州黄埔区翡翠希尔顿酒店盛大召开。会议由上海钢联电子商务股份有限公司（Mysteel 我的钢铁网）主办。会议开始由中国机械通用零部件工业协会紧固件分会会长薛康生致欢迎词，顾问沈德山做了题为"2021 年紧固件下游行业运行情况分析及展望"的主题报告。

16 日 "第十五届中国·邯郸（永年）紧固件及设备展览会"在河北省邯郸市永年区中国永年紧固件博览中心开幕，此届展会为期 4 天，展出面积 20 000 m²，共有 700 个展位，260 多台（套）新型环保设备吸引了众多采购商到场采购，线上线下参观人数达 2 万人次。

10 月

18—22 日 2021 年 ISO/TC 2 国际紧固件标准化年会采用线上会议形式成功召开，8 名国内代表及 18 个国家的近 55 名专家参会，主要讨论了部分标准的修订等情况。

22 日 为降低疫情传播风

险，确保展览会所有参与者的健康和安全，保障展览会以高规格效果呈现，中国·上海国际紧固件工业博览会组委会经过评估，决定将原定于 2021 年 11 月 14—16 日在上海世博展览馆举办的"2021 中国·上海国际紧固件工业博览会"延期至 2022 年 6 月 1—3 日举行。

11 月

13 日 兴化市戴南紧固件行业协会一届八次理事会议在兴化市戴南镇召开。

15 日 中国机械通用零部件工业协会领导莅临广东省紧固件行业协会调研考察。

17 日 亚洲四地域紧固件协会会长举行视频会议。会议由轮值主办方香港螺丝业协会主席张建茗先生主持，中国机械通用零部件工业协会紧固件分会会长薛康生、韩国 FASTENER 工业协同组合理事长郑汉城和台湾螺丝工业同业公会理事长蔡图晋先生出席会议，各地区协会的相关人员也参加了会议。会上，各位会长简要交流了在新冠疫情下的行业情况，讨论了 2021 年举办四地域螺丝交流大会可能遇

到的情况等内容。大家一致认为：应等待疫情好转可以正常见面及通关后适时举办线下交流大会，需要时可举办网上工作会议。

28 日 由上海大学材料学院董瀚教授领衔的高性能钢铁材料团队、河北龙凤山铸业有限公司、七丰精工科技股份有限公司、舟山市 7412 工厂、上海大学（浙江）高端装备基础件材料研究院 5 家单位经过一年多的联合攻关，通过"材料生产—紧固件制造—服役评价"全产业链协作，基于钢铁材料高性能化理论，利用河北龙凤山铸业有限公司生产的高纯铁原料成功研发出超高强度紧固件用 B17.8 及 B19.8 钢，在此种钢的基础上研制出 16.8 级和 19.8 级紧固件制造技术，标志着世界最高强度紧固件（19.8 级）研制成功。

30 日 中国机械通用零部件工业协会紧固件分会召开会长工作视频会议。由于疫情防控形势复杂严峻，为保持协会工作正常运行和信息沟通，协会以视频方式召开了会长工作会议。会议由中国机械通用零部件工业协会紧固件分会薛康生会长主持。中国机械通用零

部件工业协会秘书长李维荣和中国机械通用零部件工业协会紧固件分会名誉会长冯金尧出席了会议。参加会议的副会长有（以姓氏笔画为序）丁宝平、卞建春、方明红、吴金尧、沈家华、张鹏飞、陈巨添、赵毓波、施根华、樊玉龙，以及副会长代表许守进等 30 多人。

薛康生会长做了主旨报告，通报了行业情况和协会重点工作。名誉会长冯金尧在发言中提到，行业仍需要创新改革新思路，在调整结构，提质增效，开发新品上下功夫，力争在 2035 年建成紧固件制造强国。中国机械通用零部件工业协会秘书长李维荣肯定了紧固件行业发展的良好态势，通报了工业和信息化部正在酝酿的通用基础零部件的提升计划。同时，布置了年底总结、统计及军品等多项工作。会上，大家交流了在新冠疫情下各地的行业发展情况。同时，大家紧紧围绕行业关心、企业关切的热点和难点问题，建言献策。会议还研究讨论了协会的有关其他事务。其中，一致通过了有关会费标准和会费管理新方案。

〔供稿单位：中国机械通用零部件工业协会紧固件分会〕

企 业 概 况

紧固件行业部分重点企业介绍

舟山市 7412 工厂

舟山市 7412 工厂系全民所有制企业，成立于 1987 年，坐落于中国首个国家级群岛新区浙江自贸试验区内，注册资本 15 000 万元，厂区占地面积 10 万 m^2，现有职工 828 人，银行信用等级为 AAA 级，为当地政府重点扶持企业和纳税大户。

该企业有生产制造汽车紧固件和同轴电缆两大主营业务。自创办起，该企业就聚焦汽车紧固件领域。目前，该企业已为北京奔驰、上汽通用、一汽大众、上汽大众、沃尔沃等全国 20 多家知名汽车厂、主机厂配套生产高强度紧固件、非标紧固件和异形件，产品品种达 5 000 余种，年开发新产品 500 余种。其整车配套市场占有率约 70%，生产的汽车发动机专用紧固件替代了进口件，耐热不锈钢紧固件填补了国内空白。

近年来，受新冠疫情，以及汽车制造业芯片短缺、限电限产、原材料价格大幅度上涨等不利因素影响，该企业持续执行"以乘为主、乘商并举"的发展战略，积极研发和生产新能源车、商用车、轨道交通等领域产品。与上海大学合作进行了高端紧固件研究，为高铁、动车等项目配套及企业转型做技术储备。该企业主导和参与的国家标准、团体编制工作有 13 项；获得国家多项发明和实用新型专利，拥有授权发明专利 20 项，实用新型专利 49 项。

该企业大力推进智能化改造，建立规范化、标准化和融合化的信息管理平台。组建了宁波杭州湾分厂，实现企业升级，彻底转换现有企业经营机制；组建了嘉兴分厂，拓展多元合金共渗防腐领域业务，实现产品产业链的补链补缺，提升了企业综合竞争力。

近年来，该企业销售业绩实现了持续增长，2021 年实际销售收入近 10 亿元，增幅为 10% 以上，净利润近 1 亿元，年上缴利税 6 000 万余元。

该企业先后被舟山市定海区、舟山市、浙江省工商局和国家工商总局授予"守合同重信用"企业称号；并多次被税务部门评为纳税大户和纳税示范户；"海固"汽车发动机专用紧固件及"海锚"电缆系列产品被认定为省（市）级名牌产品；为舟山市工业企业综合评价 A+ 级企业、省（市）级企业管理五星级企业、浙江省创新示范企业、浙江省精细化管理企业、浙江省技术中心、浙江省企业研究院；2018 年获得浙江省政府质量奖提名奖、浙江省先进质量管理孵化基地、"浙江制造"认证，为舟山市补了短板，2018 年还获得浙江省专利示范企业称号；2019 年获得中国合格评定国家认可委员会认可的 ISO 17025 认可证书；2020 年获工业和信息化部第二批专精特新"小巨人"企业称号，获浙江省隐形冠军企业、绿色工厂及省级制造业与互联网融合发展试点示范企业称号；2021 年获工业和信息化部第三批专精特新"小巨人"称号、浙江省制造业第一批云上企业及高新技术企业称号。

〔供稿单位：中国机械通用零部件工业协会紧固件分会〕

宁波计氏金属新材料有限公司

宁波计氏金属新材料有限公司是一家专业从事汽车、风机、轻轨、高铁用紧固件的锌铝涂覆、热浸锌配套加工企业，创建于 1998 年 3 月，现在宁波、嘉兴、温州等地拥有五家子公司。

该公司一直专注于紧固件的防腐表面处理，于 2010 年 4 月被日本恩欧富涂料商贸株式会社授权为久美特加工浙江总代理，是浙江省唯一的久美特材料加工代理企业。该公司参与了《紧固件 热浸镀锌层》等三个热浸锌国家标准及《紧固件 非电解锌片涂层》《紧固件术语 表面处理》两个涂覆标准的起草工作。

2021 年，该公司的销售额为 3.21 亿元，同比增长 22%；年上缴利税 1965 万余元，同比增长 20%。

2021 年，该公司对原生产设备进行技术改造，其中投资了 600 万元，用于增加新涂覆线；另外投入 1400 万元，引进两条德国产热浸锌前处理自动线和浸锌自动线，替换原来的手工生产线。

为使企业管理更加规范化、标准化，有效防范风险，提升经营管理水平，2021 年该企业通过第三方常州天健管理咨询有限公司，导入集团化管理系统，并重新梳理了组织架构和岗位职责，制定了切实可行的《标准化管理手册》和《成本管理手册》，规范了绩效管理及各子公司总经理的考核办法。为提高运营效率，提升决策质量，该企业上线了 ERP 金蝶云星空系统和泛微 OA 系统。

该企业于 2021 年年底获得浙江省级"专精特新"中小企业称号。并连续被当地政府评为纳税大户。

〔供稿单位：宁波计氏金属新材料有限公司〕

宁波时代汽车零部件有限公司

宁波时代汽车零部件有限公司（简称宁波时代）创建于 1965 年，注册资本 500 万元，厂区占地面积 28 000 多 m^2，建筑面积 27 000m^2。现有职工 225 人，生产能力每月可达 1 000 多 t，是当地纳税大户。

宁波时代主要生产汽车底盘类零件。改制前主要生产商品级紧固件，以外销为主，2009 年开始逐步进入国内汽车产业配套市场，从商品级紧固件转向汽车用紧固件，后来又逐步转向汽车专用件，即汽车转向球销、稳定杆球销及座零件，产品 90% 配套于国内汽车厂和汽车部件厂，10% 出口到美国、日本等国家。

宁波时代积极推进智能化技术改造，建立数字化、规范化、标准化和信息化的信息管理平台。2021 年实现销售收入 1.52 亿元，增幅为 26%；利税为 1 850 万元。

宁波时代多次被宁波市、浙江省工商局和国家工商总局授予"守合同重信用"企业称号、先后被评为浙江省紧固件产业技术联盟科技创新杰出企业、技术创新先进企业、宁波市信用管理示范企业、宁波市环保模范（绿色）工厂、宁波市五星级基层党组织，多次被当地政府部门评为"纳税示范企业""亩均绩效十佳企业"；2019 年获得 GB/T 24001—2016/ISO 14001：2015 环境管理体系认证。

〔供稿单位：宁波时代汽车零部件有限公司〕

思进智能成形装备股份有限公司

思进智能成形装备股份有限公司成立于 1993 年，2020 年 12 月 11 成功登陆深交所主板，股票代码为 003025。是中国机械通用零部件工业协会理事单位、浙江省紧固件行业协会第二届副会长单位、宁波市智能制造协会会员单位。近几年，该公司先后荣膺宁波市制造业单项冠军示范单位及国家第三批专精特新"小巨人"企业等荣誉，2021 年，浙江省思进智能冷镦成形装备研究院被认定为省级企业研究院。

该公司在冷镦机的设计中注重过程的绿色低碳，采用或选择效率高、能耗低的动力单元，提高了使用的经济性和性价比。该公司的冷镦设备开发目标方向主要有两个，一是大规格、二是多工位。生产的冷镦设备工位数由 4 工位发展到 5 工位、6 工位，目前已能生产 7 工位的冷镦机；可剪切 Φ45mm 材料，加工头部直径达 65mm，镦制 M36 的螺栓。

截至 2021 年 12 月，该公司共获得自主发明专利 24 项，实用新型专利 61 项，2019 年被认定为国家知识产权优势公司。

该公司参与了两项国家标准的制修订，其中主持制订国家标准 1 项；主持修订行业标准 2 项，已全部颁布实施。承担的国家重大科技专项，已形成 3 项国家标准，目前正在向国家标准委员会申报。

在智能化控制方面，该公司承担的科技重大专项"高速精密多工位冷镦成形成套装备"项目的样机已应用，在近 4 年的应用中验证了其先进性和可靠性。

该公司新厂区将建造成年产 500 台多工位全自动冷镦机的数字化工厂，该项目于 2020 年 11 月开工建设，计划于 2022 年 10 月竣工，该项目已列入宁波市 2021 年数字化车间/智能工厂项目，并列入浙江省智能工厂/数字化车间培育项目。

目前，该公司正全力推广轻量化设计理念，对公司的原有设计图样进行全面整理和修改，融入轻量化、模块化、系列化、规范化和通用化设计，提高速度，实现高效生产。

〔供稿单位：思进智能成形装备股份有限公司〕

专　　文

试析智能冷镦机的发展

1883 年，美国国民机器公司制造了第一台螺栓镦头机，开创了应用冷镦工艺生产紧固件的先河。1931 年，美国国民机器公司又生产出第一台自动冷镦机，从而真正开启冷镦工艺加工时代。我国的冷镦工艺和设备起步较晚，1956 年，我国从苏联引进了紧固件冷镦工艺技术，同时引进了苏联制造的单击冷镦机、双击冷镦机和多工位螺母冷镦机。冷镦工艺具有如下优点：加工工件在常温下成形，表面粗糙度低、强度高、性能好；冷镦成形工艺属于少无切削工艺，生产效率及安全可靠性高；冷镦机可以加工其他机床无法加工的复杂零件。这种先进的冷镦工艺和设备迅速在我国得到推广，冷镦机机型不断改进，性能不断提高，经过60多年的发展，我国冷镦工艺和设备技术已逐步赶上和接近国际先进水平。

一、从单双击冷镦机到多工位冷镦机的发展历程

由于我国从苏联引进了冷镦工艺，使紧固件工业的生产技术水平实现了第一次飞跃式发展，即由手工操作向自动化发展、由切削工艺向冷镦工艺发展、由单双击冷镦向多工位冷镦发展。

济南铸造锻压机械研究所和齐齐哈尔第二机床厂在苏联A121类、A169类螺栓冷镦机及A412多工位螺母冷镦机基础上，相继研制出国产Z12-4、Z12-12双击整模自动冷镦机和Z15-6、Z15-8、Z15-2双击分模自动冷镦机。

1965年，天津标准件厂和济南标准件厂在济南铸造锻压机械研究所的协助下，设计和试制成功我国第一台立式Z47-12多工位自动冷镦机（图1）；接着上海市标准件公司试制成功第二台。这种多工位自动冷镦机的生产效率是原双击冷镦机的6倍多，其对整个行业生产装备的发展起到了极大的推动作用。经过二十多年的实践检验，冷镦机不断得到改进和完善，现已发展成系列化产品，成为在我国紧固件行业中占主导地位的系列化装备。

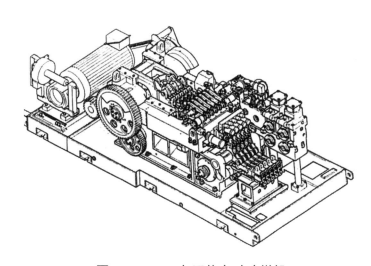

图1　Z47-12多工位自动冷镦机

紧固件行业的生产技术由原来压力机向多工位自动冷镦机过渡，Z47和Z41系列多工位自动冷镦机逐步发展成熟。据1983年的资料统计，紧固件行业专用设备拥有量：单双击冷镦机2 043台、多工位自动冷镦机1 163台，压力机3 181台，搓（滚）丝机2 000台，攻丝机2 222台，其他专用设备共有1 500多台。整个紧固件行业自动化程度达70%以上。这些设备基本上是由我国锻压机械研究机构、专用设备制造厂和紧固件生产厂自行设计制造，可以实现M0.8～M30螺栓、M0.8～M30螺钉及M2～M30螺母冷镦工艺的自动化生产，生产率达30～300件/min。后来，我国又陆续研制出Z306、Z308、Z312、Z41-6、Z41-24和800t冷成形机等，这些新型设备加工的产品精度高，生产率高，自动化程度高，结构紧凑、合理，传动系统简便可靠，操作方便。上海标准件公司制造的Z308高速多工位自动冷镦机的生产率可达300件/min，是Z12-6生产率的8倍。又如SZ41-24、SZ41-16型五工位自动冷镦机，可实现大料小变形工艺，从而减少废品量，降低了原材料费用。

近年来，大规格的紧固件制造装备不断涌现，宁波思进智能成形装备股份有限公司（简称思进公司）的384L多工位冷镦机成形力达8 000kN，可以制造直径40mm的螺栓，是国内大型冷镦机。思进公司承担的国家2015年"高档数控机床与基础制造装备"科技重大专项"高速精密多工位冷镦成形成套装备"课题，经过三年多的研制，成功研制出两台高速精密六工位冷镦成形机，技术达到国内领先并接近国际先进水平，2018 年 10 月顺利通过工业和信息化部验收。2019 年，思进公司又试制成功七工位零间隙零件冷镦机。

在大型冷镦机的研究开发方面，日本阪村机械制作所的 BPF-590 型冷镦机（图 2）成形力达 10 000kN，韩国孝东机械公司的 HBP750 型冷镦机成形力达 12 000kN，都可以制造直径 50mm 的螺栓。

图 2　BPF-590 型冷镦机

在这一阶段，中、高强度紧固件的需求不断增加，对紧固件加工装备的要求越来越高，推动紧固件加工装备不断更新改造。多工位自动冷镦机大量涌现，使紧固件行业的自动化程度大大提高。金属冷成形技术装备的发展主要体现在以下几个方面：

1. 冷镦工艺的精细化

随着金属冷成形制造技术的不断发展，冷镦、冷挤压技术及大料小变形、多次缩径、少无切削新工艺相继研发成功并在紧固件行业得到推广应用，紧固件行业的生产效率大大提高。之后，紧固件行业相继研发出热镦、温镦、挤压复合工艺及其自动化装备。

2. 产品规格的大型化

随着我国基本（道路、铁路、桥梁、厂房）建设的加快和汽车工业的发展，大规格紧固件，尤其是 M20、M24、M30 紧固件的需求量不断增加，因此大规格紧固件的冷镦制造装备需求量随之增加。过去采用加热冲压生产手段制造大规格紧固件（如扭剪型螺钉、钢结构螺钉、铁塔螺钉、风力发电螺钉、货车轮胎螺钉等大规格产品）的企业，现在越来越重视大型紧固件和特殊零件的制造，因此，适应大规格高强度紧固件和非标异型件、机械零件的金属冷成形技术装备得到快速发展。为了提高产品质量和劳动生产率、降低生产成本、节能减排，我国紧固件行业的许多企业争相进行技术改造，以冷镦替代热冲，大规格的冷镦技术和装备快速发展。

3. 适应零件的复杂化需求

随着我国汽车工业的快速发展和国产化进程的加快，汽车、货车的年产量迅速提升，采用冷成形制造工艺生产以车用零件为代表的特殊零件，已成为企业降低成本、提高效率的重要途径。由于特殊零件的形状复杂、精度要求高，要求冷成形机的成形工位数越来越多。近几年来，杆类零件冷成形机的工位数已发展到四工位、五工位、六工位和七工位，而筒类零件冷成形机的工位数也已发展到五工位、六工位和七工位，同时冷成形机的运动定位精度和切断精度有了很大提高。通过采用新型结构、提高加工质量，我国制造的冷成形机生产效率已接近进口产品。

二、电器控制向"人机界面"发展

零件冷成形技术的应用越来越广泛，由于特殊零件相对于商用紧固件来说，具有批量少、种类多的特点，为了提高产品质量，加快换规格的调整速度，提高设备利用率，应用行业对冷成形机的自动控制、自动监测和快速调整功能提出了更高要求。目前，可编程序控制器已经用于新冷成形机上，随着变频技术、人机对话界面和数控技术在制造装备上的广泛使用，紧固件和零件制造装备上也开始采用这些技术，尤其在零件冷成机上使用得越来越多，这些技术也越来越成熟。

近几年，紧固件和零件制造装备的迅速发展与技术和制造的集约化发展分不开，特别是通用零部件专业化制造技术的提升和质量的提高，以及新的通用零部件专业化制造装备的开发和引进，为采购高质量和低成本的紧固件和零件制造装备关键零部件（如离合制动器、液压控制单元、润滑冷却单元等）提供了许多渠道。目前，紧固件和零件制造装备的关键零部件性能和质量有了很大提高，尤其在自动化控制、生产效率、产品性能稳定性和可靠性方面。

思进智能成形装备股份有限公司制造的高速精密多工位冷镦成形成套装备，在结构功能部件和工艺设计优化技术、数控系统技术、模具寿命管理技术、油雾处理环保技术、快速换模技术、在线检测/监测技术等方面都进行了创新，技术水平显著提升。目前，可按照用户要求，选择配置"人机界面"数控系统，可自动设置后通牙管行程，自动设定送料切料长度；为方便快速更换模具系统，可存储 99 个产品参数及位置，配置"触摸屏数控"操作系统。该装备由于采用多种传感器信号处理技术，可监控完整的过程信号；角度、距离、温度、时间等数据集中采集并进行诊断反馈处理；采用全局式操作界面，数据参数一目了然。该装备的可编程序逻辑控制器及显示器，使各调节部位自动快速定位，具有监控及异常处置等功能。该装备的控制系统具有强大的可编程序逻辑控制功能，操作员只需在触摸式屏幕上操作，就可控制设备的所有功能，也能获得设备的运行状态和零件生产过程中整个系统的信息；能实时诊断、监控和显示机组的支行状态，具有识别、分析、推理、决策、控制功能。该装备的质量监控系统具有模具寿命管理、停机故障原因显示、各种速度显示等控制装置，可在线检测。

现在，一些冷镦成形装备还采用了离线换模控制技术，通过改变冲模和主模的安装定位结构，在冷镦机主模座和冲模座处植入定位模块及夹紧液压缸，实现模座的定位与夹紧，使模座在整体装卸时重复定位精度高、安装方便，使冷镦机换模流程简单快捷，提高生产效率。在离线换模控制技术方面，韩国孝东机械公司的离线换模控制技术较为先进，它采用机械手臂将模具整体移出机外，自动定点安装，省去人工辅助操作。

通过对多工位工艺技术的研究，配置快速换模、在线监控等装置，实现人机一体化，从而使设备的稳定性能更好，噪声和废气排放均达到了环保要求。目前，多工位冷镦机能生产 10.9 级以上的紧固件产品，生产效率达到 200 件/min 以上，满足了重大工程的重点产品需求。

三、机械驱动结构向全伺服发展

近年来，随着技术的进步和整个工业的不断发展，伺服驱动技术已取得了极大进步，伺服系统已进入全数字化和交流化时代。伺服系统在机电设备中的应用日趋成熟且地位日益提高，高性能的伺服系统可以实现灵活、方便、准确和快速的驱动。通过搭建智能工厂，使企业生产过程向自动化、数字化和智能化方向发展。伺服驱动器属于自动化控制系统中的驱动层，伺服电动机属于执行层。伺服驱动器和伺服电动机已经成为智能制造的关键装置。伺服系统是工业自动化最为重要的控制和执行机构之一，在工业机械等领域得到了广泛应用。

现在，世界上许多冷镦机厂家正在研发伺服直驱技术，一些厂家已在个别模块实现了突破，比如伺服直驱主电动机、伺服夹钳、伺服进料等。但是，许多冷镦机主体还是以传统机械结构为主。

目前，思进智能成形装备股份有限公司已开始进行伺服系统的研究开发，在进料系统的挡料装置及阴模顶出装置安装了伺服控制系统。在各种调模所需参数的机构中植入伺服控制单元，通过人机界面设置参数，进行自动调整，并且按模具类型分类记忆各种参数，在进行模具更换时，直接调出参数自动调整，从而加快调模时间，提高生产率，并进一步降低劳动强度。进料系统也利用伺服电动机传动系统及控制系统代替传统的机械式输料机构，简化了机械式输料传动机构，并且通过人机界面直接输入要求的长度，使输料更加精确，控制更加方便，降低了劳动强度，提高了劳动效率。

值得一提的是荷兰内德史罗夫机械设备公司推出的全伺服多工位冷镦机，真正实现了冷镦机的全伺服化，是对传统冷镦机机械式驱动结构的一次重大创新。

内德史罗夫机械设备公司于 2014 年展示了七工位全伺服机 NC714 原型机（图 3），2015 年生产并投放市场 20 台七工位全伺服冷镦机。NC714 结合了先进的直驱技术和数控电动机技术，颠覆了传统机械结构的卧式多工位冷镦机技术，是真正的数控操作式冷镦机。

图 3　七工位全伺服机 NC714 原型机

机械结构的冷镦机的主要结构是：一个主电动机带动大飞轮，大飞轮再通过离合器 / 刹车组合带动主曲轴。主电动机的能量积蓄在大飞轮上，让机器获得足够的动能（镦锻力）。然后，主曲轴通过主连杆驱动主滑块往复运动，对工件进行镦锻。与主曲轴连接的有各种轴、凸轮、滚轮、摆杆、连杆、弹簧和轴承等机械部件，这些机械部件实现冷镦机的其他联动动作，如线材进料、剪料、夹钳的左右移送、夹指的张开 / 闭合、凹模顶出、阳模顶出、切边、模前挡料等动作。

内德史罗夫机械设备公司在研发冷镦机的时候，应用了数控机床行业的伺服直驱技术，用一个伺服直驱主电动机直接带动主滑块做往复运动。分别用各种伺服电动机实现线材的线性进料、剪料、夹钳的左右移送，两个伺服电动机实现进料夹的移送和张开 / 闭合，七个伺服电动机实现每个工位夹钳的张开 / 闭合。虽然，各个伺服电动

机各自运作，但在计算机的编程指令下有序地工作。伺服系统的主要任务是按照控制命令要求，对信号进行变换、调控和功率放大等处理，使驱动装置输出的转矩、速度及位置都能得到灵活方便的控制，调节精度可达 0.01mm。

七工位全伺服冷镦机取消了大飞轮、离合器和主连杆装置，以及曲轴、凸轮、滚轮、摆杆、摇臂、弹簧等机构。由于减去了飞轮等金属零件，也减少了机械磨损，能耗得以降低。该机重 15t，只有同类机型重量的 50% ～ 60%。从外观上看，机器体积也明显小得多（占地面积为 3.7m×1.9m），总功率为 40kW，镦锻力为 1 100kN，最大线材外径 14mm。

由于伺服系统是自动控制系统的重要组成部分，直接影响着自动控制系统的快速性、稳定性和精确性，机、电、液的组合成为目前工业自动化的主要技术基础。伺服控制系统是用来精确地

跟随或复现某个过程的反馈控制系统，从而可以实现精确的定位。据文献介绍，伺服控制系统能够很精确地控制电动机的转动，控制精度可以达到 0.001mm。伺服控制系统的发展十分迅速，在冷镦机的应用将有更加广阔的前景。

四、冷镦机智能化发展趋势

（1）单双击机到多工位冷镦机的发展，电器控制向"人机界面"的发展，以及机械驱动结构向全伺服多工位冷镦机的发展，是分阶段、分层次进行的。发展到现在，已经在交叉发展、重叠发展，就如同 NC714 七工位全伺服机一样。

（2）选用哪种机型设备主要由紧固件的复杂程度和精度来决定。紧固件品种规格繁多，因此，各种机型都有它存在的必要性。我国南方有一个工厂专门生产传统的双击冷镦机，越做越精，市场占有率一直较高。这主要是因为一般机螺钉和螺栓用双击冷镦机生产经济实惠、效率高、成本低和维修方便。所以，适用的才是最佳的。

（3）冷镦机越大、工位越多越贵；机身越重，能耗越高，生产成本越大，维修成本也越高。因此，冷镦机并不是越大越好，工位越多越好，应该有一个"度"，到了经济核算的临界点，大规格的产品用温镦、热镦的方法可能更经济可行。

（4）复合形状零件的冷成形机仍然是国内需要开发的重大技术装备。目前，国内还没有企业在复合形状零件的冷成形机方面拥有成熟的批量生产技术。复合形状零件的冷成形机的参数、规格和变形能力要根据零件的具体要求来决定，因此，要结合冷成形工艺、模具和材料以及零件的精度要求来开发，同时要求设备制造企业具有冷成形工艺和模具的开发能力或与用户合作开发的能力。

（5）在研发冷镦机的同时，还应该开发和研究新材料、新工艺、试验方法和检测技术、在线无损检测技术、热处理和表面处理新技术，进行新工艺工模具设计等。因为"人、机、料、模"是密不可分的。必须以世界先进技术与工艺水平作为研究方向和目标。

（6）开展远程控制系统等智能化模块的研究开发，提高设备的智能化功能；开展复杂零件成形模具的研究，为客户提供一站式的解决方案。

20 世纪 90 年代，日本有一家知名的冷镦机制造公司，利用其机械自动化程度较高的优势，规划了一个实验性的无人车间，但终因没有数字化和信息化做支撑，最后只能不了了之。现在，远程控制技术的应用，使这一愿景离我们越来越近了。智能冷镦机的技术越来越成熟，又是紧固件智能化生产线中的关键设备，在生产工序中起着承上启下的作用。因此，紧固件智能化生产线、智能化车间、智能化工厂都在探索之中。

远程控制应用技术采用特定的远程控制模块，通过 LAN WLAN 接口，实现远程控制。针对远程控制功能，可以实现：远程 PLC 程序的下载、上传及监控，足不出户便可解决现场问题；通过网页或者手机 APP 实现设备数据监控，第一时间了解设备运行状态、修改参数等；通过短信、微信等方式，第一时间了解设备的运行情况；对设备进行数据分析及对历史数据进行查询；同时，兼容用户生产管理系统软件，对客户数字化车间进行辅助管理。

目前，我国有些骨干企业基本实现了紧固件产品的智能化制造及全过程控制。运用智能设备的 MI 引擎，按照制造工艺流程，在加工设备上安装具有记载设备运行参数、零件代码、工艺数据、检测结果等全部运行过程信息的 SK 生产监控设备，通过建立 SPC（统计过程控制）工作站、工厂中心控制管理监视中心和产品的条形码技术，将 SK 和 SPC 联网，实现对工厂产品全过程的智能制造、智能控制和智能监视。企业智能制造的实施，有效地提高了产品质量，使产品质量由 PPM 缺陷率向"零缺陷"迈进。

近年来，紧固件行业涌现出越来越多在生产制造全过程、在线检测、物流仓储、电子商务平台采用数字化、网络化、云存储和远程操控等技术的先行先试企业，更出现了采用大数据系统集成、网络化分布式运行、智能化操控管理等技术和在生产方式方面超前谋划的优秀企业。我们要时刻关注新一轮科技革命给紧固件行业及企业带来的新变化。有条件的紧固件骨干企业应该进行"互联网＋"智能化建设,在紧固件中小型企业和贸易流通业推行"互联网＋"创新能力建设,建立电子商务平台,促进全行业贸易便利化和物流信息电子化。目前,紧固件企业的"互联网＋"已赋予许多新内容,推动了企业生产体系、业务形态、服务模式和品牌建设等的高效化、透明化、规范化。2018 年 9 月 27 日,工业和信息化部公布了 2018 年智能制造试点示范项目名单,湖南飞沃新能源科技股份有限公司的"高强度紧固件智能制造试点示范"名列其中。

骨干企业的"互联网＋"智能化建设在紧固件行业起到了引领和示范作用。智能制造是一种利用先进信息技术和智能化工具提升制造业生产效率和质量的制造模式,由智能机器和人类专家共同组成人机一体化智能系统,在制造过程中能进行感知、分析、推理、判断、构思、决策和动作等智能活动。工业和信息化部提出开展智能制造试点示范专项行动,对推动制造业智能化发展具有深远的意义。紧固件行业要积极探索基于生态价值观的智能制造产业发展模式,基于"企业大脑"系统数字模型(FB)对知识的学习,掌握优化的企业生产管理模式,取代人的管理,从而达到采用人工智能技术管控紧固件制造的目的。

〔撰稿人:中国机械通用零部件工业协会紧固件分会俞汝庸〕

中国机械通用零部件工业年鉴
2022

Ⅵ 粉末冶金行业卷

回顾我国粉末冶金行业2019—2021年的经济运行情况，指出行业面临的挑战和发展机遇；概述粉末冶金行业标准化工作；记录粉末冶金行业大事

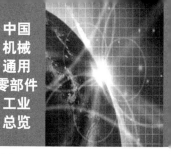

中国机械用通部件工业总览

链传动行业卷

齿轮行业卷

弹簧行业卷

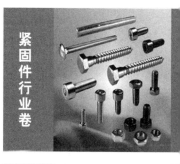

紧固件行业卷

粉末冶金行业卷

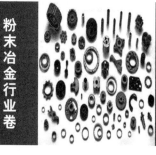

传动联结件行业卷

中国机械通用零部件工业总览

链传动行业卷

齿轮行业卷

弹簧行业卷

紧固件行业卷

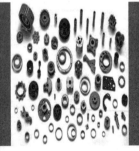

粉末冶金行业卷

传动联结件行业卷

中国
机械
通用
零部件
工业
年鉴
2022

Ⅵ
粉末冶金行业卷

综　述

2019—2021年粉末冶金零件行业综述

一、粉末冶金零件行业统计信息

我国粉末冶金行业的产业协会主要有：中国机械通用零部件工业协会（简称中机零协）、中国机械通用零部件工业协会粉末冶金分会（简称中机零协粉末冶金分会）和中国钢结构协会粉末冶金分会（简称中国钢协粉末冶金分会）。中机零协粉末冶金分会的会员主要是国内粉末冶金零件制造企业，中国钢协粉末冶金分会的会员则主要是钢铁粉末生产企业。因此，中国粉末冶金零件行业的统计数据只包括中机零协粉末冶金分会的统计数据。

2019—2021年我国粉末冶金零件行业主要经济指标见表1。

表1　2019—2021年我国粉末冶金零件行业主要经济指标

主要经济指标		单位	2021年	2020年	2019年
工业总产值（现行价）	合计	万元	1 007 007.1	879 803.5	714 706.0
	其中：新产品产值	万元	361 763.8	334 996.4	214 193.3
工业销售产值（现行价格）	合计	万元	977 992.1	872 057.2	718 495.7
	其中：出口交货值	万元	207 376.2	174 869.6	115 796.5
工业增加值		万元	340 457.9	259 445.0	197 579.2
全部从业人员平均人数		人	18 988	18 461	15 625
主营业务收入		万元	972 526.2	853 335.7	692 784.2
利税总额		万元	87 462.1	87 214.4	100 978.4
利润总额		万元	58 872.6	59 807.8	72 005.5
粉末冶金机械零件产量		t	232 084.7	196 565.1	191 377.3
粉末冶金机械零件销售量		t	226 685.9	191 616.6	188 627.4
参与分会统计的企业数		家	40	41	44

注：数据来源于中机零协粉末冶金分会。

从上述数据看，2021年除利润总额外的其他指标比上年均有不同程度的增长；另外，参与统计的会员企业数量正在减少。

二、粉末冶金零件行业总体运行情况

1.行业总体发展情况

1997—2021年我国粉末冶金零件销售收入和销售量变化情况如图1所示。

至2017年，粉末冶金零件销售收入的复合增长率为12.4%，粉末冶金零件销售量的复合增长率为11.2%。自2018年起中国汽车产销下降，直接影响了粉末冶金零件行业的增长。据中机零协粉末冶金分会统计，2021年粉末冶金零件行业的销售收入和销售量在新冠疫情多点散发的情况下仍实现了罕见的同比大幅增长。

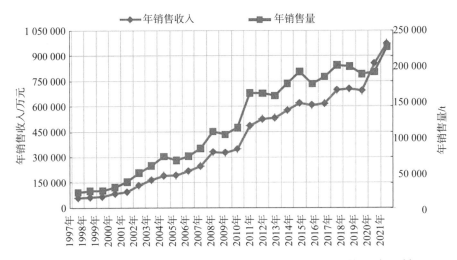

图1　1997—2021年我国粉末冶金零件销售收入和销售量变化情况

注：数据来源于中机零协粉末冶金分会。

2. 行业市场结构变化情况

中机零协粉末冶金分会传统的产品主要有粉末冶金结构零件、含油轴承和摩擦材料等。2014年11月，东睦新材料集团股份有限公司（简称东睦股份）控股浙江东睦科达磁电有限公司后，磁性材料市场不断扩大，分会统计的磁性材料占比不断提高。

2019年8月，东睦股份控股东莞华晶粉末冶金有限公司，2020年1月，东睦股份控股上海富驰高科技股份有限公司，中机零协粉末冶金分会统计的粉末冶金产品范围随之扩展至金属注射成型（MIM）领域，统计的产品结构也发生了较大变化。2019—2021年粉末冶金产品结构变化情况如图2所示。

如图2a所示，2019年粉末冶金零件产品结构中，粉末冶金结构零件销售额为53.50亿元，占比为74.4%；含油轴承销售额约为9.03亿元，占比为12.6%；摩擦材料销售额约为3.38亿元，占

比为4.7%；磁性材料销售额约为3.00亿元，占比为4.2%；注射成型零件销售额约为1.58亿元，占比为2.2%。如图2c所示，2021年粉末冶金结构零件销售额增加到63.65亿元，但占比却降至65.1%；含油轴承销售额增加至12.25亿元，占比为12.5%；摩擦材料销售额增加至4.17亿元，占比降至4.2%；磁性材料销售额增加至5.94亿元，占比增加至6.1%；注射成型零件销售额为10.87亿元，低于2020年的12.84亿元，占比为11.1%（2020年占比为14.7%）。

2021年的增长主要来自粉末冶金零件整体市场的增长，尤其是磁性材料市场的增长。

对比图2a～图2c可以看出：①在粉末冶金零件行业中粉末冶金结构零部件的应用市场最大；②随着智能终端市场的发展，以及注射成型技术的提高，注射成型零件的应用市场也在不断增大；③光伏、风能及电动汽车等行业的发展拉动软磁复合材料领域快速增长。

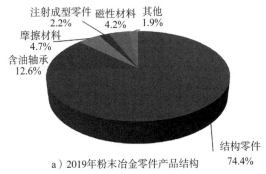

a）2019年粉末冶金零件产品结构

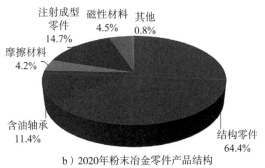

b）2020年粉末冶金零件产品结构

图2　2019—2021年粉末冶金产品结构变化情况

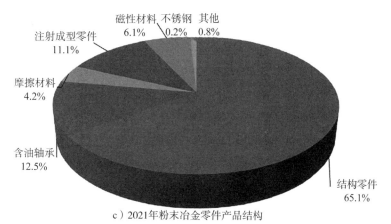

c）2021年粉末冶金零件产品结构

图2 2019—2021年粉末冶金产品结构变化情况（续）

2019—2021年我国粉末冶金零件产品销售情况见表2。

表2 2019—2021年我国粉末冶金零件产品销售情况 （单位：亿元）

年份	结构零件	含油轴承	摩擦材料	注射成型零件	磁性材料	不锈钢	其他
2019	53.50	9.03	3.38	1.58	3.00	–	1.35
2020	56.16	9.96	3.66	12.84	3.90	–	0.68
2021	63.65	12.25	4.17	10.87	5.94	0.18	0.75

注：数据来源于中机零协粉末冶金分会。

3.粉末冶金零件行业发展情况

中机零协粉末冶金分会的统计数据在新增的磁性材料和注射成型零件快速增长的影响下发生了较大变化。如果"剔除"统计数据中"磁性材料"和"注射成型零件"的影响，可以看出传统应用领域的粉末冶金零件销售收入增长趋势已明显降低，特别是在2017年后中国汽车工业的产销量不再呈现以往连续增长的态势背景下，粉末冶金零件的主营业务收入在2017年后出现连续三年的"盘整"后，2021年出现近几年少有的快速增长，如图3所示。

图3 2012—2021年粉末冶金零件的主营业务收入变化情况

注：①磁性材料和MIM对协会统计数据的影响。②数据来源于中机零协粉末冶金分会。

4.粉末冶金零件行业运行情况

（1）主要市场变化情况。

1）市场结构变化情况。"剔除"中机零协粉末冶金分会统计中的"磁性材料"和"注射成型零件"的影响，粉末冶金零件（包括粉末冶金结构零件、含油轴承及摩擦材料）的市场结构如图4所示。图4a～图4c为按粉末冶金零件销售额统计的2019—2021年粉末冶金零件市场结构。

a）2019年度粉末冶金零件市场（销售额）结构

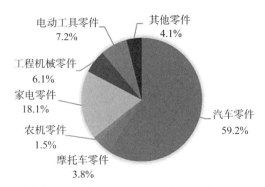

b）2020年度粉末冶金零件市场（销售额）结构

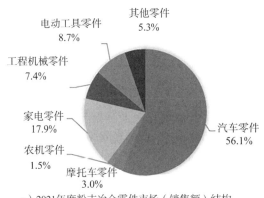

c）2021年度粉末冶金零件市场（销售额）结构

图4 2019—2021年粉末冶金零件市场结构

注：由于四舍五入，总的百分数不一定是100%。

2019—2021年传统的粉末冶金零件销售情况见表3。

表3 2019—2021年传统的粉末冶金零件销售情况

项目	2019年	2020年	2021年
汽车零件销售额／亿元	40.39	42.05	45.95
摩托车零件销售额／亿元	2.84	2.72	2.44
家电零件销售额／亿元	12.04	12.83	14.69
工程机械零件销售额／亿元	3.70	4.36	6.07
电动工具零件销售额／亿元	4.61	5.11	7.10

2019—2021年粉末冶金零件市场，除了摩托车零件市场呈现下降态势外，其他主要市场基本处于稳定增长阶段。

2）主要市场情况。中国粉末冶金零件的最主要市场是粉末冶金汽车零件和粉末冶金家电零件两大市场。

① 粉末冶金汽车零件。图5为2012—2021年粉末冶金汽车零件市场变化情况。在2017年前，粉末冶金汽车零件的销售收入的增长与中国汽车产销量的增长是一致的；2017年后粉末冶金汽车零件的销售量逐年下降也与中国汽车产销量逐年减少的态势相符，但是2020年度在销售量下降的同时却出现了销售额约4.1%的增长，这与汽车整车在"存量"市场博弈过程中加快了高端粉末冶金零件国产化进度有关。

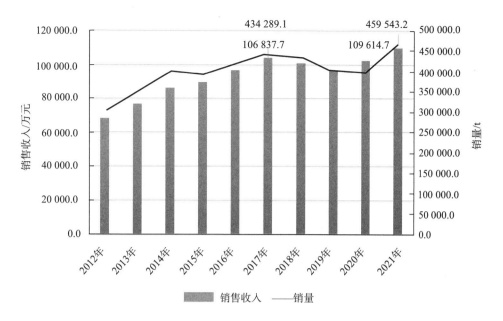

图5　2012—2021年粉末冶金汽车零件市场变化情况

②粉末冶金家电零件。图6为2012—2021年粉末冶金家电零件市场变化情况。可以看出，2016年粉末冶金家电零件销售额跌至近期最低点，自2017年起呈现逐年增长的态势，尤其是2020年和2021年的销售额增幅分别达到了6.6%和14.5%，而同期的粉末冶金家电零件销售量则略有增加，反映出粉末冶金家电零件市场整体对粉末冶金零件"深加工"需求有增长的趋势；此外，2021年粉末冶金家电零件销售额（同比增长14.5%）和销售量（同比增长10.7%）同时大幅增长的情况也是近几年少有的。

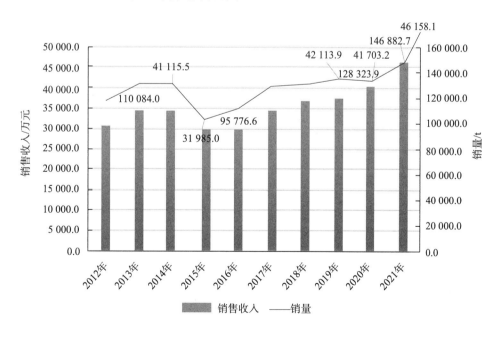

图6　2012—2021年粉末冶金家电零件市场变化情况

（2）出口市场变化情况。　　　　　　　　　　中机零协粉末冶金分会统计的出口交货值保持着持续增长的态势，如图 7 所示。从 2020 年起，出口交货值增幅明显加大，主要原因：首先是从 2020 年起统计数据中加入了东睦股份收购MIM 产业的数据，且 MIM 产业在出口市场中占有相当大的比例，拉高了出口交货值；其次是传统粉末冶金零件也因全球疫情的影响，出口订单增长较快。

如果"剔除"中机零协粉末冶金分会统计中磁性材料和 MIM 产业的影响，传统的粉末冶金零件的出口交货值也在 2020 年和 2021 年出现较大幅度增长，同比分别增长 34.8% 和 25.3%，反映新冠疫情下全球供应链对我国粉末冶金零件的需求大增，其中粉末冶金汽车零件和电动工具零件的出口增长是非常引人注目的。

图 7　2012—2021 年粉末冶金零件出口交货值变化情况

（3）盈利能力变化情况。

图 8 为粉末冶金分会统计的行业利润总额在销售收入中的占比变化情况。从图 8 可以看出，

行业盈利能力自 2017 年达到峰值后，呈现逐年下降的趋势，在 2020 年和 2021 年行业的盈利能力下降尤为明显。

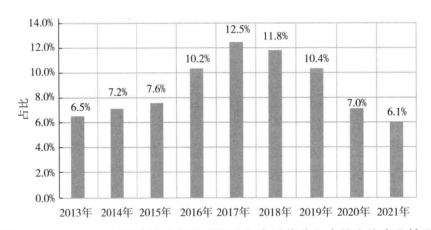

图 8　2013—2021 年粉末冶金行业利润总额在销售收入中的占比变化情况

（4）人力成本变化情况。

图 9 为粉末冶金分会统计的行业工资总额在销售收入中的占比变化情况。从图 9 可以看出，行业的人力成本呈现"刚性"的逐年增长趋势，

特别是 2019—2021 年人力成本占比尤为明显。未来，如不通过科学手段化解人力成本增长的矛盾，则必将对行业可持续发展产生不利的影响。

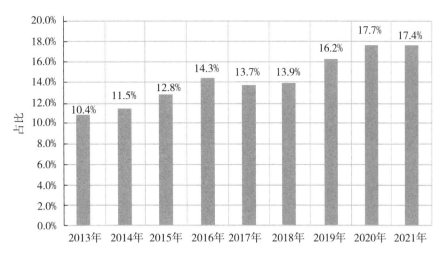

图9 2013—2021年粉末冶金行业工资总额在销售收入中的占比变化情况

5. 未来发展面临的挑战

根据中国汽车工业协会的统计数据，我国汽车的产销量尽管已经连续13年居全球第一，但是我国汽车产销量在2017年达到峰值后连续下滑，2021年在新能源汽车热销的拉动下汽车产销量勉强扭转下行的态势。对于已经高度依赖汽车工业的中国粉末冶金零件行业来说，传统燃油汽车市场在受到新能源汽车增长的冲击后，势必对我国粉末冶金零件行业带来影响。我国粉末冶金零件行业的企业须正视未来的挑战，积极应对。

全球新冠疫情加快了世界大变局的进程，中美竞争的态势愈发清晰，美国对我国崛起的"牵绊"也愈发明显。我国政府布局经济内外双循环，加强内循环的战略决策，对未来我国经济及行业发展将产生深刻影响，我国粉末冶金零件行业在这种大背景下，也面临新的挑战。

我国政府承诺的"碳达峰 碳中和"目标，既给粉末冶金行业带来发展的机会，又给粉末冶金行业升级带来一定的挑战。如何不断优化粉末冶金技术工艺，充分发挥粉末冶金技术的节能、降耗比较优势，扩大粉末冶金零件的应用领域，是行业企业必须考虑的问题。

三、抗疫复工复产概况

在抗击新冠疫情工作中，中机零协粉末冶金分会会员企业留下了一个个动人的故事。

粉末冶金分会会员黄石赛福摩擦材料有限公司（简称黄石赛福），作为一家专业生产粉末冶金摩擦材料和无石棉非金属摩擦材料制品的企业，按照湖北省及武汉市新冠防控指挥部的相关要求，封闭厂区、停工停产，并要求全体员工居家隔离、自我保护。黄石赛福在停工停产近两个月后才开始分批复工，在全面复工复产后，黄石赛福认真做好复工防疫工作，采取"八对八"工作制，一方面努力做好客户的配套工作，抓紧发货，另一方面全力追回停工期间"掉下"的产值，并取得了当年产值仅略降7%的成绩。

东睦股份在返岗复工前，组织召开抗疫领导小组会议讨论复工方案，制定返岗复工人员每日体温检测方案，以及佩戴口罩、员工食堂间隔就餐、保持社交距离等疫情防控措施，并制定了防疫应急预案，公司正门外设置了简易隔离帐篷。2月10日东睦股份成为宁波市第一批获准复工工业企业后，又扎实落实返岗员工体温日检工作、外地返岗员工临时隔离安排等各项防疫措施，克服外地员工不能及时返岗，产品运不出去等困难，在最短的时间内实现了复工复产，并积极帮助供应商、客户做好防疫工作；东睦股份的防疫应急方案还被作为当地复工的样板进行推广。

杭州屹通新材料股份有限公司（简称屹通新材）在新冠疫情发生以来，严格落实当地政府部署的各项防疫政策，第一时间制定了应急预案，成立专门领导小组，全力以赴开展复工复产工作。

南通富仕液压有限公司严格按照地方政府有关复工复产的防疫规范要求，克服物流、人流方面的限制，积极组织技术人员更新、升级产品远程服务功能及技术，改善产品设计，便于客户自行安装调试设备，为后疫情时代的快捷服务创造条件；公司还重新装修了一些骨干员工的宿舍，以便疫情期间骨干员工能住在工厂，并改善食堂条件，以应对突发疫情，保证生产、服务等正常进行。

江苏鹰球集团有限公司（简称江苏鹰球）以总经理陈璐璐为疫情防控第一责任人，及时制定疫情防控措施，并确保措施落实到位，快速实现了复工复产。陈璐璐总经理也因此荣获海安市2021年抗击新冠疫情和复工复产先进个人。

兴城市粉末冶金有限公司（简称兴城粉末）在2月17日获准复工复产后，副总经理谷文金每天第一个到厂，冒着三九严寒在外站岗，亲自组织监督进厂职工的体温日检筛查工作，并在防疫物资短缺的情况下，带头组织企业员工捐献抗疫物资，购买防疫物品和消毒液等，受到了辽宁省政府的表扬。

粉末冶金行业在与新冠疫情的不断对抗中，逐渐学会了与病毒长期共存的方式，学会了如何恢复日常生活和工作，而不再被病毒"打扰"，进而可以将粉末冶金产业、企业做得更好。

根据中机零协粉末冶金分会的统计数据，2020年粉末冶金行业的主营业务收入超过了85.3亿元，同比增长23.2%；出口交货值超过17.5亿元，同比增长51.0%；如剔除行业企业并购带来的影响，主营业务收入和出口交货值同比也分别增长了4.8%和33.1%。在防疫恢复期，粉末冶金行业交出了令人感动的"答卷"，抗疫工作也交出了令人敬佩的"答卷"。

2021年5月28日，在重庆市召开的中国机械通用零部件工业协会2021年度会员大会上，重庆华孚工业股份有限公司（简称重庆华孚）、东睦股份被评为"抗击新冠疫情和复工复产先进集体"，山西金宇粉末冶金有限公司的畅望杰、江苏鹰球的陈璐璐、兴城粉末的谷文金、东睦股份的朱志荣、重庆华孚的左刚锋被评为"抗击新冠疫情和复工复产先进个人"。

2021年，新冠疫情多点散发，企业的日常生产经营活动都不同程度地受到了影响。

2021年7月28日扬州出现本土疫情，7月31日扬州保来得科技实业有限公司（简称扬州保来得）第一时间进入防疫状态，并发布了企业"疫情处置应急预案"和"近期新冠疫情防控要求"等文件。

8月1日扬州各小区陆续封闭，扬州保来得于8月11日实施封闭式生产管理，272名员工坚守在企业内一个月，确保了必要的生产和交货。扬州海昌新材料股份有限公司（简称海昌新材）一手抓防疫，一手稳生产，周光荣董事长与管理人员同吃同住在公司一个月，公司实现了零感染；因为疫情，人员流动、物流严重受阻，订单生产交付受到了严峻考验，海昌新材积极协调一切资源，保障了重点客户苏州艾默生订单的生产和按时交付，有力地保证了苏州艾默生的生产线正常运转。为感谢在扬州疫情期间海昌新材给予苏州艾默生的强有力支持，苏州艾默生特向周光荣董事长颁发了"优秀合作奖"。

2021年12月初，在宁波镇海局部疫情期间，宁波汇众粉末机械制造有限公司（简称宁波汇众）于12月7日起停产了14天；复工复产后宁波汇众再次强调并严格落实公司的疫情防控措施，包括进入厂区须佩戴口罩，进门进行体温日检，指纹考勤改为人脸识别考勤，保持社交距离等。

针对新冠疫情的变化，各企业都根据政府的防疫要求，进入常态化疫情防控模式，在组织员工完成疫苗全程接种后，又根据政府防控要求，积极组织新冠疫苗的加强针接种。基于疫情多点散发的特点，各地企业根据政府要求，例行定期进行全员核酸筛查。

总之，面对新冠疫情，各地粉末冶金行业企业都以积极主动的姿态应对，同时抓好企业生产经营活动，在2021年度取得了喜人的成绩，主营业务收入超过97.25亿元，粉末冶金机械零件销售量达 22.7 万 t。行业主要企业业绩情况：东睦股份 2021 年度的主营业务收入超过 35.5 亿元，同比增长 10.2%，其中粉末冶金零件的营业收入为 18.68 亿元，同比增长 15.1%，海外销售同比增长 41.3%；扬州保来得在 2020 年主营业务收入取得同比增长 13.2% 的基础上，2021 年再次取得突破，主营业务收入达到 11.76 亿元，同比增长 21.9%，出口交货值同比增长 23.9%；江苏鹰球 2021 年主营业务收入近 7.55 亿元，同比增长 15.9%；重庆华孚 2021 年主营业务收入超过 5.47 亿元，同比增长 13.2%；上汽粉末 2021 年主营业务收入达 3.59 亿元，同比增长 11.0%；海昌新材 2021 年主营业务收入近 3.15 亿元，同比增长 45.5%，出口交货值同比增长 64.2%。

四、企业履行社会责任情况

1. 捐资助学

东睦股份自 2011 年起同时在合肥工业大学和中南大学分别捐资设立了"东睦奖学金"，支持中国粉末冶金专业的高等教育和科学研究，每年分别为这两所高校的各 15 名优秀本科生和各 5 名优秀硕士研究生颁发"东睦奖学金"。截至 2021 年，已为这两所高校合计 440 名学生颁发了"东睦奖学金"。2020 年，东睦股份又在北京科技大学、华南理工大学和昆明理工大学分别设立了"东睦奖学金"。东睦股份每年出资 52.5 万元为上述五所高校的优秀学生颁发"东睦奖学金"。

屹通新材近年来通过"春风行动"等活动，累计向建德市农村小学及贫困学生捐款捐物达 22 万余元。2021 年向建德市教育促进会捐款 150 万元，用于表彰为建德市教育事业做出突出贡献的单位和个人、资助困难学生和教师等。

2. 抗疫捐赠

在湖北疫情逐渐缓解，企业开始陆续复工复产后，黄石赛福在努力克服疫情带来的各种困难的同时，努力承担起应尽的社会责任。黄石赛福一方面通过所在区经信局向受疫情影响较大的地区捐助现金 10 万元，另一方面组织企业党员干部通过区组织部向受疫情影响较大的家庭捐款。

在 2020 年 2 月新冠疫情发生之初防疫物资严重紧缺的情况下，东睦股份设法购买到价值 19.56 万元的消毒液，捐赠给宁波市鄞州区姜山镇的 60 余家企业，并向宁波市鄞州区姜山镇人民政府捐赠 50 万元，用于新冠防疫工作。

扬州保来得在做好本企业防疫工作的同时，在疫情防控关键时刻为扬州经开区抗疫捐赠 20 万元。

江苏鹰球在抗击新冠疫情等危急关头积极捐款捐物；扬州海力也积极为抗疫捐赠食品、饮用水、医用防护口罩等物资；宁波汇众在 2021 年 12 月的宁波镇海局部疫情发生期间捐赠了 300 套医用防护服。

屹通新材为了支持地方防疫人员的工作，积极向属地政府工作人员捐赠价值 5 000 元的食品、衣物及防疫用品。

2021 年 8 月扬州德尔塔病毒疫情发生后，海昌新材在周光荣董事长的带领下，与全体扬州人"同舟共济克时艰，众志成城战疫魔"，8 月 9 日向扬州市邗江区红十字会定向捐款 20 万元，用于支援扬州市邗江区新冠疫情一线防控工作，同时积极组织管理团队自发捐款共计 8.35 万元，全部捐赠给扬州市慈善总会用于扬州市疫情防控工作，公司的爱心善举赢得了社会的一致好评。

3. 公益慈善活动

江苏鹰球始终牢记责任初心，承担应尽责任，全力反哺社会，积极参与慈善事业，资助贫困学生，慰问孤寡老人，对企业中的困难职工进行重点帮扶、倾情关爱；近三年，江苏鹰球的公益慈善捐赠价值累计达 60 多万元。

东睦股份于 2019 年 10 月，与宁波市鄞州区签署了"鄞州区消防救援慈善爱心基金"协议书，向宁波市鄞州区慈善总会定向捐赠 300 万元用作鄞州区消防救援慈善爱心基金，专门用于扶助鄞州区消防救援大队等的公益项目；2020 年 5 月，与宁波市鄞州区光彩事业促进会签署了"关于专项扶贫款捐赠的协议"，自愿捐赠 10 万元用于凉山州喜德县尼波镇尔曲村的结对帮扶工作。

黄石赛福尽管自身受疫情影响较大，仍不忘履行社会责任，公司领导带领工会职工去挂点扶贫的阳新县港沟村看望留守老人，为他们带去米、油等基本生活物资，同时捐赠现金。

南通富仕液压有限公司根据地方政府的统一安排，向如皋市慈善总会定期捐资或定向捐资，作为常态化的慈善公益活动。

作为建德政府"建德—乡城"对口支援和东西部协作工作的一部分，屹通新材于 2021 年 10 月与四川省甘孜藏族自治州乡城县正斗乡正斗村建立了结对帮扶关系，筹集资金 5 万元，用于支持正斗村巩固脱贫攻坚成果，实现乡村全面振兴；2021 年 11 月，屹通新材又向四川省甘孜藏族自治州乡城县阿都村捐款 1 万元，用于支持乡村振兴公益项目。此外，屹通新材还组织员工参与多种形式的社会公益活动，如每年组织员工参与无偿献血活动，参与社会志愿者服务，以及春节前慰问资助孤寡老人等。

作为有责任有担当的上市公司，海昌新材在 2021 年 7 月河南出现百年一遇的洪灾时亦不缺席。为支援受灾较重的郑州抗洪救灾工作，海昌新材主动向郑州慈善总会先期捐款 20 万元，展现了海昌新材与郑州人民心连心、手牵手，共克时艰、风"豫"同舟的决心和爱心！

〔供稿单位：中国机械通用零部件协会粉末冶金分会〕

大 事 记

2019—2021 年粉末冶金零件行业大事记

2019 年

1 月

17 日 中国机械通用零部件工业协会（简称中机零协）2019 年秘书长工作会议在北京召开，中机零协常务副理事长姚海光和中机零协六个分会的秘书长及有关专家参加了会议。会议由中机零协秘书长李维荣主持，各分会秘书长分别汇报了 2018 年开展的主要工作和 2019 年工作安排。姚海光常务副理事长对协会 2018 年工作进行了总结，并布置了 2019 年的主要工作。

2 月

19—21 日 第五届亚洲粉末冶金国际会议暨展览会（APMA2019）在印度浦那召开。中机零协粉末冶金分会会员东睦集团、海昌新材、宁波金鑫、宁波甬台、扬州海力、有研粉材和吉凯恩（霸州）等派代表参会和参展。

3 月

26 日 粉末冶金产业技术创新战略联盟年会暨 2019 上海国际粉末冶金产业技术高峰论坛在上海召开。中机零协粉末冶金分会副会长李普明、秘书长李建和等参加了此次会议。

5月

9日 中国机械通用零部件工业协会粉末冶金分会第八届常务理事会二次会议在宁夏银川召开。会议由中机零协粉末冶金分会会长朱志荣主持。中国机械通用零部件工业协会常务副理事长姚海光到会致辞。中机零协粉末冶金分会常务副会长徐同，副会长申承秀、李庆安、李普明，常务理事李鹏昌、栾长平、郑树明、裴学宏、李志荣及副会长代表张国洪，常务理事代表贺会军、吕波、温红岭、谷文金、王昊等共计30余人参加了会议。

朱志荣会长在会上做了题为"粉末冶金分会及秘书处未来几年的主要工作设想"的报告，主要从行业数据统计分析、逐步建立协会专业委员会、组织编制粉末冶金专业"十四五"发展规划、推进"绿色工厂"建设，助力行业持续健康发展、秘书处走访调研会员企业、发展会员与会员管理相结合七个方面进行了阐述。

李建和秘书长在会上做了题为"粉末冶金分会2018年工作总结和2019年工作设想"的报告，主要总结了粉末冶金分会2018年开展的工作，安排了2019年的主要工作。

曹阳副秘书长在会上做了题为"2018年中国粉末冶金零部件行业经营情况分析"的报告。主要从粉末冶金行业主要企业的产品种类、销售收入、生产成本、市场变化、销售利润五个方面进行了分析。

会议邀请中国汽车工业协会国际部主任陈元智做了题为"中国汽车产业发展现状"的报告。主要从汽车工业市场情况及趋势、新能源及智能网联汽车发展情况两个方面进行了分析。

朱志荣会长、徐同常务副会长分别在会上做了总结讲话。

10日 中国机械通用零部件工业协会七届二次理事会暨会员代表大会在宁夏银川召开。中机零协粉末冶金分会会长朱志荣、常务副会长徐同、副会长申承秀和秘书长李建和等参加了会议。会上进行了颁奖，中机零协粉末冶金分会名誉会长芦德宝、副会长申承秀获得"中国机械通用零部件工业协会成立30周年功勋事业奖"；中机零协粉末冶金分会副会长李普明、赵继华，以及苏泉涌、雷相兵、刘文雄获得"中国机械通用零部件工业协会成立30周年突出贡献人物奖"。

6月

14日 中机零协粉末冶金分会副会长李普明、赵继华，秘书长李建和，副秘书长曹阳等参加了在马鞍山召开的2019粉末冶金技术商务论坛。

10月

14—16日 机械工业粉末冶金制品标准化技术委员会（简称标委会）年会暨行业标准审查会在海南省海口市召开。标委会主任委员曹阳主持会议，标委会委员及委员代表共26人参加了会议。标委会副主任委员张志勇、申承秀、吕波分别组织了铁基结构件领域、磁性材料领域、摩擦材料领域共计7项行业标准的审查。标委会秘书处就标准复查、标准宣传贯彻、标准实施等工作进行了安排。会议还就本专业领域绿色制造标准项目清单进行讨论，并现场汇报了《粉末冶金金属制品行业绿色工厂评价导则》标准草案框架，供各位委员参考。会议总结了标委会2019年的工作。

16日 中机零协粉末冶金分会会长朱志荣当选粉末冶金产业技术创新战略联盟新一届副理事长。

16—19日 备受粉末冶金界关注的2019年全国粉末冶金学术会议暨2019年海峡两岸粉末冶金技术研讨会在海南博鳌隆重举行。此次会议由粉末冶金行业7个协（学）会联合主办，由粉末冶金产业技术创新战略联盟和中国钢结构协会粉末冶金分会共同承办。来自大陆粉末冶金界的专家学者、研究机构、企业和台湾粉末冶金协会及研究机构的代表约220人参加了会议。会议由中国钢研科技集团有限公司副总经理、粉末冶金产业技术创新战略联盟副理事长王臣主持。粉末冶金战略联盟名誉理事长才让、台湾TPMA理事长王锡福分别代表粉末冶金战略联盟和台湾TPMA致辞。

北京科技大学新材料技术研究院院长曲选辉、中南大学粉末冶金学院院长刘咏、台湾大学材料所黄坤祥教授、东睦新材料股份有限公司副总经理曹阳、中国航发北京航空材料研究院研究员张国庆、有研粉末新材料股份有限公司董事长汪礼敏等在大会上做了精彩、有前瞻性、翔实的学术报告。

中机零协粉末冶金分会会长朱志荣委托副总经理曹阳参会，副会长申承秀、李普明及秘书长李建和等参加了此次会议。

中机零协粉末冶金分会包崇玺、颜巍巍、聂军、包四平、谷文金、张青和李霆等在学术会议分会场做学术报告。报告精彩纷呈，会场气氛热烈，与会人员就各自关心的问题进行了交流。

23—26日 中机零协粉末冶金分会会员东睦集团、重庆华孚、黄石赛福、海安鹰球和兴城粉末等参加在上海召开的第24届亚洲国际动力传动与控制技术展览会。

11月

22日 中机零协粉末冶金分会秘书长李建和参加了在广东东莞召开的2019第一届粤港澳大湾区先进粉末冶金技术成果交易会。

12月

4—6日 2019中机零协粉末冶金分会年会暨技术研讨会在浙江省宁波市隆重召开。会议由中机零协粉末冶金分会会长朱志荣主持。中国机械通用零部件工业协会常务副理事长姚海光、中南大学粉末冶金研究院副院长袁铁锤应邀出席会议并致辞。中国钢研科技集团有限公司党委书记、董事长，粉末冶金产业技术创新战略联盟理事长张少明向大会发来贺信。北京科技大学新材料技术研究院院长曲选辉，中机零协粉末冶金分会常务副会长徐同，副会长李庆安，名誉会长芦德宝、倪冠曹，以及秘书长李建和出席会议。出席会议的还有：常务理事裴学宏、郑树明、陈文芳、栾长平、李志荣、周长云及常务理事代表畅望杰、朱明利、王春官、张安国、宗华辉、陆晓霞、吕波、陈峰、谷文金、夏亚山、梁雪冰、

吴春雨和王昊等约130人。

在上午的大会上，曲选辉院长做了"近球形金属粉末低成本制备新技术"、曹阳副总经理做了"粉末冶金零件产业现状"、赵新明教授做了"3D打印用金属粉末的制备与应用"、贾成厂教授做了"粉末冶金热锻技术"、包崇玺所长做了"磷、碳对高锰无磁钢的组织与性能的影响"、尹海清教授做了"材料数据库在粉末冶金行业的应用分析"的报告。

在徐同常务副会长主持下，通过了"关于授权中国机械通用零部件工业协会粉末冶金分会秘书处向总会报送'自动丧失会员资格'的说明"，并对上午的会议进行了简要总结。

下午的技术研讨会由中机零协粉末冶金分会技术工作委员会主任毛增光、副主任宗华辉主持，董金扬、袁方成、谭兆强、杨立新、谷文金、王士平、梁雪冰、周萍霞、冯金玉、李霆、林跃春11位同志在会上做了精彩的学术报告，并进行了直面交流。

6日 会议组织代表参观了东睦新材料集团股份有限公司。

23—24日 中机零协粉末冶金分会秘书长李建和及郝志红、王彤走访调研了吉凯恩（霸州）金属粉末有限公司。

2020 年

1 月

7 日 中国机械通用零部件工业协会 2020 年秘书长工作会议在北京召开，协会常务副理事长姚海光、秘书长李维荣和协会六个分会的秘书长及有关专家参加了会议。会议由常务副理事长姚海光主持，各分会秘书长分别汇报了 2019 年开展的主要工作和 2020 年工作安排。姚海光常务副理事长对协会 2019 年的工作进行了总结，并布置了 2020 年的主要工作。

2 月

扬州保来得施沙路工厂一期工程已通过验收并已投产，项目总投资 8.4 亿元，项目占地面积 207 亩（1 亩 ≈ 666.7m²），总建筑面积 10.8 万 m²。

7 月

31 日 中机零协粉末冶金分会副会长申承秀、秘书长李建和等参加了在广州召开的 2020 粉末冶金技术与应用（广州）论坛。

8 月

11 日 中机零协粉末冶金分会常务副会长徐同，副会长邵健、申承秀，以及秘书长李建和等参加了在上海召开的第 18 届华东五省一市粉末冶金技术交流会。

9 月

10 日 中机零协粉末冶金分会会员单位海昌新材成功在深交所创业板上市，上市代码为 300885。

16 日 第十六届"中国机械工业百强、汽车工业整车二十强、零部件三十强企业信息发布会"在重庆市召开。中机零协粉末冶金分会会长单位东睦新材料集团股份有限公司荣获"中国机械工业百强"证书。

11 月

5 日 中机零协粉末冶金分会李建和秘书长、王彤走访上海汽车粉末冶金有限公司。

19 日 中国机械通用零部件工业协会粉末冶金分会第八届常务理事会三次会议在安徽省合肥市召开。会议由中机零

协粉末冶金分会会长朱志荣主持，副会长申承秀，常务理事裴学宏、汪礼敏、郑树明、栾长平、李志荣，秘书长李建和，副秘书长曹阳和常务理事代表官劲松、左钢锋、张安国、于伯忠、冯秀明、畅望杰、谷文金、皮尚昆、吕波、夏亚山、朱明利、孙志久、孙颖、解明伟、陈峰、徐炯武共计 25 人参加了会议。

李建和秘书长在会上做了题为"粉末冶金分会 2019 年工作总结和 2020 年工作设想"的报告，报告主要总结了粉末冶金分会 2019 年开展的工作，安排了 2020 年的主要工作。

李建和秘书长在会上还做了"中国机械通用零部件工业协会粉末冶金分会粉末冶金行业年度大奖、科技创新成果奖和科技创新先进个人奖奖励办法"（草案，简称"奖励办法"）和"2020 中国机械通用零部件工业协会粉末冶金分会粉末冶金行业年度大奖、科技创新成果奖和科技创新先进个人奖奖励名单"（草案，简称"奖励名单"）的说明。经与会代表进行了充分的讨论，常务理事会通过了"奖励办法"和"奖励名单"。

朱志荣会长在会上做了总结讲话，他指出，根据当前国

内和国际发展形势，科技创新显得尤为重要。中机零协粉末冶金分会出台"中国机械通用零部件工业协会粉末冶金分会粉末冶金行业年度大奖、科技创新成果奖和科技创新先进个人奖奖励办法"是十分必要和及时的，建议今后适当向中小企业倾斜。希望通过设立上述奖项，能对促进我国粉末冶金行业科学技术进步、促进粉末冶金企业发展和壮大起到积极作用。

20—21日 2020中国机械通用零部件工业协会粉末冶金分会年会暨粉末冶金技术商务论坛在安徽省合肥市隆重召开。此次会议是2020年粉末冶金行业规模最大、出席会议代表最多、规格较高的一次技术交流盛会。会议由中机零协粉末冶金分会会长朱志荣主持。中国机械通用零部件工业协会常务副理事长姚海光、合肥市新站高新技术开发区工委书记、管委会主任路军、中南大学粉末冶金研究院副院长袁铁锤应邀出席会议并致辞。中国钢研科技集团有限公司战略发展部主任周武平代表中国钢研科技集团有限公司党委书记、董事长，粉末冶金产业技术创新战略联盟理事长张少明向大会致辞。昆明理工大学副校长易健宏、北京科技大学新材料技术研究院院长曲选辉、中国汽车工业协会国际部主任陈元智、安徽

省机械工程学会粉末冶金分会理事长程继贵、粉末冶金分会副会长申承秀、粉末冶金分会秘书长李建和出席会议。出席会议的还有：常务理事裴学宏、汪礼敏、郑树明、栾长平、李志荣，常务理事代表官劲松、左钢锋、张安国、于伯忠、冯秀明、畅望杰、谷文金、皮尚昆、吕波、夏亚山、朱明利、孙志久、孙颖、解明伟、陈峰、徐炯武，以及曹阳、毛增光等约460余人。

中机零协粉末冶金分会秘书长李建和在会上宣读了"关于表彰2020粉末冶金行业年度大奖、科技创新成果奖和科技创新先进个人奖的决定"。经中机零协粉末冶金分会八届常务理事会三次会议批准，决定授予东睦新材料集团股份有限公司、扬州保来得科技实业有限公司、有研粉末新材料股份有限公司2020粉末冶金行业年度大奖；授予重庆华孚工业股份有限公司、上海汽车粉末冶金有限公司、鞍钢（鞍山）冶金粉材有限公司2020科技创新成果特等奖；授予重庆华孚工业股份有限公司、黄石赛福摩擦材料有限公司、广东粤海华金科技股份有限公司2020科技创新成果优秀奖；授予包崇玺、申承秀、吴佩芳、谷文金、徐信、戴国文2020科技创新先进个人奖。中国机械通用零部件工业协会常务副理事长姚海光、中机零协粉末冶金分会会长朱

志荣和副会长申承秀分别向获奖单位和个人颁奖。

在上午的大会上，曲选辉院长做了"软磁合金粉末注射成型及应用"，陈元智主任做了"2020年中国汽车行业经济运行情况及趋势"，汪礼敏董事长做了"高品质铜基金属粉体材料制备技术及应用"，曹阳副总经理做了"中机零协粉末冶金行业现状分析及新经济环境对产业影响的几点思考"，程继贵理事长做了"高性能钨基材料及面向聚变堆应用的组织性能研究"，尹海清教授做了"材料数据库及其在粉末冶金行业发展中的应用"的报告。专家们的报告精彩纷呈、内容翔实、数据广泛，具有前瞻性和指导性，受到了与会代表的高度评价。

20日下午的粉末冶金商务技术论坛由粉末冶金商务网总经理曾杰主持，季路军、聂晓琳、江峰、苏凤戈、王恩泉、谭砚、张磊和高宇8位同志在会上做了精彩的学术报告和营商环境推介。

21日上午，出席会议的知名专家和与会议代表进行了面对面的技术交流和市场研讨，代表现场提问争先恐后，专家回答问题准确、精彩、实用，现场气氛十分活跃。

会议主办方组织与会代表参观了有研粉末新材料（合肥）有限公司。

30日—12月2日 机械工业粉末冶金制品标准化技术委

员会年会暨行业标准审查会在昆明召开。会议由标委会主任委员曹阳主持，标委会委员及委员代表共27人参加会议。昆明理工大学副校长易健宏到会致辞。

标委会副主任委员张志勇、申承秀组织了四项行业标准的审查。标委会副主任委员吕波组织了未来几年预立项标准的征集和评估。标委会秘书处就标准复查、文字审查、标准编写质量等方面的工作进行了培训。

曹阳主任委员就标委会换届、标准培训和标委会工作可借鉴的做法等做了总结讲话，并对委员们在本届标委会的履职情况予以肯定和感谢。

2021 年

1 月

8日 中国机械通用零部件工业协会2021年秘书长工作会议以视频方式召开，协会常务副理事长姚海光、秘书长李维荣和协会六个分会的秘书长及有关专家参加了会议。会议由李维荣秘书长主持，各分会秘书长分别汇报了2020年开展的主要工作和2021年工作安排。姚海光常务副理事长对协会2020年工作进行了总结，并布置了2021年的主要工作任务。

21日 中机零协粉末冶金分会会员单位屹通新材成功在深交所创业板上市，上市代码为300930。

3 月

17日 中机零协粉末冶金分会常务理事单位有研粉末新材料股份有限公司成功在上交所科创板上市（股票简称有研粉材）。

5 月

27日 中国机械通用零部件工业协会粉末冶金分会第八届常务理事会四次会议在重庆市召开。会议由中机零协粉末冶金分会会长朱志荣主持。中国机械通用零部件工业协会常务副理事长姚海光到会致辞。中机零协粉末冶金分会常务副会长徐同，副会长申承秀、李庆安、李普明、颜思祎、张登，常务理事刘和气、李朋昌、李志荣、郑树明、严培义、栾长平及常务理事代表吕波、夏亚山、潘华、朱明利、王昊、徐炳武，秘书长李建和，副秘书长曹阳以及畅望杰、于伯忠、刘增林、解明伟、周振龙等40余人参加了会议。

会议邀请中国机械工业联合会行业发展部副主任姚之驹做"机械工业'十四五'规划纲要辅导报告"，姚主任从机械行业"十三五"主要成绩、面临的形势，"十四五"规划指导思想、新发展理念、新发展格局，"十四五"规划纲要及2035年发展目标等方面进行了辅导解读。

曹阳副秘书长在会上做了"2020年粉末冶金零部件行业经营情况分析"报告。主要从粉末冶金行业主要企业的产品种类、销售收入、生产成本、市场变化、销售利润五个方面进行了分析。

李建和秘书长在会上做了"粉末冶金分会2020年工作总结和2021年工作设想"的报告，主要总结了粉末冶金分会2020年开展的工作，安排了2021年的主要工作。

会议邀请采埃孚公司董照远做了"粉末冶金结构件汽车应用未来的思考"的报告。主要从新能源汽车工业市场发展情况和粉末冶金结构件应用趋势两个方面进行了分析和预测。

会议聘任董照远为中国机械通用零部件工业协会粉末冶金分会第八届技术委员会顾问。

朱志荣会长在会上做了总

结讲话。

27日下午，与会代表参观了重庆华孚工业股份有限公司。

28日 中国机械通用零部件工业协会第七届四次理事会暨会员代表大会在重庆市召开。粉末冶金分会朱志荣会长和秘书长李建和等参加了会议。大会表彰44家企业为2020年抗击新冠疫情和复工复产先进集体，中机零协粉末冶金分会会员企业东睦新材料集团股份有限公司、扬州保来得科技实业有限公司、山东鲁银新材料科技有限公司、重庆华孚工业股份有限公司、有研粉末新材料股份有限公司获得抗击新冠疫情和复工复产先进集体称号；朱志荣、陈璐璐、畅望杰、左钢峰、谷文金获得抗击新冠疫情和复工复产先进个人称号。

7月

14—17日 机械工业粉末冶金制品标准化技术委员会新一届（第六届）一次会议在西宁召开。会议由曹阳主任委员主持，副主任委员申承秀、张志勇、吕波、官劲松、李建和，秘书长郝志红，副秘书长毛增光和委员共34人参加会议。

中国机械工业联合会标准工作部主管王墨洋到会致辞，宣读了中国机械工业联合会关于标委会换届的批复文件，并向新一届标委会委员颁发证书。王墨洋主管、负责标准报批审核的张洪老师、TC337绿色制造技术秘书长奚道云分别做了专题报告和技术培训。

28日 第十七届"中国机械工业百强、汽车工业整车二十强、零部件三十强企业信息发布会"在四川省德阳市召开。中机零协粉末冶金分会会长单位东睦新材料集团股份有限公司荣获"中国机械工业百强企业"称号。

9月

中机零协粉末冶金分会秘书长李建和等参加了在广东省东莞市召开的2021粉末冶金技术商务论坛并致辞。

10月

12日 中国材料与试验团体标准委员会粉末冶金领域委员会（CSTM）暨粉末冶金产业技术创新联盟标委会成立大会在青岛召开。会议由昆明理工大学副校长易健宏主持，中国钢研科技集团有限公司董事长、粉末冶金产业技术创新联盟理事长张少明致辞。会议邀请干勇院士、王海舟院士在大会上做专题报告。

中机零协粉末冶金分会副会长申承秀、秘书长李建和、副秘书长曹阳参加了会议。中机零协粉末冶金分会汪礼敏、申承秀、曹阳、袁勇担任两个委员会副主任委员，毛增光、官劲松、郑树明、李建和担任两个委员会委员，郝志红担任两个委员会副秘书长。

12月

24—26日 2021年全国粉末冶金大会在长沙市隆重召开。会议由中国金属学会常务理事长田志凌和中南大学副校长周科朝主持。长沙市副市长邱继兴致欢迎词，中国工程院院士、中南大学原校长黄伯云及湖南省主管部门领导等在大会上致辞。中国工程院院士干勇，中国工程院院士、北京工业大学校长聂祚仁，中国工程院院士邹志刚，中国钢研科技集团有限公司董事长张少明，中南大学副校长周科朝在大会上做主题报告。中机零协粉末冶金分会秘书长李建和等参加了会议。

27日 中机零协粉末冶金分会会长单位东睦集团的"高密度、复杂形状、大尺寸粉末冶金关键零件"获得中国机械工业联合会2021"华中数控杯"全国机械工业产品质量创新大赛金奖，这是粉末冶金产品获得的唯一奖项。

〔供稿单位：中国机械通用零部件工业协会粉末冶金分会〕

企业概况

粉末冶金零件行业部分重点企业介绍

东睦新材料集团股份有限公司

2021 年，东睦新材料集团股份有限公司 3 项成果获得宁波市科技评价，作为第一完成单位获得宁波市科学技术进步奖一等奖 1 项（高精度、复杂形状、大尺寸铁基粉末冶金零部件关键技术及产业化）；公司作为主要完成单位获得中国有色金属工业科学技术奖一等奖 1 项；2021 年，公司粉末冶金零件被中国机械工业联合会评为"2021 年中国机械工业优质品牌产品"；公司的"高密度、复杂形状、大尺寸粉末冶金关键零件"项目荣获全国机械工业产品质量创新大赛金奖；1 人荣获"2021 年中国机电工业年度创新人物"。

2021 年，公司主持起草的国家标准 GB/T 41706—2022《金属粉末　粉末锻造用金属粉末中非金属夹杂物的测定方法》已于 2022 年 10 月 12 日实施；1 项行业标准 JBT 13701—2019《汽车变量泵烧结转子、偏心环　技术条件》已于 2020 年 4 月 1 日实施。

2021 年 10 月，公司被日本电装集团评为 2020 年度中国最佳奖项——群策群力奖。

2019 年，公司完成了"汽车发动机用粉末冶金凸轮轴相位器总成（VVT）定子转子"的"浙江制造"认证，并取得"浙江制造"认证证书。

2020 年 12 月，公司被评为宁波市人民政府质量奖。

〔供稿单位：中国机械通用零部件工业协会粉末冶金分会〕

江苏鹰球集团有限公司

2021 年江苏鹰球集团有限公司（简称江苏鹰球集团）被工业和信息化部评为第三批国家专精特新"小巨人"企业。江苏鹰球集团创建于 1985 年，专业从事粉末冶金含油轴承、结构零件、不锈钢零件、金属粉末注射成型零件、软磁铁氧体磁心的研发与生产。公司现为中机零协粉末冶金分会和江苏省机械工程学会粉末冶金分会副理事长单位、江苏省高新技术企业。公司建立了江苏省粉末冶金新材料工程研究中心，通过了 ISO 10012、IATF 16949、ISO 14001、OHSAS 18001 管理体系认证，"鹰球牌"产品连续多年被评为江苏省名牌产品。

江苏鹰球集团创新性地开发出内径只有 0.06mm 的含油轴承。内径越小，其技术含量越高，对材料配比和成型的要求也越高。作为一家专业生产粉末冶金制品的公司，江苏鹰球集团专注科技创新，研制开发的粉末冶金精密含油轴承等产品获得 10 多项国家专利，广泛应用于微特电动机、汽车、航空航天等领域。"以前这些产品都靠进口，现在我们已实现批量生产，填补了国内空白。"董事长申承秀表示。入选专精特新"小巨人"企业后，江苏鹰球集团将进一步加大产学研合作力度，不断巩固在国内粉末冶金含油轴承细分市场的龙头地位。

〔供稿单位：中国机械通用零部件工业协会粉末冶金分会〕

明阳科技（苏州）股份有限公司

明阳科技（苏州）股份有限公司在2019—2022年，申报了1项粉末冶金产品标准，已于2022年10月1日实施。具体内容见表1。

表1　2019—2022年明阳科技（苏州）股份有限公司申报的标准

标准编号	标准名称	标准主要内容	实施日期
JB/T 14396—2022	汽车座椅调节机构用粉末冶金滑块技术规范	此标准规定了汽车座椅调节机构用粉末冶金滑块的零件分类、技术要求、试验方法、检验规则及包装、标志、运输和贮存 此标准适用于汽车座椅调节机构用粉末冶金滑块的制造	2022-10-01

〔供稿单位：中国机械通用零部件工业协会粉末冶金分会〕

上海材料研究所

一、上海材料研究所简介

上海材料研究所始建于1946年，是原国家机械工业部从事材料技术开发的综合性科研机构；1999年改制为隶属于上海市科委系统的研究机构，是从事新材料技术及其产品研发、特种装备设计制造、材料分析和检测检验、无损检测、失效分析和安全评估、国家和行业学会/标委会归口管理、研究生培养和专业期刊出版的高新技术企业。

在增材制造领域，上海材料研究所是工业和信息化部增材制造用钛合金球形粉末制备技术工业强基项目牵头单位，拥有上海3D打印材料工程技术研究中心、机械工业增材制造材料工程研究中心、上海市增材制造材料与检测工程研究中心三个增材制造材料研发平台。同时，是增材制造材料方向硕士培养点、上海市增材制造高技能人才培训实施单位等，具有国内领先的技术研发和人才培养等优势。

二、增材制造领域主要成果

上海材料研究所以增材制造在航天、航空、医疗等领域应用需求为导向，围绕增材制造用球形金属粉末制备技术、增材制造专用材料成分优化与开发、增材制造激光选区熔化设备研制和增材制造检测与评价体系四个关键环节，突破了增材制造用高品质球形金属粉末气雾化制备关键技术，开发了一系列增材制造用金属材料及其配套打印工艺，建立了完善的增材制造材料与制件检测与评价体系，促进了增材制造制件在航空、航天、医疗等领域的示范应用及我国增材制造产业的整体发展。

项目成果经中国科学院上海科技查新咨询中心科技项目咨询报告专家组评定为达到国内领先水平。相关成果分别荣获上海市科学技术奖二等奖、中国机械工业科学技术奖三等奖、2021年上海产学研合作优秀项目奖一等奖、中国发明协会创新奖二等奖、2019年中国产学研合作创新成果奖优秀奖等，如图1所示。

图 1　增材制造领域主要成果部分获奖证书

上海材料研究所坚持"创新驱动，转型发展"战略，以重大需求为引导，面向国家和上海市重大发展战略，面向国防工业和国民经济主战场，以实现科技自立自强为己任，做工程材料应用技术的领先者、行业创新应用的示范者、关键核心技术的突破者和产业共性技术的解决者。成为工程材料研究与应用的"国之大者，国之重器"。

〔供稿单位：中国机械通用零部件工业协会粉末冶金分会〕

附　录

粉末冶金行业复工复产先进企业

东睦新材料集团股份有限公司

2020 年，新冠疫情来临，企业面临员工回不来、订单跟不上、产品运不出"三重困难"。面对困难，公司严格贯彻国家各项战略决策并坚决有力执行，扎实做好各项防疫工作，于 2020 年 2 月 10 日成为宁波市第一批复工工业企业，员工返岗率达到 90%，公司的防疫应急方案还作为当地复工样板推广。

公司把疫情危机转化为商机，利用空档期实施技术改造，推进智能化工厂建设，提升生产效能，并帮助供应商、客户做好防疫工作，尽己所能为上下游企业及当地政府提供抗疫物资。2020年2月，在防疫物资紧缺的情况下，公司尽其所能购买总价值20万元的消毒液捐赠给宁波市鄞州区姜山镇60余家企业，并向宁波市鄞州区姜山镇人民政府捐款50万元，用于新型冠状病毒防疫工作。

公司复工后确实迎来了订单回弹，用空运保证存量订单产品有序流通，提高了劳动生产率，用30%的员工创造出了50%的产能，只用了半个多月时间就达到满产状态，2020年公司实现营业收入32.2亿元，同比增长50%。

〔供稿单位：中国机械通用零部件工业协会粉末冶金分会〕

山东鲁银新材料科技有限公司

面对严峻的新冠疫情冲击，公司坚持一手抓疫情防控，一手抓复工复产，督促公司各部门发挥主体责任，确保防疫与公司生产经营"两手抓、两不误"，科学统筹疫情防控和经营各方面工作，科学、有序、稳妥地做好复工复产工作，公司生产经营取得了稳步发展。

一、落实复工相关要求，夯实公司防控责任

（1）疫情初期成立疫情防控处置领导小组，制定了切实可行的"疫情防控应急预案""关于加强上岗职工体温检测及公共区域消杀工作的通知"等多项疫情防控制度，做到疫情防控知识人人知晓、人人遵守。并做好防疫物资储备，购买N95口罩、84消毒液、红外测温仪、酒精等防疫物资并及时安排发放。

（2）设立疫情防控处置领导小组办公室，设立专人专岗具体负责职工疫情排查、信息报送等工作。

（3）认真执行济南市钢城区政府对企业复工复产和疫情防控工作要求，严格落实各项防控措施，为保障市场供应，疫情期间公司一直保持正常生产，并于2020年2月7日顺利通过钢城区疫情处置工作指挥部生产服务保障组的复工复产验收检查。

（4）全面开展厂区消毒工作，安排专人每天两次对办公区域、生产区域及职工休息室进行集中消杀。

二、坚持"一人一档"，强化返岗人员源头管控

（1）全面摸排返岗人员身体状况及疫情防控情况。建立重点隔离人员及返岗员工健康状况"一人一档"档案，严格落实重点监控人员隔离政策，掌握员工流动及身体情况，重点人员重点跟踪，重点管理。

（2）实行弹性工作制度，在保证工作正常运转的前提下，采用电话、网络等灵活的办公方式进行业务联系和事项办理等，减少在岗职工人数，减少在岗时间。

三、坚持"一天一报"，确保防护措施落实落细

（1）强化日常筛查，在厂区入口设置体温检测点，公司组织专人每日开展体温检测3次，公共区域每日消毒两次，多重保险确保返岗员工健康安全。

（2）落实日报监测制度，公司疫情防控处置领导小组联合公司党委监督检查领导小组对各单位消毒、防疫物品使用、外来人员登记管理、在岗职工温度检测等情况进行督导检查，及时发现问题及时整改。

（3）强化宣传保障工作，印发"关于开通疫情防控举报电话的通知"等通知通告，积极开展疫情防控宣传，做到人人知晓，群防群控。

四、坚持"疫后奋进",紧盯年度目标任务不放松

2020 年一季度,受疫情及下游市场影响,公司限员限产,产销及经营利润下滑较大。一季度,公司生产钢铁粉末 27 844.7t,与 2019 年同期相比下降 15%;销售钢铁粉末 28 163.95t,与 2019 年同期相比下降 17%。为应对疫情及下游行业市场下滑局面,围绕全年的工作任务目标,公司及时调整工作思路,按照"外抓市场、内抓管理"的总体思路,制定了"严格管理,提升工作执行力;精细操作,稳定产品质量;狠抓过程控制、全力降低成本;强化产业协同,提高产品价格;调整结构,增大高附加值产品比列"的全方位管理策略,每月召开月度销售工作会议、成本分析会议,合理分解任务,细化工作职责,严抓措施落实,特别是销售、生产部门要挂图作战、挂图督战,时刻盯紧产销量目标,随着市场逐步回暖,公司内控成果逐步显现,公司第二、第三季度的经营效益逐步回升。第一、第二季度销量累计完成 62 679.2t,销量指标降幅明显收窄,由 17% 降至为 9%。第三季度,销售 38 585.105t,同比增长 16.6%,1—9 月份销售 101 264t,与 2019 年同期持平。2020 年共生产钢铁粉末 141 557.84t,比 2019 年增长 0.2%;销售钢铁粉末 145 448.41t,比 2019 年增长 3.9%;实现营业收入 73 356.58 万元,比 2019 年增长 9.7%;实现利税 4 602.88 万元,净利润 2 252.98 万元。

山东鲁银新材料科技有限公司毫不放松、安全有序推进复工复产,认真谋划实施好生产经营工作,细化并落实各项管理制度,统筹做好复工复产工作,奋力夺取了疫情防控和生产经营目标任务的双胜利。

〔供稿单位:中国机械通用零部件工业协会粉末冶金分会〕

扬州保来得科技实业有限公司

扬州保来得科技实业有限公司(简称扬州保来得)是中国机械通用零部件工业协会粉末冶金分会常务理事长单位,是江苏省扬州市汽车产业零部件基地骨干企业。新冠疫情发生以来,公司通过实施全方位的应对措施,实现了疫情防控和复工复产两不误,为粉末冶金行业各单位树立了标杆。

多措并举,保证生产稳定有序推进。疫情发生初期,扬州保来得在第一时间组建了疫情防控领导小组,并通过应急处理组、后勤保障组、信息联络组、日常管理组从多方位发力,保证了 1 800 多名员工分批次安全复工,在最短时间内开工。为了保障生产防疫两不误,公司配备了充足的抗疫物资,组建了防控信息平台,制作了抗疫宣传片,发放了防疫手册,配备了专职防控人员,保障疫情常态化检查落实到位。同时,公司制定了疫情防控紧急预案,组织了疫情防控应急演练,做到人人都是防疫责任人,多方位、多形式,紧紧筑牢防控安全线,保障生产安全有序。

上下游联动,实现产销两旺。疫情带来的首要问题是进出货通路问题。供应商的原材料进不来,做好的产品送不到客户手中。公司积极协调辖区、社区办理各类通行证,并对所有物料按照最严格的防控要求进行消杀,保障物料安全入厂、安全出厂。同时,公司与供应商和客户实现上下游联动,利用 EDI 系统、电话会议等方式保障供应链上下游信息适时发布、及时共享,为疫情期间交货期变慢变长提供了良好的解决方案。国内疫情平稳国外疫情发生后,粉末冶金行业迎来订单非预期暴增。疫情状态下供应商物料的"保供应"和客户订单交货期的"保供货"矛盾突出,公司多方协调设备厂商、原材料厂商、外协加工厂商、物流厂商,完成人员、材料和设备的优化配置并及时扩产,克服疫情带来的重重困难,充分保证了客户订单的准时生产。在客户端,通过多种交付方式和提货模式,尽量满足客户对交货

期的要求并及时交付给客户。

扬州保来得开拓思路多措并举,齐心协力维稳保供,在抗疫和复工复产的战役中,实现销售额逆势上扬,同比增长15%,为粉末冶金行业在疫情防控和复工复产工作中树立了学习标杆,是值得表彰的先进集体!

〔供稿单位:中国机械通用零部件工业协会粉末冶金分会〕

有研粉末新材料股份有限公司

有研粉末新材料股份有限公司(简称有研粉材)成立于2004年3月,是由有研科技集团(隶属国务院国资委)控股,专业从事有色金属粉体材料的设计、研发、生产和销售,是国内铜基金属粉体材料和锡基焊粉材料领域的龙头企业。

2020年,面对新冠疫情,有研粉材在有研科技集团的正确领导下,坚定信心,一手抓疫情防控,一手抓稳定经营,危机中寻找机遇、抓机遇。公司建立了常态化疫情防控机制,尽早实现了复工复产,公司自疫情发生以来,没有发生过疫情感染事件,有效保障了生产经营工作及重点专项工作的正常开展。2020年,公司实现了营业收入和利润总额的稳步增长,同比分别增长1.73%和67.2%,2021年,公司实现了科创板上市。

一、高度重视

公司成立了应对疫情防控分级管理机制,成立了疫情防控领导小组,下设办公室,根据防控重点,下设若干工作组,如防疫工作组、物资保障组、财务保障组等,结合疫情发展情况,有针对性地组织开展相关工作,做到靶点到位,精准施策。

二、抓住经营重点

公司最重要的任务是稳经营、拓市场,公司领导经多次研判,认为危中有机,要坚定信心,迎难而上,运用多种途径开拓市场,如针对重点区域设立独立的营销中心,专门开拓中小客户,努力确保销量不下降。所属康普锡威和有研重冶销量创历史新高。

三、重点专项顺利推进

2020年是公司发展过程中极不平凡的一年,这一年,公司上市取得重要进展,位于北京的铜基粉材产业基地顺利转移至合肥,实现了顺利衔接,客户验证工作基本完成,订单量持续攀升。

四、科技创新工作进展顺利

2020年5月,公司的工业和信息化部金属材料产业技术研究院获批准成立,公司获得国家级创新平台认定;2020年7月,公司有研粉末金属粉体制备技术创新工作室获批为全国机械冶金建材行业示范性创新工作室。公司承担了科技部重点研发计划、科技部国际合作项目、国防科工、北京市重大科技专项等纵向科研课题项目16项,其中省部级以上14项,到账经费1 562万元;申请专利9项,授权14项,其中发明专利12项;自有经费投入4 000余万元。康普锡威作为唯一焊粉方案提供商与中兴通讯、工业和信息化部第五研究所一起参加了"国内高可靠性微电子装备用焊膏"研制工程技术成果汇报会。

站在新的起点上,有研粉材作为粉末冶金分会常务理事单位,将继续深入发挥行业引领作用,充分发挥工业和信息化部金属粉体材料产业研究院等科技平台的创新示范作用,加大自主科技投入,改革创新激励机制,努力创造更多引领有色金属粉体行业发展的产业化技术成果,推动行业进行协同技术创新和产品转型升级,以高技术产品助力我国高端制造业水平再上新台阶。

站在新的起点上,有研粉材将专注主业,寻求新的应用领域,探索新的增长空间,致力于为市场提供高技术、高品质的有色金属粉体材料创新产品,不断提升服务能力,持续增强公司核心竞争力、可持续发展和盈利能力,积极履行社会责任,努力把公司打造成为世界一流的金属粉体材料供应商，以更加优秀的业绩回馈广大投资者和社会各界的厚爱。

〔供稿单位：中国机械通用零部件工业协会粉末冶金分会〕

重庆华孚工业股份有限公司

抗击新冠疫情期间，公司以"一个减少、两个安全"（减少开支，保障公司现金流安全和员工身体健康安全）作为指导思想来安排部署工作，实现了三个第一时间：

（1）助力政府积极进行疫情防控。第一时间配合政府部门出台公司"疫情防控工作方案"，成立疫情防控工作领导小组，明确防疫抗疫管理工作职责，建立全员疫情防控微信沟通群，远程宣传贯彻防疫基本知识，以减少开支，保障了公司现金流安全和员工身体健康安全。

（2）牢牢构筑公司疫情防控大门。第一时间不惜代价购置疫情防护消毒用品，制定公司各工厂疫情防控多项应急预案，针对防疫工作，组织多项预案的模拟推演，对公司各工厂区域合理布防，对疫情隐患逐点盘查，同时组织各部门对各风险区域实施全面清洁、消毒作业。

（3）做好复工复产及返岗员工管理。公司青杠、井口两大工厂第一时间实现了所在政府行政区域内首批工矿企业复工复产，坚持以减少人员集聚、降低人员密度、减少人员接触为疫情防控准则，通过网络办公、远程办公、错时上班、弹性上班、灵活计时等方式，克服疫情影响，化"危"为"机"，逆势突围，保证了公司生产经营活动的正常开展。

2020年注定不平凡，全球经济遭遇百年未有之大变局，新冠疫情加速了这个大变局的演进，经济全球化遭遇逆流，世界经济持续低迷，各领域格局都在发生深刻调整，世界进入动荡变革期。面对复杂多变的国际国内形势，公司围绕"抗疫情、抓市场、抓研发、抓生产、抓质量、抓效率、抓效益"开展工作，经过艰辛努力，创造出不俗业绩，全年销售额同比实现了 7.71% 的增长。

〔供稿单位：中国机械通用零部件工业协会粉末冶金分会〕

粉末冶金行业复工复产先进个人

东睦新材料集团股份有限公司朱志荣董事长

2020年年初，新冠疫情来势汹汹，面对这一巨大考验，东睦集团董事长朱志荣立即部署、落实疫情防控工作，他迅速组织公司相关负责人成立疫情应急领导小组并召开线上会议，及时制定了疫情防控方案和操作规程，为公司疫情的有效防控建立起了第一道防线，使公司成为宁波市第一批复工工业企业，员工返岗率达到90%。

防疫物资是特殊时期最令人头痛的问题。在疫情防控最紧张的时候，朱志荣董事长发动身边一切资源，积极寻找应急防疫物资，并第一时间送到公司防疫一线，与此同时，他还关心上下游企业及当地政府抗疫物资情况，尽己所能为其提供抗疫物资，解决他们的燃眉之急。

疫情防控期间，他顶住了压力，"疫"不容辞地为市场保供贡献自己的力量。在艰难时刻向社会递交了一份合格的答卷。

〔供稿单位：中国机械通用零部件工业协会粉末冶金分会〕

江苏鹰球集团有限公司陈璐璐总经理

2020 年春节，新冠疫情打乱了我们的正常生活和工作节奏。但我们的工作不能停止，生活仍需继续。

春节后的复工复产必须做好相应的排查和防护措施，为能尽早复工复产，陈璐璐同志不顾疫情带来的危险，抛开年幼的孩子，挺身而出，冲锋在前。公司第一时间成立疫情防控领导小组，陈璐璐担任防控小组组长，负责上传下达、管控预防、检查督导及应急处置等综合协调工作。

她深知疫情防控责任重大，会同小组成员制定了"鹰球集团疫情预防工作方案""紧急疫情通知""疫情期间厂区管理规定"等应急处理方案，从人员防控、厂区消毒、应急防护等方面做好全方面准备工作。

为解决防疫物资紧缺的问题，她寻遍了几十家药店，才购买到红外体温仪、消毒液及防护口罩等物资。

复工前开展人员近期行踪调查，追踪复工人员是否到过高风险地区，是否与高风险地区人员有接触，她都一对一进行询查登记。在分工分时段陆续开工时，她把困难踩在脚下，把责任扛在肩上，亲自在防疫第一线，全面了解员工健康状况，对每一位员工严格进行体温监测，每天对公司员工的行程动态、身体状况等进行统计更新并核对上报，确保防疫工作不漏一人。对工作场所、食堂、宿舍、电梯等人员密集场所每日进行消毒，她亲自督查。

在疫情防控期间，她每天连续工作 10 多个小时，筑起了守护员工健康的安全防线，为鹰球集团顺利复工复产打下了良好基础，做出了突出贡献。

〔供稿单位：中国机械通用零部件工业协会粉末冶金分会〕

山西金宇粉末冶金有限公司畅望杰总经理

畅望杰，男，1969 年 6 月 9 日出生，山西运城临猗县人，现任山西金宇粉末冶金有限公司总经理，公司法人，入党积极分子。

新冠疫情发生伊始，面对复杂多变的疫情防控形势，他紧紧依靠政府，及时通过政府渠道，了解掌握疫情最新动态，制定有针对性的措施，保证了公司的疫情防控严密推进，复产复工有序进行。当他得知当时防疫物资、资金极度紧张时，立即召开视频会议，克服公司资金紧张的困难，主动向武汉捐款 3 万元，此举得到了当地政府的高度赞许，也在复产复工中得到政府的率先支持。

在疫情防控中，他总是紧绷防控之弦，经常出现在员工测温、食堂消毒、口罩发放现场时，时刻叮嘱工作人员提高防护意识，做好自我防护。他每天巡检生产岗位一次以上，了解员工的担忧和诉求，掌握一线的防控措施落实情况并督促执行。在获悉受公司业务影响，员工收入下降时，他立即组织召开视频会议，要求生产部门重新核定工序定额，提高员工收入。他深情地说：企业的经营困难都是暂时的，而员工却是我们最宝贵的财富，办企业不仅仅是为了赚钱，更多是社会责任，疫情无情金宇有情，我们必须善待员工。公司复产后，受下游客户资金回笼影响，公司资金周转困难，他积极与当地金融机构联系，多方筹集了 500 万元，保障公司既能复工复产，又能达产达标。他善于做思想工作，在当时谣言满天、谈疫色变的情况下，他总是每天出现在员工面前，鼓励大家相信政府，相信党的领导，坚守防控阵地，在战略上藐视在战术上重视，疫情可防可控，可战可胜，信心比黄金更重要。

通过疫情期间我党我国为世界疫情防控做出

的巨大牺牲和巨大贡献，他深刻认识到中国共产党的伟大与坚韧，疫情期间，他主动向党组织递交了入党申请书。

〔供稿单位：中国机械通用零部件工业协会粉末冶金分会〕

兴城市粉末冶金有限公司谷文金副总经理

谷文金同志系兴城市粉末冶金有限公司副总经理，主要负责粉末冶金制品的生产与销售，主抓产品质量和市场开发工作。在他的管理下，企业销售业绩逐年提升，产品质量在粉末冶金行业一直处于领先地位。在他的努力下，公司的产品获评为中国机械工业名牌产品，开发的粉末冶金齿毂在机械行业、粉末冶金行业获得了30项奖励，同时个人也获得了多项殊荣。

谷文金在2020年疫情期间表现突出，他带领大家编制防疫预案，向政府申报复工复产材料，成立了疫情防控领导小组，以最快的速度完善企业在疫情期间的管理制度，直接指导企业的防疫工作，受到了当地政府的肯定与表扬。特别是，在辽宁省政府督导组检查企业的防疫工作时，受到省级政府的表扬。

由于疫情防疫物资短缺，他就带头组织职工

捐献防疫物资，购买防疫物品和消毒液等。

为了不放过任何一个可疑人员，早上第一个到公司检查职工的测温情况，"三九天"在外站岗，防止遗漏人员测温。大雪覆盖了地面，也覆盖了谷文金的全身，再冷、再难也要为全厂的安全负责。他的感人事迹激励着全体员工奋发图强，努力工作。职工王静泉说，领导认真做好防疫，我们职工心理才有底。没有领导的严格要求，我们不敢来上班。

在谷文金同志的努力下，兴城市粉末冶金有限公司于2020年2月17日正式获得政府复工复产批复，为企业完成2020年工作目标打下了坚实基础。

〔供稿单位：中国机械通用零部件工业协会粉末冶金分会〕

重庆华孚工业股份有限公司左刚锋厂长

重庆华孚工业股份有限公司青杠工厂厂长左刚锋，在2020年抗疫期间，带领公司各工厂全体员工以"一个减少、两个安全"（减少开支，保障公司现金流安全和员工身体健康安全）作为指导思想来安排部署工作，实现了三个第一时间：

（1）助力政府积极进行疫情防控。第一时间配合政府部门出台公司《疫情防控工作方案》，成立公司疫情防控工作领导小组，明确防疫抗疫管理工作职责，建立全员疫情防控微信沟通群，远程宣传贯彻防疫基本知识，以减少

开支，保障了公司现金流安全和员工身体健康安全。

（2）牢牢构筑公司疫情防控大门。第一时间不惜代价购置疫情防护消毒用品，制定公司各工厂疫情防控多项应急预案，针对防疫工作，组织多项预案的模拟推演，对公司各工厂区域合理布防，对疫情隐患逐点盘查，同时组织各部门对各风险区域实施全面清洁、消毒作业。

（3）做好复工复产及返岗员工管理。公司青杠、井口两大工厂第一时间实现了所在政府行政区域内首批工矿企业复工复产，坚持以减少人员

集聚、降低人员密度、减少人员接触为疫情防控准则，通过网络办公、远程办公、错时上班、弹性上班、灵活计时等方式，克服疫情影响，化"危"为"机"，逆势突围，保证了公司生产经营活动的正常开展。

同时针对复杂多变的国际国内形势，带领公司各工厂员工全年围绕"抗疫情、抓市场、抓研发、抓生产、抓质量、抓效率、抓效益"开展工作，经过艰辛努力，公司销售额实现同比增长7.71%，创造了不俗业绩，保障了公司的可持续经营和发展。

〔供稿单位：中国机械通用零部件工业协会粉末冶金分会〕

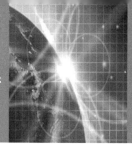

中国机械用通零部件工业总览

链传动行业卷

齿轮行业卷

弹簧行业卷

中国机械通用零部件工业年鉴 2022

VII 传动联结件行业卷

　　回顾总结我国传动联结件行业近几年的发展情况及经济运行情况，指出行业存在的主要问题，提点行业未来重点发展方向记；概述传动联结件行业标准化工作；记录传动联结件行业大事

紧固件行业卷

粉末冶金行业卷

传动联结件行业卷

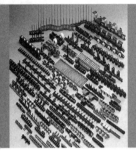

综述

传动联结件行业发展综述

大事记

2019—2021 年传动联结件行业大事记

企业概况

传动联结件行业部分重点企业介绍

中国机械通用零部件工业年鉴 2022

Ⅶ 传动联结件行业卷

综　述

传动联结件行业发展综述

传动联结件是一类广泛应用于各种机械传动中的基础零部件，目前部分传动联结件实现了专业化生产。机械产品都需要有各种形式的动力输入装置和运动、作用力输出装置，而现代机械的动力输入大多通过电动机来实现，因此出现了适应各种功能需求的多样化传动结构和传动元件。传动联结件通常包括联轴器、离合器、制动器、胀紧联结套、带传动副、凸轮传动机构、缓冲装置和键8类产品。

一、传动联结件行业发展的新要求

1. 自主创新

传动联结件行业发展要以自主创新为驱动力，把加强自主创新作为转变发展方式的中心环节，提升基础零部件的服役寿命、精度一致性和稳定性、可靠性。要创新研发模式，加强共性技术服务平台建设，加强人才培养，提高基础技术水平和创新服务能力等。

结合国家重大装备项目，突破关键技术瓶颈，拥有一批具有自主知识产权的核心技术，实现从"中国制造"到"中国创造"的新跨越，在某些细分市场中掌握国际先进技术。

2. 调整转型

把产业组织结构和产品技术结构作为结构调整的主攻方向。加强产品、产业和商业模式的结构调整，坚持绿色发展，积极推进企业由生产制造型向现代制造服务型的转变调整，加快制造业服务化发展。

3. 提质增效

切实提高经济增长质量、效益和效率，实现高质量、高效益的发展目标。力争实现销售额增速高于产值增速，利润增速高于销售额增速。提高发展质量、效益的基础是创新跨越、调整转型。

二、传动联结件产品情况

传动联结件属于机械通用基础零部件，是机械传动中不可缺少的联结件，广泛用于轨道交通、风力发电、汽车、航空、航天、纺织、印刷、机床、船舶、冶金、矿山、包装和汽轮机等行业。我国传动联结件行业起步较晚，在20世纪80年代以前，我国的传动联结件没有专业的生产厂家，主要由主机厂自行生产。80代后期，传动联结件的生产逐步走向市场化，以每年30%的速度增长，现在已有各种规模的专业生产厂家300多家。

近几年随着我国工业技术水平的不断提高，对传动联结件的技术要求也越来越高，高精度、高速度、大转矩、小体积、低噪声、高性能（多种控制功能）、安全、高寿命的产品成为市场急需的产品。

近年来，全社会固定资产投资中设备投资的2/3依赖进口。光纤制造装备的100%，集成电路芯片制造装备的85%，石油化工装备的80%，轿车工业装备、数控机床、纺织机械、胶印设备等的70%被进口产品占领。

近年来，传动联结件行业在快速发展，产值、产量和企业数量都在以每年30%的速度增长。私营、民营、合资企业的增长速度快，国有企业相对平稳。由于传动联结件行业的市场空间比较大，其产品技术含量（与其他零部件产品相比）较高，利润自然也高一些，因此，有见识的企业家纷纷投入到传动联结件行业中。

三、产品进出口情况

传动联结件是各种主机中不可缺少的关键部件，随着主机的进口，带来了大量的进口传动联结件产品。目前，高性能、高可靠性和高寿命的进口联结件产品约占国内市场份额的66.7%。据海关提供的数据，出口呈现强劲的增长态势，而进口逐渐下降，符合协会对国内企业的调研情况。虽然越来越多的企业靠参与国际代工进行产品出口，但进口围绕高端产品、出口围绕低端产品的趋势尚未改观。

四、当前存在的主要问题及差距

传动联结件是用来传递转矩或运动的基础传动件，它在传动系统中占有很重要的地位，联结件一旦失效，所有动力和运动被全部切断，整个传动系统将无法运行。联结件又是一个安全装置，由于它的价格远比原动机、减速器、主机低，因此在传动系统超载时将联结件设置成断开或失效状态，以免损坏更重要的零部件。联结件应补偿由各种因素造成的径向误差、轴向误差和角向误差，不同工况需要使用不同型式的联结件来满足工作需要。目前市场生产的联结件一般用于常规工况，联结件制造质量不高、使用寿命短成为普遍现象。国内高精度、高可靠性及高承载能力的联结件相对较少，制造质量也与发达国家同类产品相比有一定的差距，高端产品几乎依赖进口。

如何开发、生产高精度、高质量、高可靠性的联结件，如高铁、风电等行业使用的联轴器，以满足我国智能装备的需要已成为迫切需要解决的问题。目前，我国已具备了制造高精度、高质量联结件的硬件条件，并且我国传动联结件行业对使用工况、使用要求非常了解，对技术要求非常熟悉，因此，应从材料选用、热处理、加工和装配精度、结构型式和参数、实验手段等方面入手，力争在"十四五"期间全方位赶超世界同类产品水平，为我国高端智能装备提供性能优良的

动力传动联结件。

五、重点发展方向

1. 高端重型载货汽车传动轴智能制造关键技术研究

（1）市场需求。项目针对高端重型载货汽车传动轴生产技术的瓶颈和难题，深入研究高端重型载货汽车传动轴智能制造关键技术，特别是通过对高端重型载货汽车传动轴生产线及设备的智能化管理，借助信息化技术，建立高度灵活的个性化和数字化生产模式。目前，我国已研制生产出高端重型载货汽车传动轴系列产品，形成了具有自主知识产权的科技成果，通过传动轴关键零部件加工工艺创新、加工信息数据流整理和"互联网＋传动轴模式"创新等技术创新工作的开展，使产品的加工精度、合格率大幅度提高，生产效率大幅提升，降低了生产成本，产品在国内外市场具有相当强的竞争力。

（2）主要技术参数。动平衡精度等级：G16；轴管径向跳动量≤0.6mm/m；生产效率提升20%；产品合格率达98%；生产成本比同类产品降低35%。

2. XD系列永磁电动机用行星齿轮减速器

（1）市场需求。据不完全统计，2010年我国减速器的市场需求规模在200亿元左右，且每年以15%的速率增长，由此可见，未来几年我国减速器市场规模将达到600亿元以上；而国际减速器市场规模巨大，每年大约有160亿美元的市场规模。

（2）主要技术参数：①转矩系数：574×10^{-9} $kN \cdot m/mm^3$；②传动比：$16 \sim 71\,000$；③噪声≤85dB（A），单向振幅≤0.02mm；④传动效率：单级≥98%，两级≥96%，三级≥94%，四级≥92%。

3. 轨道交通用鼓形齿联轴器

（1）市场需求。轨道交通车辆的齿轮传动装置用鼓形齿式联轴器，每年有18 000套的市场需求，价值为1.8亿元的规模。其中，地铁用联轴器每5年的定时维修业务一直被国外厂家或国内代理商垄断，维修费用很高，全国的地铁仅此一

项费用就需要多支出数亿元。

（2）主要技术参数。①转速 6 000r/min，传递转矩 1 550N·m，轴向补偿 ±15mm，径向补偿 16mm；②内外轮齿精度分别满足 ISO8 级和 ISO7 级要求。③材料表面硬度达 600～750HV，氮化深度＞0.5mm。

4. 新能源汽车能量回馈式制动防抱死系统

（1）市场需求。北京新能源汽车股份有限公司作为该项目的参与单位，在其新能源车上进行实车集成量产。电动汽车联盟的一汽、吉利、奇瑞、江淮等汽车厂也在新能源车上进行整车集成和开发。

（2）主要技术参数。制动能量回收效率：≥23%（制动能量回收对整车经济性的改善幅度，测试条件：ECE15 驾驶循环）。

5. 电力装备用永磁涡流柔性传动装置

（1）市场需求。电力大型装备的主机功率越来越大，对轴系设备的工作强度、承载能力及传递动力要求不断提高。同时，冶金行业也需要高性能、大转矩传动装置。该项目可以满足大功率（200kW～10MW）及中、高电压电动机（≥3 300V）的工况和节能需求；由于电动机与负载之间无刚性连接，实现了能量在气隙中传递，解决了旋转负载系统的对中、起动、减振、调速及过载保护等问题，有利于实现电动机缓冲起动，尤其适合在高温、易燃易爆、电压不稳及高原缺氧等恶劣环境下工作。该装置具有国际先进水平，有广阔的市场前景，对大型工业装备和大功率工业传动系统的安全、高效运行，以及系统整体能效提升将起到巨大作用，有很高的推广和应用价值。该项目完成后，将实现年产 500 台的生产能力，产值达 20 亿元。对我国大型装备、磁力传动、节能等行业发展起着非常重要的作用。

（2）主要技术参数。①电动机功率：4kW～4MW；②电动机转速：1 480r/min；③最高传递

转矩：35 000N·m；④调速范围：30%～98%；⑤转差率：＜4%；⑥工作温度：＜70℃；⑦振动位移：＜0.04mm；⑧使用寿命：可达 25 年；⑨节能率：≥30%。

六、基础部件智能装备研究方向

1. 超大转矩风电联轴器

针对我国海上风电的特点，5MW、7.5MW、10MW，甚至实验阶段的 15MW、17MW 风电机组，在传递超大转矩时，需要新的联轴器，而现行的标准无法满足要求，急需开展相关方面的研究，以实现超大转矩风电联轴器的自主设计和国产化。

2. 风电联轴器实验平台

随着风电的快速发展，我国自主设计的风电机组功率进一步增大，风机的转矩也越来越大，而要求的质量却向越来越轻的趋势发展。因此，急需相关实验平台来满足联轴器的转矩、振动等方面的测试需求。

3. 大功率风电机组制动器

风电机组的偏航制动主要依靠风电制动器的机械制动来完成。目前，大功率风电机组制动器急需进行研究，以实现自主设计和自主生产。

4. 高铁制动系统

当前，高铁和地铁等轨道交通设备的制动系统主要被德国的科诺尔、法国的阿尔斯通等公司所垄断，我国需要在制动盘的碳纤维涂层技术方面进一步实现突破。其智能控制系统也是我国的薄弱环节，需要加强研究，实现自主化。

5. 安全传动联结件在线测量系统

船舶、冶金机械、港机等重大装备传动系统的振动幅度和传递转矩限值必须控制在一定范围内，为了满足这个要求，需要建立可靠的在线测量系统。目前，这些在线测量系统多从国外进口，我国需要实现自主设计生产这种高精尖的测量系统。

七、新发布的传动联结件行业团体标准

近期发布的传动联结件行业标准见表 1。

表 1　近期发布的传动联结件行业标准

序号	标准号	标准名称
1	T/TCMCA 0004—2020	鼓形齿式联轴器　生态设计指南
2	T/TCMCA 0005—2020	十字轴式万向联轴器　生态设计指南
3	T/TCMCA 0006—2020	轧辊　生态设计指南
4	T/TCMCA 0007—2020	绿色采购　绿色供应链评价导则
5	T/TCMCA 0008—2020	制造企业　绿色供应链构建指南
6	T/TCMCA 0009—2020	制造企业　绿色供应链管理规范
7	T/TCMCA 0010—2020	剪刃　热处理工艺规范
8	T/TCMCA 0011—2020	轴类产品　加工工艺路线能效优化方法
9	T/TCMCA 0012—2020	轴类产品　加工制造过程能效评估方法
10	T/TCMCA 0013—2020	轴类零件　锻造工艺规范
11	T/TCMCA 0014—2020	轴类零件　干式切削工艺性能评价方法
12	T/TCMCA 0018—2022	工业制动器　自动补偿装置技术规范
13	T/TCMCA 0019—2022	电力液压双锥面制动器　技术规范

八、获得的奖项和荣誉

1.中国机械通用零部件工业协会技术创新奖获奖情况

2019 年度传动联结件行业技术创新奖获奖名单见表 2，2021 年度传动联结件行业技术创新奖获奖名单见表 3。

表 2　2019 年度传动联结件行业技术创新奖获奖名单

项目名称	申报单位名称
特等奖	
单项超越膜片联轴器	北京新兴超越离合器有限公司
优秀奖	
离合型永磁涡流柔性传动耦合器	迈格钠磁动力股份有限公司

表 3　2021 年度传动联结件行业技术创新奖获奖名单

项目名称	申报单位名称
特等奖	
ZZA1 自动补偿圆锥面制动器	四川劲兴制动科技有限公司
海上风电 5MW 高速轴带制动盘联轴器	山西大新传动技术有限公司
FD640-1200 高精度重载锁紧盘	太原科技大学、太原重工股份有限公司
GQCL 型万向节扭矩限制器	太原科技大学、武汉正通传动技术有限公司
优秀奖	
LDS 防撞组件	宁波格瑞塑业有限公司
高精度 GCJ550 型鼓形齿联轴器	太原科技大学、唐陌传动机械（无锡）有限公司
TMTJ-350/650H.0 型带缓冲无极调节功能的轧机接轴托架	唐陌传动机械（无锡）有限公司
ZTTX 型碳纤维管双膜片联轴器	武汉正通传动技术有限公司

2. 企业荣誉

泰尔重工股份有限公司的"十字万向节叉头的加工方法及其夹具"专利获得第二十四届中国专利奖；河北北环通用零部件有限公司、迈格钠磁动力股份有限公司荣获"2022年机械工业质量诚信企业"称号。

九、国际发展情况

世界上较为先进的联轴器生产大国有德国、美国、奥地利和中国，其中国际上最具代表性的联轴器生产厂家有盖斯林格（Geislinger）、先达传动公司（CENTA）、伏尔康公司（VULKAN）、弗兰德公司（FLENDER）等。

1. 盖斯林格公司

盖斯林格公司成立于1958年，总部位于奥地利的萨尔斯堡（Salzburg），是为柴油机和燃气轮机配套高弹性联轴器和减振器的专业公司。该公司拥有研发、设计、生产、销售和技术服务人员近千人，每年生产近万套盖斯林格联轴器和减振器。盖斯林格是首先将玻璃纤维和碳纤维复合材料用于传动联轴器的厂家之一，其用复合材料生产的Gesilco系列联轴器轻而耐用，越来越受造船商的青睐。

2. 先达传动公司

先达传动公司专门从事弹性联轴器、离合器、碳纤维轴、万向联轴器及其他减振传动元部件的生产和开发。其产品转矩覆盖范围：10 ～ 1 000 000N·m，广泛应用于船舶、机车、工程机械、建筑机械、风力发电设备、柴油发电机组、空气压缩机及工业设备等的传动系统。

3. 伏尔康公司

伏尔康公司成立于18世纪，是德国最早的弹性联轴器厂家之一，拥有种类齐全的联轴器隔振器产品，以及世界上最大的联轴器性能试验装置，全球分布超过1 000多个客户以及13家子公司。采用最新的技术研发出ACOTEC系列产品，具有更高的动态载荷能力。

4. 弗兰德公司

德国弗兰德公司是世界领先的专业动力传动设备制造商，成立于1899年，总部在德国Bocholt市。弗兰德公司的传动设备种类齐全，几乎涵盖了所有工业生产所需的产品类别，包括标准齿轮箱、工业应用齿轮箱、弹性联轴器、高弹性联轴器、刚性联轴器、液力偶合器、无间隙联轴器和轨道车离合器等。

世界品牌联结件产品市场占比情况见表4。

表4 世界品牌联结件产品市场占比情况

序号	企业	国家	产值/亿元	标志性产品	市场份额	关键技术	备注
1	Geislinger	奥地利	5.3	高弹性联轴器和减振器	15%	复合材料	
2	CENTA	美国	4.8	弹性联轴器、离合器、碳纤维轴	12%	转矩范围	
3	VULKAN	德国	3.9	联轴器和隔振器	10%	动态载荷承受能力高	
4	VOITH	德国	3.5	万向联轴器	9%	结构技术、轴承技术	仅万向联轴器部分
5	GBW	德国	3.5	万向联轴器	9%	轴承技术	仅万向联轴器部分
6	FLENDER	德国	2.8	齿式联轴器	8%	材质和精度	仅齿式联轴器
7	KTR	德国	3.6	非金属弹性联轴器和齿式联轴器	10%	弹性体材质	
8	MAINA	意大利	1.8	万向联轴器和齿式联轴器	5%	万向联轴器轴承和轧机联轴器技术	
9	JAURE	西班牙	2.1	齿式联轴器	8%	轧机联轴器技术	
10	KOYO	日本	2.5	万向联轴器	9%	整体轴承座结构技术	

十、国内发展情况

1. 行业发展规模

我国传动联结件规模以上生产企业有 1 000 多家，生产的联结件型式多样，行业工业总产值超过 100 亿元，为我国冶金、矿山、工程机械、汽车、轨道交通、船舶等行业的机械提供了足够数量的传动联结件产品，其中不乏技术先进、质量可靠的产品。从量大面广的齿式联轴器、万向联轴器和非金属弹性联轴器来讲，随着生产工艺和技术的不断提升，联轴器产品的质量有了长足进步。从进出口方面讲，进口量远远超过出口量，而且出口的许多传动联结件产品是随着主机出口的；究其原因是我国的传动联结件产品无论是承载能力、寿命还是其他技术指标，都与国外产品存在一定的差距，有材料和技术方面的差距，有材料热处理和零件加工精度方面的差距，需要政府和企业共同解决。

弹性联轴器适用范围极其广泛，可适用于冶金、矿山、起重、运输、石油、化工、船舶、交通、纺织、轻工等行业的机械设备动力传动轴系上，以及农机、印刷机、水泵、风机、压缩机、机床减速器等机械设备的动力传动轴系上。

随着国民经济的发展，我国传动联结件行业发展越来越快，已形成大、中、小企业并存、体系比较完整的产业结构。粗略估计，仅高弹性联轴器的年产值就超过了 10 亿元，加上各类工业用中小型弹性联轴器，市场规模可达 50 亿元，其中约 20% 产品用于出口。

2. 重点企业及产品技术发展情况

（1）中船重工七一一研究所（简称七一一研究所）。七一一研究所有 XL 系列、LS 系列、LC 系列、LR 系列、LB 系列和 LP 系列等系列的弹性联轴器产品。近年来，七一一研究所陆续研发了复合材料联轴器、复合材料传动轴等采用新材料的传动产品。七一一研究所的产品广泛应用于船舶主推进装置和辅助传动系统、发电机组、机车、矿用货车、水泵及泥浆泵、压缩机等设备上，为全国几十家柴油机和发电机制造厂家提供优质的配套产品，并且成功地为不同类型的船舶提供了多种技术要求高、使用环境复杂的高质量弹性联轴器。

经过三十多年的技术创新和持续发展，初步形成了完整的高弹性联轴器设计体系，试验手段也日益完善，能够满足行业的弹性联轴器基础试验研究和产品性能验证试验研究需求，拥有世界先进水平的全功能弹性联轴器性能试验系统。

（2）杭州前进联轴器有限公司。公司生产的高弹性联轴器，是在消化、吸收德国先进技术的基础上，与杭州船用齿轮箱研究所共同开发研制的。公司具备一定的试验检测能力，其产品在低端、民用领域具有一定的市场竞争力。

（3）泰尔重工股份有限公司（简称泰尔重工）。泰尔重工主要从事工业万向轴、齿轮联轴器、剪刀、滑板、卷取轴、打捆机、汽车传动轴及汽车零部件等产品的设计、研发、制造、销售与服务。2017 年、2018 年和 2019 年，泰尔重工的十字轴式万向联轴器产品在国内冶金行业的市场占有率分别为 22.06%、23.18% 和 25.13%；2020—2022 年，泰尔重工的十字轴式万向联轴器产品在国内冶金行业的市场占有率排在第一位。

泰尔重工为冶金、有色金属、风电、起重机、水泥、矿山、电力和造纸等行业提供优质的产品、服务以及成套解决方案。多年来，泰尔重工先后获得国家火炬计划重点高新技术企业、国家火炬计划产业化示范项目、中国专利优秀奖、国家知识产权优势企业、国家技术创新示范企业、国家"守合同重信用"企业等荣誉。

在营销上建立了三位一体、4S 服务的营销服务模式，通过网络化、网格化管理，实现营销服务全覆盖。销售业务遍布全球，产品出口到德国、法国、美国、西班牙、新西兰和马来西亚等国家，与中国一重、首钢、中冶华天、达涅利等企业签订了战略合作协议。

3. 行业集群发展情况

传动联结件的生产厂家主要集中在工业基础比较好、科技实力较强的"长三角"区域。

传动联结件行业的不同产品，由于在技术含

量、生产设备、产品使用方向、生产厂家市场集中度、规模等方面存在一定的差异，销售利润率表现不一。弹性联轴器主要的原材料是天然橡胶、各种合成橡胶、碳素钢、合金钢和铝合金等，原料的价格变动直接影响着弹性联轴器的价格。由于天然橡胶、各种合成橡胶等原材料占联轴器成本的比例较大，原料的价格变化是影响弹性联轴器利润率的重要因素。普通弹性联轴器的技术含量低，销售利润率相对较低。

近几年，我国传动联结件行业发展很快，而且标准化程度也很高，仅联轴器国家标准和行业标准就有近百个。这些标准对联轴器的生产与应用起到了很大的促进作用，也对生产技术先进、质量可靠的联轴器产品起到了保障作用。

传动联结件作为重要的机械基础零部件，国家和相关行业协会出台了一系列产业政策和措施，支持和引导行业发展，极大地推动了行业快速发展和产品更新换代，同时也推动其提高技术和研发水平、增强自主创新能力和配套能力、实现产业化和智能化等方向发展。

4.行业支撑能力

传动联结件的设计、加工和管理正向数字化、信息化方向发展。超精密、长寿命、高效弹性联轴器将发挥重要作用。随着新技术、新材料在传动联结件行业的推广和应用，传动联结件将具有更高性能、多种特殊用途，逆向工程、并行工程、复合加工乃至虚拟技术将得到进一步发展。

传动联结件适用范围及其广泛，涉及国民经济各个行业，对人民生活影响是方方面面的，对国民经济的发展和影响是巨大的，推动对基础零部件、先进基础工艺、关键基础材料和产业技术基础等"四基"进行科研攻关，加快原材料行业的发展，对拉动国民经济持续增长有着积极的促进作用。

十一、行业发展存在的问题

我国传动联结件生产已取得长足进步，不少产品已达到或接近国际先进水平，但还有相当大一部分传动产品的模块化程度、集约化程度相对不高，产品全球服务网络不完善，新技术、新材料的应用率较低，特别是智能控制技术、故障诊断分析技术在行业中的应用缓慢，这些问题已成为我国联结件产品发展的瓶颈。

传动联结件行业发展存在的主要问题：①生产厂家技术和加工能力参差不齐，普遍存在产品质量低的问题。②材质质量差距大，价格混乱，生产厂家往往选择低价格的钢材。③企业技术水平普遍不高，研发能力不强。④非金属弹性联轴器的弹性体材质质量与国外的材质质量相比有差距，造成非金属弹性联轴器承载能力低、寿命短。⑤生产厂家为了降低成本，从选材到加工都以节约成本为目的，造成产品质量低劣。

行业的薄弱环节：①传动联结件行业多数生产企业质量意识不强，产品性能低；②行业企业普遍开发能力弱，新研发的品种少，产品技术升级慢；③新技术、新材料、新工艺的应用不够积极，产品质量和性能不能稳步提高。

〔供稿人：中国机械通用零部件工业协会传动联结件分会明翠新〕

大 事 记

2019—2021 年传动联结件行业大事记

2019 年

6 月

10—20 日 配合中国机械通用零部件工业协会完成国家统计局《主要工业产品统计指南》的修订工作。对易混淆产品做出详细解释，对近年来新纳入统计范围但尚未定义的产品给出定义，对填报产品的数据信息进行完善。

7 月

5—15 日 完成《基础机械创新发展指南（2021—2035）》（简称《指南》）征求意见稿。《指南》指出，传动联结件行业要重点攻克新材料、高温耐腐蚀材料等的技术难关，在高弹性复合材料联轴器、减振器、高精度载重传动联轴器、大功率可靠性联轴器等的研发方面实现突破。

23 日 征集向工业和信息化部申报的行业"十四五"期

间优势项目 2 项，分别是"大型高载联轴器"和"大型、中型热模锻压力机湿式离合器／制动器"，这两个项目均涉及我国基础机械卡脖子、补短板问题。

8 月

14 日 完成《传动联结件行业"十四五"发展规划》的编写工作。

10 月

25—28 日 组织传动联结件行业企业参加 2019 年上海国际动力传动与控制技术展览会（PTC 展），实现传动联结件行业参展企业集中布展，收到了很好的效果。

12 月

5 日 召开了首届产品数字化设计与制造论坛。会议特邀

请浙江大学教授、国家优秀青年基金获得者冯毅雄博士，全国产品几何技术规范标准化技术委员会主任委员明翠新，泛亚汽车技术中心有限公司技术总监胡敏，海克斯康测量技术有限公司技术总监王慧珍，卡尔蔡司（上海）管理有限公司技术经理韩定中，达索析统（上海）信息技术有限公司副总经理赵文功，虹品信息科技（上海）有限公司总经理叶人魁，棣拓软件技术（上海）有限公司总经理张慧博分别作了"数控机床数字化设计：关键技术与企业应用""数字化制造的核心技术与标准概述""产品数字化 MBD 的探索与实践""数字化质量规划与检测""全流程数字化质量方案解析及展望""数字化设计创新技术""PDQ 数据质量相关技术""自主可控三维公差分析软件 DTAS 的现在与未来"的专题报告。

2020 年

3 月

当月　泰尔重工股份有限公司、迈格钠磁动力股份有限公司等单位慷慨解囊，为武汉捐赠物资。

5 月

当月　按中国机械通用零部件工业协会要求建立机械工业企业复工复产情况日报制度，每日上报会员企业前一日的复工复产情况，跟踪监测传动联结件分会的全部会员企业。

7 月

1 日　武汉正通传动技术有限公司、武汉博能设备制造有限公司等严格按照国家疫情防控政策要求积极开展复工复产工作。

12 月

5 日　传动联结件分会与中国机电一体化技术应用协会在苏州联合举办了"第二届产品数字化设计与制造论坛"。此次会议特别邀请中国工程院谭久彬院士做了题为"新一代国家测量体系与数字化制造质量"的报告，谭久彬院士从国家战略高度为大家介绍了国家测量体系建设情况以及制造业数字化转型的重大战略意义。此次会议还邀请中国工程院谭建荣院士以视频形式做了题为"数字设计与数字孪生——关键技术与发展趋势"的报告，谭建荣院士从数字化设计、数字化制造概念出发讲述数字技术、设计技术和制造的融合，明确智能制造的基础是网络化，网络化的基础是数字化。

6 日　在苏州召开了 2020 年传动联结件行业发展年会，会议审议通过了 2020 年工作总结及 2021 年主要工作计划，并开展面向"十四五"行业发展的学术沙龙活动。会员代表建言献策，对传动联结件分会 2020 年在疫情严峻的特殊情况下所做的工作给予了肯定，对 2021 年的工作提出了要求和具体想法，会议强调：要贯彻党的十九届五中全会精神，做好"十四五"行业发展规划，传动联结件分会要做好行业工作，提升企业的市场竞争力，以智能制造引领企业技术改造和技术转型，促进制造业高质量发展。

10 日　完成了 T/CMCA 0004—2020《鼓形齿式联轴器生态设计指南》等 11 项中国机械通用零部件工业协会团体标准的制定工作，这些团体标准已于 2020 年 12 月 10 日由中国机械通用零部件工业协会正式发布。

2021 年

5 月

月内　按照中国机械通用零部件工业协会要求，完成了"中国共产党成立 100 年"行业发展成就图片遴选、2021 年行业抗疫复工复产先进集体与个人评选、第六批国家制造业单项冠军推荐、行业头部企业信息化调查、行业技术能手、优秀专利评选推荐等工作。

8月

月内 传动联结件分会发展会员，补做证书30家，积极发现行业骨干企业，充实协会队伍。

10月

月内 组织企业参加2020年上海国际动力传动与控制技术展览会（PTC展），传动联结件企业实现了集中参展，集中布展使个体与整体完美融合，收到了很好的展览效果。

11月

月内 分别在杭州、苏州、宁波、北京、兰州开展了企业数字化设计、数字制造新技术培训与论坛，论坛针对数字技术、设计技术和制造的融合展开研讨，明确智能制造的基础是网络化，网络化的基础是数字化，引导企业进行数字化、智能制造转型，为企业提供流程自动化解决方案。

12月

6日 在苏州召开了2021年传动联结件行业发展年会，会议审议通过了2021年工作总结及2022年主要工作计划。

企 业 概 况

传动联结件行业部分重点企业介绍

泰尔重工股份有限公司

泰尔重工股份有限公司（简称泰尔重工）成立于2001年，专业从事工业联轴器等产品的研发、制造和服务，是中国机械通用零部件工业协会副理事长单位和中国重型机械工业协会重型基础件分会副理事长单位。其产品的市场占有率连续十多年位居国内行业第一、全球市场排在前三位。2010年泰尔重工在深交所上市（股票代码：002347）。

泰尔重工是国家技术创新示范企业、国家知识产权示范企业，被评为国家绿色工厂。泰尔重工承担并组建了国家企业技术中心、国家博士后科研工作站、院士工作站等研发平台；建设了转矩达12 000kN·m的超重载型联轴器静载和运转试验台系统；试验检测中心通过了CNAS认证；主持或参与制定了33项国家或行业标准、11项团体标准；拥有授权专利443项，其中发明专利62项。

泰尔重工面向国家重大需求，致力于重大装备传动基础件的自主创新，攻克了联轴器等传动基础件的啮合理论、动力学分析、设计制造、试验检测等关键技术，研制的产品填补了领域空白，打破了国外垄断，改变了高端联轴器依赖进口的局面。如冶金热连轧超重载万向联轴器、硬齿面鼓形齿接轴、冷轧高速精密主传动万向轴、轨道交通转向架大倾角鼓形齿联轴器、某型号舰船尾轴万向联轴器、5MW风电膜片联轴器、核电冷却泵立式大型鼓形齿联轴器等。

1.履行社会责任，示范引领显价值

公司始终用实际行动践行初心使命，积极履

行社会责任、反哺社会。

一是共克时艰，彰显泰尔重工本色。新冠疫情期间，泰尔重工党委一次性向马鞍山市慈善总会捐款 100 万元，专项用于马鞍山市的疫情防控工作，同时为上下游供应链企业捐赠近 1 万只防疫口罩。此外，公司组织 88 名党员做好每日早晚入厂、出厂员工及公司宿舍隔离人员的体温监测记录工作，并做好工作场所的消毒工作，率先实现复工复产。设立"泰尔重工慈善基金"，专项用于特困家庭的大病救助、残疾人和贫困生的帮扶等，累计捐款 1 000 余万元，惠及困难群众数千人次。参与"善佑雏鹰"项目慈善资助，自 2017 年以来共资助马鞍山市 18 岁（含）以下的白血病、恶性肿瘤患者 157 人，发放慈善救助金 234 万元。

二是精准扶贫，助力乡村振兴。自 2018 年以来，泰尔重工党委积极响应"百企帮百村"号召，对扶贫对象——和县乌江镇周集村开展了一系列帮扶行动，积极开展修建泰尔共建路、捐资助学、慰问特困家庭等活动，累计捐赠扶贫基金 47.7 万元，助力周集村于 2020 年底实现了 116 个贫困户 274 人全部脱贫。2021 年 11 月，泰尔重工党委为含山县仙踪镇金洼村捐款 12.95 万元，用于金洼村的村路灯建设。

三是关爱帮扶，解决员工困难。设立职工专项邮箱，倾听员工的意见建议，截至目前已接收员工咨询类信息 56 条、投诉类信息 10 件，意见反馈率达 100%，如职工食堂就餐补助、环境津贴等问题都一一得到解决，员工满意率达 95% 以上。落实帮扶机制，制定泰尔重工慈善资金使用制度，对患有重人疾病的员工及家属进行救助，目前已救助 6 人，共计使用慈善资金 20.78 万元，有效地促进了企业的和谐稳定，为企业长效发展奠定了坚实基础。

四是根据安徽省委、省政府和马鞍山市委、市政府统一要求，第一时间组织员工复工复产，2021 年逆势上扬，实现销售收入 105 937.67 万元，比上一年度增长 30.5%。

2. 强国基石、专精特"小巨人"

2021 年 12 月 28 日，安徽省经济和信息化厅组织专家在马鞍山市召开了由泰尔重工股份有限公司牵头承担的 2018 年绿色制造系统集成项目"高端装备关键零部件绿色设计平台建设及示范项目"验收评价会，该项目顺利通过验收。

2020 年，泰尔重工的"一种优化的稀油润滑鼓形齿式联轴器"获中国专利优秀奖；2021 年，泰尔重工的"一种万向联轴器用整体式叉头"获安徽省专利优秀奖。

2020 年，泰尔重工主持制定国家标准 1 项，参与制定国家标准 4 项，均已发布；主持制定团体标准 2 项，参与制定团体标准 9 项，均已发布。2021 年，泰尔重工参与制定国家标准 1 项，主持制定行业标准 3 项，均已发布。

2020 年，泰尔重工在国家级刊物上发表论文 8 篇，在省级刊物上发表论文 1 篇；2021 年，泰尔重工在国家级刊物上发表论文 5 篇。

2021 年，泰尔重工荣获工业和信息化部第六批制造业单项冠军企业称号。

2021 年，泰尔重工与上海交通大学上海智能制造功能平台有限公司合作开发建设了泰尔重工常规万向轴及鼓形齿智能工厂。

石家庄凯普特动力传输机械有限责任公司

石家庄凯普特动力传输机械有限责任公司（简称石家庄 CAPT）是集研发、生产及销售为一体的综合性传动产品专业生产厂。公司产品种类有链轮、锥套、轮毂、带轮、同步带轮、齿轮、齿条、胀套、联轴器和驱动器等 16 大类型 45 000 余种规格，年产各类机械传动零配件 1 600 万件，同时拥有产品储备数量达 150 万件的中心成品仓库，可即时为全球用户提供各类机械传动件产品。

石家庄CAPT共有员工1 100余人，其中工程技术人员60余名，有10个生产分厂。石家庄CAPT拥有自己的专业外贸公司，精通国际贸易的相关流程，可为国外客户提供优质的服务。截至2011年，公司拥有净资产2.38亿元，年销售额2.8亿元，其中出口额超过4 000万美元，出口额占总销售额的比例达85%。"CAPT"品牌产品远销北美，日本、东南亚和欧洲等国家和地区。

石家庄CAPT分公司——天津凯普特动力传输机械有限公司具有2万t优质铸件的生产能力，安装有美国亨特铸造生产线1条、机械自动造型线1条及配套熔炼设备，可生产50kg以下各类高标准铸件产品。

石家庄CAPT于1996年在同行业中率先通过了ISO 9001：1994质量体系认证，2002年通过了英国劳氏ISO 9001：2000质量体系认证，2010年成功通过劳氏ISO 9001：2008质量体系换版认证。如今，石家庄CAPT产品畅销全球，成为日本、美洲及欧洲市场的知名品牌。

浙江亚太机电股份有限公司

浙江亚太机电股份有限公司为亚太机电集团有限公司的控股子公司，于2009年8月28日在深圳证券交易所上市。公司致力于开发、生产、销售整套汽车制动系统，是国家重点高新技术企业、我国汽车零部件制动器行业龙头企业、首批国家汽车零部件出口基地企业、国内率先自主研发生产汽车制动防抱死系统（ABS）的大型专业一级汽车零部件供应商，设有国家认定的企业技术中心、国家实验室、院士工作站和博士后科研工作站。

公司的主导产品汽车制动系统是中国名牌产品。目前，公司拥有100多个系列500多个品种的汽车基础制动系统、汽车电子辅助制动系统、汽车新材料应用制动部件产品，可以满足各类轿车、轻微型汽车、中重型载货车、大中型客车等车型的系统化和模块化配套需求，产量、规模在国内同行中名列前茅。

公司的产品销售网络覆盖了国内各大知名的整车企业和国际著名的汽车跨国公司，并自营出口到北美、欧洲、澳大利亚等国家和地区。主要用户有一汽大众、一汽轿车、上海大众、上海通用、上汽通用五菱、东风汽车、神龙汽车、东风日产、郑州日产、北汽集团、江铃汽车、奇瑞汽车、长安汽车、江淮汽车和华晨金杯等。

公司将继续加大在汽车电子领域的投入力度，以成功开发并产业化应用的汽车防抱死制动系统（ABS）为基础，重点转向汽车电子辅助制动系统产品的开发，诸如汽车电子操纵稳定系统（ESC）、制动能量回馈系统（EABS）、驻车制动系统（EPB）等。目前，公司已形成汽车电子控制系统100万套的年生产能力。

作为国内汽车制动系统行业的龙头企业，公司将始终秉承"诚信、务实、开拓、合力"的企业精神，以"制造精品部件，服务名优主机"为经营理念，以"建百年老厂，创世界品牌"为奋斗目标，继续坚持走自主创新之路，把产业做大做强，增强企业核心竞争力，争创国际一流企业，为弘扬民族精神，发展中国汽车工业做出应有的贡献！

中国船舶重工集团公司第七一一研究所

中国船舶重工集团公司第七一一研究所的主专业技术是传动技术。该所传动技术的研究和开发工作在国内处于领先水平，在行业中享有很高声誉。

该所传动机械工程事业部拥有先进的研究手段和试验设施，在齿轮传动技术、离合器、联轴器、制动器技术、液力传动技术及复合传动技术方面颇具实力，形成了具有隔声减振抗冲击特色的传动技术体系。传动产品产业化形成了一定规模，拥有专业制造工厂，已形成变速齿轮箱、高弹性联轴器、高弹性摩擦离合器、调速液力偶合器和液力变矩器等产品系列。

主要产品：

（1）联轴器。包括 LS 型高弹性联轴器、LC 型高弹性联轴器、LB 型高弹性联轴器、LR 型高弹性联轴器、XL 型高弹性联轴器和 WL 系列万向联轴器。

（2）离合器。包括 LT 型高弹性摩擦离合器、LQ 型气压离合器和 ZEA 系列电磁离合器。

（3）制动器。包括 ZDK 系列电动遥控静态制动器和 ZQQ 系列动态制动器。

无锡创明传动工程有限公司

无锡创明传动工程有限公司是由原中国航空工业第六一四研究所传动工程公司于 2001 年 5 月改制设立的股份制公司，专业从事挠性联轴器的研发、生产、销售和服务。公司注册地为江苏省无锡国家高新技术开发区，注册资本 3 000 万元。公司占地面积 33 200m²，建筑面积 17 500m²。公司拥有专业加工设备 100 多台，各类检测设备 30 多台，已形成年产 80 000 套联轴器的生产能力。公司拥有较强的专业人才队伍，现有员工 170 多人，其中拥有中高级技术职称的员工 35 人，技师和高级工人 40 人。

公司主要产品有叠片（膜片）联轴器、膜盘联轴器、蛇簧联轴器、风电用挠性联轴器、刚性联轴器、梅花形弹性块联轴器等。其中叠片、膜盘联轴器研究成果于 1990 年获得航空部科技进步奖二等奖，1999 年被认定为江苏省高新技术产品。截至 2013 年年底，公司已累计获得国家专利 28 项，其中发明专利 5 项。

公司于 2003 年通过了 ISO 9001 质量体系认证；2005 年通过了 GJB 9001 质量体系认证；2012 年和 2013 年先后通过 ISO 14001 环境管理体系认证和 GB/T 28001 职业健康安全管理体系认证。自 2003 年起，公司连续被认定为江苏省高新技术企业。

公司是挠性联轴器专业公司，是国内挠性联轴器产品和服务的主要供应商，年销售各类挠性联轴器产品 4 万多套，拥有较高的市场份额和良好的客户评价。产品设计、制造符合国家相关行业规范，可以完全满足美国石油学会 API610 和 API671 标准要求。公司现已成为国内外众多知名流程动力设备厂家优先选择的合作伙伴，是中国石化、中国石油、中国海油等大型炼化企业的资源市场成员单位。

公司的前身——中国航空工业第六一四研究所传动工程公司自 1982 年开始金属挠性联轴器的设计、试验和应用研究，是国内最早将挠性联轴器科研成果商品化的科研院所之一。公司在传承中国航空工业六一四研究所专有技术的基础上，在金属挠性联轴器的应用研究方面进一步发展，拥有了完整的设计计算方法和专业的验证手段，在相关领域积累了丰富的设计和使用经验，可以为各种工业应用提供挠性传动解决方案。

30 多年来，公司及其前身已经累计为各行业提供了 30 多万套各类高品质的联轴器产品。已交付产品的最大传递功率为 110MW，最大传递转矩为 5MN·m，最高工作转速为 60 000r/min，最大轴向补偿能力为 ±14mm，最大角向补偿能力为 4°，联轴器最大外径为 1 450mm。目前，公司与国内外众多知名的流程动力设备厂家建立了稳定的配套合作关系，是国内新建大型工业流程装置联轴器产品和服务的指定供应商。

许昌远东传动轴股份有限公司

许昌远东传动轴股份有限公司是国内规模最大、品种最多、规格最全的非等速传动轴研发、生产和销售知名企业，拥有专业化的生产和检测设备 1 200 台（套），U 型数控化"一个流"生产线 162 条，具备年产 360 万套非等速传动轴的生产能力。产品涵盖轻型、中型、重型和工程机械四大系列 8 000 多个品种，广泛应用于除轿车之外的所有汽车及工程机械上。公司获得"中国汽车零部件传动轴行业龙头企业""中国机械 500 强——汽车零部件 50 强""最具竞争力汽车零部件百强企业""中国中小板上市公司价值五十强"等荣誉。

迈格钠磁动力股份有限公司

迈格钠磁动力股份有限公司成立于 2012 年 5 月，是中国首家专注磁科技应用产业的企业、国家首批绿色工厂、国家高新技术企业，设有行业内全国首个示范院士工作站、省级企业技术中心、省级企业工程技术研究中心，拥有自主知识产权专利超过百项，在国内一直保持领先和主导优势。

公司主要研发和生产永磁传动、永磁制动、永磁悬浮轴承等关键支撑技术和产品，以高可靠性、长生命周期、低噪声、高效节能的磁动力系统替代传统动力系统，满足工业节能改造及航空航天、新能源汽车、轨道交通、核电、风电等新兴产业的发展需求。

公司目前已拥有永磁传动核心技术和多项自主知识产权，相关技术和产品先后获得国内专利 74 项，其中发明专利 10 项。

公司参与制定了两项行业标准，即 JB/T 13300—2017《永磁涡流电机耦合器技术条件》和 JB/T 13301—2017《永磁涡流电机调速器技术条件》，已于 2018 年 4 月 1 日正式实施。主持制定了两项国家标准，即 GB/T 38763—2020《永磁联轴器　通用技术规范》和 GB/T 38774—2020《永磁调速器　通用技术规范》。

1. 新技术成果

磁动力技术在全世界范围内都属于全新的科学技术，公司主导产品永磁涡流柔性传动节能装置的市场占有率达到 65% 以上，它可将传统风冷调速产品功率范围从 400kW 拓展到 1 000kW，大功率水冷调速产品的功率从 3 500kW 增加到 4 800kW，并且公司正在研发技术难度大、技术遥遥领先于同行业的适用于 6 100kW 传统风汽调速产品的永磁涡流柔性传动装置。公司以市场为导向，针对带式输送机研发了离合型永磁涡流传动装置，针对不同需求研发了同步型永磁柔性联轴器，现场应用效果良好，成为公司新的增长点。公司在永磁涡流传动技术的基础上，研发了应用于海军水下装备的永磁悬浮轴承、应用于民用电梯的智能永磁安全电梯系统、应用于汽车和高铁的永磁缓速制动装置、应用于火灾等特殊情况下高楼逃生的永磁缓降器、应用于风电行业的永磁阻尼器等。公司所研发的大部分产品填补了国内乃至国际空白，相关技术处于国际领先水平，在某些领域具有颠覆性的应用。目前，公司永磁产品的应用范围越来越广，系列化程度越来越高。经过多年的市场应用和推广，永磁产品逐渐被更多的人所接受和认可，市场占有率越来越高。

2. 获得的荣誉

公司产品先后入选国家发展改革委的《国家重点节能低碳技术推广目录》和"双十佳"最佳节

能技术和实践项目，工业和信息化部的《国家工业节能技术装备推荐目录》和《全国工业领域电力需求侧管理参考产品（技术）第一批目录》，以及辽宁省的《重点推广应用工业产品目录》。公司获得国家知识产权局颁发的"国家知识产权优势企业"，中国稀土协会、中国稀土学会的"中国稀土科学技术奖二等奖"，中国石油和化学工业联合会的"中国石油和化工行业技术创新示范企业"，2019 年辽宁省服务型制造示范企业／项目，辽宁省专精特新"小巨人"培育企业，辽宁省质量技术监督局授予的辽宁名牌产品，中共鞍山市委、鞍山市人民政府授予的"2019 年度鞍山市明星民营企业""2019 年度纳税五十强民营企业"，鞍山市政府的"鞍山市科学技术进步奖一等奖"等荣誉。2022 年公司获得机械工业质量诚信企业奖。

乐清市虹桥万向轴有限公司

乐清市虹桥万向轴有限公司从事十字型万向联轴器生产，拥有铸钢、锻造及热处理等各种金属加工设备。

目前主要产品有 SWP、SWC、SWZ、SWL、LQA、LQB、ZK、SMF、SWH 等系列各种型号的万向联轴器，直径为 20 ～ 620mm。公司先后为国内重点工程配套生产十字型万向联轴器，多年来为太原矿山机器厂、中国第二重型机械集团公司、陕西压延设备厂配套生产万向联轴器。如：包头钢铁公司年产 50 万 t 高速线材轧机，武汉钢铁公司年产 70 万 t 高速线材轧机，杭州钢铁厂高速棒材轧机，攀钢公司 1430 大板坯连铸机，上钢三厂 2000 大板坯连铸机，酒钢公司连铸机及无缝钢管穿孔机、轧管机、中小型轧机等冶金设备用万向联轴器。近年来，轧钢机用万向联轴器出口到马来西亚、菲律宾、澳大利亚等国家。公司还生产造纸设备和木工设备。

公司制造的新式强力 SMF 型十字轴式万向联轴器是汇集了现标准 SWP 型与 SWC 型结构的优点，提高了整体结构强度和抗冲击能力，延长了使用寿命，特别适用于各类轧钢机、矫正机、起重机械及各种重载频繁正反转的重型机械传动装置。

浙江西普力密封科技有限公司

浙江西普力密封科技有限公司长期致力于橡塑密封原材料性能配方、密封件结构原理及模具等技术工艺研发、生产及应用，拥有中国石化行业认证的 A 级质量检验机构西普力密封科技检测中心。公司是浙江省科技型中小企业、市级高新技术企业，拥有 30 多项自主知识产权，已掌握世界聚氨酯密封件性能配方工艺生产技术。模拟试验证明，公司的产品与国外著名品牌密封件相比，各种性能指标有过之而无不及，是中国聚氨酯密封件行业领军企业。公司总占地面积 60 余亩（1 亩 ≈ 666.7m²），建筑面积 5 万多 m²，主要生产各种以聚氨酯、橡胶、塑料、聚四氟乙烯、金属等为原料的密封件、弹性减振件。这些产品都具有很好的抗张强度、压缩形变性能、耐高低温及耐压性能，使用寿命长，适用于各种液压缸上。

唐山创德传动机械有限责任公司

唐山创德传动机械有限责任公司是专业生产新型机械基础件的专业厂家。公司的主要产品有胀紧联结套、紧定套、退卸套、联轴器和超越离合器（逆止器），广泛应用于矿山机械、冶金机械、重型机械、纺织机械、轻工机械、包装机械、机床、印刷机械、加工中心、烟草机械、锻造机械等设备。目前，公司的产品已为纺织机械、印刷机械、食品机械、矿山机械、冶金机械等主机配套，有些产品随主机配套出口至欧美、东南亚等地区。

浙江华泰联轴器有限公司

浙江华泰联轴器有限公司创办于1998年，是煤炭工业局机械装备集团公司定点生产单位，是集铸钢、锻造、热处理器及机械加工为一体的企业。公司主要产品为联轴器，种类涵盖万向、鼓形齿、弹性三大类20多个系列，广泛应用于冶金、矿山、工程机械、石油化工、起重机械、造纸机械等行业。目前，公司的主要产品销往国内外各大钢铁公司和冶金设备生产厂家，年生产能力达万余套。公司以国家标准的基础件为基准，以持续不断地向用户提供满意的产品和服务为目标，以"质量求生存，品种求发展"为方针，以先进合理的工艺指导生产，严格执行ISO 9001：2000质量管理体系，公司以"质量第一、信誉至上、承诺经营、用户满意"为经营宗旨。

乐清市三丰传动有限公司

乐清市三丰传动有限公司创建于20世纪80年代中期，是研发、生产、销售十字轴式万向联轴器、卷筒联轴器和高性能鼓形齿式联轴器的专业厂家。公司1992年开发生产的SWF型十字轴式万向联轴器和1996年开发生产的WZL型卷筒联轴器，经过多年不断的技术和工艺改进，已拥有多项知识产权。根据市场需求和企业的发展需要，2013年公司高起点开发生产的鼓形齿式联轴器，在充分分析了国内外产品的基础上，以全新理念优化设计，使产品结构更加科学合理，性能更加安全可靠。

公司已通过ISO 9001质量管理体系认证，与国内多家重点起重机制造厂家和各相关领域用户建立了长期的合作关系。公司的产品广泛应用于国内各大重点工程项目，其优良品质获得了行业内专家和用户的一致好评。

山东东益机械制造有限公司

山东东益机械制造有限公司成立于2004年3月，是机械传动基础件——鼓形齿式联轴器专业生产厂家，注册资金1 000万元，年产量11 000套，产值4 600万元。公司的锻造、热处理、机械加工、检验及检测设备齐全。公司凭借可靠的产品质量、及时的服务，赢得了太原重工、中国一重、大连重工及天津钢管等大型企业的认可和信任，被中国机械通用零部件工业协会授予"中国齿轮行业协会五十强""最具创新企业"称号。公司研制的

轨道交通车辆用鼓形齿式联轴器已进入中试阶段，产品具有国内先进水平，可替代进口产品。

上海柏森传动机械有限公司

上海柏森传动机械有限公司创建于 2006 年，是一家致力于机械传动件生产的现代化专业企业。公司通过了 ISO 9001 质量管理体系认证，拥有独立的进出口权，创立了"BSN"品牌，并获得国家商标注册证书，在本行业被誉为知名商标。目前，公司的产品已覆盖全国各地，部分产品出口到日本、韩国及欧美等国家和地区，广泛应用于矿山、冶金、汽车、风电、航空、造纸、纺织、

化工及军工行业。公司依托上海的地理优势和众多优秀人才，以成熟的生产技术和销售渠道，凭借高品质和完善的服务得以快速发展，凭借卓越的产品品质、优异的性价比和完善的售后服务赢得了市场认可和青睐。公司多样式、多种类、多品牌的产品，为中外客户的一站式采购提供了便利条件。

咸阳超越离合器有限公司

咸阳超越离合器有限公司成立于 1999 年 11 月 22 日，是集研发、生产、销售为一体的机械传动联结件专业化制造企业，是陕西省认定的高新技术企业。

公司以单向离合器为龙头，以电磁离合器、胀紧联结套、安全离合器为主导，产品系列达 60 多个，产品型号达 5 000 多种。公司的产品应用范围涵盖印刷、包装、纺织、食品、矿山、工程机械、冶金、电力、农机、新能源等行业。目前，公司拥有专利 14 项，研发的产品被列入国

家火炬计划项目，两项产品获得国家科技型中小企业技术创新基金扶持，多个项目荣获省市级科技进步奖等荣誉。公司生产的单向离合器凭借优秀的产品技术和较高的市场占有率，于 2005 年起持续获得"陕西省名牌产品"荣誉称号。同时，"CHAOYUE"品牌产品以优良的品质、可靠的信誉、广泛的产品系列及周到的售后服务赢得了较高的知名度，深得客户青睐，"CHAOYUE"注册商标于 2006 年起持续获得"陕西省著名商标"荣誉称号。

北京新兴超越离合器有限公司

北京新兴超越离合器有限公司成立于 1994 年，在北京市中关村科技园区昌平园注册，注册资金 2 600 万元，注册商标为"KCK"及"新兴超越"。公司是北京市高新技术企业及北京中关村高新技术企业，是超越离合器国家标准、逆止器

行业标准的制定单位，通过了 GB/T 1900—2016/ISO 9001：2015 质量管理体系认证。

公司专门研制、生产销售各类型楔块式和滚柱式单双向超越离合器、逆止器及其他传动联结件，采用智能制造手段制造各种机械通用零部件。

公司的主要产品是各种超越离合器，有 20 多种类型 1 000 多个规格系列，广泛用于机床、冶金设备、矿山机械、石化设备、印刷机械、起重运输机械、减速机、发电设备及军工产品等机械设备的传动系统中。公司的产品已列入《国防军工配套产品推荐目录》，有广泛的应用前景。公司的产品畅销全国 30 个省、自治区、直辖市并远销美国、日本、新加坡、印度、伊朗和欧洲等国家和地区。

公司多年从事超越离合器、逆止器研制，拥有一支精干的勇于技术创新的研发队伍，积累了多年的科技成果和经验，研发的新产品拥有自主知识产权，拥有授权发明和实用新型专利技术 19 项，这些专利技术通过进行技术创新、功能创新和应用创新，提升了产品品质。公司根据市场需求，研发出各种先进的新产品，在机械传动系统中保证了各种功能的执行和安全运行，避免了重大事故的发生，对节约能源起到了重要作用。

公司的产品拥有自主知识产权，并在近年来多次获奖。具体获奖情况：2013 年，中国高科技产业化研究会授予公司的"限扭超越离合器"为"2013 中国科技创新最佳发明成果奖"；2015 年 9 月，公司获得全国质量协会授予的"中国优秀品牌企业""全国重质量、守信誉先进单位"称号。2016 年，公司的"带联轴器的非接触式超越离合器"被中国机械通用零部件工业协会授予自主创新优秀新产品优秀奖；2016 年，公司的"智能多用途超越离合器"项目通过了科技成果鉴定并获得了科技成果登记证书；2016 年 11

月，"智能多用途超越离合器"荣获第九届国际发明展览会金奖；2017 年 4 月，中国机械通用零部件工业协会授予"智能多用途超越离合器"自主创新优秀新产品优秀奖；2017 年 8 月，国防科技生产力促进中心批准公司的超越离合器、逆止器入编《国防军工配套产品推荐目录》；2018 年 9 月，公司的"单向超越膜片联轴器"在第十届国际发明展览会暨第三届世界发明创新论坛上荣获"发明创业奖·项目奖"，并被列入"循环水输送泵组及管网系统余压能量闭环回收及循环利用技术研究"课题；2018 年 10 月，中国品牌发展委员会授予公司"全国离合器行业质量领军企业"；2019 年 3 月，中国质量检验协会授予公司"全国离合器行业质量领先企业""全国产品和服务质量诚信示范企业"称号；2019 年 5 月，公司的 KCK 离合器荣获品牌中网授予的"2019 年度中国超越离合器十大品牌"称号；2019 年 9 月，中国民营科技促进会组织专家对"循环水输送泵组及管网系统余压能量闭环回收及循环利用技术研究"课题进行评价，指出，该项目的主要创新和技术特点之一是创新设计的"单向超越膜片联轴器"循环水系统余压能量回收技术达到国内领先水平，经济和社会效益明显，应用前景广阔。

公司坚持"质量第一、顾客至上、持续改进、信誉永葆"的质量方针，秉承诚信、奉献、开拓、超越的精神，以"创新技术、精心管理、卓越品质、优质服务"的理念，竭诚为广大客户提供优良的产品和完美的服务，与广大客户共创美好未来！

河北北环机械通用零部件有限公司

河北北环机械通用零部件有限公司始建于 1981 年，位于北京、天津、保定、沧州四大城市交汇中心的胜芳古镇，胜芳古镇商贾云集，交通便利。

公司是生产普通型平键、半圆键、吊环螺钉、

键用型钢等键联结系列产品的专业厂家，承接德标（DIN）、美标（ANS）及非标准紧固件生产业务。公司的设备精良，生产经验丰富，技术力量雄厚，具有自主研发新产品和设计、制造模具的能力。公司诚实纳税，诚信经营，所生产的"盛

标"牌标准紧固件产品严格执行国家标准,质量可靠,价格合理。多年来,公司高品质的产品深受广大用户信赖,除内销全国各地以外,还随主机远销欧洲、美国、亚洲等国家和地区。2020年、2022年连续获得"机械工业质量诚信企业"称号。

浙江泰顺力达冶金机械配件厂

浙江泰顺力达冶金机械配件厂技术力量雄厚、检测手段精良,已形成了较完善的生产管理体系和营销网络,装备水平和生产能力有了长足发展,生产规模不断扩大。该厂的主要产品有ZK型、JXG型、SWL型、SWP型、SWC型标准及非标准十字轴式万向联轴器轴承、十字轴、十字包。公司的产品具有承载能力大、转动灵活、寿命长、噪声低、装拆润滑方便等优点,广泛用于冶金、矿山、起重机械、石油化工、水泥、电力、造纸和制药等行业,覆盖了全国几十家十字轴式万向联轴器的生产厂家,还为全国20多个省、市、自治区的企业提供维修用轴承、十字轴、十字包服务。

邯郸市恒力传动机械有限公司

邯郸市恒力传动机械有限公司专业从事工业联轴器的设计、生产和销售。公司位于赵国古都邯郸市高新技术开发区,与京珠高速相邻,交通十分便利。自1986年建厂以来,公司的用户遍布全国,产品国内市场占有率名列前茅,国内市场逐年扩大。

公司拥有近百名员工,以"以人为本、以质取信、服务至上、创新争先"为宗旨,产品质量是公司坚持不懈的追求。

公司具有专业的研发团队,设计和生产的联轴器共30余系列上千种规格,广泛用于冶金、矿山、造纸、化工及重型机械行业,可根据客户个性化需求设计和生产各种非标联轴器。公司的技术先进、设备精良、检测手段齐全、质量保证体系完善,产品以优良的品质深受用户好评。

公司一贯以产品质量作为企业发展的生命,倡导"质量第一,顾客第一,敢为人先,争创一流"的精神,坚持开拓创新、精工细作、保证质量。2005年5月,公司被中国机械通用零部件工业协会吸收为会员单位;2005年10月,公司通过了GB/T 19001—2000、ISO 9001:2000质量管理体系认证;2006年3月,公司被邯郸市工商局评为"守合同重信用企业";公司多次被河北省消费者协会及邯郸消费者协会评为"消费者信得过单位"等。这些荣誉标志着公司在管理和产品质量上义步入一个新的阶段。

武汉博能设备制造有限公司

武汉博能设备制造有限公司位于武汉市额头湾经济工业园,占地面积11 000m^2,建筑面积5 500m^2。专业的生产设备、成功的制造经验、完善的质量保证体系(公司已通过ISO 9001:2000国际质量体系认证)和诚信的服务是公司为用户提供优质产品和优良服务的可靠保证。

公司生产多种系列近 400 个品种的联轴器，主要产品有 SWC/SWP/SWZ/WS/WSD 型十字轴式万向联轴器、WSL 型矫正机用十字轴式万向联轴器、CL/CLZ 型齿式联轴器、G Ⅰ CL/G Ⅰ CLZ/G Ⅱ CL/G Ⅱ CLZ 型鼓形齿式联轴器、GCLD 型电动机轴伸鼓形齿式联轴器、NGCL/NGCLZ 型带制动轮鼓形齿式联轴器、WGT 型接中间套鼓形齿式联轴器、HL 型弹性柱销联轴器、HLL 型带制动轮弹性柱销联轴器、ML 型梅花弹性联轴器、TL 型弹性套柱销联轴器、TLL 型带制动轮弹性套柱销联轴器、UL 型轮胎式联轴、M/JMJ 型膜片联轴器、JS 型蛇形弹簧联轴器、GL 型滚子链联轴器和 KL 型滑块联轴器等。在不断满足用户需求的基础上，研发了螺旋齿面及高精度、高转速的十字轴式万向联轴器，填补了该产品国产化的空白。

慈溪飞龙同步带有限公司

慈溪飞龙同步带有限公司成立于 2000 年，作为传动带产品专业制造销售商，致力于国内同步带传动产品的研发与生产，全力促进同步带传动技术的发展。公司现已成为行业内技术领先、规格齐全、品质优良、服务完善的同步带传动产品专业生产企业。公司坚持创新求变，努力提高自身的综合实力来适应时代的发展。

作为国内同步带行业的优质供应商，公司专业制造符合国际标准和国家标准的多种型号、规格的同步带、同步带轮，如各种规格工业用橡胶同步带、多楔带、双面齿同步带、PU 同步带、汽车同步带及配套带轮系列产品。公司的产品广泛应用于纺织、化纤、通信、雕刻、机床、烟草、印刷、包装、食品、喷绘、缝制、家电、石油化工、健身器材、仪器仪表等行业的机械传动系统中。

公司一贯奉行"科学技术是第一生产力"。公司设备精良，拥有先进的现代化车床设备以及完善的系统检测仪器。公司坚信高水准人才是最不可或缺的力量，坚持以人为本、科技创业、超越自我、追求卓越。

山西惠荣传动轴有限责任公司

山西惠荣传动轴有限责任公司位于山西省晋中市平遥县干坑村村南平沁公路南 300m 处。公司的经营方针：科学技术为先导，现代管理为核心，企业品牌为标志，创造效益为目的。公司自成立以来一直秉承"诚于心，信于行"的经营理念，奉行"创意秉承客户至上，以人为本"之精神，始终贯彻"以人为本，客户至上"的管理理念。

武汉正通传动技术有限公司

武汉正通传动技术有限公司原名武汉正通传动器材有限责任公司，1998 年成立，注册资金 6 800 万元。目前，公司专业生产高新动力传动件，主要产品有联轴器、胀紧联结套、转矩限制器、传动轴及安全离合器等。公司占地面积 52.24 亩（1 亩 ≈ 666.7m²），已完工厂房面积 22 300m²，现有人员 108 人，系中国机械通用零部件工业协会和中国重型机械工业协会会员单位。公司已跻身于国内一流动力传动件制造企业行列，是国内通用零部件行业的一支劲旅。

公司主要荣誉：国家高新技术企业、湖北省知识产权示范建设企业、湖北省名牌产品、武汉市著名商标、武汉市黄鹤英才奖励和武汉市十佳创业企业。

设备能力：公司拥有较齐全的设备加工能力。现有各类设备237台，其中有M16模数数控滚齿机、Y51160/Y5180数控插齿机、24台从直径300mm到1 250mm的不同规格数控车床（CJK6130~CK61125）、数控立式车床、8台线切割机床以及大工作台面数控钻床、L6120拉床等。公司的设备数控化率达到42%。同时有三坐标测量机、大型动平衡机、超声波探伤仪和扭矩测试机等相应的检测测试设备，公司为国内同行业中最具设备优势的制造企业之一。

技术能力：2019年，公司加入中国机械基础零部件产业技术创新联盟，并与太原科技大学签订产学研合作协议，共同推动中国高端基础零部件发展。自1998年成立起，公司的技术人员就紧跟国外技术动向，以技术难度大、使用寿命长、满足特殊要求的产品为研究制造方向，逐步形成了在国内行业领先的技术体系，具备满足规模生产及顾客要求的高技术设备和高素质人才。企业积聚了一批行业一流的专业技术人才，设立了由高级工程师、工程师及高级技师等组成的企业技术中心，运用CAD/CAM/CAPP手段，大力研发

动力传动新产品，不断提升动力传动件的研究与制造水平。公司的产品一直服务于大国重器，在国内航天、船舶、核电和钢铁领域不断取得新的业绩，并为国际同行代工。

公司与在华外资企业合作多年，为这些在华外资企业开发了10多项动力传动件，成功替代了进口产品。公司现已取得联轴器类发明专利7项、实用新型专利23项。公司研制的带转矩限制的同步带轮和安全离合器（扭力限制器）获得2016年度中国机械通用零部件工业协会"技术创新奖"优秀奖。公司参与了24项国标及行业标准的起草，其中15项标准已经发布实施。

管理水平：公司于2003年通过了ISO 9001质量管理体系认证。公司设立了营销部、生产计划部、采购部、技术部、质量部和综合部六大部门，并在上海、广州、沈阳等地设立了分公司、办事处。作为现代化企业，公司大力培养各类人才，全力营造安全、文明、和谐的工作环境，以质量优良、价格公道、交货及时及优良的服务面向顾客，回报社会。

企业文化：在公司的发展历程中，一直本着"做中国最好的动力传动件"的理念和"团结拼搏、创新务实，诚信敬业、与时俱进"的企业作风，大力加强企业文化建设。公司每年投入销售额的1%~3%用于员工的培训及企业的文化娱乐活动，增强企业的凝聚力和向心力，逐步形成了富有特色的正通企业品牌文化。

宁波伏龙同步带有限公司

宁波伏龙同步带有限公司是1984年成立的同步带专业生产厂家，于1997年通过了ISO 9001质量管理体系认证。公司年产各类传动带800万条、带轮40万套，现有模具2 000多个，带子最大周长38m。可为客户设计、定制各种型号同步带，并可按需求提供产品的全套测试报告。

公司的主要产品有工业同步带、汽车同步带、双齿同步带、多楔带、切割V带、平带及同步带轮。

沧州天硕联轴器有限公司

沧州天硕联轴器有限公司是国内著名的机械非标准件加工厂家，有 15 年汽车模具、联轴器、液压泵和其他机械传动件的加工历史。公司注册资本 3 000 万元，拥有模具加工、传动件生产、液压泵制造三个厂区，总占地面积 34 亩（1 亩 ≈ 666.7m²），员工 230 余人，其中销售服务人员 26 人，技术人员 12 人，高级工程师 6 人。公司拥有专业的汽车模具、螺杆泵、联轴器研发设计团队，产品全部采用 SolidWorks、UG 三维数字化设计，能够快速完成各种产品的参数设计计算、三维建模、有限元素分析和二维工程制图等工作。公司具有设计、生产、测绘各种机械非标件的丰富经验，可以自主研发各种高端联轴器、螺杆泵和汽车模具，公司自主技术研发的高速高性能联轴器技术水平处于行业领先地位。

公司拥有德国产大型五轴龙门加工中心 1 台，最大加工范围为 6m×4.2m×1.9m，C 轴摆角度为 ±200°、AB 轴摆动角度为 ±120°。另外，公司还有中国台湾产数控龙门加工铣床 4 台，中国大陆产立式加工中心 4 台、数控车 25 台、数控滚齿机 5 台、数控插齿机 10 台、线切割机 20 台、动平衡机 4 台、花键铣、螺杆铣、内磨、外圆磨、平磨、大型摇臂钻床、大型插床及拉床等机械加工设备共计 100 余台，可以进行所有机械非标准件的加工。

公司的联轴器品种齐全，主要产品有高速膜片联轴器、膜盘联轴器、高弹性联轴器、十字轴式万向联轴器、弹性联轴器、膜片联轴器、鼓形齿式联轴器、刚性联轴器、精密联轴器和胀紧联结套 10 大类 199 个品种 2949 个型号上万个规格。

衡水刘杨联轴器厂

衡水刘杨联轴器厂是国内较早注册的联轴器专业生产厂，是国家机器轴与附件标准化技术委员会理事成员，是行业内联轴器的研究开发基地之一。该厂在 30 年的发展历程中，开发了许多产品，有些产品技术已被确定为国内产品技术标准。该厂的产品曾获国家级新产品奖。该厂于 2000 年通过了 ISO 9000 质量管理体系认证，是宝钢、武钢、一重、二重等国家重点单位工程项目设备的定点配套厂。

该厂的主要产品有高弹性联轴器（LA，LB，DL，UL 等）、弹性联轴器（HL，TL，LM，LX，LZ 等）、鼓形齿式联轴器（G1CL，G11CL，WG，TGL 等）、限矩联轴器（MAL，ANM 等）、气动制动器（QPZ，QBPZ，JP 等）、气动离合器（QPL）及带制动轮联轴器，共 7 大类 30 多个品种上千种规格，在国内冶金、矿山、起重机等行业广泛应用。该厂可接受非标准产品的设计及制造。

山西大新传动技术有限公司

山西大新传动技术有限公司是专业从事新型机械传动联结件研发、制造、销售、服务，以及对进口设备易损零部件进行国产化替代的制造企业。

公司成立于 1998 年 3 月，位于山西省新绛经济技术开发区，占地面积 1 万 m²。目前，公司主要有加工、检测、测试设备 30 余台，千余种型号规格产品，具有年产 10 万套传动零部件的生产能力。公司技术中心为山西省中小企业省级技术中心，与有关院校建立了产学研合作关系。公司现为全国机器轴与附件标准化技术委员会（SAC/TC 109）委员单位。公司自成立以来，坚持以客户需求为己任，始终将品质可靠、技术领先作为核心竞争力，在行业中保持着技术先进地位。公司先后参加起草修订了3项国家标准，即GB/T 28701—2012《胀紧联结套》、GB/T 5272—2017《梅花形弹性联轴器》、GB/T 33518—2017《再制造基于谱分析轴系零部件监测评定规范》；1项机械行业标准，即JB/T 10466—2004《星形弹性联轴器》；1项企业标准，即Q/SDC 001—2013《ZJ-JQJ剪切机胀紧联结套》。公司拥有已授权的实用新型专利4项，计算机软件著作权登记5项。产品注册商标"新大新"品牌被认定为"山西省著名商标"。公司的"重大装备传动系统无键联接关键技术研发与应用"项目荣获2019年中国机械工业联合会、中国机械工程

学会颁发的"中国机械工业科学技术奖科技进步奖二等奖"和"山西省科学技术奖技术发明二等奖"，"JQJ剪切机胀紧联结套"荣获2018年中国机械工业联合会的"改革开放40周年机械工业杰出产品"称号。公司以优质的产品和服务赢得了越来越多客户和市场的认可。公司致力于将"新大新"打造成为高端传动联结件品牌。

公司的主要产品有胀紧联结套、各类联轴器、重型锁紧盘、新能源电动车用胀套式法兰盘等，为国内外重型机械、冶金机械、锻压机械、工业机器人、物流机械、塑料机械、煤矿机械、矿山机械、石油机械、纺织机械、包装机械、现代农业机械、风力发电、高端数控机床、重大项目专项试验台及新能源电动车等设备配套。公司还可进行中大型设备零部件的再制造，使原材料循环利用，降低成本。公司可为国产化智能装备技术升级和节能降耗提供定制化的传动技术整体解决方案。

镇江恒宇传动机械有限责任公司

镇江恒宇传动机械有限责任公司位于江苏省镇江市丹徒区高资镇。公司资金雄厚，生产经营能力强大，已发展成为业内一家较具实力的生产型企业，是专业研发、生产及销售减变速机的现代化企业。公司的主要产品有S系列斜齿轮蜗轮蜗杆减速机、R系列斜齿轮减速机、K系列弧齿

锥齿轮减速机、F系列平行轴斜齿轮减速机、J系列大功率硬齿轮减速机、HD系列换向器等十大系列上万种规格产品，广泛应用于钢铁冶金、矿山机械、啤酒饮料、食品包装、纺织印染、橡胶塑料、石油石化、起重运输、制药制革、环保设备等轻、重工业的机械传动领域。

南京超春传动机械有限公司

南京超春传动机械有限公司拥有车床、铣床、刨床、磨床、插齿机、滚齿机等机械加工设备，以及井式回火炉、井式渗碳炉和箱式电阻炉等热处理设备。

公司自1994年以来专业从事十字轴式万向联轴器的核心部件——十字包、十字轴和轴承的生产，技术处于业内领先地位。公司的产品与主机

配套后销售至国内各大钢铁公司并出口到东南亚、澳大利亚和拉丁美洲等地区，赢得了良好的声誉。公司生产的鼓形齿式联轴器在冶金企业已大量应用。

成都蜀江轴承制造有限责任公司

成都蜀江轴承制造有限责任公司位于环境优美、交通便利的成都市温江区国家级生态示范区内，在成温邛高速公路旁，紧邻温江国家级台商经济开发区，距成都市区和双流国际机场均为 20km。

公司具有专业的滚动轴承设计开发、生产制造能力，拥有精良的检测手段和完善的质量保证体系，可设计开发、生产制造外径为 1 600mm 以内的各类大型、特大型标准、非标准和特殊型滚动轴承。公司的特色产品为 SWC 和 SWP 型十字轴式万向联轴器用组合轴承、十字包，剖分式（单、双列）圆柱滚子轴承，剖分式调心滚子轴承，以及超薄壁大型、特大型（球、滚子）轴承等。

文成县力胜传动机械有限公司

文成县力胜传动机械有限公司（原文成县力生机械有限公司）创办于 1993 年，属民营股份制企业。公司专业从事十字轴式万向联轴器主要部件十字包、轴承等传动机械产品的技术开发、生产经营等，主要产品有 SWP、SWC、SWL 三大系列十字包及轴承。十字轴式万向联轴器是目前应用十分广泛的一种机械传动的重要基础件，主要用于冶金行业的轧钢主机及辅助传动，也可用于起重、运输、矿山、石油化工、橡胶以及船舶造纸等行业。

公司的产品特点：①可靠性高。由于采用了整体叉头结构，避免了因螺栓松动和断裂引起的的质量事故发生，因而具有冶金行业连续生产所需要的可靠性。②承载能力大。主件采用优质合金钢，并经渗碳淬火或调质处理，具有承载能力大及使用寿命长等优势。③效率高。采用滚动摩擦原理，其传动效率高、噪声低、倾角大，最大倾角可达 15°。④应用范围广。

乐清市重鑫机械制造有限公司

乐清市重鑫机械制造有限公司是一家专业设计、制造和经营传动基础件的高新技术企业。公司拥有成套机械加工设备及计量、理化、动态试验等一系列质量检测设备，具有较全面的机械加工能力。

公司主要生产各种齿式联轴器、弹性联轴器、高强度梅花联轴器、卷筒联轴器及十字万向联轴器等各种标准及非标联轴器，产品广泛用于冶金、矿山、起重运输、造纸、通用机械等行业的传动系统中。多年来，公司不断引进和吸收国外先进技术，采用新工艺、新型材料，产品质量稳定可靠，可替代同类进口产品。

苏州格润德机械制造有限公司

苏州格润德机械制造有限公司是江苏省高新技术企业，属民营科技企业，是外向配套企业；专业生产船舶冶金传动部件、航空航天焊接装备、新能源汽车电池托盘等产品，具有自主研发产品及工艺设计、生产制造、安装调试、再制造等全生命周期的产品集成服务能力。

公司已通过 ISO 9001 质量管理体系、AS91001 航天航空质量管理体系、三级安全体系等认证，拥有注册商标、实用新型专利和发明专利等。

南京玛格耐特智能科技有限公司

南京玛格耐特智能科技有限公司于 2017 年初在南京江北新区注册成立，主要致力于永磁调速节能产品的研制、开发、生产和销售，提供旋转设备故障诊断和预知性维修解决方案、电动机系统节能诊断和节能解决方案两大类服务。公司拥有永磁耦合器、调速型永磁耦合器、永磁调速电动机、永磁软起动器和永磁离合器等五大类产品，广泛应用于电力、冶金、石油、化工、建材、采矿、城市给排水和造纸等行业。

1. 永磁耦合器

主要优点是隔振、减振。公司可定制轴向窜动大的产品（最大轴向窜动可达 30mm）。

该产品广泛应用于钢铁、电力、石油、化工、水泥、建材、造纸、供水、市政、输油、输气、机械、船舶、航空、航天和自动化等行业的旋转设备传动系统上，能适应潮湿、粉尘和温度较高的环境。

安装于电动机和负载之间，无须控制，无须通电；轴向和径向刚度低，可大幅度降低电动机和负载的轴向载荷、径向载荷和轴向窜动引起的轴向负荷，可降低设备的振动 40% ~ 90%，明显提升旋转设备的寿命和无故障周期；可实现同步传动，传递效率高、体积小。

2. 调速型永磁耦合器

主要用于调速、软起动，优点是节能、隔振减振。

该产品广泛应用于钢铁、电力、石油、化工、水泥、建材、造纸、供水、市政、输油和输气等行业的水泵、风机和压缩机上，能适应潮湿、粉尘和温度较高的环境，适用于转速为 333 ~ 3 000r/min 的较高转速的传动，安装于电动机和负载之间，通过接收分散式控制系统（DCS）的 4 ~ 20mA 控制信号实现自动调速。

南京艾凌节能技术有限公司

南京艾凌节能技术有限公司于 2005 年 7 月成立，致力于永磁调速系统的研发、设计、生产、销售和服务，是国内第一家永磁调速节能方案提供者和实践者，目前已有成功应用案例 300 余个，已应用的调速设备最大功率达 2 000kW。公司于 2016 年迁入国家级新港高新园红枫科技园，与江苏金陵永磁产业研究院组建了国内第一家永磁调速研究所——金磁调速所，专注于套筒式永磁调速技术的进一步研究和技术升级。公司自成立以来，已成功为国内多家高耗能企业设计、制造和

安装永磁调速器系列产品，成功案例已覆盖中石油、国家电网、宝钢等大型企业。

套筒式永磁调速器由导体转子、永磁转子和调节器三部分组成，当导体转子转动时，导体转子与永磁转子产生相对运动，导体转子切割永磁转子的磁力线产生涡流，涡流产生感应磁场与永磁场相互作用，使永磁转子沿着与导体转子相同的方向转动，从而将电动机的转矩传递给负载，通过调节器来调节导体转子与永磁转子之间的啮合面大小来控制转速。啮合面越大，输出的转矩

越大，转速越高。

该产品的主要特点：属于机械设备，结构简单，可靠性高，使用寿命长；运行维护成本低，对维护人员的要求低；非接触传递转矩，隔离振动，传动平稳、安全；设备运行不受电网质量的影响，也不污染电网；电动机轻载起动，起动时间短，起动电流小，发热量少；允许轴向窜量为10mm，允许对中误差为1mm；适用于所有异步电动机的永磁调速改造，且不受电压等级的限制。

该产品适用于离心式风机/泵/压缩机、轴流式风机/泵。

玉环都诚机械制造有限公司

玉环都诚机械制造有限公司是一家专业生产、研究与销售胀紧联结套、联轴器等机械基础件的企业，注册资金1000万元。公司的产品广泛用于矿山机械、电力机械、轻工机械、起重机械、风机等机械上。公司的销售和服务范围遍及全国及亚洲、欧美部分地区。

"立足创新、专注质量、诚信服务、真诚合作、共同发展"是公司始终如一的追求，为客户提供优质、可靠和安全的产品是公司永恒的方针，公司将不断超越自我，不断为客户创造价值，为客户提供更优质的技术、产品和服务。

四川劲兴制动科技有限公司

四川劲兴制动科技有限公司成立于2015年，位于四川省德阳市广汉市经济开发区高雄路西段。公司的产品主要包括自动补偿双锥面制动器和自动补偿鼓式制动器两个系列，已取得"特种设备型式试验证书"，主编了 T/TCMCA 0019—2022《电力液压双锥面制动器 技术规范》和 T/TCMCA 0018—2022《工业制动器 自动补偿装置技术规范》两项团体标准。公司的产品广泛应用于起重机、皮带机、轧机等冶金、矿山行业的各类关键设备上，双锥面制动技术在工业制动器摩擦副结构方面实现了突破，自动补偿装置结束了依赖人工调整以使制动器正常工作的时代，适应了免维护、辅助智能控制等技术发展需求，为传统工业制动器升级换代奠定了坚实基础。

唐陌传动机械有限公司

唐陌传动机械有限公司成立于2016年，是一家专业从事动力传动机械产品设计、研发、生产与销售的企业，由一批多年从事传动设备研发、生产制造的精英组建而成。公司专注于工业万向轴、齿式联轴器和剖分式轴承等产品的生产制造。2018年，公司在无锡投资1000万元建设唐陌传动机械（无锡）有限公司生产基地；2019年，公司在安徽广德投资建设唐陌传动机械（安徽）有限公司。公司现有员工120余名，拥有先进数控设备100多台，年生产大型传动轴8000多件。公司2018年通过了 ISO 9001 质量管理体系认证，是中国重型机械工业协会会员，也是江苏省质量、服务、诚信 AAA 级企业。目前，公司已获得国家级专利20余项，2021年荣获江苏省高新技术企业称号。公司与北京科技大学、太原科技大学合作成立了产学研试验基地。公司的产品销售至全国20多个省市的冶金矿山、起重运输、石油化工、水泥、电力、造纸等行业，并出口到东南亚及欧美等地区，多次用于国内大中型钢厂、设计院、机械设备制造企业的传动设备技术改造和升级项目，获得了客户的普遍赞誉。

该公司的产品主要用于中厚板机床、热连轧机、H型钢生产设备、轨梁生产设备、钢管生产设备、棒材及高速度线材生产设备、中小型材生产设备、冷轧机、矫直机、翻管机、连铸机等设备上。主要产品有：十字轴式万向联轴器（热连轧主传动装置用斜穿式、贯穿式、反装式、冷轧主传动、特重型滑块式、相位可调式等十字万向式联轴器）、鼓形齿式传动轴（GSL型、ZJG型、PQF型）、鼓形齿式联轴器（GⅡCL系列、WG系列，GB系列、GJ系列）、棒线平立转换专用鼓形齿式离合器、快换装置、紧锁装置、金属膜片联轴器、轧管齿式联轴器、冶金设备用带座剖分式滚动轴承等。

公司秉承"以人为本、以德立市、诚信经营"的企业宗旨，为客户提供一流的技术、优质的产品和高效的服务，让客户满意是公司一直追求的目标。

杭州鑫凯传动机械有限公司

杭州鑫凯传动机械有限公司成立于2004年，位于杭州大江东产业集聚区新湾街道，毗邻杭州萧山国际机场，沪杭甬高速公路，交通十分便利。

公司是集开发、设计、制造、销售服务于一体的现代化企业，主要生产传动件，是国内细分领域大型万向节生产规模最大的企业，现主要生产三大系列产品：①军品系列。主要是导弹底盘车转向、驱动、举升系列传动件。②工业系列。主要用于替代高端进口产品，广泛使用在钢铁、铝业、石油、高铁、造船、港口、造纸等领域，国内为宝武钢铁、山东钢铁、河北钢铁等企业配套，国外以向德国、意大利和韩国出口为主。③农机系列。主要为高端大功率四驱拖拉机（90～280马力，1马力≈0.735kW）转向驱动轴，为国内东方红、雷沃、约翰迪尔、爱克、德纳等企业的产品配套。

公司于2011年通过了IATF 16949质量管理体系认证，于2012年成为国家高新技术企业。2018年导入ERP+MES信息化管理系统，并通过了杭州市级验收。2019年通过了省级技术研发中心验收，公司建设了检测中心、试验中心、欧洲标准热处理自动线、自动化产品加工线。

浙江晋椿精密工业股份有限公司

浙江晋椿精密工业股份有限公司是一家台资企业，原名为浙江晋椿五金配件有限公司，目前坐落在嘉善经济技术开发区。公司成立于2003年，注册资本为1.58亿元。占地面积约13万 m^2，现有员工350余人。

公司成立之初，主营业务为各种金属铁钉系列产品，主要出口到美国。2007年，美国对原产于中国的铁钉征收高额反倾销税，公司开始全力开发生产金属精密磨光棒切削钢系列产品，经过十多年的不断努力，生产经营规模逐年扩大，特别是近几年，公司积极响应政府有关鼓励企业转型升级、股改上市、创新发展的号召，坚持把股改上市作为做大做强企业的根本途径，把科技创新作为企业发展的核心战略，努力探索精密机械制造业发展新模式，大大促进了主要业务的快速发展和经济效益的极大提高。2021年，公司营业收入达到7.8亿元，实现净利润近1亿元。目前，公司的生产和营销规模名列全国同行业前茅，产品品质更是国内行业的标杆，已成为国内外精密磨光棒行业较具影响力和竞争力的知名企业。

公司的主导产品精密磨光棒是一种精密制造通用材料，是由特钢盘元、棒材经过球化、拉拔、调质、研磨等加工工艺后制成的精密材料。具有高精度尺寸、高直线度、粗糙度低的特点。由精密磨光棒所加工而成的零部件，可广泛运用于传动系统中，诸如汽车、数控机床、家用电器、电动工具、打印机轴、气缸、精密齿轮等的轴、杆类、电子设备（手机里零部件及 5G 通信设备零部件）等产品。尤其是电动工具、打印机轴的材料已全面取代进口。在机械设备的运行过程中，由精密磨光棒所生产的零部件可减少机械运行的损耗及减小振动，并提高传动系统的转速，从而延长机械的使用寿命，提高机械的运行效率。在精密机械设备高度自动化的趋势下，高端精密材料的配套使用前景十分广阔，正逐步实现进口替代。

公司拥有自德国、丹麦进口的全自动剥皮机、拉拔机和大、小球化炉钢材预处理设备，以及国产的先进生产检测设备 200 余台（套），配备了 1 200t 的室内外运河码头和 10 万 t 容量的原材料仓库，年生产能力 15 万 t。经过十几年的不断努力，公司生产经营规模逐年扩大，经济效益不断提高。

公司近几年获得的荣誉有：2017 年至今取得各类专利共计 80 余项，2018 年取得"浙江省高新技术企业"证书，2019 年公司研发中心被认定为嘉兴市级高新技术研究开发中心，2020 年荣获嘉善县第十四届县长质量奖，2021 年被认定为嘉兴市技术中心、浙江省技术研究院、浙江省"专精特新"中小企业。

〔供稿单位：中国机械通用零部件工业协会传动联结件分会〕

法兰类冷镦零件　　　非标螺母　　　长管类冷镦零件　　　套筒类冷镦零件

浙江友信机械工业有限公司
ZheJiang Yeswin Machinery Co.,Ltd.

　　友信始终秉持"友谊、品质、服务、诚信"的企业理念，不但为客户设计并制造机器，以严苛标准确保卓越品质，更将自己在零件制造领域的深厚经验与客户分享，协助客户迅速掌握生产的关键技术，拥有出色的产品，与我们共同成长。客户就是我们的朋友，共同发展才会有更广阔的未来！

浙江友信机械工业有限公司

地址：浙江省嘉兴市嘉善县金嘉大道16号
Add:No,16,Jinjia Rd.,Jiashan County Jiaxing,Zhejiang,china.
邮编：314100
电话：0573-84183777　　传真：0573-84184348
E-mail:sales@zjyeswin.com
http://www.zjyeswin.com